序一

上教版高中数学新教材遵循了《普通高中数学课程标准（2017年版2020年修订）》的基本理念，贯彻"少而精""简而明"的原则，关注数学的育人价值，落实立德树人的根本任务，将数学学科核心素养的理念贯穿在教材的结构、内容和表达中．在基于课程标准的基础上，同时兼顾了上海特色．上教版高中数学新教材的编写与设计更符合学生的认知规律，关注数学学科中的大观念、大问题，并按学科的发展主线对教学内容进行设计，注重数学知识的承前启后和体系的完整性．

教材作为实现数学课程目标、发展学生核心素养的教学资源，其变革将对教师的日常教学工作产生巨大影响．如何根据新教材的特点，以激发学生学习数学的兴趣和动力，给学生以数学的整体性体验并提升学生的数学素养，是教师在使用新教材过程中的重要任务．《高中数学新教材创新教学设计》这套书是以教学设计、教学实践为切入点，有效实现上教版高中数学新教材上述任务的系列力作．该套书由上海市正高级教师、特级教师王国江主编，其他作者也都是来自名校的具有多年教学经验的一线首席教师、学科带头人、骨干教师．他们经历了上海一期课改、二期课改，对上海高中数学教学体系有完整且丰富的实践经验，对新课标和新课程有深入的研究．此外，该套书从高中数学新教材的变革特点出发，以全局观的视角审视教学内容，研究教材使用的方法，关注教师在教材使用中可能遇到的困难和问题，以教学内容的单元为章节，从"课程标准解读""教材内容分析""单元教学设计""课时细化设计"及"单元教学评价"这五个角度进行研究．在对课程标准精心解读的基础上，明确课程标准对单元教学任务的要求，使得教学活动的开展能够严格遵循课程标准与教材，为实现整个高中阶段数学教育的根本任务而服务；在对教学内容进行认真分析、了解知识的承前启后和结构体系基础上，明确教学的重点和难点，同时关注高中数学新教材的变革与创新之处，为教师更深入地理解教材设计意图并更加顺利地使用教材提供帮助；关注数学知识的整体架构，以单元教学设计作为教学设计的上位设计，对单元教材教法、学生情况、单元教学目标、单元活动设计等方面进行分析研究，进而指导单元中的课时教学设计；以课时细化教学设计呼应单元教学设计，为落实单元总体教学目标提供实际操作手段的同时，也为一线教师开展日常教学提供有力参考；关注单元教学评价，将过程性评价与阶段性评价有机结合，明确评价内容、评价要点及评价方式；关注教材中的探究与实践内容的落实，以核心问题和活动案例的方式进行分析与设计，并为一线教师开展相应的教学活动提供参考．

在高中数学新教材推出的同时,该套书的及时出版必能给广大一线教师提供非常有益的指导和帮助.

上海大学数学系教授、中国高等教育学会教育数学专业委员会理事长　王卿文

高中数学 新教材

创新教学设计

主编 王国江

选择性必修
第二册

编 委

杨逸峰　方耀华　曹丽琼　张倬霖　浦静滢
肖恩利　吴　颖　邵　翔　张建国　张克平
邵　伟　冯　璟

华东师范大学出版社
·上海·

图书在版编目(CIP)数据

高中数学新教材创新教学设计:选择性必修.第二册/王国江主编.—上海:华东师范大学出版社,2022
 ISBN 978-7-5760-3100-3

Ⅰ.①高… Ⅱ.①王… Ⅲ.①中学数学课－教学设计－高中 Ⅳ.①G633.602

中国版本图书馆CIP数据核字(2022)第169043号

高中数学新教材创新教学设计　选择性必修第二册
GAOZHONG SHUXUE XINJIAOCAI CHUANGXIN JIAOXUE SHEJI XUANZEXINGBIXIU DI'ERCE

主　　编	王国江
策划编辑	李文革
责任编辑	平　萍
审读编辑	周　鸿
责任校对	杨海红　时东明
装帧设计	刘怡霖

出版发行	华东师范大学出版社
社　　址	上海市中山北路3663号　邮编 200062
网　　址	www.ecnupress.com.cn
电　　话	021-60821666　行政传真 021-62572105
客服电话	021-62865537　门市(邮购)电话 021-62869887
地　　址	上海市中山北路3663号华东师范大学校内先锋路口
网　　店	http://hdsdcbs.tmall.com

印 刷 者	上海锦佳印刷有限公司
开　　本	787毫米×1092毫米　1/16
印　　张	19.75
字　　数	430千字
版　　次	2022年10月第1版
印　　次	2022年10月第1次
书　　号	ISBN 978-7-5760-3100-3
定　　价	59.00元

出版人　王　焰

(如发现本版图书有印订质量问题,请寄回本社客服中心调换或电话021-62865537联系)

序二

在"双新"(新课程、新教材)背景下,上教版高中数学新教材于2020年开始在上海市高中使用推进,新教材将高中数学学科核心素养贯彻到教材的结构、内容和活动设计中,力图引导教师在教学中关注学科知识、经验、观念、能力和思想方法,体现学科的育人价值,落实立德树人的根本任务.

伴随着上教版高中数学新教材的使用推进,王国江老师及其团队认真学习和钻研《普通高中数学课程标准(2017年版2020年修订)》,结合上海已有的数学教学改革经验,以单元教学设计为抓手,深入理解教材设计意图,合理重组教材结构布局,精心挖掘教材教学内容,开展数学教学改革研究与实践,努力呈现基于学科核心素养的教学设计和实施,体现学生立场、教学即研究、学习即创新的创智课堂理念.这项研究,对于建设区域教学改革骨干团队、缓解新教材推进之地经验缺乏和资源缺乏的压力、探索学科教学改革,无疑有重要作用,对未来高质量实施新教材也会产生积极影响.

普通高中数学课程标准是高中数学教学的指导纲领,课堂教学是贯彻落实数学学科核心素养的一线前沿,而单元教学设计则是课程标准和课堂教学之间搭建的一座重要桥梁,是对教学目标、教学内容、教学过程、教学评价的系统化、结构化、情境化的设计,是站在全局位置上认识每一个局部,是实现教—学—评并保持一致的重要基础.

《高中数学新教材创新教学设计》这套书,以单元教学设计作为研究板块,将教材的主线以单元的形式进行划分,并对每个单元的教学目标、教学内容、教学过程、教学评价进行整体设计规划,并以单元教学设计指导课时教学设计,在关注上位理念和下位操作密切联系的同时,也充分关注了中位设计理念在一线教学中的真正落实.

该套书从高中数学六大核心素养在教学中的整体落实入手,充分关注引领性的主题规划、素养导向的目标设置、任务驱动的活动过程以及持续性的评价等重要因素,同时关注环境资源以及技术支撑对于教学的积极意义,在以全局观的视角审视教学内容的同时,又将教学理念和任务细化渗透到每一个课时的教学设计中,为一线教师既提供了理念指导,又提供了具体操作的参考.

该套书由上海市的正高级教师、特级教师王国江任主编编委,其中各节教案设计者均是来自名校且具有多年一线教学经验的正高级教师、特级教师、首席教师、学科名教师、学科带头人和骨干教师.他们对上海高中数学教学体系有全面的认识,并且具有丰富的实践经验,对新课程、新教材也有深入的研究和理解.

  我认为《高中数学新教材创新教学设计》是一套非常实用的教学设计指南,为广大一线教师在"双新"背景下的教学实践提供了帮助,具有很大的参考价值.

上海市教育委员会教学研究室原主任 徐淀芳

目 录

第五章　导数及其应用　1

一、单元基本信息　1
二、单元教学规划　1
三、课时教学设计示例　6
　5.1（1）　导数的概念　6
　5.1（2）　导数的几何意义　16
　5.2（1）　基本初等函数的导数　26
　5.2（2）　导数的四则运算　35
　5.2（3）　简单复合函数的导数　42
　5.3（1）　利用导数研究函数的单调性　50
　5.3（2）　利用导数研究函数的极值　61
　5.3（3）　利用导数研究函数的最值、利用导数研究二次函数　69
　5.3（4）　利用导数解决实际问题　75
四、单元评价卷　84

第六章　计数原理　87

一、单元基本信息　87
二、单元教学规划　87
三、课时教学设计示例　92
　6.1（1）　乘法原理　92
　6.1（2）　加法原理　99
　6.2（1）　排列的定义　105
　6.2（2）　排列数的计算　111
　6.2（3）　排列数的性质　118
　6.3（1）　组合的定义　123
　6.3（2）　组合数的计算　131

6.3（3）	组合数的性质	136
6.4	计数原理在古典概率中的应用	142
6.5（1）	杨辉三角和二项式定理	148
6.5（2）	二项式定理的应用——组合数的性质	153

四、单元评价卷　　　　　　　　　　　　　　　　　　　　　159

第七章　概率初步（续）　　　　　　　　　　　　　163

一、单元基本信息　　　　　　　　　　　　　　　　　　　163
二、单元教学规划　　　　　　　　　　　　　　　　　　　163
三、课时教学设计示例　　　　　　　　　　　　　　　　　166

7.1（1）	条件概率	166
7.1（2）	全概率公式	173
7.1（3）	贝叶斯（Bayes）公式	180
7.2（1）	随机变量的分布与特征	187
7.2（2）	期望	195
7.2（3）	方差	203
7.3（1）	二项分布	210
7.3（2）	超几何分布	217
7.3（3）	正态分布	224

四、单元评价卷　　　　　　　　　　　　　　　　　　　　　232

第八章　成对数据的统计分析　　　　　　　　　　　237

一、单元基本信息　　　　　　　　　　　　　　　　　　　237
二、单元教学规划　　　　　　　　　　　　　　　　　　　237
三、课时教学设计示例　　　　　　　　　　　　　　　　　242

8.1（1）	成对数据间的关系	242
8.1（2）	相关系数	253
8.2（1）	一元线性回归分析的基本思想	265
8.2（2）	一元线性回归分析的应用举例	275
8.3（1）	2×2列联表（第一课时）	286
8.3（2）	2×2列联表（第二课时）	294

四、单元评价卷　　　　　　　　　　　　　　　　　　　　　302

第五章　导数及其应用

一、单元基本信息

课程标准模块	选择性必修课程——主题—"函数"——一元函数导数及其应用
使用教材	上教版普通高中教科书数学选择性必修第二册
单元名称	导数及其应用
单元课时	9课时

二、单元教学规划

1. 主题名称
在研究函数"变化"中发展数学抽象等核心素养.

2. 主题概述
（1）核心概念

导数　导数是微积分的核心内容之一，是现代数学中的一个基本概念. 一个函数在某一点的导数描述了这个函数在这一点附近的变化率，导数的本质是通过极限的概念对函数进行局部的线性逼近. 导数定量地刻画了函数的局部变化，是研究函数的单调性、极值等性质的基本方法.

（2）内容结构

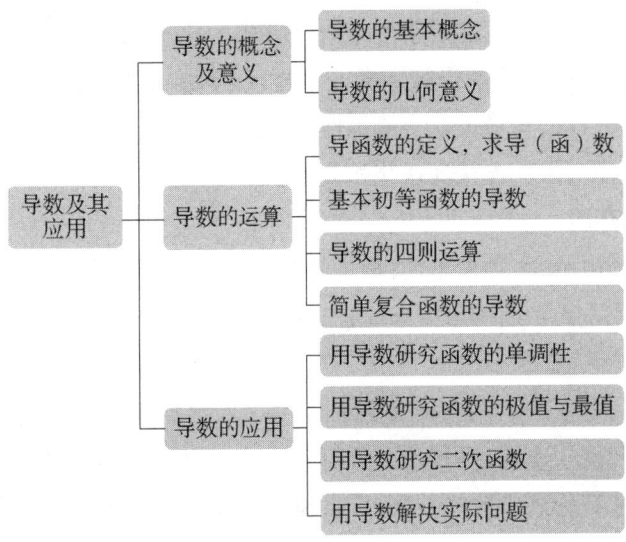

(3) 呈现方式

本单元主要通过实际背景和具体案例进行呈现.

从具体实例出发,经历导数形成与研究的过程,体会导数的内涵与思想,用直观的方式给出导数的定义.

通过几个特殊函数的导数直接给出一般基本初等函数的导数;通过具体函数的导数运算归纳得出导数的四则运算法则和复合函数的导数运算公式.

结合实例,了解函数的单调性与导数的关系,函数的极值与导数的关系,归纳给出相关定理.

(4) 教学过程

第一阶段:导数的概念及意义.引导学生体验瞬时变化率,给出导数概念;引导学生体验切线与导数的关系,求切线方程.

第二阶段:导数的运算.给出基本初等函数的导数、导数的四则运算法则、简单复合函数的导数公式,运用上述公式求初等函数的导数.

第三阶段:导数的应用.在理解相关定理的基础上,用导数判断函数的单调性,用导数求函数的极值(最值);用导数解决实际问题.

(5) 育人价值

通过实际情境引导学生感悟变化与极限的关系,以及用运动变化的观点研究问题的微积分思想.

通过从具体到抽象的方法,概括导数运算规律和研究函数性质的方法,发展学生数学抽象、逻辑推理、直观想象和数学运算等核心素养.

3. 主题学情分析

导数是瞬时变化率的数学表达,和历史上人类对它的认识一样,学生对瞬时变化率的认识有一定难度;瞬时变化率本质是"逼近(极限)"的微积分思想,这一学习是在为未来大学里将要学习的微积分内容作准备,需要学生不断感悟其学习过程.

学生在高一已经掌握了基本初等函数及其性质,本单元将在此基础上研究如何利用导数研究函数的单调性、极值与最大(小)值等性质.需要学生在掌握基本初等函数及其性质的基础上,将导数的性质与方法连接到这些相关知识上.

4. 开放性学习环境

教师用于展示的电脑、实物投影仪;相关的软件,如几何画板等.

学生四人一组或六人一组围坐的桌椅;黑板、纸、笔.

5. 单元学习目标

目标(1):通过物理中的平均速度和瞬时速度引入导数的概念及其意义,充分经历从平均变化率过渡到瞬时变化率的过程,体会微积分思想,发展数学抽象等核心素养.

目标(2):通过从特殊到一般的方法,得出和掌握基本初等函数的导数公式、导数的四则运算法则和复合函数的求导法则,发展逻辑推理和数学运算等核心素养.

目标(3):通过用导数定量刻画函数的局部变化,研究函数的单调性、极值、最值,并应用于实际问题,发展直观想象等核心素养和数学应用能力.

目标(4):通过借助图形直观,初步认识和理解微积分,得到相应的公式和运算性质;进一步将这种直观与用导数研究函数性质相联系,发展直观想象的核心素养.

6. 教学过程

(1) 总体想法

导数及其应用蕴含着微积分的基本思想,数学家们在对其研究的历史进程中也是经过了较长时间才逐步理解与完善这种思想.学生在本章节的学习中将面临较大的挑战.

有鉴于此,在教学中可用比较直观和粗略的方式引入微积分,注意通过学生已有的物理知识,引导学生经历由平均变化率过渡到瞬时变化率的过程,并从中抽象出导数的概念,体会导数的内涵,感悟极限的思想.

由于知识基础不足,本章对基本初等函数的导数公式和导数运算公式仅要求作部分证明,没有给出证明的,可进行形式化的表述与验证.

作为研究函数性质的有力工具,本单元以"导数的概念—导数的运算—导数的应用"为组织顺序,围绕导数的应用,掌握研究用导数研究函数的一般流程.提升直观想象、逻辑推理和数学运算等核心素养.

(2) 各阶段教学内容

第一阶段(2课时):导数的概念及意义.

以自由落体运动的速度、曲线(圆)切线的斜率这两个典型的变化率为实例,引导学生完整经历两次从平均变化率过渡到瞬时变化率的过程,进而概括这两个实例在解决问题的思想方法和结果形式上的共同特征,抽象出导数的概念——导数是变量在某处的瞬时变化率的数学表达,给出导数的定义.在此基础上,通过研究从曲线的割线过渡到切线的过程,给出导数的几何意义与驻点的概念.

第二阶段(3课时):导数的运算.

用导数的定义求得常数函数的导数;求得特殊的幂函数的导数并直接推广到一般的幂函数的导数;直接给出指数函数、对数函数和三角函数的导数.证明导数的四则运算法则(两个函数的和的导数与两个函数的商的导数由学生证明)和复合函数的导数运算法则.给出11个常用公式,解决求简单初等函数的导数问题.

第三阶段(4课时):导数的应用.

导数的应用由"利用导数研究函数的单调性""利用导数研究函数的极值""利用导数研究函数的最值""利用导数研究二次函数""利用导数解决实际问题"共5节组成.前3节给出用导数研究函数性质的理论依据与基本方法,后两节从一般到特殊,将导数应用到数学情境与实际情境中.

(3) 教学分析

按照教材表述,"系统深入地介绍高等数学的内容不是高中课程所能承担的任务",和人类历史上对微积分的探索相类似,在教学中主要用从特殊到一般的方式研究函数的导数,重点在于使学生直观理解导数概念,感受极限思想. 在对导数的基本内涵有所认识和体会的基础上介绍导数的运算,结合具体实例,利用导数研究一些函数的单调性、极值、最值等性质,使学生认识到导数是研究函数性质的重要工具,是解决这类问题的一种通法. 对于本章节内容,高中阶段先做到会感悟与会使用,到大学阶段再对此进行严密的公理化证明.

7. 评价建议

(1) 评价原则

高中阶段对导数等内容仅仅是用比较直观和粗略的方式介绍和引入,目标是为研究函数性质提供一个有力的工具. 因此,在数学严密性方面的评价中可适度降低要求,偏向于考查基本初等函数的求导过程与导数在实际问题和数学研究方面的应用.

评价中,应注重学生对一些概念的领会,可以以具体情境、具体问题为载体,考查学生是否具有了函数极限、瞬时变化等导数的思想,是否能有意识地在适当情境中使用导数来解决问题.

评价中,关注学生是否已掌握导数的基本运算规则,能否根据导数的四则运算、$y = f(ax+b)$ 型复合函数的求导方法,结合幂函数、指数函数、对数函数、三角函数(正弦函数、余弦函数)的导数对一些初等函数进行求导,重在为后续的导数应用提供工具,不宜过分讲各种求导技巧.

在应用方面,关注能在实际问题情境与数学问题情境中用导数解决的具体问题,如判断趋势(增加、减少)、求最值等,重在评价是否已能将导数作为研究工具用在合适的问题情境中.

(2) 评价量表

评价维度	评价内容	评价要点	评价方式
学习活动	学习准备	了解生活中、科学中需定量计算与比较的瞬时变化的例子; 在课前预习课本,了解预习中未解决的问题.	学生自评 学生互评 教师评价
	课堂学习	认真听讲,思想互动; 根据听课体会及时记笔记; 完成课堂思考问题(包括例题、课堂习题).	
	课后学习	及时复习巩固; 认真完成并订正作业,分析发生错误的原因并纠正; 和同学共同研讨问题.	

续表

评价维度	评价内容	评价要点	评价方式
单元活动	活动表现	广泛查阅资料,收集与导数相关的应用情境; 广泛查阅微积分发展史资料; 展示和交流研究作品.	学生自评 学生互评 教师评价
单元测验	四基四能	通过具体实例,体会瞬时变化率、导数等概念; 了解导数的几何意义,会求过函数图像上一点的切线; 掌握基本初等函数的导数; 掌握导数的运算性质; 会用导数研究函数的单调性与极值; 会用导数解决部分实际问题.	考试、测验
	核心素养	在体会极限的思想与方法过程中,发展直观想象与数学抽象等核心素养; 在用导数研究函数性质过程中,发展逻辑推理、直观想象和数学运算等核心素养.	
其他表现	竞赛论文	(合作)撰写微积分创立与发展的研究报告.	教师评价
	创新能力	在学习中重新发现前人已有的发现.	

(3) 作业设计建议

① 常规作业设计建议

从具体实际问题分析平均变化率与瞬时变化率的关系,通过导数定义求函数的导数;理解函数导数的几何意义,利用曲线 $y=f(x)$ 在 $x=x_0$ 处的导数求它在点 $(x_0,f(x_0))$ 处的切线方程.

合理覆盖幂指对三角函数的导数,适度倾向幂函数的导数,适度增补底数不为 e 的指对函数的导数. 全面覆盖导数的四则运算法则,适度倾向二次函数、三次函数的导数,对复合函数的导数严格控制在 $y=f(ax+b)$ 型范围内.

利用导数研究函数性质,如单调性、极值、最值等,可以进一步研究与这些性质有关的问题,如通过研究单调性进一步得到不等关系等,突出导数在研究函数性质中的应用价值. 用导数解决实际问题,需预设好合适的数学模型,一般以三次多项式函数为限.

② 综合作业设计建议

引导学生寻找课本外蕴含的平均变化率过渡到瞬时变化率的问题,再次经历发现导数的过程;经历从具体到抽象的过程,并从中分析出各实例中蕴含的导数的本质属性,认识到导数作为基本工具的广泛应用.

搜集与阅读微积分的创立和发展的历史,如重要历史人物和重要事件等,撰写相关研究报告,进一步提高研究微积分的学习动力.

8. 教学反思

对高中阶段的学生而言,导数相对比较抽象,并且也没有能够严格证明的知识储备. 故而在教学中应运用历史相似性原则,参考人类历史上对导数的研究,从直观性的想象与经验性的使用开始,在函数的应用上与已知的一些结论加以验证,增加对导数的认识. 为大学阶段进一步研究积累经验与素材.

9. 单元作业/测试(自选项)

见单元末.

三、课时教学设计示例

5.1(1) 导数的概念

(本教学设计由上海市育才中学周晓冬老师提供)

■ **教学内容分析** ■

"导数的概念及其意义"是第5章"导数及其应用"的第一节内容,第一节内容的教学共分成两个课时完成,本节课"导数的概念"是第一课时,也是本章节的起始内容. 本节课内容是在学生已经系统学习了函数及极限有关知识,并基于物理学科中学习了有关运动学的内容后,从平均速度与瞬时速度的研究中抽象出导数的基本概念及其表达,感受导数的研究思想和方法,能够运用导数解释实际意义,让数学回归生活. 导数是微积分的重要概念,是研究函数性质、最值及解析几何等数学问题的重要工具,微积分被发现的过程体现了数学的发生、发展的过程,蕴含了丰富的数学思想. 本节内容是本章节的基础和起点,对于学生后续学习与理解导数及微积分知识具有重要意义.

■ **教学目标设置** ■

1. 借助物理中的运动学问题,理解平均速度、瞬时速度与平均变化率、瞬时变化率的含义及关系.

2. 通过抽象导数概念的过程,直观感受"逼近"的极限思想,理解导数的概念并运用到实际问题的解决中.

3. 经历导数概念的形成过程,体会从特殊到一般、从具体到抽象的思想在解决数学问题过程中的运用,发展和提升学生的数学抽象、逻辑推理和数学建模等核心素养.

■ **教学重点及学习难点** ■

教学重点:(1)瞬时速度与瞬时变化率的概念;

(2)从具体问题中抽象出导数概念的过程.

学习难点:从具体问题中抽象出导数的概念,理解导数概念并运用到实际问题中.

■ 学生情况分析 ■

学生在物理中已经学习了平均速度和瞬时速度的概念,在数学学科中也学习过函数和极限部分的内容,但是对导数的概念知之甚少,因此会存在以下几个困惑:什么是导数?为什么要"发明"导数?导数有什么实际作用?这与数学家认识和研究导数的过程具有相似性,但学生刚刚接触"逼近"等极限思想,在理解导数的有关概念和运用上还存在一定的困难.

■ 教学流程 ■

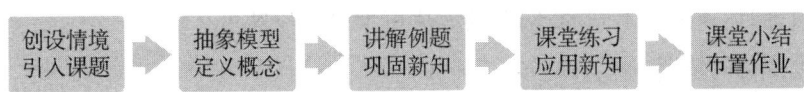

■ 教学过程设计 ■

教学设计	设计意图
(一)创设情境,引入课题 　　微积分的产生主要源于曲线的切线问题、物体运动的瞬时速度问题、函数的最值问题和求曲线长的问题.当时的数学已经无法满足研究此类问题的需要,微积分思想便应运而生,并在某种意义上可以与欧几里得几何相媲美.导数是微积分中的重要概念. 　　根据物理学科的知识,每一个运动物体在它运动时必有速度和加速度.十七世纪,人们对运动物体的研究,已经涉及速度和加速度都在时刻变化的问题,那么在某一个具体的时刻,如 $t=2$ 时的瞬时速度或瞬时加速度,能否用 0~2 秒的平均速度或平均加速度来进行替代呢? 　　让我们一起来看这样的一个案例,某电动品牌汽车,宣称加速性能卓越,从 0 到时速 100 km/h,加速只需 6.63 s,根据物理学知识,可以知道它的加速度为 $a = \dfrac{27.78 - 0}{6.63} \approx 4.19 \text{ m/s}^2$. 　　有热心网友做了相关加速的测试,得到数据如下表: 表 5.1(1)-1 	速度(km/h)	0~60	40~80	80~100
---	---	---	---
耗时(s)	3.73	2.55	3.64
加速度(m/s²)	4.47	4.36	1.53		导数是微积分中的重要概念,微积分则是在物体运动、函数最值等几类问题的推动下逐步完善起来的.正因为如此,在简单阐述了微积分与导数的重要关联之后,借助车辆加速的问题,让学生在分析的过程中,理解平均变化率的概念,为引入瞬时加速度、精确刻画车辆的状态做好铺垫,同时引入研究方法供学生借鉴.此处教师可以在时间允许的情况下,让学生先行设计研究方案,并同历史上数学家的研究方法作比较,让学生感受历史的相似性.

为什么网友得到的数据与企业宣称的结果有很大差异?如果想知道某一时刻的具体加速度,如何从数学的角度进行研究呢?

通过分析不难发现,网友计算的是车辆加速过程中,不同速度范围内的加速度,反映的是某个速度范围区间内的速度变化的快慢,同时我们也发现不同的速度范围的速度变化快慢还不一致,即加速度是不同的.网友的方法更准确地反映了车辆加速度变化的情况.

(二)抽象模型,定义概念

从数学的角度再来认识一下加速度和网友的研究方法:

物理学上,若某一时刻 t 的速度为 $f(t)$,在某一时间范围 $[t, t+h](h>0)$ 的加速度 $a = \dfrac{f(t+h)-f(t)}{h}$.

一般地,对于一个函数 $y=f(x)$,通常将 $\dfrac{f(x_0+h)-f(x_0)}{h}$ 称为函数 $y=f(x)$ 在以 x_0 和 x_0+h 为端点的区间上的平均变化率,因此我们之前认识的加速度其实是车辆在某个时间范围内的平均值.

仅用一个时间段内的平均加速度难以准确地描述在该时间段内变速运动的过程,为了精准地描述变速运动,一个很自然的想法是把整个运动时间分割成若干个小的时间段,并分别求每个分时间段内的平均加速度.可以想象,随着时间段的分割越来越精细,利用分段的平均加速度就可以越来越精确地对整个运动过程进行描述.

例1 自由落体运动中,物体下落的距离 d(单位:m)与时间 t(单位:s)近似满足函数关系 $d=5t^2$.

(1)试利用上述案例中的方法研究物体在 $t\in[1,3]$ 时的平均速度;(表 5.1(1)-2)

(2)试求物体在 $t=2$ 时的瞬时速度.

表 5.1(1)-2

h	$[1, 2-h]$	$[2-h, 2]$	$[2, 2+h]$	$[2+h, 3]$
0.5				

先把时间段分割,在越来越小的时间段内对运动进行分析,再从整体上得到对运动状态越来越精确的描述,这就是被称为"微积分"的数学工具.这里我们只介绍运用此工具研究物体在某一时刻的瞬时速度.这里的瞬时速度是指,运动物体在临近指定时刻的某个时间段内的平均速度在时间段越来越小的变化过程中趋近于稳定的一个值.

引导学生将实际问题抽象成数学问题,用数学的眼光看问题.

通过自由落体运动引导学生运用之前的研究方法和抽象的数学概念回归实

续表

h	$[1, 2-h]$	$[2-h, 2]$	$[2, 2+h]$	$[2+h, 3]$
0.1				
0.01				
$\vdots$				

际,在研究过程中直观感受"逼近"的数学思想的运用,在自身实践中掌握研究问题的一般方法,同时逐步理解平均变化率与瞬时变化率的关系.

解 (1) $\bar{v} = \dfrac{5 \cdot 3^2 - 5 \cdot 1^2}{3-1} = 20 \text{ m/s}.$

(2) 对不同时间段长度值 $|h|$,在 $t=2$ 附近的时间段 $[2+h, 2]$($h<0$) 或者 $[2, 2+h]$($h>0$) 内的速度为

$$\bar{v} = \dfrac{d(2+h) - d(2)}{h} = \dfrac{5 \times (2+h)^2 - 5 \times 2^2}{h} = 20 + 5h.$$

得到表 5.1(1)-3:

表 5.1(1)-3

$h(<0)$	$[2+h, 2]$ 上的 $\bar{v}$	$h(>0)$	$[2, 2+h]$ 上的 $\bar{v}$
-0.1	19.5	0.1	20.5
-0.01	19.95	0.01	20.05
-0.001	19.995	0.001	20.005
-0.0001	19.9995	0.0001	20.0005
-0.00001	19.9995	0.00001	20.00005
……	……	……	……

利用计算机表格功能等技术手段可以比较迅速地完成表格内的数据,此处也可设计学生合作环节,大家通过合作得到时间间隔更小的数据,能更加准确地反映物体的运动状态,也能帮助学生更加深刻地理解瞬时变化率的概念.

通过不断缩小 h 的绝对值,我们发现 h 趋近于 0 时,平均速度趋近于一个确定的值 20,因此从表中数值我们可以初步判断物体在 $t=2$ 时的瞬时速度为 20 m/s.

下面用数学中的计算与推理证实这一判断:

当 $h \neq 0$ 时,$t=2$ 附近时间段 $[2+h, 2]$($h<0$) 或者 $[2, 2+h]$($h>0$) 的平均速度是

$$\bar{v} = \dfrac{d(2+h) - d(2)}{h} = \dfrac{5 \times (2+h)^2 - 5 \times 2^2}{h} = 20 + 5h.$$

当 h 趋近于 0 时,$\bar{v}$ 趋近于 20,所以物体在 $t=2$ 时的瞬时速度为 20 m/s.

例1告诉我们,研究物体的瞬时速度,本质上是在已知函数关系的前提下,对于自变量某个给定值 x_0,赋予 x_0 一个变化量 h,分析当 h 趋向于 0 时,函数的平均变化率 $\dfrac{f(x_0+h)-f(x_0)}{h}$ 是否趋近于某个稳定的值.

如果这个稳定的值存在,就说明 $\dfrac{f(x_0+h)-f(x_0)}{h}$ 在 h 趋向于 0 时存在极限,并把这个极限值记作

$$\lim_{h\to 0}\dfrac{f(x_0+h)-f(x_0)}{h},$$

称为函数 $y=f(x)$ 在 $x=x_0$ 处的导数(derivative),记作 $f'(x_0)$,即:

$$f'(x_0)=\lim_{h\to 0}\dfrac{f(x_0+h)-f(x_0)}{h}.$$

$f'(x_0)$ 就是函数 $y=f(x)$ 在 $x=x_0$ 处的瞬时变化率.

从直观感受到严格证明,再到抽象出概念,学生将经历完整的数学抽象的过程.

表 5.1(1)-4

平均变化率 $\dfrac{f(x_0+h)-f(x_0)}{h}$	瞬时变化率 $f'(x_0)=\lim\limits_{h\to 0}\dfrac{f(x_0+h)-f(x_0)}{h}$
反映的是函数在一个区间上的平均变化情况	反映的是函数在自变量的某个值 x_0 处的瞬时变化情况

通过表格形式呈现两个概念,辨析两者的联系与区别.

(三)讲解例题,巩固新知

导数是函数在某个值 x_0 处的瞬时变化率.实际生活中很多事物也都是处在不断变化中的,导数可以帮助描述任何事物的瞬时变化率,正如已经提到过的运动学中的速度与加速度.

例2 已知某个沿直线运动的物体的速度 v(单位:m/s)与时间 t(单位:s)满足 $v=3+2t$,试求物体在 $t=3$ 时的瞬时变化率并解释其物理意义.

解 当 $h\neq 0$ 时,运动物体在 $[3+h, 3]$($h<0$)或者 $[3, 3+h]$($h>0$)内,速度的平均变化率为

呼应开篇的加速度问题,学生理解位移

$$\frac{v(3+h)-v(3)}{h}=\frac{3+2(3+h)-(3+2\times 3)}{h},$$

所以，$v'(3)=\lim\limits_{h\to 0}\dfrac{v(3+h)-v(3)}{h}=\lim\limits_{h\to 0}2=2.$

$v'(3)$的物理意义表示该物体在$t=3$时的加速度.

例 3 已知在使用某种杀菌剂 t 小时后室内的细菌数量为 $f(t)=10^5+10t^4-10^3t^2$.

(1) 求 $f'(10)$;

(2) $f'(10)$的实际意义是什么?

解 (1) 当$h\neq 0$时，在使用杀菌剂10小时附近的时间段$[10+h,10](h<0)$或者$[10,10+h](h>0)$内，细菌数量关于时间的平均变化率为$\dfrac{f(10+h)-f(10)}{h}$.

且$\dfrac{f(10+h)-f(10)}{h}$

$=\dfrac{10^5+10(10+h)^4-10^3(10+h)^2-(10^5+10^5-10^5)}{h}$

$=10(h^3+40h^2+500h+2000),$

从而，令h趋近于0，就得到

$f'(10)=\lim\limits_{h\to 0}(10(h^3+40h^2+500h+2000))=20\,000.$

(2) $f'(10)$的实际意义是细菌数量在$t=10$时的瞬时变化率，它表明在$t=10$附近，细菌数量大约以每小时20 000的速率增加.

(四) 课堂练习，应用新知

1. 自由落体运动中，物体下落的距离d(单位:m)与时间t(单位:s)近似满足函数关系$d=5t^2$.

(1) 求物体在$[2,4]$时间段内的平均速度;

(2) 求物体在$t=3$时的瞬时速度;

(3) 求物体在$t=a(a>0)$时的瞬时速度.

解 (1) $\bar{v}=\dfrac{d(4)-d(2)}{2}=\dfrac{80-20}{2}=30$ m/s.

(2) $\dfrac{d(3+h)-d(3)}{h}=\dfrac{5h^2+30h}{h}=5h+30,$

$d'(t)=\lim\limits_{h\to 0}(5h+30)=30$ m/s.

的变化率是速度，速度的变化率就是加速度，巩固、理解平均变化率与瞬时变化率的关系，理解导数的实际意义.

在不同问题背景中感受平均变化率与瞬时变化率的关系，运用导数意义解释实际问题，让数学回归实际生活.

通过这两个练习进一步巩固平均变化率和瞬时变化率的概念，会求不同问题背景下的导数.

(3) $\dfrac{d(a+h)-d(a)}{h}=\dfrac{5h^2+10ah}{h}=5h+10a$,

$$d'(t)=\lim_{h\to 0}(5h+10a)=10a \text{ m/s}.$$

2. 将石子投入水中,水面产生的圆形波纹不断扩散.

(1) 当半径 r 从 a 增加到 $a+h(h>0)$ 时,求圆周长相对于半径的平均变化率;

(2) 当半径 $r=a$ 时,求圆周长相对于半径的瞬时变化率.

解 (1) $\bar{C}(r)=\dfrac{f(a+h)-f(a)}{h}=\dfrac{2\pi(a+h)-2\pi a}{h}$

$=2\pi$.

(2) $C'(r)=\lim\limits_{h\to 0}\dfrac{f(a+h)-f(a)}{h}=2\pi$.

(五)课堂小结,布置作业

课堂小结:

1. 通过对运动学中的加速度与速度的变化研究,理解平均变化率与瞬时变化率的区别与联系.

2. 导数 $f'(x_0)$ 是函数 $y=f(x)$ 在 $x=x_0$ 处的瞬时变化率. $f'(x_0)=\lim\limits_{h\to 0}\dfrac{f(x_0+h)-f(x_0)}{h}$,是平均变化率的极限,它能用来揭示变化的事物在某一瞬间的变化情况,是数学研究的重要工具,也是微积分的基础.

3. 研究导数的过程也让我们体会到了"逼近"思想,后续还能见识到它在研究其他类型问题中的出色表现.

课后作业:

基础练习

1. 某厂家生产的新能源汽车的紧急刹车装置在遇到特别情况时需在 2 s 内完成刹车,其位移 h(单位:m)关于时间 t(单位:s)的函数 $y=h(t)$ 的关系式 $h(t)=-t^3-2t+\dfrac{40}{3}$,则 $h'(1)$ 的实际意义是(   ).

A. 汽车刹车后 1 s 内的位移

B. 汽车刹车后 1 s 内的平均速度

C. 汽车刹车后 1 s 时的瞬时速度

D. 汽车刹车后 1 s 时的瞬时加速度

通过课堂小结梳理本节课的重要概念和方法.此处可由学生先进行总结,教师辅助完成,并引导学生提出自己的困惑,为后续学习作铺垫.

2. 自由落体运动的位移单位 d(单位:m)与时间 t(单位:s)满足函数关系 $d=\dfrac{1}{2}gt^2$(g 为重力加速度且 $g=10\text{ m/s}^2$).

(1) 分别求[4,4.1]、[4,4.01]、[4,4.001]这些时间段内自由落体的平均速度;

(2) 求 $t=4$ 时的瞬时速度;

(3) 求 $t=a(a>0)$ 时的瞬时速度;

(4) 借助(3)的结果,求 $t=\dfrac{5}{2}$ 时的瞬时速度.

3. 竖直向上发射的火箭熄火时上升速度达到 100 m/s,此后其位移 H(单位:m)与时间 t(单位:s)近似满足函数关系 $H=100t-5t^2$.

(1) 分别求火箭在[0,2]、[2,4]这些时间段内的平均速度;

(2) 求火箭在 $t=2$ 时的瞬时速度;

(3) 熄火后多长时间火箭上升速度为 0?

4. 某水管的流水量 y(单位:m^3)与时间 t(单位:s)满足函数关系 $y=f(t)$,其中 $f(t)=3t$.

(1) 求 $y=f(t)$ 在 $t=a(a>0)$ 处的导数 $f'(a)$;

(2) $f'(a)$ 的实际意义是什么?

(3) 随着 a 的取值变化,$f'(a)$ 是否发生变化?

5. 函数 $y=f(x)$ 的图像是折线段 ABC,其中点 A、B、C 的坐标分别为 $(0,4)$,$(2,0)$,$(6,4)$,求:

(1) 函数 $y=f(x)$ 在区间[1,6]、[1,4]、[1,2]上的平均变化率;

(2) 求 $\lim\limits_{h\to 0}\dfrac{f(1+h)-f(1)}{h}$ 的值.

6. 函数 $y=x^2$ 在 x_0 到 $x_0+\Delta x$ 之间的平均变化率为 k_1,在 x_0 到 $x_0-\Delta x$ 之间的平均变化率为 k_2.

(1) 写出平均变化率 k_1、k_2;

(2) 当 $\Delta x>0$ 时,试比较 k_1、k_2 的大小,并求函数 $y=x^2$ 在 x_0 处的导数.

能力拓展(选做)

1. 已知车辆启动后的一段时间内,车轮旋转的角度和时间(单位:秒)的平方成正比,且车辆启动后车轮转动第一圈需要 1 秒.

(1) 求车轮转动前 2 秒的平均角速度;

(2) 求车轮在转动开始后,第 3 秒的瞬时角速度.

2. 已知 $f(x)=ax^2+2x$,若 $f'(1)=4$,求实数 a 的值.

基础练习答案:

1. C. 2.(1) 当 $t=4$, $h=0.1$ 时, $\bar{v}=40.5$ m/s; 当 $t=4$, $h=0.01$ 时, $\bar{v}=40.05$ m/s; 当 $t=4$, $h=0.001$ 时, $\bar{v}=40.005$ m/s. (2) 40 m/s; (3) $10a$ m/s; (4) 25. 3. (1) 当 $t=0$, $h=2$ 时, $\bar{v}=90$ m/s; 当 $t=2$, $h=2$ 时, $\bar{v}=70$ m/s. (2) 80 m/s. (3) 10 s. 4. (1) 3; (2) $f'(a)$ 表示在 $t=a$ 时经过管道的水流量变化是 3 立方米; (3) $f'(a)$ 不会变化. 5. (1) 函数 $y=f(x)$ 在区间 $[1,6]$ 上的平均变化率为 $\dfrac{f(6)-f(1)}{6-1}=\dfrac{2}{5}$; 在区间 $[1,4]$ 上的平均变化率为 $\dfrac{f(4)-f(1)}{4-1}=0$; 在区间 $[1,2]$ 上的平均变化率为 $\dfrac{f(2)-f(1)}{2-1}=-2$; (2) $f'(1)=\lim\limits_{h\to 0}\dfrac{f(1+h)-f(1)}{h}=-2$. 6. (1) $k_1=\dfrac{f(x_0+\Delta x)-f(x_0)}{\Delta x}=2x_0+\Delta x$; $k_2=\dfrac{f(x_0-\Delta x)-f(x_0)}{-\Delta x}=2x_0-\Delta x$.

(2) $k_1>k_2$; $f'(x_0)=2x_0$.

能力拓展答案:

1. (1) 4π; (2) 12π. 提示:记旋转的角度为 ω,时间为 t,可设 $\omega=kt^2$(k 为比例系数),当 $t=1$ 时, $\omega=2\pi$,则 $k=2\pi$, $\omega=2\pi t^2$. (1) $\bar{\omega}=\dfrac{\omega(2)-\omega(0)}{2}=\dfrac{8\pi-0}{2}=4\pi$;

(2) $\bar{\omega}=\lim\limits_{h\to 0}\dfrac{\omega(3+h)-\omega(3)}{h}=\lim\limits_{h\to 0}\dfrac{2\pi(3+h)^2-18\pi}{h}=12\pi$.

2. $a=1$. 提示: $f'(1)=\lim\limits_{h\to 0}\dfrac{f(1+h)-f(1)}{h}=2a+2=4$.

■ 练习反馈、互动提问 ■

1. 平均变化率与瞬时变化率是怎样的关系?

2. 导数是函数的瞬时变化率,那么导数本身是函数吗?它的瞬时变化率存在吗?

3. 导数的研究体现了"逼近"的数学思想,这一思想还能应用在哪些问题中呢?

■ 结束语 ■

克莱因在《古今数学思想》中这样评价导数:微积分是继欧式几何之后全部数学中最大的创造.

■ 备课资源 ■

一、导数发展的时间简史——微积分的起源

微积分学分为微分学与积分学两部分,在古代的数学著作中,记载了很多关于计算曲线长度、图形面积、物体体积的方法,其核心思想是无限分割再求和,这是积分学的雏形,后来发展成为现在的积分学.微分学受到曲线上一点的切线问题、运动物体的瞬时速度问题、函数最大值和最小值等问题的促进,得到了较快的发展.

近代微积分的起源可以追溯到十七世纪上半叶,文艺复兴之后自然科学进入发展的新时期,也面临着更多的数学问题.例如,物理学中确定非匀速运动的物体的速度及其加速度就需要研究瞬时变化率;军事学中研究炮弹的最大射程以及天文学中寻找地球运动轨迹中的近日点与远日点,可转化为求函数的极大值与极小值的数学问题.十七世纪上半叶,数学大师开普勒、卡瓦列里、笛卡儿、费马等都在致力于寻找解决上述问题的数学方法,以下列举了一些数学家的代表作品和研究成果:

时间	人物	代表作品及成果
1615	开普勒	《测量酒桶的新立体几何》:圆锥曲线绕其所在平面上某条直线旋转所得物体体积的计算方法
1635	卡瓦列里	《用新方法促进连续不可分量的几何学》:系统的不可分量方法的发展
1637	费马	求极大值与极小值的方法
1655	沃利斯	《无穷算术》
1671	牛顿	《流数法与无穷级数》

二、中国数学家与导数

王文素,字尚彬,山西汾州(今汾阳市)人,约生于 1465 年.王文素出身于中小商人家庭,受所处社会及家庭影响,自幼颖悟,涉猎书史,诸子百家,无所不知,尤长于算法,留心通证,以一生之精力,完成了《新集通证古今算学宝鉴》这一数学巨著.对于 17 世纪微积分创立时期出现的导数,王文素在 16 世纪已率

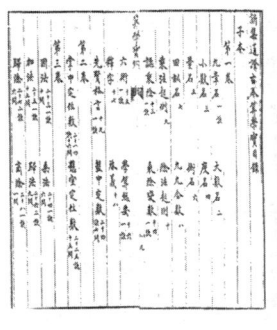

先发现并使用.

三、牛顿与流数法

历史上有两位数学家分享了发明微积分的荣誉,其中一位就是牛顿.牛顿在吸收前人已有成果的基础上,以运动学为背景,创立了"流数法",尽管在当时还不是非常严密,但是开创了历史的先河,为后来人的研究开辟了道路.

艾萨克·牛顿(1643—1727)出生于英格兰,1661年进入剑桥学习.在那里他学习了开普勒、笛卡儿以及他的老师巴鲁的很多著作,大学毕业时因为伦敦地区鼠疫流行,回到家乡,潜心钻研,也正是这两年他完成了很多关于微积分的早期研究工作:

时间	主要作品及成果
1665	首创"正流数术"
1666	首创"反流数术"并完成《流数简论》

此后他又相继完成《运用无限多项方程的分析》(1669)和《流数法与无穷级数》(1671)等著作.虽然在谁先发明了微积分上与莱布尼茨有些争议,但这并不能掩盖他在数学方面的杰出贡献.

5.1(2) 导数的几何意义

(本教学设计由上海市育才中学周晓冬老师提供)

■ **教学内容分析** ■

"导数的概念及意义"是第5章"导数及其应用"的第一节内容,"导数的概念及意义"的教学共分为两个课时,本节课是第二课时,在第一课时学生已经借助物理学中的运动学模型,经历了从特殊到一般,从有限到无限的研究过程,并在这个过程中抽象出了导数的概念,以及会简单运用导数概念解释实际问题的意义,这对于后续研究几何中的问题奠定了思想方法上的基础.本节课主要通过逼近的方法,将割线趋于确定的位置的直线定义为切线,通过数形结合,让学生理解导数的几何意义,同时领会"以直代曲"的思想方法,经过本节学习学生对导数的意义有了充分的了解,为后续学习导数的计算奠定了基础.

■ **教学目标设置** ■

1. 通过割线逐渐逼近的方法,借助信息技术,直观感受"以直代曲"的极限思想.
2. 经历对于圆上一点处切线的斜率研究,理解导数的几何意义.
3. 能用导数的几何意义解决问题,体会从特殊到一般,从具体到抽象的过程,提升学生的直观想象、逻辑推理的核心素养.

■ **教学重点及学习难点** ■

教学重点：(1) 导数的几何意义；

(2) 简单曲线上一点处的切线方程.

学习难点：理解导数的几何意义，体会"以直代曲"的数学思想.

■ **学生情况分析** ■

学生在第一课时中已经初步建立了导数概念，在经历了运动问题中平均速率与瞬时速率的研究后，能够理解无限分割与"逼近"思想，但对于几何中"以直代曲"的思想还比较陌生，如何将运动学中的研究方法运用到平面几何问题，以及用导数解释新问题的意义，对于学生仍存在一定的困难.

学生在初中阶段已经学习了圆、割线以及圆的切线的概念，但并未学习一般曲线上一点处的切线，也完全不了解当割线的两个端点重合时，就是经过此处的切线，这对于学生来说是一种全新的定义方式.

■ **教学流程** ■

■ **教学过程设计** ■

教学设计	设计意图
(一) 创设情境，引入课题 　　古人对于数学的研究大多起源于实际生活的需要，比如天文历法、土地丈量等，其中面积计算就是土地丈量中重要的一个环节，在长期的实践和研究中，人们逐步掌握了如长方形、正方形等多边形的面积计算方法，并逐步拓展到更加一般的几何图形的计算，但是对于由曲线围成的几何图形，如何计算其面积呢？ 　　圆是平面几何中的一种重要图形，它的面积计算也让很多古人为之着迷，早在公元 263 年，刘徽(约 225 年—约 295 年，魏晋期间伟大的数学家，中国古典数学理论的奠基人之一)撰写的《九章算术注》中，描绘了他计算圆面积的一种方	本节中"以直代曲"的数学思想是定义曲线上一点处切线的重要依据，这种思想在早期圆的面积的计算中有所体现，利用正多边形分割圆的过程，学生能直观感受到"逼近"的数学思想，更重要的是在逐渐增加分割

法，我们称之为"割圆术"，同学们可以一起来思索一下前人是如何"分割"这个圆并求出圆面积的.（如图 5.1(2)-1）

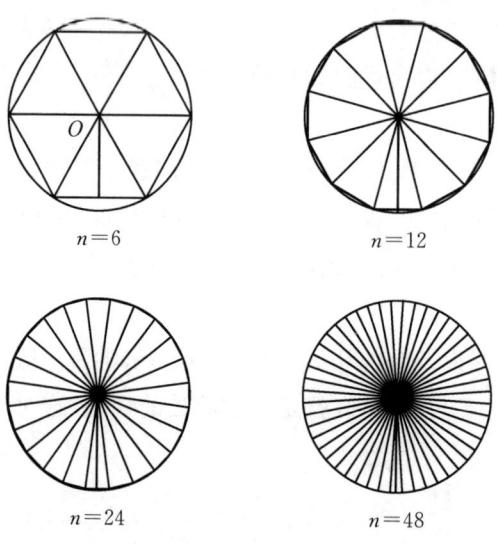

图 5.1(2)-1

刘徽以"圆内接正多边形的面积"，来无限逼近"圆面积"．刘徽如此形容他的"割圆术"：割之弥细，所失弥少，割之又割，以至于不可割，则与圆合体，而无所失矣．

在逐渐增加正多边形的边数的过程中，由于多边形的面积与圆的面积差异越来越小，从直观上看，圆弧似乎与边"重合"了．

我们也可以换个角度来认识这个问题（如图 5.1(2)-2），经过平面上两点的圆弧，随着圆半径的增加，圆弧的长度逐渐"逼近"两点间的距离．

图 5.1(2)-2

（二）总结思想，研究问题

刘徽的思想体现了无穷分割与无限逼近的思想，这与上一节研究运动学瞬时速度时，将时间分割成若干小的时间段，当时间段划分越来越细时，平均速度如果趋于一个稳定的值，则这个稳定值就是物体的瞬时速度的思想方法不谋而合，即在几何学的问题中，我们也能用上述思想来研究一条曲线的

的过程中可以观察到多边形的边与圆弧之间的"差值"或者说"差异"逐渐缩短，理解"以直代曲"的数学思想，为后续定义"切线"的概念做好铺垫．

其次，此处可组织学生分组合作讨论"分割"的方案，并作展示（也可以在课前布置任务，学生查阅资料做一个小的主题演讲）．教师可以借助信息技术来展示刘徽割圆术，其他数学家的一些想法可以在"阅读材料"中展示，由学生课后阅读，感受前人的智慧．

在讲解时主要是体会刘徽的思想，对于圆面积的求解可以作为课后研究内容．

特性.

我们把连接曲线上任意两点的直线称为该曲线的一条割线(secant line). 如图 5.1(2)-3, 给定圆上的一点 P, 考虑以 P 为端点的一条圆弧 $\overset{\frown}{PQ}$ 的割线 PQ, 当曲线段 PQ 取得越来越短, 即点 Q 越来越接近点 P 时, 割线就无限趋近于点 P 处的切线.

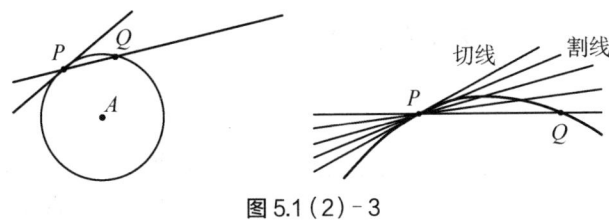

图 5.1(2)-3

上述研究表明, 在圆上, 割线 PQ 趋近于过点 P 的切线, 在平面几何中我们已经学习过圆的切线及性质, 两种定义方式给出的切线是否为同一条直线?

此处通过两种不同的定义方式的比较, 激发学生的好奇心, 从特殊情况开始研究割线与切线的关系, 进而拓展至一般情况, 完成从特殊到一般的拓展.

例 1 如图 5.1(2)-4 所示, 曲线 $y=\sqrt{2-x^2}\,(-\sqrt{2}\leqslant x\leqslant \sqrt{2})$ 是圆 $x^2+y^2=2$ 在 x 轴及其上方的部分, $P(1,1)$ 和 $Q(0,\sqrt{2})$ 是该曲线上的两点.

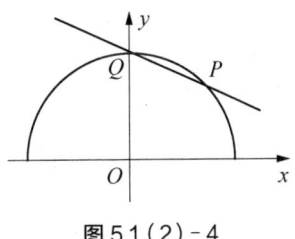

图 5.1(2)-4

(1) 求割线 PQ 的斜率;

(2) 对正整数 n, 令 $x_n=1-\dfrac{1}{n}$, $y_n=\sqrt{2-x_n^2}$, $Q_n(x_n, y_n)$ 均在该圆周上, 且随着 n 的增大越来越接近点 P. 借助信息技术工具, 适当计算一些割线 PQ_n 的斜率, 观察并总结当 n 逐渐增大时, 割线 PQ_n 的斜率的变化趋势.

解 (1) 割线 PQ 的斜率是

$$k_{PQ}=\frac{y_Q-y_P}{x_Q-x_P}=\frac{\sqrt{2}-1}{0-1}=1-\sqrt{2}.$$

在教学中导入本节课的主题: 曲线上一点处的切线.

借助信息技术直观展示点 Q 运动过程中, 割线与切线位置关系的变化, 直观感受割线趋近于一条确定的直线, 即曲线在点 P 处的切线.

由圆上一点处的切线入手, 从特殊到一般进行研究, 了解圆的切线定义的特殊性, 以此衬托出新定义的一般性.

研究圆的割线的变化趋势, 探究极限意义下割线与切线的关系, 帮助学生掌握研究的一般方法, 理解导数的几何意义, 为后续一般意义下的数学研究作铺垫.

（2）割线 PQ_n 的斜率是

$$k_{PQ_n} = \frac{y_{Q_n} - y_P}{x_{Q_n} - x_P} = \frac{y_n - y_P}{x_n - x_P} = \frac{\sqrt{2 - \left(1 - \frac{1}{n}\right)^2} - 1}{1 - \frac{1}{n} - 1}$$

$$= n\left(1 - \sqrt{2 - \left(1 - \frac{1}{n}\right)^2}\right).$$

借助 EXCEL 可以得到表 5.1(2)-1 中关于 k_{PQ_n} 的近似值(结果精确到 0.000 000 001).

表 5.1(2)-1

n	Q_n	k_{PQ_n}
1	(0.000, 1.414 213 6)	−0.414 213 562
5	(0.800, 1.166 190 38)	−0.830 951 895
10	(0.900, 1.090 871 21)	−0.908 712 115
100	(0.990 0, 1.009 900 99)	−0.990 098 525
1000	(0.999 00, 1.000 999 00)	−0.999 000 999
10 000	(0.999 90, 1.000 099 99)	−0.999 900 010
……	……	……
10 000 000	(0.999 999 90, 1.000 000 10)	−0.999 999 898
……	……	……

> 通过对表格数据的直观观察，感受割线斜率的变化趋势.

观察表可知，当 n 逐渐增大时，割线 PQ_n 的斜率逐渐减小，并趋近于 -1.

根据刚才的研究方法可知，例 1 的曲线在点 P 处的切线斜率为 -1，容易求得其方程为 $x+y-2=0$. 另一方面由平面几何知识可知，圆上一点处的切线垂直于过该点的半径，即向量 $\overrightarrow{OP} = (1, 1)$ 是切线的法向量，由直线点法向式方程可得切线方程为 $x+y-2=0$，这就说明，对于圆来说，两个切线的定义是一致的.

如果割线 PQ 在点 Q 趋近于点 P 时趋近于一条确定的直线，那么就将这条直线称为曲线在点 P 处的切线，就像瞬时速度是对物体在给定时刻的运动状态的描述一样，曲线在点 P 处的切线是对曲线在点 P 附近性质的描述.

(三)问题拓展,定义概念

对于任意的曲线 $y=f(x)$,如何求它在点 $P(x_0, f(x_0))$ 处的切线呢?上述定义是否适用于一般曲线呢?

例 1 中对圆的研究给我们启示,可先求切线的斜率,并进一步探索斜率的求法:

如图 5.1(2)-5,设 $Q(x_0+h, f(x_0+h))$ 是曲线上任意一点,割线 PQ 的斜率为

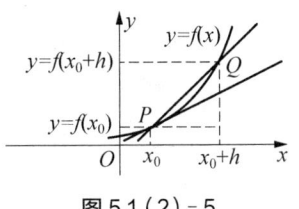

图 5.1(2)-5

$$k_{PQ}=\frac{y_Q-y_P}{x_Q-x_P}=\frac{f(x_0+h)-f(x_0)}{h}.$$

当点 Q 沿曲线趋近于点 P 时,割线 PQ 的斜率趋近于某一个稳定的值,这个稳定值 $\lim\limits_{h\to 0}\dfrac{f(x_0+h)-f(x_0)}{h}$ 就是函数 $y=f(x)$ 在 $x=x_0$ 处的瞬时变化率 $f'(x_0)$,因此,函数 $y=f(x)$ 在 $x=x_0$ 处的导数 $f'(x_0)$ 就是曲线 $y=f(x)$ 在点 P 处的切线的斜率,函数 $y=f(x)$ 在点 P 处的切线方程为

$$y-f(x_0)=f'(x_0)(x-x_0).$$

(四)例题讲解,巩固新知

例 2 已知 $f(x)=x^2$,求曲线 $y=f(x)$ 在点 $P(1,1)$ 处的切线方程.

解 先求曲线 $y=f(x)$ 在点 $P(1,1)$ 处切线的斜率 $f'(1)$:

当 $h\neq 0$ 时,$\dfrac{f(1+h)-f(1)}{h}=\dfrac{(1+h)^2-1^2}{h}=2+h$,

当 h 趋近于 0 时,$f'(1)=\lim\limits_{h\to 0}(2+h)=2$.

因此,曲线 $y=x^2$ 在点 $P(1,1)$ 处切线的斜率为 2.

所求直线方程为 $y-1=2(x-1)$,即 $2x-y-1=0$.

例 3 已知 $f(x)=x^3$,求曲线 $y=f(x)$ 在点 $P(0,0)$ 处的切线方程.

解 先求曲线 $y=f(x)$ 在点 $P(0,0)$ 处切线的斜率 $f'(0)$:当 $h\neq 0$ 时,$\dfrac{f(0+h)-f(0)}{h}=\dfrac{h^3-0}{h}=h^2$,

---

通过对圆上一点处切线的研究,引导学生从特殊情况拓展至一般曲线的研究,并从数学的角度体验数学研究问题的一般过程.

此处并不追求过分严格的证明,让学生感受到一般意义下的数学推理即可.

揭示导数的几何意义:切线的斜率.

例 2 巩固导数的几何意义,掌握求切线方程的一般方法.

当 h 趋近于 0 时，$f'(0)=\lim\limits_{h\to 0}h^2=0$.

因此，曲线 $y=x^3$ 在点 $P(0,0)$ 处切线的斜率 0.

所求直线方程为 $y=0$.

函数 $y=x^3$ 在 $x=0$ 处的导数为零，此时曲线的切线是一条水平直线.

通常将导数为零的点称为函数的驻点，例如 $x=0$ 是函数 $y=x^3$ 的驻点. 曲线在其驻点处的切线是一条水平直线.

(五) 课堂练习，迁移应用

1. 已知 $f(x)=3x^2$，分别求曲线 $y=f(x)$ 在点 $P(-1,3)$ 和点 $Q(1,3)$ 处的切线方程.

解　$f'(x)=\lim\limits_{h\to 0}\dfrac{f(x+h)-f(x)}{h}$

$=\lim\limits_{h\to 0}\dfrac{3(x+h)^2-3x^2}{h}$

$=\lim\limits_{h\to 0}(6x+3h)=6x$.

当 $x=-1$ 时，$f'(-1)=-6$，则经过点 P 处的切线方程为 $6x+y+3=0$；

当 $x=1$ 时，$f'(1)=6$，则经过点 Q 处的切线方程为 $6x-y-3=0$.

2. 借助函数图像，判断下列导数的正负（可利用信息技术工具）.

(1) $f'\left(\dfrac{\pi}{4}\right)$，其中 $f(x)=\sin x$；

(2) $f'(0)$，其中 $f(x)=\left(\dfrac{1}{2}\right)^x$.

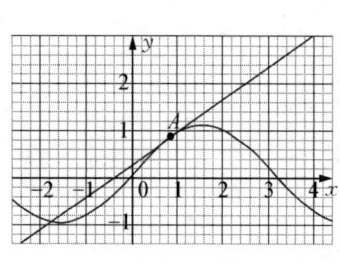
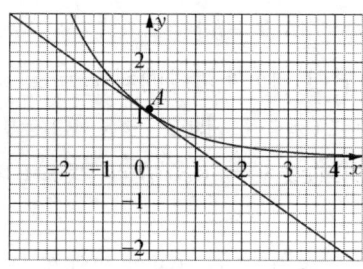

解　(1) $f'\left(\dfrac{\pi}{4}\right)>0$；(2) $f'(0)<0$.

例 3 进一步巩固和提升学生对曲线上一点处切线定义的理解与运用，掌握切线方程的求法.

引入新概念"驻点"，同时注意概念的辨析，它本身并不是一个点，可以类比"零点"概念.

对曲线上一点处的切线的概念及求法进行巩固.

巩固导数的几何意义，并做直观展示，为后续学习做准备.

（六）课堂小结，布置作业

课堂小结：

1. 借助"割圆术"进一步理解了数学中"逼近"的思想，体会"以直代曲"的思想在研究几何问题中的应用.

2. 导数的几何意义是曲线上某一点处切线的斜率.

3. 求曲线的切线方程可以利用导数先求出该切线的斜率，然后利用点斜式方程求出切线的方程.

4. 导数 $f'(x_0)$ 是函数 $y=f(x)$ 在 $x=x_0$ 处的瞬时变化率，在运动问题中它是瞬时速度，在几何问题中它是切线的斜率，通过导数还可以研究哪些与"瞬时变化率"有关的问题呢？有兴趣的同学可以阅读教材后续章节进行了解.

课后作业：

基础练习

1. 函数 $y=f(x)$ 的图像如图 5.1(2)-6 所示.

（1）求割线 PQ 的斜率；

（2）当点 Q 沿曲线向点 P 运动时，割线 PQ 的斜率会变大还是变小？

2. 已知 $f(x)=-x^2$，求曲线 $y=f(x)$ 在下列各点处的切线斜率，并说明这些斜率的值是如何随着自变量的变化而变化的：

（1）$x=-2$；　（2）$x=-1$；　（3）$x=0$；

（4）$x=1$；　（5）$x=2$.

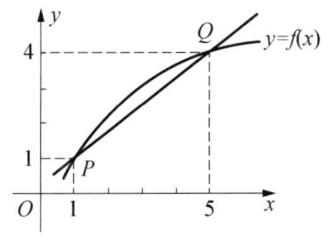

图 5.1(2)-6

3. 借助函数图像，判断下列导数的正负：

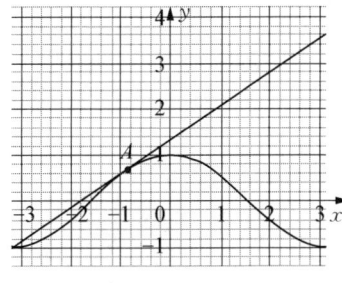 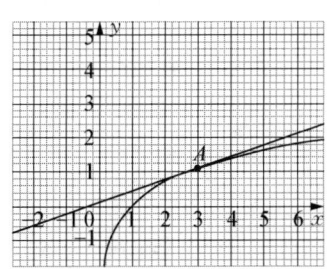

(1) $f'\left(-\dfrac{\pi}{4}\right)$，其中 $f(x)=\cos x$；

(2) $f'(3)$，其中 $f(x)=\ln x$.

4. 如果曲线 $y=f(x)$ 上一点 $(1,3)$ 处的切线过点 $(0,2)$，则有（　　）.

　A. $f'(1)>0$　　　　　　B. $f'(1)=0$

　C. $f'(1)<0$　　　　　　D. $f'(1)$ 不存在

5. 求曲线 $y=x^3-2x^2$ 在点 $(1,-1)$ 处的切线方程.

6. 已知曲线 $y=f(x)$ 在 $x=1$ 处的切线方程为 $y=4x-3$，求 $f(1)$ 和 $f'(1)$.

能力拓展（选做）

1. 根据导数的几何意义，求函数 $y=\sqrt{4-x^2}$ 在下列各点处的导数：

(1) $x=-1$；　(2) $x=0$；　(3) $x=1$.

2. 如图 5.1(2)-7，已知直线 l 是曲线 $y=f(x)$ 在 $x=3$ 处的切线，求 $f'(3)$.

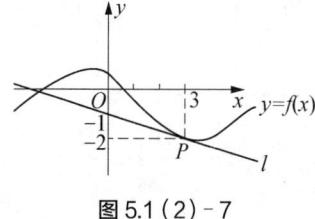

图 5.1(2)-7

基础练习答案：

1. (1) $\dfrac{3}{4}$；(2) 逐渐变大.　2. (1) $k=4$；(2) $k=2$；(3) $k=0$；(4) $k=-2$；(5) $k=-4$. 这些斜率的值随自变量的增大而减小.　3. (1) $f'\left(-\dfrac{\pi}{4}\right)>0$；(2) $f'(3)>0$.　4. A.

5. $y=-x$.　6. $f(1)=1$，$f'(1)=4$.

能力拓展答案：

1. (1) $x=-1$ 时，$y'=\dfrac{\sqrt{3}}{3}$；(2) $x=0$ 时，$y'=0$；(3) $x=$

1 时，$y' = -\frac{\sqrt{3}}{3}$. 提示：$y' = \lim\limits_{h \to 0} \frac{f(x+h)-f(x)}{h} =$
$\lim\limits_{h \to 0} \frac{\sqrt{4-(x+h)^2}-\sqrt{4-x^2}}{h} = \lim\limits_{h \to 0} \frac{-2x-h}{\sqrt{4-(x+h)^2}+\sqrt{4-x^2}} =$
$\frac{-x}{\sqrt{4-x^2}}$. 2. $f'(3) = -\frac{1}{3}$. 提示：如图所示，直线经过点 $(3,-2),(0,-1)$.

■ 练习反馈、互动提问 ■

1. 曲线上经过点 P 的割线斜率与经过点 P 的切线斜率的关系是怎样的？

2. 如何给出曲线上一点处的切线方程？试描述其一般过程.

3. 瞬时速度和导数几何意义的研究都运用到了极限"逼近"和"以直代曲"思想，这种思想还可以用来解决什么问题呢？课后可查阅资料尝试完成.

■ 结束语 ■

割之弥细，所失弥少，割之又割，以至于不可割，则与圆合体，而无所失矣. ——刘徽

■ 备课资源 ■

一、割圆术

刘徽（约 225 年—约 295 年），魏晋时期伟大的数学家，中国古典数学理论的奠基人之一.《晋书卷一十六志第六》记载：刘徽在曹魏景元四年注《九章算术》，对书中很多问题做了注释和补充证明，这显示出他卓越的数学才能，他也是世界上最早提出十进小数概念的人，并用十进小数来表示无理数的立方根. 在代数方面，他正确地提出了正负数的概念及其加减运算的法则，改进了线性方程组的解法. 在几何方面，提出了"割圆术"，即将圆周用内接或外切正多边形穷竭的一种求圆面积和圆周长的方法. 他用割圆术，从直径为 2 尺的圆内接正六边形开始割圆，依次得

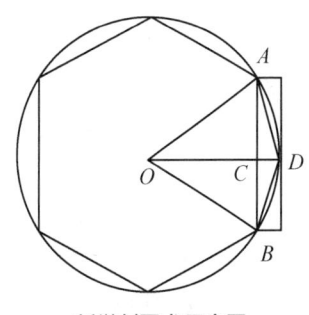

刘徽割圆术示意图

正 12 边形、正 24 边形……，割得越细，正多边形面积和圆面积之差越小，用他的原话说是："割之弥细，所失弥少，割之又割，以至于不可割，则与圆合体，而无所失矣."他计算了 3072 边形面积并求出了圆周率 π 的近似值 3.1416，后人称之为徽率. 其思想与古希腊穷竭法不谋而合. 割圆术在圆周率计算史上曾长期使用. 1610 年德国数学家柯伦用 2^{62} 边形将圆周率计算到小数点后 35 位. 1630 年格林贝尔格利用改进的方法计算到小数点后 39 位，成为割圆术计算圆周率的最精确结果.

二、莱布尼茨与微积分

莱布尼茨与牛顿两位被共同认为是微积分的创始人,他们在彼此并不清楚对方工作的情况下各自发明了"微积分".

莱布尼茨(1646年—1716年)出生于罗马帝国的莱比锡(今德国),14岁时进入莱比锡大学念书,20岁时完成学业,专攻法律和一般大学课程.虽然他的职业是律师,但他在数学上的成就也十分耀眼,让我们一起来重温他在微积分方面的成就.

1675年,莱布尼茨引入符号$\mathrm{d}x$和$\int$,进一步探索两者的运算关系.

1676年,得出幂函数的微分和积分公式.

1677年,推导得出微积分的基本定理、两个函数的和差积商以及幂和方根法则,复合函数的链式法则.

1684年,发表《一种求极大值、极小值和切线的新方法》.

1686年,发表《深奥的几何与不可分量及无限的分析》.

1714年,莱布尼茨撰写了《微分学的历史和起源》,在这本书中,他记载了一些自己的思想发展.

5.2(1) 基本初等函数的导数

(本教学设计由上海交通大学附属中学嘉定分校周慧老师提供)

▪ 教学内容分析 ▪

"导数的运算"是第5章"导数及其应用"第二节的内容,"导数的运算"教学的完成共需三个课时.本节课"基本初等函数的导数"为第一课时内容,在前一节已经掌握"导数的概念及意义"的基础上,先从特定的导数值出发,引出导函数的定义,然后对已经学习过的初等函数,如:常值函数、幂函数、指数函数、对数函数、三角函数等,按照导数的定义研究其导函数.整个探究方式遵循从特殊到一般再到特殊的方式,比较符合学生的认知.

"基本初等函数的导数"这一课,既进行了新知识的学习,同时还能巩固学生对导数的概念及意义的理解,还能形成一些初步的结论,获得一些学习方法,可为后续的学习打下基础,今后在高等数学中将会进一步深化.

例题通过计算$f(x)=C$,$f(x)=kx+b$的导函数,掌握求导函数的基本方法,其他初等函数的导函数可类比计算得到.这样学生对于导函数的来源会有一个更清晰、完整的认识,而不仅仅是背公式.同时,在计算的过程中,融入导函数的几何意义,体会同一数学问题的不同表达,领悟不同数学问题之间的等价转化对解决问题的作用.本节是导函数的起始课,具有承上启下的作用.(以下"导函数"简称"导数")

■ **教学目标设置** ■

1. 通过现实情景提出实际问题,掌握一些基本初等函数的导数的求法(定义),并能体会到导数存在的必要性.

2. 借助导数的几何意义,领悟一次函数导数的几何意义,进一步感悟代数与几何的完美融合之美.

3. 经历定义法推导部分函数的导数公式的过程,掌握一些基本初等函数的导数公式,并能用来解决简单的求导问题.

■ **教学重点及学习难点** ■

教学重点:(1) 导数公式的推导过程;

(2) 六种基本初等函数的导数公式(常值函数、一次函数、幂函数、指数函数、对数函数、三角函数等函数的导数).

学习难点:导数公式的推导过程.

■ **学生情况分析** ■

在定义了函数在 $x=x_0$ 处的导数后,学生已初步了解导数,它是函数的瞬时变化率,比如,可以对应物体的瞬时速度,因为当物体的运动非匀速时,它的瞬时速度就不能简单的用运动距离去除以运动时间,否则在给定的瞬间,会出现 $\dfrac{0}{0}$ 这样没有意义的情形,而事实上物体在每一刻都有速度,求变速运动物体的瞬时速度也是微积分最基本的现实原型之一.数学是现实世界的抽象,具体的现实模型对导数概念的理解非常重要.学生通过学习还知道导数与曲线的切线问题有关.基于导数的重要性,学生更易理解学习导数的必要性.在课题引入时,可以先从最简单的实际问题入手,如通过求物体在任意时刻的瞬时速度引出导函数的概念,从此踏上用数学解决现实问题之旅.

■ **教学流程** ■

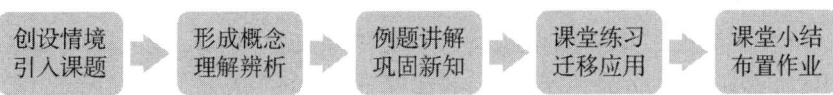

教学设计	设计意图

（一）创设情境，引入课题

问题 设物体运动路程与时间的函数关系是 $f(t)=10-5t^2+6.5t$，求运动物体在 $t=2\,\text{s}$ 时的瞬时速度，并画出在 $2\,\text{s}\sim 5\,\text{s}$ 间，物体的瞬时速度关于时间的函数的大致图像.

我们知道，物体在 $t=2\,\text{s}$ 时的瞬时速度就是函数的导数，所以 $f'(2)=\lim\limits_{h\to 0}\dfrac{f(2+h)-f(2)}{h}=-13.5$.

解法 1 瞬时速度是关于时间的函数，可用函数的知识，通过列表与描点法画图（表 5.2(1)-1、图 5.2(1)-1）.

表 5.2(1)-1

t	2	2.5	3	3.5	4	4.5	5
$f'(t)$	-13.5	-18.5	-23.5	-28.5	-33.5	-38.5	-43.5

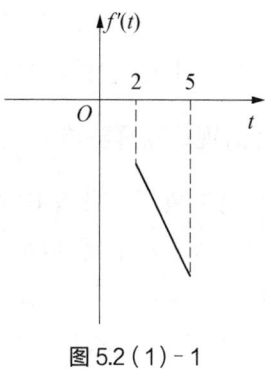

图 5.2(1)-1

解法 2 问题等价于求速度关于时间的函数，所以还可以应用物理知识解决问题.

解法 3 用导数的定义求出在任意 $t=t_0$ 处的导数值（将 t_0 看作参数），得到关于 t_0 的表达式. 一般情况下，这个表达式也就是所求的函数关系.

$$f'(t_0)=\lim\limits_{h\to 0}\dfrac{f(t_0+h)-f(t_0)}{h}=-10t_0+6.5.$$

所以物体在运动过程中，对区间 $[2,5]$ 之间的每一时刻，

牛顿在 1965 年 11 月发明正流数术（微分法），并于次年 5 月建立反流数术（积分法），同年写出的总结性论文《1666 年 10 月流数简论》，简称《流数简论》，是数学史上首篇系统的微积分文献. 从历史上看，微积分是继欧几里得几何学之后数学中最伟大的创造，微积分的诞生开创了数学乃至整个科学历史的新篇章. 它的产生历时长久，有着深刻的社会背景，众多科学问题的解决都离不开这一新的数学工具，包括：瞬时速度问题，切线问题，函数的计算问题，面积、体积、曲线长、重心和引力的计算等.

从具体问题出发，由特殊到一般，得出导函数的概念，并引出求导函数的计算方

都对应一个确定的导数,于是在$[2,5]$内所有的导数$f'(t)$构成一个新的函数$f'(t)=-10t+6.5$.这个新的函数称为函数$y=f(t)$的导函数.

(二) 形成概念,理解辨析

导函数(导数):对函数$y=f(x)$,在导数存在的前提下,对于给定的x_0,总有一个确定的导数值$f'(x_0)$与之对应,换句话说,如果用x表示自变量,那么$f'(x)$是一个关于x的函数.将$f'(x)$称为$y=f(x)$的导函数(也简称为导数),记作

$$f'(x) = \lim_{h \to 0} \frac{f(x+h)-f(x)}{h}.$$

求一个函数的导(函)数的过程常常简称为求导.

有了导函数,求函数$y=f(x)$在某点处的导数的问题,可以通过简单的代入求值来解决.

(三) 例题讲解,巩固新知

根据导数的定义,可以求出一些基本初等函数的导数.

例 1 求常数函数$f(x)=C$的导数.

解 当$h \neq 0$时,$\dfrac{f(x+h)-f(x)}{h}=\dfrac{C-C}{h}=\dfrac{0}{h}=0$,

因此,当h趋近于0时,$f'(x)=\lim\limits_{h \to 0} 0=0$.

$f(x)=C$的导数还可以从它的几何意义进行考察,坐标平面中的曲线$f(x)=C$是平面上与x轴平行的直线,该直线上任意两点的割线都是这条直线本身,从而该直线上任意两点的切线也是这条直线本身.由于该直线上任意一点处的切线的斜率都是0,即对任意x_0,都有$f'(x_0)=0$.

若物体运动中路程关于时间的函数为$y=C$,则$y'=0$表示物体的瞬时速度始终为0,即一直处于静止状态.

类似的分析还可以求出一次函数$f(x)=kx+b$的导数.因为$y=kx+b$的图像是一条直线,该直线上任意一点处的切线的斜率都是k,即对任意x_0,都有$f'(x_0)=k$,从而$f'(x)=k$.从几何上推出的这个结论可用导数定义验证,如例 2.

法.进一步,再归纳求函数的导数的方法.通过特殊函数的导数概念,抽象出一般函数的导数概念及计算方法.理解求函数的导数的必要性.

历史上微积分的定义并不是现在看到的这样,在十七、八世纪围绕微积分最初的基础定义曾发生过激烈的争论,并引发了第二次数学危机.危机的解决最终完善了微积分的定义和与实数相关的理论系统,同时还解决了第一次数学危机中关于无穷计算的连续性问题,并将微积分的应用推向了所有与数学相关的学科中.

理解用定义法求导的过程,引导学生主动思考导数的本质特性,以及如何研究其他函数的求导方法.

类比极限的性质或结论,可以从某些基本初等函数入手.

除了用定义法求函数的导数很重要外,导数的几何意义在很多情况下也很重要.

例2 求一次函数 $f(x)=kx+b$ 的导数.

解 当 $h\neq 0$ 时,$\dfrac{f(x+h)-f(x)}{h}=\dfrac{hk}{h}=k$,

因此,当 h 趋近于 0 时,$f'(x)=\lim\limits_{h\to 0}k=k$.

事实上,这两个计算几乎一模一样,再仔细比较,甚至发现例2根本就包含了例1.只是我们在研究的时候,往往是从最基本情况入手.

若物体运动中路程关于时间的函数为 $y=kx+b$,则 $y'=k$ 表示物体做瞬时速度为 k 的匀速运动.

例3 求下列幂函数 $y=f(x)$ 的导数,其中:

(1) $f(x)=x^2$;(2) $f(x)=x^{-1}$;(3) $f(x)=x^{\frac{1}{2}}$.

解 当 $h\neq 0$ 时,

(1) $\dfrac{f(x+h)-f(x)}{h}=\dfrac{(x+h)^2-x^2}{h}=2x+h$.

因此,当 h 趋近于 0 时,$f'(x)=\lim\limits_{h\to 0}(2x+h)=2x$.

(2) $\dfrac{f(x+h)-f(x)}{h}=\dfrac{(x+h)^{-1}-x^{-1}}{h}$

$=\dfrac{x-(x+h)}{x(x+h)h}=\dfrac{-1}{x(x+h)}$.

因此,当 h 趋近于 0 时,$f'(x)=\lim\limits_{h\to 0}\dfrac{-1}{x(x+h)}=-x^{-2}$.

(3) $\dfrac{f(x+h)-f(x)}{h}=\dfrac{\sqrt{x+h}-\sqrt{x}}{h}$

$=\dfrac{(\sqrt{x+h}-\sqrt{x})(\sqrt{x+h}+\sqrt{x})}{h(\sqrt{x+h}+\sqrt{x})}$

$=\dfrac{1}{\sqrt{x+h}+\sqrt{x}}$,

因此,当 h 趋近于 0 时,

$f'(x)=\lim\limits_{h\to 0}\dfrac{1}{\sqrt{x+h}+\sqrt{x}}=\dfrac{1}{2\sqrt{x}}=\dfrac{1}{2}x^{-\frac{1}{2}}$.

对幂函数的求导计算,这里只推导了几个特殊情况,事实上还有一些也能用定义推出,比如 $y=x^{-2}$、$y=x^3$ 等,它们也都是常见的幂函数.一般地,幂函数 $y=x^\alpha(\alpha\in \mathbf{R})$ 的导数也

例1和例2都具有一般性,所以这是两个基础且重要的结论:

(1) $(C)'=0$;

(2) $(kx+b)'=k$.

例1和例2对线性函数用定义求导,为这里的幂函数的求导做铺垫.例3让学生进一步体会用定义求导数的过程,对 $\dfrac{f(x+h)-f(x)}{h}$ 的常见变形能熟练掌握,同时引导学生对结果进行归纳总结.

都存在,但从上述计算过程可以看出,想用定义求所有幂函数的导数就要困难一些了. 可以先考虑求 $f(x)=x^n$(n 为大于 1 的正整数) 的导数,公式中的 $(x+h)^n$ 可用第六章的二项式定理展开, $\dfrac{f(x+h)-f(x)}{h}=\dfrac{(x+h)^n-x^n}{h}=nx^{n-1}+\dfrac{n(n-1)}{2}x^{n-2}h+\cdots+h^{n-1}.$

因此,当 h 趋近于 0 时,$f'(x)=nx^{n-1}$.

这里推导的是正整数的情形,事实上对实数次幂依然成立.

为了更便捷地处理求导问题,通常将以下基本初等函数的导数作为公式使用:

(1) $(C)'=0$,C 为常数;

(2) $(x^\alpha)'=\alpha x^{\alpha-1}$,$\alpha$ 为常数;

(3) $(e^x)'=e^x$;

(4) $(\ln x)'=\dfrac{1}{x}$;

(5) $(\sin x)'=\cos x$;

(6) $(\cos x)'=-\sin x$.

例 4 已知函数 $f(x)=\dfrac{1}{x^2}$,求 $f'(2)$.

解 因为 $f'(x)=(x^{-2})'=-2x^{-3}$,所以

$$f'(2)=-2\cdot 2^{-3}=-\dfrac{1}{4}.$$

例 5 求正弦函数 $f(x)=\sin x$ 的驻点.

解 $f'(x)=(\sin x)'=\cos x$,由 $f'(x)=0$ 得 $x=k\pi+\dfrac{\pi}{2}(k\in \mathbf{Z})$,所以 $f(x)=\sin x$ 的驻点为 $x=k\pi+\dfrac{\pi}{2}$ $(k\in \mathbf{Z})$.

考虑导数的几何意义,从函数图像上看,函数的驻点对应导数为零,其实就是函数图像在驻点处的切线斜率为零,即图像在驻点处有水平切线. 另外,还有一些函数的图像也是存在水平切线的,比如:二次函数、余弦函数,同时,也有一些函数的图像在任意点处的切线斜率始终大于零,比如:$f(x)=$

事实上,对公式(2)的特殊情况讲解求导后,可以通过类比的方法得到 $\alpha\in \mathbf{R}$ 时的结果. 当然,如果学生对这个公式的完整推导感兴趣,可参阅高等数学教科书来完成.

例 4 在不用定义求导数值的情形下,应用导数公式来解决导数值的问题. 同时,这也是一般与特殊的关系,$f'(2)$ 是导数 $f'(x)$ 的一个特殊值.

从导数的定义与对应的函数图像,可以得到一些性质.

x^a(其中 $a>0, x\in(0,+\infty)$)、指数函数 $f(x)=a^x(a>1)$、对数函数 $f(x)=\log_a x(a>1)$ 等,也存在图像在任意点处的切线斜率始终小于零的函数.这些也都可以从导数的定义及公式进行证明,同时还可以发现任意点处的切线斜率始终大于零(小于零)的图像对应的函数具有单调性,这一性质会在后续课程中重点学习.

(四)课堂练习,迁移应用

1. 用导数的定义求函数 $f(x)=x^2+3x-5$ 的导数.

解 $f'(x)=\lim\limits_{h\to 0}\dfrac{f(x+h)-f(x)}{h}$

$=\lim\limits_{h\to 0}\dfrac{(x+h)^2+3(x+h)-5-x^2-3x+5}{h}$

$=\lim\limits_{h\to 0}\dfrac{2xh+h^2+3h}{h}=\lim\limits_{h\to 0}(2x+h+3)=2x+3.$

通过该练习,巩固定义法求导.

2. 用公式求下列函数的导数:

(1) $f(x)=\sqrt[3]{x^2}$;(2) $f(x)=x^\pi$.

解 (1) $f'(x)=\dfrac{2}{3}x^{\frac{2}{3}-1}=\dfrac{2}{3}x^{-\frac{1}{3}}.$

(2) $f'(x)=\pi x^{\pi-1}.$

对基本初等函数的导数公式进行运用,增强熟练度.

3. 求余弦函数 $f(x)=\cos x$ 在 $x=\dfrac{\pi}{2}$ 处的导数.

解 $f'(x)=-\sin x$,所以 $f'\left(\dfrac{\pi}{2}\right)=-1.$

4. 证明函数 $f(x)=\ln x$ 与 $f(x)=e^x$ 没有驻点.

证明 对 $f(x)=\ln x, x\in(0,+\infty), f'(x)=\dfrac{1}{x}$,对定义域中任意 $x,\dfrac{1}{x}\neq 0$.故 $f'(x)=0$ 无解,函数 $f(x)=\ln x$ 没有驻点.

对 $f(x)=e^x, x\in \mathbf{R}, f'(x)=e^x>0$ 恒成立,故 $f'(x)=0$ 无解,函数 $f(x)=e^x$ 没有驻点.

通过证明,更好地理解指数函数与对数函数的图像上不存在水平切线.

(五)课堂小结,布置作业

课堂小结:

1. 通过实际问题理解求导的重要性与必要性.

2. 基本初等函数的导数公式,在之后的解题中能直接使用,这为今后的计算提供了相当大的便利,避免了重复劳动.

3. 从导数公式的推导中,理解从特殊到一般的思想对解决问题的重要性.

4. 通过本节课的学习,你有哪些收获?体会到了哪些数学思想方法?你还有什么疑惑吗?

课后作业:

基础练习

1. 求下列函数的导数.

(1) $f(x)=\pi$;(2) $f(x)=\sqrt[3]{x^5}$;(3) $f(x)=\dfrac{1}{x^3}$.

2. 求曲线 $y=\cos x$ 在 $x=\dfrac{\pi}{2}$ 处的切线方程.

3. 已知曲线 $y=x^3$ 在异于原点的点 P 处切线的斜率为 a.

(1) 求点 P 的坐标;(2) 判断 a 的正负.

4. 求曲线 $y=\dfrac{1}{x}$ 的平行于直线 $y=-x$ 的切线及其切点坐标.

5. 某种动物的体温 T(单位:摄氏度)与太阳落山后的时间 t(单位:分钟)满足函数关系 $T(t)=\dfrac{120}{t+5}+15$.

(1) 当 $t=5$ 时,求该动物体温的瞬时变化率;

(2) 在哪一刻该动物体温的瞬时变化率是 -2 摄氏度/分钟(精确到 0.1)?

能力拓展(选做)

1. 直线 $y=-x+b$ 是下列曲线的切线吗?如果是,请求出 b 的值,如果不是,请说明理由.

(1) $y=\ln x$,(2) $y=\dfrac{2}{x}$.

2. 吹一个球形的气球时,空气容量 V 将随气球半径 r 的增加而变化.

(1) 写出气球内空气容量 V 关于气球半径 r 的函数表达式;

(2) 求 $V=1$ 时,气球的瞬时膨胀率(即气球内空气容量

通过课堂小结,帮助学生回顾本节课学习的内容,将知识进行梳理,了解本单元的内容与联系.

课堂小结鼓励学生自己完成,或者在教师的引导下完成,同时反思自己在学习中遇到的问题和思考,以及可以继续研究的地方.

关于气球半径的瞬时变化率).

基础练习答案：

1. (1) 0；(2) $\dfrac{5}{3}x^{\frac{2}{3}}$；(3) $-3x^{-4}$. 2. $y=-x+\dfrac{\pi}{2}$.

3. (1) 点 P 的坐标为 $\left(\dfrac{\sqrt{3a}}{3},\dfrac{a\sqrt{3a}}{9}\right)$ 或 $\left(-\dfrac{\sqrt{3a}}{3},-\dfrac{a\sqrt{3a}}{9}\right)$；
(2) 为正号. 4. 切点为 $(1,1)$ 或 $(-1,-1)$；对应切线方程分别为 $x+y-2=0$ 或 $x+y+2=0$. 5. (1) $T'(5)=-1.2$ 摄氏度/分钟；(2) $t=2.7$ 时.

能力拓展答案：

1. (1) 不是；(2) 是，b 的值为 $\pm 2\sqrt{2}$. 提示：$y=-x+b$ 的斜率为 -1. (1) $(\ln x)'=\dfrac{1}{x}=-1\Rightarrow x=-1$，不在 $y=\ln x$ 的定义域 $(0,+\infty)$ 中；(2) $\left(\dfrac{2}{x}\right)'=-\dfrac{2}{x^2}=-1\Rightarrow x=\pm\sqrt{2}$，所以 $y=\dfrac{2}{x}$ 在点 $(\sqrt{2},\sqrt{2})$ 处的切线为 $y=-x+2\sqrt{2}$，在点 $(-\sqrt{2},-\sqrt{2})$ 处的切线为 $y=-x-2\sqrt{2}$. 2. (1) $V=\dfrac{4}{3}\pi r^3$；(2) $\sqrt[3]{36\pi}$. 提示：$V'=4\pi r^2$，而 $V=1$ 时，$r=\sqrt[3]{\dfrac{3}{4\pi}}$，代入 V' 中，得此时气球的瞬时膨胀率 $\sqrt[3]{36\pi}$.

■ 练习反馈、互动提问 ■

1. 基本初等函数的导数公式是否都能用定义证明？

2. 在我们熟悉的基本初等函数中，(1) 哪些函数的图像存在水平切线？(2) 哪些函数的图像在所有点处的切线斜率始终大于 0？

3. 我们知道，奇偶性是函数的整体性质，而单调性是局部性质. 那么，可导是函数的整体性质，还是局部性质呢？

4. 查阅参考资料，证明导数公式：$(\sin x)'=\cos x$.

■ 结束语 ■

有谁不曾被 $y=e^x$ 惊艳过？就像是浴火重生的凤凰一般，它从自身的导数中一飞冲天. (弗朗索瓦·勒利奥内)

■ 备课资源 ■

《数学分析》(第四版. 上册)，华东师范大学数学系(编)，高等教育出版社，2010.7.

5.2(2)　导数的四则运算

（本教学设计由上海交通大学附属中学嘉定分校耿亮提供）

■ **教学内容分析** ■

"导数的四则运算"是选择性必修第二册第 5 章"导数及其应用"第二节"导数的运算"第二课时的内容. 在前几节课中, 学生已经学完六类基本初等函数的导数, 并掌握了用定义求函数的导数的基本方法, 进而期待求任意函数的导数. 但任意函数的求导总用定义既运算复杂, 又耗时耗力, 也做了很多重复性的工作. 研究并掌握求导运算的规律可以把求导从繁琐的重复性运算中解救出来, 从而快速求得更多函数的导数.

■ **教学目标设置** ■

1. 掌握有限个函数的和差积商的求导公式, 熟练运用公式求简单初等函数的导数, 能利用导数的几何意义求切线方程.

2. 通过导数的定义求函数和的导数, 由结果猜测函数和、差的导数求法, 再通过严谨论证说明结果的正确性, 然后由定义推导积、商的求导方法, 并从中体会数学的科学性和严谨性.

3. 进一步培养从特殊到一般的思维方法, 通过大胆猜想、小心论证的探究过程逐步培养学生的数学运算和逻辑推理等核心素养.

■ **教学重点及学习难点** ■

教学重点: 函数的和差积商的导数公式与应用.

学习难点: 导数四则(积、商)运算法则的严格证明.

■ **学生情况分析** ■

本节课是在学生已经学习完了导数的定义, 并初步掌握了基本初等函数的求导公式后展开的. 因为我们不可能总使用定义去逐一求每个函数的导数, 因而关注一些初等函数的和差积商的导数既显得自然, 又很有必要. 对于初等函数的和差的求导公式, 从特殊入手, 大胆猜想, 并小心论证, 使用到的理论知识并未超出学生的认知范畴. 而积和商的求导公式按照思维惯式会猜出错误答案, 如何巧妙纠偏其实并不容易, 这是本节课的难点. 关于积和商的求导公式, 可根据学生的层次水平酌情考虑是否需要严格推导. 当然, 每个学生至少要记得并会使用积和商的求导公式, 这也是新课标要求的.

■ **教学流程** ■

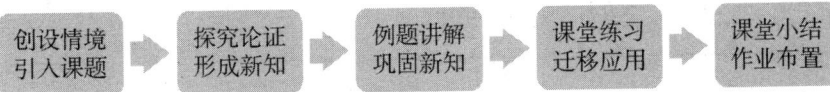

▪ **教学过程设计** ▪

教学设计	设计意图
(一) 创设情境，引入课题 　　思考　函数 $f(x)=x^2+x$ 的导函数是什么？ 　　用定义可求得：$f'(x)=2x+1$， 　　容易看到：$(x^2+x)'=(x^2)'+(x)'$， 　　猜想　$(f(x)+g(x))'=f'(x)+g'(x)$. 　　证明　由定义得 $$\lim_{h\to 0}\frac{[f(x+h)+g(x+h)]-[f(x)+g(x)]}{h}$$ $$=\lim_{h\to 0}\frac{[f(x+h)-f(x)]+[g(x+h)-g(x)]}{h}$$ $$=\lim_{h\to 0}\frac{[f(x+h)-f(x)]}{h}+\lim_{h\to 0}\frac{[g(x+h)-g(x)]}{h}$$ $$=f'(x)+g'(x).$$ (二) 探究论证，形成新知 　　对函数 $y=f(x)$ 与 $y=g(x)$，如果 $y=f(x)$ 与 $y=g(x)$ 均可导，我们有 $$(f(x)\pm g(x))'=f'(x)\pm g'(x), \qquad (7)$$ $$(f(x)g(x))'=f'(x)g(x)+f(x)g'(x), \qquad (8)$$ $$\left(\frac{f(x)}{g(x)}\right)'=\frac{f'(x)g(x)-f(x)g'(x)}{g^2(x)}, g(x)\neq 0. \quad (9)$$ (公式(8)的证明) 　　证明　当 $h\neq 0$ 时， $$f(x+h)g(x+h)-f(x)g(x)$$ $$=f(x+h)g(x+h)-f(x)g(x+h)+f(x)g(x+h)-f(x)g(x)$$ $$=[f(x+h)-f(x)]g(x+h)+f(x)[g(x+h)-g(x)].$$ 所以 $\dfrac{f(x+h)g(x+h)-f(x)g(x)}{h}$	先让同学们用定义求得 $f'(x)=2x+1$. 一来复习上一节的内容，二来亲身感受用定义求导函数的麻烦，三来从结果中发掘和猜想函数的和的求导法则. 公式(7)告诉我们：两个函数的和(或差)的导数，等于这两个函数的导数和(或差). 公式(8)告诉我们：两个函数的积的导数，等于第一个函数的导数乘上第二个函数，再加上第一个函数乘上第二个函数的导数. 公式(9)告诉我们：两个函数的商的导数，等于分子的导数乘上分母，减去分母的导数乘上分子，再除以分母的平方.

$$= \frac{f(x+h)-f(x)}{h}g(x+h)+f(x) \cdot$$

$$\frac{g(x+h)-g(x)}{h}.$$

故 $\lim\limits_{h \to 0} \frac{f(x+h)g(x+h)-f(x)g(x)}{h}$

$$=\lim_{h \to 0} \frac{f(x+h)-f(x)}{h} \cdot g(x+h)$$

$$+f(x) \cdot \lim_{h \to 0} \frac{g(x+h)-g(x)}{h}.$$

由于 $g'(x)$ 存在,故 $y=g(x)$ 在 x 处连续,即 $\lim\limits_{h \to 0} g(x+h)=g(x)$. 所以上式 $=f'(x)g(x)+f(x) \cdot g'(x)$.

(公式(9)的证明)

证明 当 $h \neq 0$ 时,

$$\frac{\frac{f(x+h)}{g(x+h)}-\frac{f(x)}{g(x)}}{h}$$

$$=\frac{\frac{f(x+h)g(x)-f(x)g(x+h)}{g(x+h)g(x)}}{h}$$

$$=\frac{\frac{[f(x+h)-f(x)]g(x)-f(x)[g(x+h)-g(x)]}{g(x+h)g(x)}}{h}$$

$$=\frac{\frac{f(x+h)-f(x)}{h} \cdot g(x)-f(x) \cdot \frac{g(x+h)-g(x)}{h}}{g(x+h)g(x)}.$$

由于 $g'(x)$ 存在,故 $y=g(x)$ 在 x 处连续,即 $\lim\limits_{h \to 0} g(x+h)=g(x) \neq 0$,故由极限的四则运算法则知:

$$\lim_{h \to 0} \frac{\frac{f(x+h)-f(x)}{h} \cdot g(x)-f(x) \cdot \frac{g(x+h)-g(x)}{h}}{g(x+h)g(x)}$$

$$=\frac{\lim\limits_{h \to 0} \frac{f(x+h)-f(x)}{h} \cdot g(x)-f(x) \cdot \lim\limits_{h \to 0} \frac{g(x+h)-g(x)}{h}}{\lim\limits_{h \to 0} g(x+h) \cdot g(x)}$$

$$=\frac{f'(x) \cdot g(x)-f(x) \cdot g'(x)}{g^2(x)}.$$

公式(9)函数商的导数公式的证明相对麻烦,这里证明用到了函数在某点处可导,则一定连续,教师可根据学生情况酌情拓展.

这样，我们就证明了
$$\left(\frac{f(x)}{g(x)}\right)' = \frac{f'(x)g(x) - f(x)g'(x)}{g^2(x)}, \quad g(x) \neq 0.$$

注意：两个函数积的导数一般并不等于这两个函数导数的积，即 $(f \cdot g)' \neq f' \cdot g'$.

小结：基本初等函数通过四则运算可以产生新的初等函数.这类初等函数的求导可以通过以上"导数四则运算法则"归结为对基本初等函数的求导.

（三）例题讲解，巩固新知

例 1 证明：对任何函数 $y = f(x)$ 与任何常数 C，都有
$$(Cf(x))' = Cf'(x).$$

证明 利用乘积求导公式和常函数求导公式可得：
$$(Cf(x))' = (C)'f(x) + Cf'(x) = Cf'(x).$$

例 2 求下列函数的导数：

(1) $f(x) = x^2 \sin x$；

(2) $f(t) = \dfrac{t^2}{t+2}$；

(3) $f(x) = (x-2)^2$.

解 (1) $f'(x) = (x^2 \sin x)' = (x^2)' \sin x + x^2 (\sin x)'$
$= 2x \sin x + x^2 \cos x.$

(2) $f'(t) = \left(\dfrac{t^2}{t+2}\right)' = \dfrac{(t^2)'(t+2) - (t^2)(t+2)'}{(t+2)^2}$
$= \dfrac{2t(t+2) - t^2}{(t+2)^2} = \dfrac{t^2 + 4t}{(t+2)^2}.$

(3) $f'(x) = (x^2 - 4x + 4)'$
$= (x^2)' - (4x)' + (4)' = 2x - 4.$

例 3 设实数 $a > 0$ 且 $a \neq 1$，求证：$(\log_a x)' = \dfrac{1}{x \ln a}$.

证明 由换底公式知：$\log_a x = \dfrac{\ln x}{\ln a}$，所以
$$(\log_a x)' = \left(\dfrac{\ln x}{\ln a}\right)' = \dfrac{1}{\ln a}(\ln x)' = \dfrac{1}{x \ln a}.$$

推论：根据例 1 及和的求导公式不难得到如下事实：
$(af(x) + bg(x))' = af'(x) + bg'(x)$，其中 a、b 是与 x 无关的常数.

例 2(3) 也可提问学生是否有第二种求导方法：
$f'(x)$
$= ((x-2)(x-2))'$
$= (x-2)'(x-2)$
$\quad + (x-2)(x-2)'$
$= 2(x-2) = 2x - 4.$

这里体现了转化思想，利用对数运算规律和基本初等函数的导数，再结合本节

（四）课堂练习，迁移应用

1. 已知 $f(x)=x^2+3xf'(2)$，则 $f'(2)=$ _____.

答案：-2.

2. 求下列函数的导数：

(1) $f(x)=x+\dfrac{1}{x}$；

(2) $f(x)=x\ln x$；

(3) $f(x)=\tan x$.

解 (1) $f'(x)=1-\dfrac{1}{x^2}$；

(2) $f'(x)=\ln x+1$；

(3) $f'(x)=\dfrac{1}{\cos^2 x}$.

3. 已知函数 $f(x)=(x-1)(x-2)(x-3)\cdots(x-100)$，则 $f'(1)=$ (　　).

A. $-99!$ 　　B. $-100!$ 　　C. $-98!$ 　　D. 0

答案：A.

4. 已知抛物线 $y=ax^2+bx+c$ 过点 $P(1,1)$，且在点 $Q(2,-1)$ 处与直线 $y=x-3$ 相切，求实数 a、b、c 的值.

解 依题可知 $\begin{cases} a+b+c=1, \\ 4a+2b+c=-1, \\ 4a+b=1, \end{cases}$ 解得 $a=3$，$b=-11$，$c=9$.

（五）课堂小结，作业布置

课堂小结：

1. 本节课我们学习了函数的和差积商的求导公式；

2. 从具体到一般，通过大胆猜想、小心论证得到了函数和差积商的求导法则.

课后作业：

基础练习

1. 求下列函数的导数：

(1) $f(x)=2x^e-e^2$；

(2) $f(x)=e^x\cos x$；

课学习的函数求导四则运算法则，可求一般的对数函数的导数.

由两个函数的积的求导公式到多个函数积的求导公式，可适当推广.

课堂小结鼓励学生自己完成，或者在教师的引导下完成，同时反思自己在学习中遇到的问题.

通过课堂小结，帮助学生回顾本节课学习的内容，并将知识进行提炼与系统化.

(3) $f(x)=\dfrac{x-1}{x-2}$.

2. 用两种方法求函数 $f(x)=(x-2)(3-4x)$ 的导数.

3. 已知函数 $y=f(x)$ 与 $y=g(x)$ 满足条件 $f(1)=2$，$f'(1)=3$，$g(1)=4$ 与 $g'(1)=5$，对于下列函数 $y=h(x)$，求 $h(1)$ 和 $h'(1)$：

(1) $h(x)=2g(x)-\dfrac{1}{3}f(x)$；

(2) $h(x)=2g(x)f(x)-\dfrac{1}{3}$；

(3) $h(x)=\dfrac{2g(x)-1}{3f(x)}$.

4. 判断下列函数的求导结果是否正确，如果不正确，请指出错在哪里，并予以改正.

(1) $\left(\dfrac{\sin x}{x}\right)'=-\dfrac{1}{x^2}\sin x-\dfrac{\cos x}{x}$；

(2) $(\sin 2x)'=\cos 2x$.

5. 求曲线 $y=x^3-3x+5$ 平行于 x 轴的切线及其切点坐标.

6. 火车行驶速度 v（单位：米/秒）与行驶时间 t（单位：秒）满足函数关系 $v(t)=0.4t+0.6t^2$.

(1) 求火车行驶的加速度满足的函数关系式；

(2) 火车行驶到哪一时刻加速度为 4 米/秒^2？

能力拓展（选做）

1. 曲线 $y=\dfrac{\sin x}{\sin x+\cos x}-\dfrac{1}{2}$ 在点 $M\left(\dfrac{\pi}{4},0\right)$ 处的切线的斜率为＿＿＿＿＿＿．

2. 求过点 $(0,-1)$ 且与曲线 $y=2x^2$ 相切的直线的方程.

3. 等比数列 $\{a_n\}$ 中，$a_1=2$，$a_8=4$，函数 $f(x)=x(x-a_1)(x-a_2)\cdots(x-a_8)$，则 $f'(0)=$（　　）．

A. 2^6　　B. 2^9　　C. 2^{12}　　D. 2^{15}

基础练习答案：

1. (1) $2\mathrm{e}x^{\mathrm{e}-1}$；(2) $\mathrm{e}^x\cos x-\mathrm{e}^x\sin x$；(3) $\dfrac{-1}{(x-2)^2}$.

2. 方法 1: $f'(x)=[(x-2)(3-4x)]'$
$=(-4x^2+11x-6)'$
$=-8x+11.$

方法 2: $f'(x)=[(x-2)(3-4x)]'$
$=[(x-2)]'(3-4x)+(x-2)[(3-4x)]'$
$=(3-4x)-4(x-2)$
$=-8x+11.$

3. (1) $h(1)=2g(1)-\frac{1}{3}f(1)=\frac{22}{3}$, $h'(1)=2g'(1)-\frac{1}{3}f'(1)=9$；(2) $h(1)=2g(1)f(1)-\frac{1}{3}=\frac{47}{3}$, $h'(1)=2g'(1)f(1)+2g(1)f'(1)=44$；(3) $h(1)=\frac{2g(1)-1}{3f(1)}=\frac{7}{6}$, $h'(1)=\frac{1}{3}\cdot\frac{2g'(1)f(1)-(2g(1)-1)f'(1)}{f^2(1)}=-\frac{1}{12}.$

4. (1) 错误，$\left(\frac{\sin x}{x}\right)'=-\frac{1}{x^2}\sin x+\frac{\cos x}{x}$；(2) 错误，$(\sin 2x)'=(2\sin x\cos x)'=2\sin x(-\sin x)+2\cos^2 x=2\cos 2x.$（说明：下一节我们还可使用复合函数的求导法则求该函数的导数） 5. $y'(x)=3x^2-3$，所以 $y'(1)=0$, $y(1)=3$, $y'(-1)=0$, $y(-1)=7$，所以切点 $(1,3)$ 处的切线平行于 x 轴，切线方程为 $y=3$；切点 $(-1,7)$ 处的切线平行于 x 轴，切线方程为 $y=7$. 6. (1) $a(t)=v'(t)=1.2t+0.4$；(2) $a(3)=4.$

能力拓展答案：

1. $\frac{1}{2}$. 2. $y=\pm 2\sqrt{2}x-1$. 提示：$y'(x)=4x$，则曲线 $y=2x^2$ 上点 $P(x_0, 2x_0^2)$ 处的切线方程为：$y-2x_0^2=4x_0(x-x_0)$，当此切线过点 $(0,-1)$ 时，有 $-1-2x_0^2=4x_0(0-x_0)$，解得 $x_0=\pm\frac{\sqrt{2}}{2}$.   3. C.

■ 练习反馈、互动提问 ■

(1) 已知函数 $F(x)=f_1(x)f_2(x)\cdots f_n(x)$，如何利用积的导数公式求出 $F'(x)$？

(2) 曲线 $y=f(x)$ "在点 $P(x_0, y_0)$ 处的切线" 与 "过点 $P(x_0, y_0)$ 的切线" 有什么区别

与联系?

(3) 导数在高中数学的其他章节也有应用,请举例说明.

▪ 结束语 ▪

微积分需要连续,而连续需要无穷小,但是没人能探明无穷小的样子.

——伯特兰·罗素

▪ 备课资源 ▪

莱布尼茨出生于德国东部莱比锡,父亲是莱比锡大学的伦理学教授,母亲出生在一个教授家庭. 莱布尼茨的父亲虽然在他年仅 6 岁时便去世了,但给他留下了丰富的藏书. 莱布尼茨因此得以广泛接触古希腊与古罗马文化,并阅读了许多著名学者的著作,由此而获得了坚实的文化功底和明确的学术目标. 15 岁时,他进了莱比锡大学学习法律,一进校便跟上了大学二年级标准的人文学科的课程,还广泛阅读了培根、开普勒、伽利略等人的著作,并对他们的著述进行了深入的思考和评价. 在听了教授讲授欧几里得的《几何原本》的课程后,莱布尼茨对数学产生了浓厚的兴趣. 17 岁时他在耶拿大学学习了短时期的数学,并获得了哲学硕士学位.

20 岁时,莱布尼茨转入阿尔特道夫大学. 这一年,他发表了第一篇数学论文《论组合的艺术》. 这是一篇关于数理逻辑的文章,其基本思想是出于想把理论的真理性论证归结于一种计算的结果. 这篇论文虽不够成熟,但却闪耀着创新的智慧和数学才华. 莱布尼茨在阿尔特道夫大学获得博士学位后便投身外交界. 从 1671 年开始,他利用各种外交活动开拓与外界的广泛联系,尤以通信作为他获取外界信息、与人进行思想交流的一种主要方式. 在出访巴黎时,莱布尼茨深受帕斯卡事迹的鼓舞,决心钻研高等数学,并研究了笛卡儿、费马、帕斯卡等人的著作. 1673 年,莱布尼茨被推荐为英国皇家学会会员.

5.2(3)　简单复合函数的导数

(本教学设计由上海交通大学附属中学嘉定分校耿亮老师提供)

▪ 教学内容分析 ▪

"简单复合函数的导数"是选择性必修第二册第 5 章"导数及其应用"第二节"导数的运算"的第三课时,此前学生已经学完六类基本初等函数的导数和导数的四则运算等教学内容. 导数的四则运算让学生初步感受到简单初等函数如果能被更简单的基本初等函数通过加减乘除运算产生的话,则利用求导的四则运算法则可以很容易求得简单初等函数的导数,但是有些函数是由基本初等函数复合而成,这些函数的结构也很清楚,掌握它们的求导法则也很必要. 本节课的学习可以进一步拓宽学生对函数求导规律的认知,为今后高等数学的学习打下更扎实的基础.

▪ **教学目标设置** ▪

1. 理解复合函数的概念,了解简单复合函数的求导法则.
2. 会正确使用复合函数的求导法则求简单复合函数的导数.
3. 进一步感受从简单到复杂、从特殊到一般的解决数学问题的基本思想方法.

▪ **教学重点及学习难点** ▪

教学重点:简单复合函数的求导法则及应用.

学习难点:内层函数不是一次函数的复合函数的求导.

▪ **学生情况分析** ▪

正确使用复合函数的求导法则的前提是正确认识一个具体函数是由哪几个函数复合而成,这对相当一部分初学者而言并非易事.为简单起见,教材先探究了内层函数是一次函数的复合函数的求导,再逐步探究内层函数是更一般的初等函数的复合函数的求导.复合函数的求导法则在高等数学中又称链式法则,限于知识储备,本节课对求导法则的证明没有过分展开,仅仅对内层函数是一次函数的复合函数的求导公式给予了证明.为了让复合函数求导法则的生成更易于接受,在创设情境时,以函数 $f(x)=(x-2)^2=x^2-4x+4$ 为例,采取先用求导的四则运算,再将其看成复合函数,猜想出简单复合函数的求导法则,最后进行严格证明.

▪ **教学流程** ▪

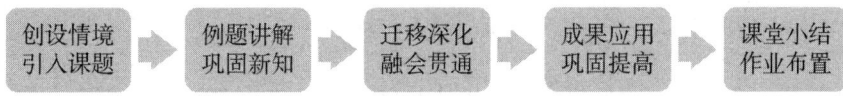

▪ **教学过程设计** ▪

教学设计	设计意图
(一)创设情境,引入课题 在上一节中,我们利用导数的四则运算法则求出了 $h(x)=(x-2)^2=x^2-4x+4$ 的导数.从另一个角度看,函数 $y=(x-2)^2$ 又可以看作由两个函数 $y=u^2, u=x-2$ 复合而成.像这样,一个函数 $y=f(u)$ 的自变量 u 又是另一个变量 x 的函数 $u=g(x)$,将 y 直接看成变量 x 的函数而得到的新函数 $y=f(g(x))$ 称为两个函数的复合函数.那么复合函数 $y=f(g(x))$ 的导数与 $y=f(u)$ 和 $u=g(x)$ 的导数又有怎样的关系呢?对于 $h(x)=(x-2)^2$,我们看到	关注复合函数的导数的意义在于很多函数都可以看成由若干基本初等函数复合而来,但不是每个函数都能像 $h(x)=(x-2)^2=x^2-4x+4$ 一样可通过变形转化,从而利用四则运算求导,例如:

$$h'(x)=2x-4=2(x-2),$$

另一方面 $f'(u)=2u=2(x-2)$，$g'(x)=1$，所以猜想

$$h'(x)=f'(g(x))\cdot g'(x).$$

简单起见，先考虑由 $y=f(u)$ 与 $u=ax+b(a\neq 0)$ 复合而成的 $y=f(ax+b)$ 型复合函数的求导法则. 上述猜想即为：$(f(ax+b))'=a\cdot f'(ax+b)$.

证明 当 $h\neq 0$ 时，

$$\frac{f(a(x+h)+b)-f(ax+b)}{h}$$

$$=a\cdot\frac{f(ax+b+ah)-f(ax+b)}{ah}.$$

所以，

$$\lim_{h\to 0}\frac{f(a(x+h)+b)-f(ax+b)}{h}$$

$$=a\cdot\lim_{h\to 0}\frac{f(ax+b+ah)-f(ax+b)}{ah}$$

$$=a\cdot\lim_{ah\to 0}\frac{f(u+ah)-f(u)}{ah}=a\cdot f'(u).$$

这就给出了 $y=f(ax+b)$ 型复合函数的求导法则：

$$(f(ax+b))'=af'(ax+b).$$

(二) 例题讲解，巩固新知

例 1 求函数 $h(x)=\ln(2-5x)$ 的导数.

解 将 $h(x)=\ln(2-5x)$ 看作由 $f(u)=\ln u$ 与 $u=2-5x$ 复合而成，则

$$h'(x)=-5(\ln u)'=-\frac{5}{u}=-\frac{5}{2-5x}.$$

练习 使用复合函数的求导法则计算 $h(x)=\sqrt{2x-3}$ 的导数.

解 将 $h(x)=\sqrt{2x-3}$ 看作由 $h(u)=u^{\frac{1}{2}}$ 与 $u=2x-3$ 复合而成，则 $h'(x)=2\cdot\left(\frac{1}{2}u^{-\frac{1}{2}}\right)=2\cdot\frac{1}{2\sqrt{u}}=\frac{1}{\sqrt{u}}=$

$y=\ln(2x+3)$，$y=3^{2x+3}$ 等，它们都无法借助四则运算求导.

这里需要从极限的角度让学生明白：对于给定的 $a\neq 0$，当且仅当 $h\to 0$ 时，$ah\to 0$.

此练习的复合函数相对简单，但不用复合函数求导法则很难正确求导.

$\dfrac{1}{\sqrt{2x-3}}$.

例2 设实数 $a>0$ 且 $a\neq 1$，求证：$(a^x)'=a^x\ln a$.

证明 因为 $a^x=\mathrm{e}^{\ln a^x}=\mathrm{e}^{x\ln a}$，可以把 $h(x)=\mathrm{e}^{x\ln a}$ 看作由 $f(u)=\mathrm{e}^u$ 与 $u=x\ln a$ 复合而成，所以

$$h'(x)=(\mathrm{e}^u)'\ln a=\mathrm{e}^u\ln a=\mathrm{e}^{x\ln a}\ln a=a^x\ln a.$$

(三) 迁移深化，融会贯通

1. 分别求 $y=(x^3-2)^2$、$y=u^2$ 与 $u=x^3-2$ 的导数，探索三个导数之间的联系.

2. 分别求 $y=\sin^2 x+\sin x-1$、$y=u^2+u-1$ 与 $u=\sin x$ 的导数，探索三个导数之间的联系.

根据上述两个特例，进一步感受复合函数求导的规律：

$(f(g(x)))'=f'(u)\cdot u'=f'(g(x))\cdot g'(x)$，其中令 $u=g(x)$.

即 y 对 x 的导数等于 y 对 u 的导数与 u 对 x 的导数的乘积.

(四) 成果应用，巩固提高

例3 指出下列函数是怎样复合而成的：

(1) $f(x)=(2x^2+3)^2$；(2) $f(x)=\sqrt{1-x^2}$；

(3) $f(x)=(5^x-3)^4$；(4) $f(x)=\mathrm{e}^{x^2+x+1}$.

解 (1) $y=u^2, u=2x^2+3$.

(2) $y=\sqrt{u}, u=1-x^2$.

(3) $y=u^4, u=5^x-3$.

(4) $y=\mathrm{e}^u, u=x^2+x+1$.

例4 利用复合函数的求导法则，求例3中函数的导数.

解 (1) $f'(x)=2(2x^2+3)\cdot(4x)=16x^3+24x$.

(2) $f'(x)=-\dfrac{x}{\sqrt{1-x^2}}$.

(3) $f'(x)=4(5^x-3)^3\cdot\ln 5\cdot 5^x$.

(4) $f'(x)=(2x+1)\cdot\mathrm{e}^{x^2+x+1}$.

例5 已知奇函数 $y=f(x)$ 在其定义域 **R** 上处处可导，

这里体现了转化思想，利用指数运算性质和基本初等函数的导数，结合本节课学习的复合函数求导法则，可求指数函数的导数.

注：此环节可采取小组合作探究完成，旨在让学生自己感受与发现复合函数的求导规律.

限于高中阶段的知识储备，这个猜想无法严格证明，学生只需知道这个公式并会使用即可，感兴趣的师生可以参阅华东师大版《数学分析》（第四版，高等教育出版社）第 102 页引理和定理 5.8.

对于初学者而言，弄清复合函数是怎样复合而成的至关重要，例3旨在帮助学生认清复合函数的内函数与外函数，它是正确使用复合函数求导法则的前提.

且导数为 $y=f'(x)$,求证:$y=f'(x)$ 为偶函数.

证明 因为 $f(-x)=-f(x)$,两边求导可得,
$$(f(-x))'=-f'(x).$$
由复合函数的求导法则知,
$$(f(-x))'=-f'(-x),$$
所以 $-f'(-x)=-f'(x)$,即 $f'(-x)=f'(x)$,
所以 $y=f'(x)$ 为偶函数.

小结:奇函数的导数是偶函数,偶函数的导数是奇函数.(可自行证明)

(五) **课堂小结,作业布置**

课堂小结:

1. $y=f(ax+b)$ 型复合函数的求导法则:
$(f(ax+b))'=af'(u)=af'(ax+b)$,其中 $u=ax+b$.

2. 简单复合函数 $y=f(g(x))$ 的求导法则:
$(f(g(x)))'=f'(u)\cdot u'=f'(g(x))\cdot g'(x)$,其中 $u=g(x)$.

3. 数学思想方法:从简单到复杂,由特殊到一般.

课后作业:

基础练习

1. 利用 $y=f(ax+b)$ 型复合函数的求导法则求下列函数的导数:

(1) $f(x)=(3-2x)^2$; (2) $f(x)=\sin 2x$;

(3) $f(x)=\sqrt{2x-5}$; (4) $f(x)=\cos\left(\dfrac{x}{2}+\dfrac{\pi}{4}\right)$;

(5) $f(x)=\dfrac{1}{e^{2x+1}}$.

2. 利用复合函数的求导法则求下列函数的导数:

(1) $y=\dfrac{1}{\sqrt{1-2x^2}}$; (2) $y=\dfrac{1}{\sqrt{2^x-3}}$;

(3) $f(x)=\ln(x+\sqrt{x^2+1})$;

(4) $f(x)=\sqrt{1-2x}\cos 3x$.

3. 用两种方法求函数 $f(x)=\dfrac{1}{2x-1}$ 的导数.

4. 求曲线 $y=2^{1-3x}$ 在点 $(0,2)$ 处的切线方程.

通过课堂小结,帮助学生回顾本节课学习的内容,将知识进行提炼与系统化.

课堂小结鼓励学生自己完成,或者在教师的引导下完成,同时回顾自己在学习中遇到的问题和引发的思考.

5. 某港口一天内潮水的高度 h（单位：米）与时间 t（单位：时）满足函数关系 $h(t)=3\sin\left(\dfrac{\pi}{12}t+\dfrac{5\pi}{6}\right)$，$0\leqslant t\leqslant 24$. 分别求上午 6 时与下午 6 时潮水的速度.

6. 一罐汽水放入冰箱后的温度 x（单位：摄氏度）与时间 t（单位：小时）满足函数关系 $x(t)=4+16\mathrm{e}^{-2t}$.

(1) 求 $x'(1)$，并解释其实际意义；

(2) 已知摄氏度 x 与华氏度 y 满足函数关系 $x=\dfrac{5}{9}(y-32)$，求 y 关于 t 的导数，并解释其实际意义.

能力拓展（选做）

1. 求函数 $f(x)=\sin^2\left(2x+\dfrac{\pi}{3}\right)$ 的导数.

2. 求 $f(x)=x^x$ 的导数.

基础练习答案：

1. (1) $f'(x)=8x-12$；(2) $f'(x)=2\cos 2x$；

(3) $f'(x)=\dfrac{1}{\sqrt{2x-5}}$；(4) $f'(x)=-\dfrac{1}{2}\sin\left(\dfrac{x}{2}+\dfrac{\pi}{4}\right)$；

(5) $f'(x)=-\dfrac{2}{\mathrm{e}^{2x+1}}$. 2. (1) $f'(x)=\dfrac{2x}{(1-2x^2)^{\frac{3}{2}}}$；

(2) $f'(x)=-\dfrac{\ln 2\cdot 2^x}{2(2^x-3)^{\frac{3}{2}}}$；(3) $f'(x)=\dfrac{1}{\sqrt{x^2+1}}$；

(4) $f'(x)=-\dfrac{\cos 3x}{\sqrt{1-2x}}-3\sqrt{1-2x}\cdot\sin 3x$. 3. 方法1：利用商的导数公式，可得 $f'(x)=\dfrac{-2}{(2x-1)^2}$；方法2：利用复合函数的求导公式，可得 $f'(x)=-(2x-2)^{-2}\cdot 2=\dfrac{-2}{(2x-1)^2}$.

4. $y=-6\ln 2\cdot x+2$. 5. $h'(t)=3\cos\left(\dfrac{\pi}{12}t+\dfrac{5\pi}{6}\right)\cdot\dfrac{\pi}{12}=\dfrac{\pi}{4}\cos\left(\dfrac{\pi}{12}t+\dfrac{5\pi}{6}\right)$，所以 $h'(6)=\dfrac{\pi}{4}\cos\left(\dfrac{\pi}{2}+\dfrac{5\pi}{6}\right)=-\dfrac{\pi}{8}$；$h'(18)=\dfrac{\pi}{4}\cos\left(\dfrac{3\pi}{2}+\dfrac{5\pi}{6}\right)=\dfrac{\pi}{8}$. 6. (1) $x'(t)=-32\mathrm{e}^{-2t}$，所以 $x'(1)=-\dfrac{32}{\mathrm{e}^2}$，实际意义是：在汽水放入冰箱1小时时，其温

度的瞬时变化率为 $-\dfrac{32}{e^2}$;(2) $y=\dfrac{9}{5}x+32$,所以 $y'_t=y'_x \cdot x'_t=$
$\dfrac{9}{5} \cdot (-32e^{-2t})=-\dfrac{288}{5}e^{-2t}.$

能力拓展答案:

1. $f'(x)=2\sin\left(4x+\dfrac{2\pi}{3}\right).$ 2. $f'(x)=x^x \cdot \ln x+x^x.$

■ 练习反馈、互动提问 ■

(1) $(f(g(x)))'$ 与 $f'(g(x))$ 有何区别?

(2) 若 $F(x)=f(g(h(x)))$,则 $F'(x)$ 如何计算?

(3) 能力拓展部分的函数 $f(x)=x^x$ 的导数如何计算?

■ 结束语 ■

运用链式法则就好比剥洋葱:你得一层一层地剥开它的心,要是它的个头太大,你还会鼻酸流泪.

——某匿名教授

■ 备课资源 ■

引自《数学分析》(第四版,高等教育出版社)第 102 页引理和定理 5.8.

三、复合函数的导数

为了证明复合函数的求导公式,我们先证明一个引理.

引理 $f(x)$ 在点 x_0 可导的充要条件是:在 x_0 的某邻域 $U(x_0)$ 上,存在一个在点 x_0 连续的函数 $H(x)$,使得

$$f(x)-f(x_0)=H(x)(x-x_0),$$

从而 $f'(x_0)=H(x_0).$

证 设 $f(x)$ 在点 x_0 可导,令

$$H(x)=\begin{cases} \dfrac{f(x)-f(x_0)}{x-x_0}, & x \in U^0(x_0), \\ f'(x_0), & x=x_0, \end{cases}$$

则因

$$\lim_{x \to x_0} H(x)=\lim_{x \to x_0} \dfrac{f(x)-f(x_0)}{x-x_0}=f'(x_0)=H(x_0),$$

所以 $H(x)$ 在点 x_0 连续,且 $f(x)-f(x_0)=H(x)(x-x_0), x \in U(x_0).$

反之,设存在 $H(x)$,$x \in U(x_0)$,它在点 x_0 连续,且
$$f(x) - f(x_0) = H(x)(x - x_0), \quad x \in U(x_0).$$
因存在极限
$$\lim_{x \to x_0} \frac{f(x) - f(x_0)}{x - x_0} = \lim_{x \to x_0} H(x) = H(x_0),$$
所以 $f(x)$ 在点 x_0 可导,且 $f'(x_0) = H(x_0)$. □

定理 5.8 设 $u = \varphi(x)$ 在点 x_0 可导,$y = f(u)$ 在点 $u_0 = \varphi(x_0)$ 可导,则复合函数 $f \circ \varphi$ 在点 x_0 可导,且
$$(f \circ \varphi)'(x_0) = f'(u_0)\varphi'(x_0) = f'(\varphi(x_0))\varphi'(x_0). \tag{7}$$

证 由 $f(u)$ 在点 u_0 可导,由引理必要性部分,存在一个在点 u_0 连续的函数 $F(u)$,使得 $f'(u_0) = F(u_0)$,且
$$f(u) - f(u_0) = F(u)(u - u_0), \quad u \in U(u_0).$$
又由 $u = \varphi(x)$ 在点 x_0 可导,同理存在一个在点 x_0 连续的函数 $\Phi(x)$,使得 $\varphi'(x_0) = \Phi(x_0)$,且
$$\varphi(x) - \varphi(x_0) = \Phi(x)(x - x_0), \quad x \in U(x_0).$$
于是就有
$$\begin{aligned} f(\varphi(x)) - f(\varphi(x_0)) &= F(\varphi(x))(\varphi(x) - \varphi(x_0)) \\ &= F(\varphi(x))\Phi(x)(x - x_0). \end{aligned}$$
因为 φ、Φ 在点 x_0 连续,F 在点 $u_0 = \varphi(x_0)$ 连续,因此 $H(x) = F(\varphi(x))\Phi(x)$ 在点 x_0 连续.由引理充分性部分证得 $f \circ \varphi$ 在点 x_0 可导,且
$$(f \circ \varphi)'(x_0) = H(x_0) = F(\varphi(x_0))\Phi(x_0) = f'(u_0)\varphi'(x_0). \quad \square$$

注 1 复合函数的求导公式(7)亦称为链式法则.函数 $y = f(u)$,$u = \varphi(x)$ 的复合函数在点 x 的求导公式一般也写作
$$\frac{\mathrm{d}y}{\mathrm{d}x} = \frac{\mathrm{d}y}{\mathrm{d}u} \cdot \frac{\mathrm{d}u}{\mathrm{d}x}. \tag{8}$$
对于由多个函数复合而得的复合函数,其导数公式可反复应用(8)式而得.

注 2 $f'(\varphi(x)) = f'(u)\big|_{u=\varphi(x)}$ 与 $(f(\varphi(x)))' = f'(\varphi(x))\varphi'(x)$ 的含义不可混淆.

5.3(1) 利用导数研究函数的单调性

(本教学设计由浙江大学附属中学王文雅老师提供)

■ **教学内容分析** ■

"利用导数研究函数的单调性"是第 5 章"导数及其应用"第三节的内容,"导数的应用"教学共分四个课时,本节课是第一课时."利用导数研究函数的单调性"是本节的起始内容,这节课中,学生首次接触将导数作为工具研究函数性质的方法.本节课前学生已学习了导数的概念、计算与几何意义等,学习利用导数研究单调性将为后面研究极值等作铺垫,因此本节课是本章的基础与起始课,具有承上启下的作用.

■ **教学目标设置** ■

1. 通过数形结合利用导数判断函数在给定区间上的单调性,并会用函数的导数求得函数的单调区间.
2. 通过对函数单调性的应用提高观察能力与归纳概括能力,熟悉数形结合的思想方法.
3. 经历教学过程中的动手观察活动,获得勇于探索与思考的精神.

■ **教学重点及学习难点** ■

教学重点:(1) 函数的单调性与导数的关系;
(2) 利用导数研究函数的单调性.
学习难点:探究发现函数的单调性与导数的关系,并灵活运用到解决函数单调性的问题中.

■ **学生情况分析** ■

在函数单调性的学习之前,学生已经学习了函数单调性的定义、导数的概念、导数的几何意义及导数的运算法则,已熟悉利用定义证明函数在给定区间上单调性的方法.

■ **教学流程** ■

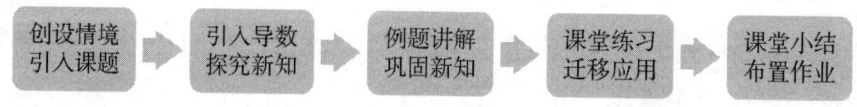

■ **教学过程设计** ■

教学设计	设计意图
(一) 创设情境,引入课题 问题 1 根据历年气象数据统计,某一地区一年中某日	从生活情景引入,激

的 2 时到 5 时的气温 y 与时间 $x\in[2,5]$ 满足函数 $y=\dfrac{\ln x}{x}$,试问该地区 2 时到 5 时的气温 y 随时间 x 是如何变化的?

问题 2 如果无法应用传统方式解决函数 $y=\dfrac{\ln x}{x}$ 的单调性,该怎么办呢?

(二) 引入导数,探究新知

观察下列四个函数的图像(图 5.3(1)-1),回答函数的单调性与其导数的正负有何关系?

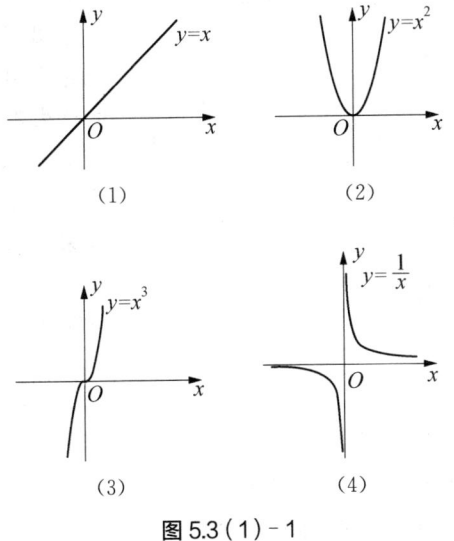

图 5.3(1)-1

接着借助几何画板来验证:切线的斜率大于零时,函数是严格增函数.

下面从代数角度研究:

(1) 对任意 $x\in(a,b)$,都有 $f'(x)\geqslant 0$,则 $y=f(x)$ 在 (a,b) 上为增函数;

(2) 对任意 $x\in(a,b)$,都有 $f'(x)\leqslant 0$,则 $y=f(x)$ 在 (a,b) 上为减函数;

(3) $f'(x)$ 在 (a,b) 上不恒为正(负)或 0,则 $y=f(x)$ 在 (a,b) 上不单调.

问题 3 反过来呢? 即:如果 $y=f(x)$ 在某区间上为增

函数,那么在该区间上 $f'(x) \geqslant 0$ 成立吗?

答案 成立.

追问 如果 $y = f(x)$ 在某区间上为严格增函数,那么在该区间上 $f'(x) > 0$ 成立吗?

答案 不一定,在用几何画板的探究中发现 $f(x) = x^3$ 在 **R** 上为严格增函数,但 $f'(0) = 0$.也就是说,如果 $y = f(x)$ 在某区间上为严格增函数,那么在该区间上仍然有 $f'(x) \geqslant 0$.

问题 4 如果在某区间上 $f'(x) \geqslant 0$,那么 $y = f(x)$ 在该区间上为严格增函数,成立吗?

答案 不一定,如 $f(x) = 1, x \in \mathbf{R}$.

思考 1 函数 $y = f(x)$ 的图像如图 5.3(1)-2 所示,试画出导函数 $y = f'(x)$ 的图像的大致形状.

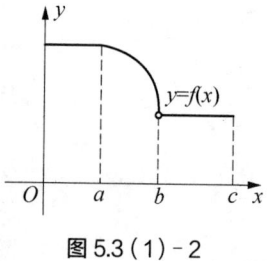

图 5.3(1)-2

变式 1 已知导数 $y = f'(x)$ 的下列信息:当 $1 < x < 4$ 时,$f'(x) > 0$;当 $x > 4$ 或 $x < 1$ 时,$f'(x) < 0$;当 $x = 4$ 或 $x = 1$ 时,$f'(x) = 0$,则函数 $y = f(x)$ 图像的大致形状是( ).

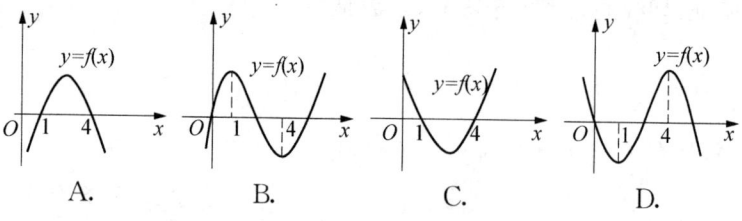

变式 2 设 $y = f'(x)$ 是函数 $y = f(x)$ 的导数,$y = f'(x)$ 的图像如图 5.3(1)-3 所示,则 $y = f(x)$ 的图像最有可能是( ).

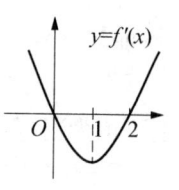

图 5.3(1)-3

计,主要是对定理的变形,以加深学生对定理的理解.

学生虽较容易理解函数的单调性与导数正负的关系,但对于导数正负的概念容易与函数值的正负产生混淆,通过思考 1 与思考 2,辅助学生从图像的角度加深对函数的正负与导数的正负之间的区别.

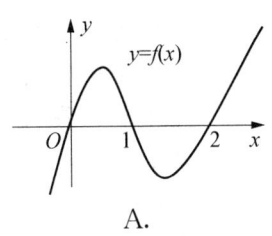
A.
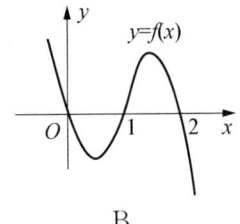
B.
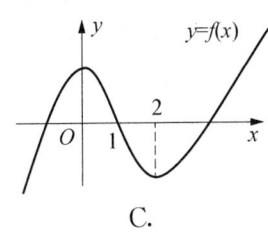
C.
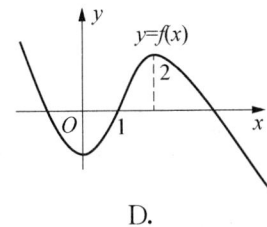
D.

(三) 例题讲解,巩固新知

例 1　判断函数的单调性,并求下列函数的单调区间.

(1) 已知 $f(x)=x^2-4x+2$,求函数 $y=f(x)$ 的单调区间;

(2) 已知 $f(x)=x^3+x^2-x-1$,求函数 $y=f(x)$ 的单调区间;

(3) 已知 $f(x)=x^3$,求函数 $y=f(x)$ 的单调区间;

(4) 已知 $f(x)=x^{-2}$,求函数 $y=f(x)$ 的单调区间.

解　(1) $f'(x)=2x-4$,函数 $y=f(x)$ 在 $(2,+\infty)$ 上是严格增函数,在 $(-\infty,2)$ 上是严格减函数.

(2) $f'(x)=3x^2+2x-1=(x+1)(3x-1)$,

函数 $y=f(x)$ 在 $(-\infty,-1)$ 和 $\left(\dfrac{1}{3},+\infty\right)$ 上是严格增函数,在 $\left(-1,\dfrac{1}{3}\right)$ 上是严格减函数.

(3) $f'(x)=3x^2$,函数 $y=f(x)$ 在 **R** 上是严格增函数.

(4) $f'(x)=-2x^{-3}$,函数 $y=f(x)$ 在 $(0,+\infty)$ 上是严格减函数,在 $(-\infty,0)$ 上是严格增函数.

小结:如何用导数判断单调性,求单调区间?

(1) 确定函数的定义域;

(2) 求出函数 $y=f(x)$ 的导数;

(3) 在定义域内求解不等式 $f'(x)>0$,求得其解集,再

例 1 的设计目的是让学生学会利用导数研究简单函数的单调性,并规范书写.其中(4)的设计可以向学生强调多个单调区间之间不能用"并",应该用逗号隔开.

根据解集写出增区间；

(4) 在定义域内求解不等式 $f'(x)<0$，求得其解集，再根据解集写出减区间.

注：单调区间不以"并集"出现.

例 2 证明：函数 $f(x)=\dfrac{\ln x}{x}$ 在区间 $(0,e)$ 上是严格增函数.

证明 因为 $f'(x)=\dfrac{1-\ln x}{x^2}>0$ 在区间 $(0,e)$ 上恒成立，

所以函数 $f(x)=\dfrac{\ln x}{x}$ 在区间 $(0,e)$ 上是严格增函数.

变式 求下列函数 $y=f(x)$ 的单调性.

(1) $f(x)=xe^x$；(2) $f(x)=\dfrac{x}{e^x}$；(3) $f(x)=x\ln x$.

解 (1) $f'(x)=(x+1)e^x$，

$y=f(x)$ 在 $(-\infty,-1]$ 上为严格减函数，在 $[-1,+\infty)$ 上为严格增函数.

(2) $f'(x)=\dfrac{1-x}{e^x}$，

$y=f(x)$ 在 $(-\infty,1]$ 上为严格增函数，在 $[1,+\infty)$ 上为严格减函数.

(3) $f'(x)=\ln x+1$，

$y=f(x)$ 在 $\left(0,\dfrac{1}{e}\right]$ 上为严格减函数，在 $\left[\dfrac{1}{e},+\infty\right)$ 上为严格增函数.

例 3 已知在区间 $(0,1)$ 上，$f'(x)>1$，下列哪些有可能表示函数 $y=f(x)$ 的图像？为什么？

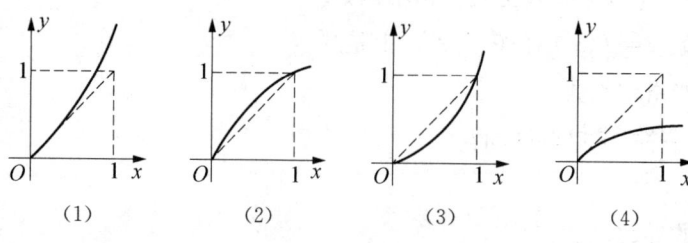

(1)　　　(2)　　　(3)　　　(4)

解 (1)，理由略.

例 2 的设计目的是让学生学会利用导数研究一些较为复杂的函数的单调性，特别是与指数、对数相关的函数，此处教师可以引导学生画出函数图像，为后续进一步研究作铺垫.

例 3 的设计目的是引导学生在学会了用导数值判断函数在某个区间上的单调性之外，学会利用导数判断函数变化速度的快慢. 导数的绝对值越大，函数图像就越陡峭，也就是函数值的变化速度越快.

例 4 若函数 $y = x^3 + x^2 + mx + 1$ 是 **R** 上的单调函数，求 m 的取值范围.

解 因为 $f'(x) = 3x^2 + 2x + m$ 是图像开口向上的二次函数，

所以必然只能 $3x^2 + 2x + m \geqslant 0$ 对一切 $x \in \mathbf{R}$ 成立，

所以 $\Delta = 4 - 12m \leqslant 0$，因此 $m \geqslant \dfrac{1}{3}$.

变式 1 已知 $f(x) = 2x^2 - \ln x$，函数 $y = f(x)$ 在其定义域内的一个子区间 $(k-1, k+1)$ 内不是单调函数，求 k 的取值范围.

解 $f'(x) = 4x - \dfrac{1}{x} = \dfrac{(2x-1)(2x+1)}{x}$，

因此 $0 \leqslant k - 1 < \dfrac{1}{2} < k + 1$，解得 $1 \leqslant k < \dfrac{3}{2}$.

变式 2 已知 $f(x) = mx^3 + 3(m-1)x^2 - m^2 + 1 \, (m > 0)$，且函数 $y = f(x)$ 的单调区间是 $(0, 4)$，求 m 的值.

解 根据题意，问题等价于

$x_1 = 0$ 和 $x_2 = 4$ 为 $f'(x) = 3mx^2 + 6(m-1)x = 0$ 的两根，

所以 $m = \dfrac{1}{3}$，经检验，$m = \dfrac{1}{3}$ 成立.

例 5 已知 $f(x) = a\ln x + \dfrac{1}{2}x^2 - (1+a)x$.

(1) 当 $a = 2$ 时，求 $y = f(x)$ 的单调区间；
(2) 若 $y = f(x)$ 在 $(1, 2)$ 上不具有单调性，求 a 的范围；
(3) 讨论函数 $y = f(x)$ 的单调性.

解 (1) 当 $a = 2$ 时，$f(x) = 2\ln x + \dfrac{1}{2}x^2 - 3x$，

$f'(x) = \dfrac{2}{x} + x - 3 = \dfrac{x^2 - 3x + 2}{x} = \dfrac{(x-1)(x-2)}{x}$，

函数 $y = f(x)$ 在 $(1, 2)$ 上严格减，在 $(-\infty, 1)$ 和 $(2, +\infty)$ 上严格增.

(2) $f'(x) = \dfrac{a}{x} + x - (1+a) = \dfrac{x^2 - (1+a)x + a}{x} =$

例 4 带领学生探索含参函数的单调区间，但本质上和一般函数的单调区间求解类似，进一步深化学生对函数的单调区间和导数正负的理解.

例 5 的设计旨在为学生搭建思考的脚手架，以此探究导数中含参的具体情况，

$\dfrac{(x-1)(x-a)}{x}$,

因为 $f(x)$ 在区间 $(1,2)$ 不单调,因此 $1<a<2$.

(3) 由(2)知 $f'(x)=\dfrac{(x-1)(x-a)}{x}$,又函数 $y=f(x)$ 的定义域为 $(0,+\infty)$.

当 $a\in(-\infty,0)$ 时,$f'(x)$ 在 $(0,1)$ 上为负,在 $(1,+\infty)$ 上为正,所以函数 $y=f(x)$ 在 $(0,1)$ 上为严格减函数,在 $(1,+\infty)$ 上为严格增函数.

当 $a\in(0,1)$ 时,$f'(x)$ 在 $(0,a)$ 上为正,在 $(a,1)$ 上为负,在 $(1,+\infty)$ 上为正,所以函数 $y=f(x)$ 在 $(0,a)$ 上为严格增函数,在 $(a,1)$ 上为严格减函数,在 $(1,+\infty)$ 上为严格增函数.

当 $a=1$ 时,$y=f'(x)$ 在 $(0,1)$ 上为正,在 $(1,+\infty)$ 上为正,所以函数 $y=f(x)$ 在 $(0,+\infty)$ 上为严格增函数.

当 $a\in(1,+\infty)$ 时,$y=f'(x)$ 在 $(0,1)$ 上为正,在 $(1,a)$ 上为负,在 $(a,+\infty)$ 上为正,所以函数 $y=f(x)$ 在 $(0,1)$ 和 $(a,+\infty)$ 上为严格增函数,在 $(1,a)$ 上为严格减函数.

(四)课堂练习,迁移应用

1. 利用导数研究下列函数的单调性.

(1) $y=e^x$;　　(2) $y=\ln x$;

(3) $y=ax^2+bx+c(a\neq 0)$.

解　(1) $f'(x)=e^x$,$y=f(x)$ 在 **R** 上为严格增函数.

(2) $f'(x)=\dfrac{1}{x}$,$y=f(x)$ 在 $(0,+\infty)$ 上是严格增函数.

(3) $f'(x)=2ax+b$,当 $a>0$ 时,$y=f(x)$ 在区间 $\left(-\dfrac{b}{2a},+\infty\right)$ 上是严格增函数,$\left(-\infty,-\dfrac{b}{2a}\right)$ 上是严格减函数;

当 $a<0$ 时,$y=f(x)$ 在区间 $\left(-\dfrac{b}{2a},+\infty\right)$ 上是严格减函数,$\left(-\infty,-\dfrac{b}{2a}\right)$ 上是严格增函数.

这类问题主要归结为对二次函数的正负的讨论,参数主要会影响二次函数的开口方向、根的存在性以及根的大小.这类问题较难,教师可根据实际情况调整难度.

2. 确定函数 $f(x)=4x^3-9x^2+6x+7$ 的单调区间.

解　$f'(x)=12x^2-18x+6=6(2x^2-3x+1)=6(x-1)(2x-1)$, $y=f(x)$ 在 $\left(\dfrac{1}{2},1\right)$ 上是严格减函数；在 $\left(-\infty,\dfrac{1}{2}\right)$ 和 $(1,+\infty)$ 上是严格增函数.

3. 若函数 $y=kx-\ln x$ 在区间 $(2,+\infty)$ 上是严格增函数,则 k 的取值范围是(　　).

A. $(-\infty,-2]$　　　　B. $\left[\dfrac{1}{2},+\infty\right)$

C. $[2,+\infty)$　　　　D. $\left(-\infty,\dfrac{1}{2}\right]$

解　B. 由 $f'(x)=k-\dfrac{1}{x}\geqslant 0$ 对任何 $x\in(2,+\infty)$ 都成立,得 $k\geqslant\dfrac{1}{x}$. 而 $\dfrac{1}{x}<\dfrac{1}{2}$, 所以 $k\geqslant\dfrac{1}{2}$.

4. 已知 $f(x)=\dfrac{1}{3}x^3-\dfrac{1}{2}mx^2+4x-4$, 函数 $y=f(x)$ 在区间 $[1,2]$ 上是严格增函数,则实数 m 的取值范围是(　　).

A. $4\leqslant m\leqslant 5$　　　　B. $2\leqslant m\leqslant 4$

C. $m\leqslant 2$　　　　D. $m\leqslant 4$

解　D. 由 $f'(x)=x^2-mx+4\geqslant 0$ 对任何 $x\in[1,2]$ 都成立. 得 $m\leqslant x+\dfrac{4}{x}$, 而 $x+\dfrac{4}{x}\geqslant 4$, 所以 $m\leqslant 4$.

5. 记定义域为 $\mathbf{R}$ 的函数 $y=f(x)$ 的导数为 $y=f'(x)$, 且对任意的 $x\in\mathbf{R}$ 都有 $f(x)<xf'(x)$, 则(　　).

A. $\mathrm{e}f(\pi)>\pi f(\mathrm{e})$　　　　B. $\mathrm{e}f(\pi)<\pi f(\mathrm{e})$

C. $\mathrm{e}f(\mathrm{e})>\pi f(\pi)$　　　　D. $\mathrm{e}f(\mathrm{e})<\pi f(\pi)$

解　A. 令 $g(x)=\dfrac{f(x)}{x}$, $g'(x)=\dfrac{f'(x)\cdot x-f(x)}{x^2}>0$, $g(\pi)>g(\mathrm{e})$.

(五) 课堂小结,布置作业

课堂小结：

1. 当 $x\in(a,b)$ 时, $f'(x)>0$, 则函数 $y=f(x)$ 在区

间(a,b)上为严格增函数.

2. 当$x \in (a,b)$时,$f'(x) < 0$,则函数$y = f(x)$在区间(a,b)上为严格减函数.

课后作业:

基础练习

1. 写出函数$y = f(x)$的递增区间.

(1) $f(x) = \ln x - x - 1$; (2) $f(x) = \dfrac{e^x}{x}$.

2. 设$y = f'(x)$是$y = f(x)$的导数,$y = f'(x)$的图像如图5.3(1)-4所示,则$y = f(x)$的图像可能是( ).

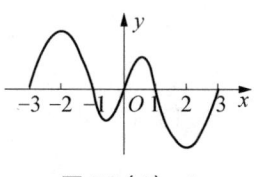

图5.3(1)-4

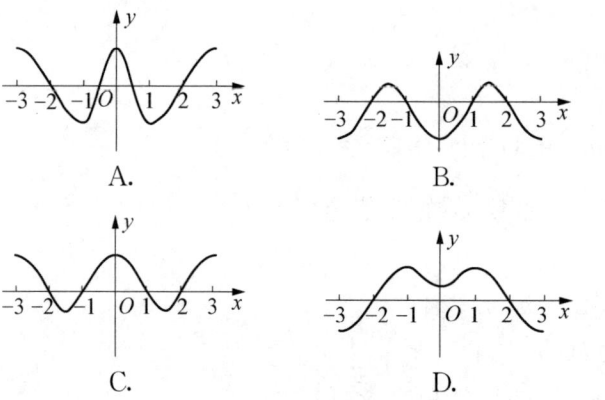

A.   B.

C.   D.

3. 已知$f(x) = \dfrac{1}{2}x^2 - 4x + 3\ln x$,函数$y = f(x)$在区间$\left(t, t + \dfrac{3}{2}\right)$上是单调函数,则实数$t$的取值范围是_____.

4. 已知$f(x) = \ln x - ax^2 - x$,函数$y = f(x)$在区间$\left[\dfrac{1}{3}, \dfrac{1}{2}\right]$存在减区间,则$a$的取值范围是_____.

能力拓展(选做)

1. 已知$y = f(x)$是在$\mathbf{R}$上的偶函数,当$x < 0$时$f(x) - xf'(x) < 0$,且$f(-4) = 0$. 求:

(1) 不等式$\dfrac{f(x)}{x} > 0$的解集;

(2) 不等式 $f(x) > 0$ 的解集.

2. 已知 $f(x) = \dfrac{1}{3}x^3 - \dfrac{(a+1)}{2}x^2 + ax$.

(1) 当 $a = 1$ 时,求曲线 $y = f(x)$ 在点 $(0, f(0))$ 处的切线方程;

(2) 讨论函数 $y = f(x)$ 的单调性.

基础练习答案:

1. (1) 在 $(1, +\infty)$ 上是严格减函数,在 $(0,1)$ 上是严格增函数;(2) 在 $(1, +\infty)$ 上是严格增函数,在 $(-\infty, 0)$ 和 $(0, 1)$ 上是严格减函数. 2. D. 3. $1 \leqslant t \leqslant \dfrac{3}{2}$ 或 $t \geqslant 3$.

4. $a > 1$.

能力拓展答案:

1. (1) $(-4, 0) \cup (4, +\infty)$. 提示: $g(x) = \dfrac{f(x)}{x}$ 为奇函数,当 $x < 0$ 时,有 $g'(x) = \dfrac{f'(x)x - f(x)}{x^2} > 0$,结合图像,当 $x \in (-4, 0) \cup (4, +\infty)$ 时,$g(x) > 0$. (2) $(-\infty, -4) \cup (4, +\infty)$. 2. (1) $y = x$. 提示: $f(x) = \dfrac{1}{3}x^3 - x^2 + x$,所以 $f'(x) = x^2 - 2x + 1$, $f'(0) = 1$, $y - 0 = x - 0$,即 $y = x$. (2) $f'(x) = x^2 - (a+1)x + a = (x-1)(x-a)$,当 $a = 1$ 时,函数 $y = f(x)$ 在 $\mathbf{R}$ 上为严格增函数;当 $a > 1$ 时,函数 $y = f(x)$ 在 $(1, a)$ 上为严格减函数,在 $(-\infty, 1)$ 和 $(a, +\infty)$ 上为严格增函数;当 $a < 1$ 时,函数 $y = f(x)$ 在 $(a, 1)$ 上为严格减函数,在 $(-\infty, a)$ 和 $(1, +\infty)$ 上为严格增函数.

■ 练习反馈、互动提问 ■

1. 导数的正负与函数的正负是否有关?

2. 函数 $y = \dfrac{1}{x}$ 在定义域上导数恒小于 0,能否说该函数在定义域上是严格减函数?

3. 如果 $f'(x) \geqslant 0$ 在区间 I 上恒成立,那么 $y = f(x)$ 在该区间上为严格增函数,成立吗?

4. 课后请同学们查阅资料了解导数的发展史与应用历史.

■ **结束语** ■

导数是微积分的基础.

■ **备课资源** ■

(1) 导数的起源

大约在 1629 年,法国数学家费马研究了作曲线的切线和求函数极值的方法;1637 年左右,他写了一篇手稿《求极大值与极小值的方法》.

(2) 导数的发展

17 世纪时生产力的发展推动了自然科学和技术的发展,在前人创造性研究的基础上,大数学家牛顿、莱布尼茨等从不同的角度开始系统地研究微积分.牛顿的微积分理论被称为"流数术",他称变量为流量,称变量的变化率为流数,相当于我们所说的导数.牛顿的有关"流数术"的主要著作是《求曲边形面积》《运用无限多项方程的分析》和《流数法与无穷级数》.流数理论的实质概括为:流数的重点在于一个变量的函数而不在于多变量的方程;在于自变量的变化与函数的变化的比的构成;最关键在于这个比当变化趋于零时存在极限.

(3) 导数的成熟

1750 年,达朗贝尔在为法国科学院出版的《百科全书》第四版写的"微分"条目中提出了关于导数的一种观点,可以用现代符号简单表示：$\dfrac{\mathrm{d}y}{\mathrm{d}x}=\lim\limits_{\Delta x\to 0}\dfrac{\Delta y}{\Delta x}$.

1823 年,柯西在他的《无穷小分析概论》中定义导数.19 世纪 60 年代以后,魏尔斯特拉斯创造了 $\varepsilon\text{-}\delta$ 语言,对微积分中出现的各种类型的极限进行了重新表达.

微积分学理论基础,大体可以分为两个部分.一种是实无限理论,即无限是一个具体的东西,一种真实的存在;另一种是潜无限理论,即无限是一种意识形态上的过程,比如无限接近.

就数学历史来看,两种理论都有一定的道理,实无限就使用了 150 年.

(4) 导数的应用

最简单的应用是在出行选用交通工具方面,比如:选用飞机、轮船、火车、汽车的原因,除了经济方面的原因之外,就是速度,也就是对时间的要求,根据路程的长短选用交通工具的主要依据就是 $\dfrac{\mathrm{d}s}{\mathrm{d}t}=$ 速度.

在速度方面的运用上马拉松比赛是最明显的,比赛开始,运动员抢跑运用 $\dfrac{\mathrm{d}^2 s}{\mathrm{d}^2 t}$ 获得最大的加速度,抢到最佳位置,然后运用 $\dfrac{\mathrm{d}s}{\mathrm{d}t}=$ 恒定数,使跑步最省力的方法是一直保持匀速运动,到最后,加速度冲刺,最大地发挥体能效用.短跑是发挥 $\dfrac{\mathrm{d}s}{\mathrm{d}t}$ 和 $\dfrac{\mathrm{d}^2 s}{\mathrm{d}^2 t}$ 的最大效用.

在电力学方面:电流强度 $I=\dfrac{\mathrm{d}q}{\mathrm{d}t}$,在配用电线方面根据家电的功率大小,选用不同粗细的电线;根据电器的功率大小选用不同的空气开关和断路器.

在最大值和最小值方面的应用:比如周长一定的情况下,圆形面积最大,矩形里,面积最大的是正方形;这些都在日常生活中得到应用. 我们用的上下水管都是圆形的,而不是方形的,就是为了最大限度地节省材料. 粮囤和储油罐,都是做成圆形的,也是为了节省材料. 建房都是尽可能接近正方形,使建房用料最节省.

尤其是在生产过程中,应用导数的事例就更多了.

因此,导数在生活中经常用到,甚至是不自觉地应用.

5.3(2) 利用导数研究函数的极值

（本教学设计由浙江大学附属中学王文雅老师提供）

■ 教学内容分析 ■

"利用导数研究函数的极值"是第5章"导数及其应用"第三节的内容,"导数的应用"教学共分4个课时完成,本节课是第二课时."利用导数研究函数的极值"是学生学习了"利用导数研究函数的单调性"后的一个重要内容,在本节内容之后,学生还会继续学习利用导数研究函数的最值,以及利用导数解决实际生活问题等.

■ 教学目标设置 ■

1. 通过概念辨析理解极大值、极小值的概念;能够运用导数判别极大值、极小值,以及求函数的极值.

2. 通过观察函数的图像,获得函数极值的直观感觉,帮助理解函数极值的概念,通过例题的学习掌握求解函数极值的方法和步骤.

■ 教学重点及学习难点 ■

教学重点:极大值、极小值的概念和判别方法,求可导函数的极值的步骤.

学习难点:对极大值、极小值概念的理解,求可导函数的极值的步骤.

■ 学生情况分析 ■

学生在学习本节课之前已经有了利用导数研究函数的单调性的基础,这对于学生再次利用导数研究函数的性质奠定了基础. 因此函数的极值点的求解过程对学生来讲不是很难理解,但是对于概念的生成有些抽象,学生理解上可能会有困难. 确切的函数的极值点求解较为容易,但是学生对于含参数的情况进行分类讨论可能较为困难.

■ 教学流程 ■

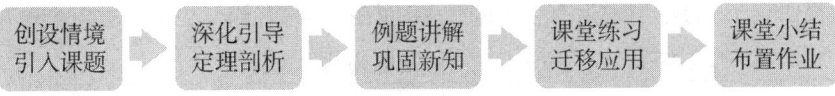

▪ **教学过程设计** ▪

教学设计	设计意图
(一) 创设情境,引入课题 　　如图(图 5.3(2)-1)所示,两个宽 2 m 和 3 m 的走廊直角相接.图上标注的角度记为 θ,AB 是一个薄金属管,金属管沿着拐角从一个走廊移动到另一个走廊并且不弯曲,保持水平. 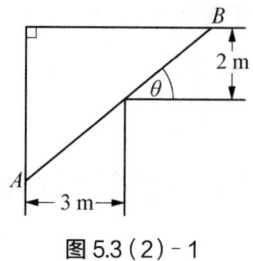 图 5.3(2)-1 　　问题 1　用 θ 表示金属管 AB 的长度 L. 　　问题 2　当导数 $L'=0$ 时,求 θ 的值. 　　问题 3　当 θ 取得问题 2 中的值时,讨论此时 L 的值的意义. (二) 深化引导,定理剖析 　　下面我们再来观察函数 $y=f(x)$ 的图像(图 5.3(2)-2),在 x_1、x_3 处函数值 $f(x_1)$、$f(x_3)$ 与在 x_1、x_3 左右两旁各点处的函数值相比,有什么特点? x_2、x_4 处函数值 $f(x_2)$、$f(x_4)$ 与 x_2、x_4 左右两旁各点处的函数值相比,有什么特点? 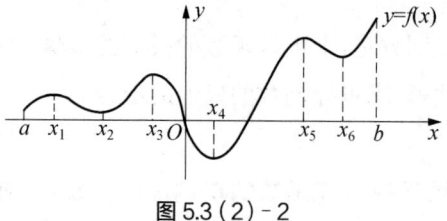 图 5.3(2)-2 　　答案　$f(x_2)$、$f(x_4)$ 的值比左右两旁的值小,$f(x_1)$、$f(x_3)$ 的值比左右两旁的值大. 　　定理　设点 $x=x_0$ 是函数 $y=f(x)$ 的驻点. 　　(1) 若在点 x_0 的左侧附近有 $f'(x)>0$,而在 x_0 的右侧附近有 $f'(x)<0$,则函数 $y=f(x)$ 在 x_0 处取得极大值;	引入数学化的生活情景,激发学生学习的兴趣,用 L 的意义自然地引出利用导数研究极值点的必要性. 在生活情景的背景之上,让学生通过观察图像获得函数极值点特点的初步感知.

(2) 若在点 x_0 的左侧附近有 $f'(x)<0$,而在点 x_0 的右侧附近有 $f'(x)>0$,则函数 $y=f(x)$ 在 x_0 处取得极小值.

定理剖析：

思考1　极值点处导数值有何特点？

答案　极值点处,如果有导数,则导数为0.

思考2　极值点两侧对应的函数(图5.3(2)-3)的单调性有何特点？

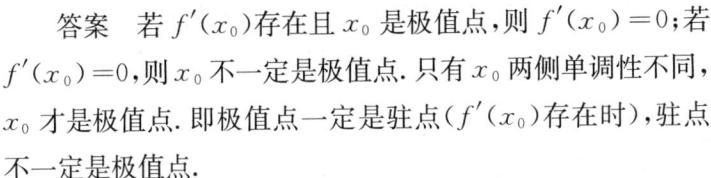

图5.3(2)-3

答案　极值点两侧单调性互异.

思考3　驻点与极值点什么关系？

答案　若 $f'(x_0)$ 存在且 x_0 是极值点,则 $f'(x_0)=0$;若 $f'(x_0)=0$,则 x_0 不一定是极值点.只有 x_0 两侧单调性不同, x_0 才是极值点.即极值点一定是驻点($f'(x_0)$ 存在时),驻点不一定是极值点.

思考4　一个函数在给定的区间上是否一定有极值？若有极值,是否可以有多个？

答案　不一定有极值,若有极值,可以有多个.

思考5　极大值一定比极小值大吗？

答案　不是的.具体反例可见下图(图5.3(2)-4),其中 $f(a)$ 是极小值, $f(b)$ 是极大值.

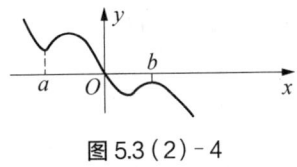

图5.3(2)-4

(三) 例题讲解,巩固新知

例1　已知 $f(x)=-x^2+6x-1$,求函数 $y=f(x)$ 的单调区间和极值.

解　对函数求导,得 $f'(x)=-2x+6$,令 $f'(x)=0$,解得 $x=3$,从而 $x=3$ 为函数 $y=f(x)$ 的唯一驻点. $y=f(x)$ 在区间 $(-\infty,3)$ 内是严格增函数,在区间 $(3,+\infty)$ 内是严格减函数,在 $x=3$ 处取得极大值 $f(3)=8$.

思考1与思考2的设计是为了以问题串的形式引导学生理解极值点的特点：(1) 极值点处的导数为0；(2) 极值点两侧的导数符号相反.

思考3、4、5的设计主要是为了帮助学生进一步理解极值点(极值)的概念.其中思考3的设计是帮助学生区分驻点与极值点的区别；思考4的设计是为了突出函数的极值是就函数在某一点附近的小区间而言的,是一个局部的概念；在函数的整个定义域内可能有多个极值,也可能无极值.由定义,极值只是某个点的函数值与它附近点的函数值比较是最大还是最小,并不意味着它在函数的整个定义域内最大或最小；思考5的设计是为了突出函数的极值之间无确定的大小关系,即一个函数的极大值未必大于极小值,极小值不一定是整个定义域上的最小值.

例1较为简单,主要就是为了让学生学会求解函数的极值点总结:求 $y=f(x)$ 的极值点的方法.

(1) 解方程 $f'(x)=0$ 的根 x_0;

(2) 如果在 x_0 附近两侧满足导数符号相反,那么 x_0 是极值点.

例2 求正弦函数 $y=\sin x$ 的单调区间和极值.

解 这是一个周期为 2π 的周期函数,记 $f(x)=\sin x$,求导可得 $f'(x)=\cos x$,令 $f'(x)=0$ 解得 $x=\dfrac{\pi}{2}+k\pi(k\in\mathbf{Z})$,将不同驻点及其所划分出的区间在一个周期上的情况列表 5.3(2)-1.

表 5.3(2)-1

x	$f'(x)$	$f(x)$
$2k\pi-\dfrac{\pi}{2}$	0	取极小值 -1
$\left(2k\pi-\dfrac{\pi}{2},2k\pi+\dfrac{\pi}{2}\right)$	$+$	是严格增函数
$2k\pi+\dfrac{\pi}{2}$	0	取极大值 1
$\left(2k\pi+\dfrac{\pi}{2},2(k+1)\pi-\dfrac{\pi}{2}\right)$	$-$	是严格减函数
$2(k+1)\pi-\dfrac{\pi}{2}$	0	取极小值 -1

因此,对任意给定的 $k\in\mathbf{Z}$,正弦函数 $y=\sin x$ 在区间 $\left(2k\pi-\dfrac{\pi}{2},2k\pi+\dfrac{\pi}{2}\right)$ 内严格递增,在区间 $\left(2k\pi+\dfrac{\pi}{2},2(k+1)\pi-\dfrac{\pi}{2}\right)$ 内严格递减,在 $x=2k\pi-\dfrac{\pi}{2}$ 时取得极小值 -1,在 $x=2k\pi+\dfrac{\pi}{2}$ 时取得极大值 1.

例3 已知 $f(x)=\dfrac{1}{3}x^3-x+2$,求函数 $y=f(x)$ 的单调区间和极值.

解 对函数求导,得 $f'(x)=x^2-1$,令 $f'(x)=0$,解得两个驻点 $x_1=-1$,$x_2=1$,列表如 5.3(2)-2 所示.

(极值)的一般方法,驻点与驻点划分的区间列表可以简明清晰地呈现函数的单调情况和极值点.

例2的设计主要是为了让学生进一步熟悉用求导的方法求解函数的单调区间及极值情况,也让学生进一步感受函数在给定的范围内可能有无数个极值点.

例3的设计主要也是让学生熟悉用求

表 5.3(2)-2

x	$(-\infty, -1)$	-1	$(-1, 1)$	1	$(1, +\infty)$
$f'(x)$	$+$	0	$-$	0	$+$
$f(x)$	严格增	极大值 $\dfrac{8}{3}$	严格减	极小值 $\dfrac{4}{3}$	严格增

因此函数 $y=f(x)$ 的增区间为 $(-\infty, -1)$ 及 $(1, +\infty)$，减区间为 $(-1, 1)$，$y=f(x)$ 在 $x=-1$ 处取得极大值 $f(-1)=\dfrac{8}{3}$，在 $x=1$ 处取得极小值 $f(1)=\dfrac{4}{3}$。

例 4 已知 $f(x)=(x-k)\mathrm{e}^x$，讨论函数 $y=f(x)$ 的极值点与极值情况。

解 $f'(x)=\mathrm{e}^x(1+x-k)$，

当 $x=k-1$ 时，$f'(k-1)=0$，又 $x\in(k-1,+\infty)$ 时 $f'(x)>0$，$x\in(-\infty,k-1)$ 时 $f'(x)<0$。

所以当 $x=k-1$ 时取得极小值 $-\mathrm{e}^{k-1}$；函数不存在极大值。

例 5 已知 $f(x)=\ln(x+1)-ax^2-x$，讨论函数 $y=f(x)$ 的极值点与极值情况。

解 $f'(x)=\dfrac{1}{x+1}-2ax-1=\dfrac{1-2ax^2-2ax-x-1}{x+1}$

$=\dfrac{-2ax^2-(2a+1)x}{x+1}$，

当 $a=0$ 时，$y=f(x)$ 在 $(-1, 0)$ 上是严格增函数，在 $(0, +\infty)$ 上是严格减函数。函数在定义域上有极大值 $f(0)=0$。

当 $a>0$ 时，$y=f(x)$ 在 $(-1, 0)$ 上是严格增函数，在 $(0, +\infty)$ 上是严格减函数。函数在 $x=0$ 处取极大值。

当 $-\dfrac{1}{2}<a<0$，$y=f(x)$ 在 $(-1, 0)$ 和 $\left(-\dfrac{2a+1}{2a}, +\infty\right)$ 是严格增函数，在 $\left(0, -\dfrac{2a+1}{2a}\right)$ 是严格减函数。函数在 $x=-\dfrac{2a+1}{2a}$ 处取极小值，$x=0$ 处取极大值。

导的方法研究三次函数的单调区间和极值情况。

例 4 引入参数，是为了让学生初步感受分类讨论的思想方法，为后面进一步利用导数研究复杂函数的单调性作铺垫。

例 5 中的参数 a 可能会影响二次函数的开口方向以及对称轴位置等。

当 $a < -\dfrac{1}{2}$，$y = f(x)$ 在 $\left(-\dfrac{2a+1}{2a}, 0\right)$ 是严格减函数，在 $\left(-1, -\dfrac{2a+1}{2a}\right)$ 和 $(0, +\infty)$ 是严格增函数. 函数在 $x = -\dfrac{2a+1}{2a}$ 处取极大值，$x = 0$ 处取极小值.

方法总结：

(1) 求函数的定义域；

(2) 求导，令导数为 0；

(3) 根据导数的符号，分析出极值点，并求出极值.

(四) 课堂练习，迁移应用

1. 已知 $f(x) = 2x^3 + 3ax^2 + 36x - 1$，若函数 $y = f(x)$ 在 $x = 2$ 处有极值，则 a 的值为（　　）.

　　A. -5　　　　　　　B. 5

　　C. 8　　　　　　　 D. -8

　　答案　A.

2. 已知 $f(x) = \ln x - x$，函数 $y = f(x)$ 在区间 $(0, e)$ 上的极大值为（　　）.

　　A. $-e$　　　　　　　B. -1

　　C. $1 - e$　　　　　　D. 0

　　答案　B.

3. 已知 $f(x) = x \cdot e^x$，则（　　）.

　　A. $x = 1$ 为 $y = f(x)$ 的极大值点

　　B. $x = 1$ 为 $y = f(x)$ 的极小值点

　　C. $x = -1$ 为 $y = f(x)$ 的极大值点

　　D. $x = -1$ 为 $y = f(x)$ 的极小值点

　　答案　D.

4. 已知 $f(x) = x^3 + ax^2 + bx + a^2$，函数 $y = f(x)$ 在 $x = 1$ 时有极值 10，则 a、b 的值为（　　）.

　　A. $a = -3, b = 3$ 或 $a = 4, b = -11$

　　B. $a = -3, b = 3$

　　C. $a = 4, b = -11$

　　D. 以上都不对

　　答案　C.

总结归纳用导数研究函数的极值的一般方法.

(五)课堂小结,布置作业

课堂小结:

  1. 若 $f'(x_0)=0$,则称 $x=x_0$ 为函数 $y=f(x)$ 的驻点.

  2. 若 $y=f(x)$ 在驻点 $x=x_0$ 的左边为严格增函数,右边为严格减函数,则函数 $y=f(x)$ 在 $x=x_0$ 处取得极大值 $f(x_0)$;若 $y=f(x)$ 在驻点 $x=x_0$ 的左边为严格减函数,右边为严格增函数,则函数 $y=f(x)$ 在 $x=x_0$ 处取得极小值 $f(x_0)$.

课后作业:

基础练习

  1. 已知 $f(x)=x^2+ax$,若 $x=3$ 是函数 $y=f(x)$ 的一个驻点,则 $a=$ _____ .

  2. 已知函数 $y=2x^3+ax^2+36x-24$ 在 $x=2$ 处有极值,则该函数的一个递增区间是( ).

  A. $(2,3)$ B. $(3,+\infty)$

  C. $(2,+\infty)$ D. $(-\infty,3)$

  3. 已知 $f(x)=x^3+ax^2+ax+6$,若函数 $y=f(x)$ 没有驻点,则 a 的取值范围是_____.

  4. 求余弦函数 $y=\cos x$ 的极值点.

  5. 求函数 $y=x^3-3x$ 的单调区间和极值.

  6. 已知 $f(x)=ax^3+bx^2-3x$,函数 $y=f(x)$ 在 $x=\pm 1$ 处取得极值.

  (1) 讨论 $f(1)$ 和 $f(-1)$ 是函数 $y=f(x)$ 的极大值还是极小值;

  (2) 过点 $A(0,16)$ 作曲线 $y=f(x)$ 的切线,求此切线方程.

能力拓展(选做)

  1. 已知 $f(x)=\ln(1+x)-x+\dfrac{k}{2}x^2$.

  (1) 当 $k=2$ 时,求曲线 $y=f(x)$ 在 $(1,f(1))$ 处的切线方程;

  (2) 讨论函数 $y=f(x)$ 的单调性.

  基础练习答案:

1. -6. 2. B. 3. $(0, 3)$. 4. $f'(x) = -\sin x$, $x = 2k\pi$ 为极大值点，$x = 2k\pi + \pi$ 为极小值点，其中 $k \in \mathbf{Z}$.
5. 在区间 $(-1, 1)$ 上是严格减函数，在区间 $(-\infty, -1)$ 和 $(1, +\infty)$ 上单调递增；极大值为 $f(-1) = 2$，极小值为 $f(1) = -2$. 6. (1) $f(1) = -2$，是极小值；$f(-1) = 2$，是极大值. (2) $y = 9x + 16$.

能力拓展答案：

1. (1) $y - \ln 2 = \dfrac{3}{2}(x - 1)$. 提示：$f(x) = \ln(1+x) - x + x^2$，$f'(x) = \dfrac{1}{1+x} - 1 + 2x$，$f'(1) = \dfrac{3}{2}$，且 $f(1) = \ln 2$.

(2) $f'(x) = \dfrac{1}{1+x} - 1 + kx = \dfrac{kx^2 + (k-1)x}{1+x}$. 当 $k = 0$ 时，$f(x)$ 在 $(-1, 0)$ 上是严格增函数，在 $(0, +\infty)$ 上是严格减函数；当 $0 < k < 1$ 时，$y = f(x)$ 在 $\left(0, \dfrac{1-k}{k}\right)$ 是严格减函数，在 $(-1, 0)$ 和 $\left(\dfrac{1-k}{k}, +\infty\right)$ 是严格增函数；当 $k > 1$ 时，$y = f(x)$ 在 $\left(-1, \dfrac{1-k}{k}\right)$ 和 $(0, +\infty)$ 是严格增函数，在 $\left(\dfrac{1-k}{k}, 0\right)$ 是严格减函数；当 $k < 0$ 时，$y = f(x)$ 在 $(-1, 0)$ 是严格增函数，在 $(0, +\infty)$ 是严格减函数.

■ 练习反馈、互动提问 ■

1. 极值为 0 与导数为 0 有什么关系？
2. 驻点与极值点有什么关系？
3. 函数的极小值与最小值有什么必然联系吗？极大值与最大值有什么联系？
4. 课后搜索资料了解函数极值的现实应用.

■ 结束语 ■

破译函数极值，巧解生活难题.

■ 备课资源 ■

函数的零点：是函数值为零的自变量的值.

函数的驻点：是函数的导数为 0 的点，另外驻点也称稳定点与临界点.

函数的极值点：是函数的单调性发生变化的点.（在求函数的极值时，通常令 $y = f(x)$ 的导数为 0，但是导数为 0 的点不一定是极值点）

函数的拐点:是函数的二阶导数为 0 且三阶导数不为 0 的点.

5.3(3) 利用导数研究函数的最值、利用导数研究二次函数

(本教学设计由上海交通大学附属中学林小萍老师提供)

■ **教学内容分析** ■

利用导数研究函数的最值及利用导数研究二次函数是继学生学习了导数以后,函数研究中重要的主题之一.在本节课的学习中,将用数形结合、从特殊到一般等数学思想,解决函数的最值问题,并将通过导数研究二次函数,为后续解决实际问题奠定一定的理论基础.

■ **教学目标设置** ■

1. 借助某连续函数在点附近的局部特征,理解函数的最值与极值的区别与联系.
2. 通过利用导数研究闭区间上连续函数的最值,提升逻辑推理和数学运算等核心素养.
3. 经历用导数研究二次函数的过程,发展数学抽象和数学运算等核心素养.

■ **教学重点及学习难点** ■

教学重点:(1) 应用导数求闭区间上连续函数的最值;
(2) 利用导数研究二次函数的单调性、极值与最值.
学习难点:理解最值与极值的区别与联系.

■ **学生情况分析** ■

在学习本节内容之前,学生已经学习了导数及其相关的运算,并会用导数解决函数的单调性及极值,这为本节课学习函数的最值及研究二次函数的性质奠定了一定的基础.

■ **教学流程** ■

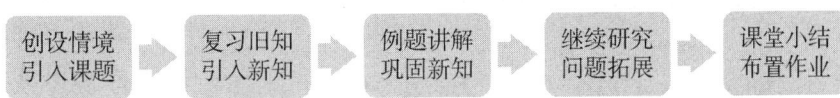

■ **教学过程设计** ■

教学设计	设计意图
(一) 创设情境,引入课题 　　某函数图像如图 5.3(3)-1 所示,它在 $[a, b]$ 上哪一点取得最大值?它是极大值吗?在哪一点取得最小值,它是极小值吗?	先通过实例,体会最值和极值的区别. 最值反映了函数在定

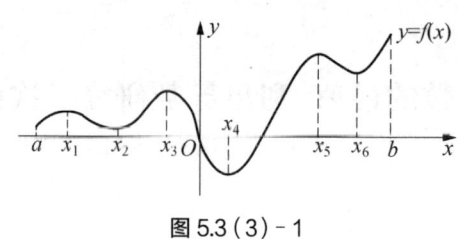

图 5.3(3)-1

说明：最值和极值有时是不一致的．

(二) 复习旧知，引入新知

复习利用导数研究函数的单调性与极值．

提问　一个函数的最值与极值可能都不存在吗？

在本节课中我们考虑一个在闭区间上的连续函数，这样函数的最大值与最小值将一定存在．

引例 1　已知 $f(x)=-x^2+6x-1$(图 5.3(3)-2)．

(1) 求函数 $y=f(x)$ 在 $[0,2]$ 上的最大值与最小值；

(2) 求函数 $y=f(x)$ 在 $(0,7)$ 上的最大值与最小值；

(3) 求函数 $y=f(x)$ 在 $[0,7]$ 上的最大值与最小值．

分析　函数的最值与函数的单调性相关．对于二次函数的最值，学生可以借助二次函数的图像及函数的单调性进行求解．

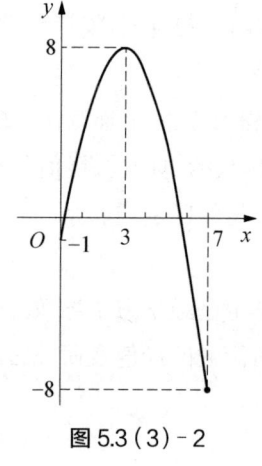

图 5.3(3)-2

解　对函数求导，得 $f'(x)=-2x+6$．令 $f'(x)=0$，解得驻点为 $x=3$．

(1) 驻点 $x=3$ 不在 $[0,2]$ 上，当 $x\in(0,2)$ 时，$f'(x)>0$，则 $y=f(x)$ 在 $[0,2]$ 上严格增．故最大值为 $f(2)=7$，最小值为 $f(0)=-1$．

(2) 在 $(0,7)$ 上只有唯一的驻点 $x=3$，列表如下（表 5.3(3)-1）：

义域上整体的情况，而极值则仅考虑函数在某点附近的局部特征．

先通过复习旧知，为后面用导数研究函数的最值及二次函数做好准备，有利于引导学生顺利进行新知的学习．

通过提问的方式激发学生思考，引出探究．

采用从特殊到一般的方法引导学生总结归纳出求闭区间上连续函数最值的方法．

将驻点处与区间两端点处的函数值进行比较，其中最大的就是最大值，最小的就是最小值．在导数存在的前提下，闭区间上的连续函数的最值原则上都可以按照这样的方法求出．

表 5.3(3)-1

x	(0,3)	3	(3,7)
$f'(x)$	+	0	−
$f(x)$	↗	极大值 8	↘

在(0,7)处取得最大值为 8,最小值不存在.

(3) 比较 $f(3)=8$,$f(0)=-1$,$f(7)=-8$,可知该函数在[0,7]上的最大值是 8,最小值是 −8.

提问 为什么只要比较这几个点的函数值(甚至不必分析驻点是不是极值点),就可以求出最值?

导数为研究函数的单调性、极值与最值提供了有力的工具.

引例 2 利用导数研究二次函数 $y=ax^2+bx+c(a\neq 0)$.

提问 如何利用导数研究二次函数的单调性、极值与最值?

说明:不妨讨论 $a>0$ 的情况,$a<0$ 的情况也可以用类似的方法获得相应的结果.

记 $f(x)=ax^2+bx+c$.求导得到 $f'(x)=2ax+b$,令 $f'(x)=0$,解得函数有唯一的驻点 $x_0=-\dfrac{b}{2a}$.列表(表 5.3(3)-2)如下:

表 5.3(3)-2

x	$\left(-\infty,-\dfrac{b}{2a}\right)$	$-\dfrac{b}{2a}$	$\left(-\dfrac{b}{2a},+\infty\right)$
$f'(x)$	−	0	+
$f(x)$	↘	极小值 $\dfrac{4ac-b^2}{4a}$	↗

提问 通过该表格你能得到什么结论?此处的结果与你之前的认知是否一致?

(三) 例题讲解,巩固新知

例 1 已知 $f(x)=\dfrac{1}{3}x^3-x+2$,求函数 $y=f(x)$ 在[0,

利用导数研究二次函数,巩固导数的应用.

通过典型例题的练习巩固理解新知.

学习类比思想,培养学生逻辑推理的核心素养.

3]上的最大值与最小值.

分析 虽然我们不知道该函数的图像及性质,但是对于求解在闭区间上的连续函数的最值,可以通过类比引例中的方法进行求解.

解 对函数求导,$f'(x)=x^2-1$.令 $f'(x)=0$,解得两个驻点 $x_1=-1$,$x_2=1$.

由于驻点 $x_1=-1$ 不在区间 $[0,3]$ 内,因此只需比较 $f(1)=\dfrac{4}{3}$,$f(0)=2$,$f(3)=8$,可知函数 $y=\dfrac{1}{3}x^3-x+2$ 在 $[0,3]$ 上的最大值为 8,最小值为 $\dfrac{4}{3}$.

例 2 解不等式 $ax^2+bx+c\geq 0(a>0)$.

解 (1)当 $\Delta>0$ 时,比较零点与驻点的关系,有

$$x_1=\dfrac{-b-\sqrt{b^2-4ac}}{2a}<x_0$$
$$=-\dfrac{b}{2a}<x_2=\dfrac{-b+\sqrt{b^2-4ac}}{2a}.$$

因为 $y=f(x)$ 在区间 $(-\infty,x_0)$ 上严格减,所以

当 $x\in(-\infty,x_1)$ 时,$f(x)>f(x_1)=0$;

当 $x\in(x_1,x_0)$ 时,$f(x)<f(x_1)=0$.

同样地,因为 $y=f(x)$ 在区间 $(x_0,+\infty)$ 上严格增,所以

当 $x\in(x_0,x_2)$ 时,$f(x)<f(x_2)=0$;

当 $x\in(x_2,+\infty)$ 时,$f(x)>f(x_2)=0$.

此外 $f(x_1)=f(x_2)=0$,$f(x_0)=\dfrac{4ac-b^2}{4a}<0$.

因此该不等式的解集为 $(-\infty,x_1]\cup[x_2,+\infty)$,即 $\left(-\infty,\dfrac{-b-\sqrt{b^2-4ac}}{2a}\right]\cup\left[\dfrac{-b+\sqrt{b^2-4ac}}{2a},+\infty\right)$.

此为必修 2 中一元二次不等式的结论.

(2)当 $\Delta=0$ 时,有 $x_1=x_2=x_0=-\dfrac{b}{2a}$,由函数单调性可知,当 $x\in\mathbf{R}$ 时,均有 $f(x)\geq f(x_0)=0$. 因此该不等式的解集为 $\mathbf{R}$.

(3) 当 $\Delta < 0$ 时,由函数单调性可知,当 $x \in \mathbf{R}$ 时,均有 $f(x) \geqslant f(x_0) = \dfrac{4ac - b^2}{4a} > 0$. 因此该不等式的解集为 **R**.

综上所述,当 $\Delta > 0$ 时,不等式的解集为 $\left(-\infty, \dfrac{-b - \sqrt{b^2 - 4ac}}{2a}\right] \cup \left[\dfrac{-b + \sqrt{b^2 - 4ac}}{2a}, +\infty\right)$;当 $\Delta \leqslant 0$ 时,不等式的解集为 **R**.

(四) 继续研究,问题拓展

探究 1 已知 $f(x) = -x^2 + 6x - 1$,求函数 $y = f(x)$ 在 $[0, m](m > 0)$ 上的最大值与最小值.

说明:引导学生学会判断定义域为动区间的函数的单调性,让学生体会对动区间的位置进行分类讨论的关键点.

强调:分类讨论的原则包括不重不漏、先易后难;注意已知条件中参数的范围.

> 这部分内容根据学生能力决定是否探究拓展.引导学生经历从特殊到一般的的思考方式.

(五) 课堂小结,布置作业

课堂小结:

1. 数学知识:用导数求解闭区间上的连续函数的最值、用导数研究二次函数的性质.

2. 数学思想方法:数形结合、从特殊到一般.

课后作业:

基础练习

1. 判断下列说法是否正确,并说明理由:

(1) 函数在某区间上或定义域内极大值是唯一的;

(2) 函数的极大值不一定比极小值大;

(3) 函数的极大值一定是函数的最大值;

(4) 开区间上的单调连续函数无极值和最值.

2. 函数 $y = x \ln x - x$ 在 $\left[\dfrac{1}{2}, 2\right]$ 上的最小值为( ).

A. $-\dfrac{1 + \ln 2}{2}$ B. -1

C. 0 D. $2\ln 2 - 2$

3. 函数 $y = \dfrac{1}{2}x + \sin x$, $x \in [0, \pi]$ 的最大值为 _____.

4. 已知函数 $f(x)=a\ln x+\dfrac{1}{x}-1\ (a\in \mathbf{R})$，若 $f(x)$ 的最小值为 0，则 a 的值为（   ）.

   A. 1　　　　　　　　B. -1

   C. 0　　　　　　　　D. -2

5. 求函数 $y=x^2-6x+5$，$x\in[1,4]$ 的值域.

6. 求函数 $y=x^3-3x$ 在区间 $\left[-\dfrac{3}{2},0\right]$ 上的最大值与最小值.

能力拓展（选做）

1. 函数 $y=x+2\cos x$ 在 $[0,\pi]$ 上的最小值为 _____ .

2. 已知函数 $y=ax^3-6ax^2+b\ (a>0)$，$x\in[-1,2]$ 的最大值为 3，最小值为 -29，求 a、b 的值.

基础练习答案：

1. (1) ×；(2) √；(3) ×；(4) √．　2. B．　3. $\dfrac{2\pi+3\sqrt{3}}{6}$．

4. A．　5. $[-4,0]$．　6. 最大值为 2，最小值为 0.

能力拓展答案：

1. $\dfrac{5\pi}{6}-\sqrt{3}$．提示：$y'=1-2\sin x=0$，解得 $x=\dfrac{\pi}{6}$ 或 $x=\dfrac{5\pi}{6}$．故 $y=x+2\cos x$ 在区间 $\left[0,\dfrac{\pi}{6}\right]$ 上是严格增函数，在区间 $\left[\dfrac{\pi}{6},\dfrac{5\pi}{6}\right]$ 上是严格减函数，在 $\left[\dfrac{5\pi}{6},\pi\right]$ 是严格增函数．又 $x=\dfrac{5\pi}{6}$ 时，$y=\dfrac{5\pi}{6}-\sqrt{3}$；$x=0$ 时，$y=2>\dfrac{5\pi}{6}-\sqrt{3}$，所以最小值为 $\dfrac{5\pi}{6}-\sqrt{3}$．　2. $a=2,b=3$．

■ 练习反馈、互动提问 ■

1. 一个函数的最值与极值可能都不存在吗？它们之间有何区别与联系？

2. 如何求解函数 $y=f(x)$ 的最值？

3. 若某连续函数的定义域不是闭区间，应该如何求解该函数的最值？

■ 结束语 ■

数学是符号加逻辑．——罗素

■ 备课资源 ■

函数的连续性及相关性质

定义 设函数 $y=f(x)$ 在某 $U(x_0)$ 上有定义. 若
$$\lim_{x \to x_0} f(x) = f(x_0),$$
则称 $y=f(x)$ 在点 x_0 连续.

即若对任给的 $\varepsilon>0$,存在 $\delta>0$,使得当 $|x-x_0|<\delta$ 时,有
$$|f(x)-f(x_0)|<\varepsilon,$$
则称函数 $y=f(x)$ 在点 x_0 连续.

定理(最大、最小值定理) 若函数 $y=f(x)$ 在闭区间 $[a,b]$ 上连续,则 $y=f(x)$ 在 $[a,b]$ 上有最大值与最小值.

5.3(4) 利用导数解决实际问题

(本教学设计由上海交通大学附属中学林小萍老师提供)

■ 教学内容分析 ■

利用导数解决实际问题是在学生学习了利用导数求解函数单调性、极值、最值,并已经具备了一定的用导数解决函数问题的能力后开始学习的. 在本节课的学习中,将通过生活中的实际问题入手,理解如何将实际问题转化为数学模型,并利用导数求解优化问题.

■ 教学目标设置 ■

1. 借助利润最大、用料最省等优化问题模型的建立,领会数学建模的思想.
2. 通过利用导数解决实际问题,理解导数的概念并运用到实际问题.
3. 经历求解优化问题的过程,发展数学抽象和数学运算等核心素养.

■ 教学重点及学习难点 ■

教学重点:(1) 将实际问题转化为数学模型;

(2) 用导数解决实际问题中的优化问题.

学习难点:应用导数解决实际生活中的最值问题.

■ 学生情况分析 ■

在学习本节内容之前,学生已经学习了如何用导数解决函数的单调性、极值及最值等问题,并应用导数研究了二次函数,已经具备了一定的利用导数解决问题的能力,这一能力对本节课解决何时利润最大、何时用料最省等优化问题发挥了重要作用.

▪教学流程▪

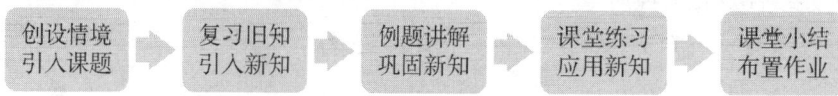

▪教学过程设计▪

教学设计	设计意图
(一) 创设情境,引入课题 生活中经常遇到利润最大、用料最省、效率最高等问题,这些问题通常称为优化问题. 通过前面的学习,我们知道,导数是求函数最大(小)值的有力工具. 这一节,我们将利用导数解决一些生活中的优化问题,提升数学建模能力. **引例 1** 如图(图 5.3(4)-1)是一张边长为 3 的正方形硬纸板,现把它的四个角上裁去边长为 x 的四个小正方形,再折叠成无盖纸盒,当裁去的小正方形边长 x 发生变化时,纸盒的容积 V 会随之发生变化. 当 x 在什么范围内变化时,容积 V 随着 x 的增大而增大? x 在什么范围内变化时,容积 V 随着 x 的增大而减小? 当 x 取何值时,容积 V 最大? 最大值为多少?(纸板厚度忽略不计) 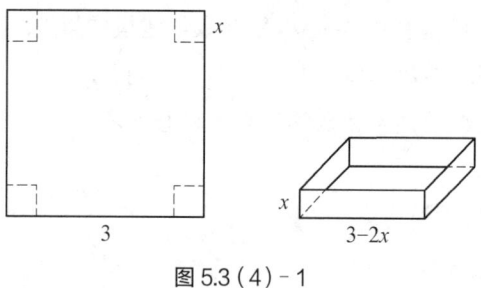 图 5.3(4)-1 解 由题意,得 $$V(x) = x(3-2x)^2, \ x \in \left(0, \frac{3}{2}\right).$$ 提问 如何求解该函数的最值?	该引例在必修 1 用二分法求函数的零点时已经涉及到. 先通过复习旧知,为后面用导数求解优化问题做好准备. (1) 求极值的步骤: 确(确定函数定义域和解析式); 求(求函数的导数); 列(列出函数的单调性表格); 写(写出分界点处函数的极值). (2) 求最值的步骤: 先求极值,再与端点值比较得到最值.

(二) 复习旧知,引入新知

提问 用导数求函数的极值的方法和步骤是什么?求函数最值的步骤是什么?

为了解决优化问题,首先需要分析问题中各个变量之间的关系,以此建立适当的函数表达式,并确定函数的定义域.再通过研究相应函数的性质,提出优化方案,使问题得以解决,在这个过程中,导数是一个有力的工具.

利用导数解决优化问题的基本思路如下:

优化问题(建立数学模型)⇒用函数表示数学问题(解决数学模型)⇒用导数解决数学问题(作答)⇒优化问题的答案.

(三) 例题讲解,巩固新知

例1 即引例1,见上.

解 由题意,得

$$V(x) = x(3-2x)^2, x \in \left(0, \frac{3}{2}\right).$$

求导,得

$$V'(x) = 12x^2 - 24x + 9.$$

为求驻点,令 $12x^2 - 24x + 9 = 0$,得 $x_1 = \frac{1}{2}$ 与 $x_2 = \frac{3}{2}$,后者不在定义域内,舍去.

容易算出,当 $x \in \left(0, \frac{1}{2}\right)$ 时,$V'(x) > 0$;当 $x \in \left(\frac{1}{2}, \frac{3}{2}\right)$ 时,$V'(x) < 0$. 因此,当 x 在 $\left(0, \frac{1}{2}\right]$ 内变化时,容积 V 随着 x 的增大而增大;当 x 在 $\left[\frac{1}{2}, \frac{3}{2}\right)$ 内变化时,容积 V 随着 x 的增大而减小;而当 $x = \frac{1}{2}$ 时,容积 $V\left(\frac{1}{2}\right) = 2$ 是极大值,也是最大值.

例2 如图 5.3(4)-2 所示,将一根直径为 d 的圆木锯成截面为矩形的梁. 问:矩形的长 h 和宽 b 应如何选择,才能使梁的抗弯强度 $W = \frac{1}{6}bh^2$ 最大?

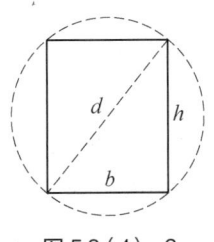

图 5.3(4)-2

解 根据题意,可知 $h^2 = d^2 - b^2$,所以 $W(b) = \frac{1}{6}b(d^2 - b^2)$,$0 < b < d$.求导,得 $W'(b) = \frac{1}{6}d^2 - \frac{1}{2}b^2$.令 $W'(b) = 0$,得到驻点 $b = \frac{\sqrt{3}}{3}d$.

由问题的实际意义,当 $b = \frac{\sqrt{3}}{3}d$ 时,梁的抗弯强度最大,此时,$h^2 = d^2 - b^2 = \frac{2}{3}d^2$,即 $h = \frac{\sqrt{6}}{3}d$.

(四)课堂练习,应用新知

1.已知某商品的成本 C 与产量 q 满足函数关系 $C = C(q)$,其中 $C(q) = 100 + \frac{1}{4}q^2$,并定义平均成本为 $\overline{C} = \overline{C}(q)$,其中 $\overline{C}(q) = \frac{C(q)}{q}$.

(1)比较 $C'(10)$ 和 $C'(20)$,解释两者的大小代表了怎样的实际意义;

(2)当产量为多少时,平均成本最少?

解 (1)因为 $C'(q) = \frac{1}{2}q$,所以 $C'(10) = 5$,$C'(20) = 10$,有 $C'(10) < C'(20)$.

$C'(10)$ 代表当产量 $q = 10$ 时,增加单位产量需付出的成本增加量为 5;而 $C'(20)$ 代表当产量 $q = 20$ 时,增加单位产量需付出的成本增加量为 10.

(2)平均成本 $\overline{C}(q) = \frac{C(q)}{q} = \frac{100}{q} + \frac{q}{4}$,$\overline{C}'(q) = -\frac{100}{q^2} + \frac{1}{4}$.令 $\overline{C}'(q) = 0$,得 $q^2 = 400$,根据实际意义,可知 $q > 0$,因此,$q = 20$ 是其驻点.

当 $0 < q < 20$ 时,$\overline{C}'(q) < 0$,函数 $\overline{C} = \overline{C}(q)$ 严格减;而当 $q > 20$ 时,$\overline{C}'(q) > 0$,函数 $\overline{C} = \overline{C}(q)$ 严格增.因此,当产量 $q = 20$ 时,平均成本最少.

2.一艘船航行所需的燃料费与船速的平方成正比,如果船速是 10 km/h,那么每小时的燃料费是 80 元.已知该船航行的其他费用为每小时 480 元,在 100 km 的航程中,保持怎

样才能有的放矢.

在很多情形下(如例1与例2),由实际问题本身的意义,可知函数在区间内部必定存在最大值(或最小值),而区间内部只有一个驻点,由此即可断定:该函数在区间内部的唯一驻点处取得最大值(或最小值).

经济学中通常将 $C'(q)$ 称为边际成本,它代表产量为 q 时,增加单位产量需付出的成本增加量.

不同问题背景中感受如何将实际问题抽象为数学模型,运

样的船速可使航行总费用最小？（结果精确到 1 km/h）

解 设当船速为 x (km/h) 时,每小时所需燃料费为 kx^2 元.

根据题意,当 $x=10$ 时,$kx^2=100k=80$,从而解得 $k=\dfrac{4}{5}$. 因此,船在 100 km 航程中的总费用为

$$y=f(x)=\dfrac{100}{x}\left(\dfrac{4}{5}x^2+480\right)=80x+\dfrac{48\,000}{x}, x>0.$$

求导,得 $f'(x)=80-\dfrac{48\,000}{x^2}$,令 $f'(x)=0$,得 $x=10\sqrt{6}$,为其唯一驻点. 当 $0<x<10\sqrt{6}$ 时,$f'(x)<0$,函数 $y=f(x)$ 严格减；而当 $x>10\sqrt{6}$ 时,$f'(x)>0$,函数 $y=f(x)$ 严格增. 因此,函数 $y=f(x)$ 在 $x=10\sqrt{6}$ (km/h) 处取得最小值,此时 $x\approx 24$ (km/h).

所以,在 100 km 的航程中,保持约 24 km/h 的船速可使航行总费用最少.

（五）课堂小结,布置作业

课堂小结：

1. 数学知识：如何将实际问题转化为数学模型,并会用导数解决实际生活中的优化问题.

2. 数学思想方法：体会数学建模思想,发展数学抽象和数学运算的核心素养.

课后作业：

基础练习

1. 已知某生产厂家的年利润 y（单位：万元）与年产量 x（单位：万件）的函数关系式为 $y=-\dfrac{1}{3}x^3+81x-234$,则使该生产厂家获取最大年利润的年产量为（　　）.

A. 13 万件　　　　B. 11 万件
C. 9 万件　　　　D. 7 万件

2. 做一个容积为 256 m³ 的方底无盖水箱,所用材料最省时,它的高为（　　）.

A. 6 m　　B. 8 m　　C. 4 m　　D. 2 m

用导数意义解释实际问题,让数学回归实际生活.

通过课堂小结梳理本节的重要概念和方法. 此处可由学生先进行总结,教师辅助完成,并引导学生提出自己的困惑,为后续学习作铺垫.

3. 某商品的成本 C 和产量 q 满足函数关系 $C = 50\,000 + 200q$，该商品的销售单价 p 和产量 q 满足函数关系 $p = 24\,200 - \dfrac{1}{5}q^2$. 问：要使利润最大，应如何确定产量？

4. 采矿、采石或取土时，常用炸药包进行爆破，部分爆破呈圆锥漏斗形状（图 5.3(4)-3），已知圆锥的母线长即炸药包的爆破半径为 R，它的值是固定的. 问：炸药包埋多深可使爆破体积最大？

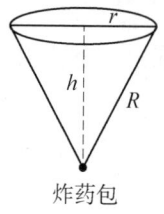

图 5.3(4)-3

5. 用长为 18 m 的钢条制作一个如图（图 5.3(4)-4）所示的长方体框架，已知长方体的长宽比为 2∶1，问：该长方体的长、宽、高各为多少时，其体积最大？最大体积是多少？

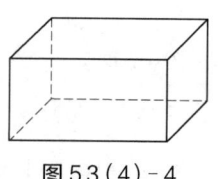

图 5.3(4)-4

6. 某分公司经销一品牌产品，每件产品的成本为 4 元，且每件产品需向总公司交 3 元的管理费，预计当每件产品的售价为 x 元（$8 \leqslant x \leqslant 11$）时，一年的销售量为 $(12-x)^2$ 万件. 问：当每件产品的售价为多少元时，该分公司一年的利润 L（万元）最大？

能力拓展（选做）

1. 要建造一个给定容积 V 的圆柱体蓄水池，已知池底单位造价为池侧面单位造价的 2 倍. 问：应如何选择蓄水池的底面半径 r 和高 h，才能使总造价最低？

2. 已知某厂生产一种产品的总成本 C（单位：万元）与产品件数 x 满足函数关系 $C = 1200 + \dfrac{2}{75}x^3$，产品单价 P（单位：万元）和产品件数 x 满足函数关系 $P = \dfrac{500}{\sqrt{x}}$. 问：产量为多少件时，总利润最大？

基础练习答案：

1. C.　2. C.　3. 设产量 q 时的利润 $f(q) = \left(24\,200 - \dfrac{1}{5}q^2\right)q - (50\,000 + 200q) = -\dfrac{1}{5}q^3 + 24\,000q - 50\,000$ $(q >$

0). 故 $f'(q) = -\dfrac{3}{5}q^2 + 24\,000$, 令 $f'(q) = 0$, 根据实际意义, 可知 $q > 0$, 因此, $q = 200$ 是其驻点. 故 $q = 200$ 就是最大值点, 且最大值为 $f(200) = 3\,150\,000$. 4. 设 h 为炸药包埋藏的深度, 则爆破体积 $V = \dfrac{1}{3}\pi r^2 h = \dfrac{1}{3}\pi(R^2 - h^2)h$ ($0 < h < R$). 由实际问题可知, V 在 $(0, R)$ 内一定有最大值, 而 $V' = \dfrac{1}{3}\pi(R^2 - 3h^2)$, 令 $V' = 0$, 解得 $h = \sqrt{\dfrac{1}{3}}R$, 即 V 在 $(0, R)$ 内只有一个驻点, 这个驻点就是 V 取得最大值的点, 于是, 当 $h = \sqrt{\dfrac{1}{3}}R$ 时, 爆破体积最大. 5. 设长方体的宽为 x m, 长为 $2x$ m, 高为 $\dfrac{18-12x}{4} = 4.5 - 3x$ $\left(0 < x < \dfrac{3}{2}\right)$. 所以长方体的体积 $V(x) = 2x^2(4.5 - 3x) = 9x^2 - 6x^3$. 所以 $V'(x) = 18x - 18x^2$. 令 $V'(x) = 0$, 所以 $V(x)$ 在定义域内只有唯一的驻点 $x = 1$, 这个驻点就是 V 取得最大值的点, 于是, 当宽为 1 m, 长为 2 m, 高为 1.5 m 时, 最大体积为 3 m³. 6. 利润 L 与售价 x 之间的关系为: $L(x) = (x - 3 - 4)(12 - x)^2 = (x - 7)(12 - x)^2$, $x \in [8, 11]$. 所以 $L'(x) = (12 - x)(26 - 3x)$, 令 $L'(x) = 0$, 得到 $x = 12$ 或 $x = \dfrac{26}{3}$, 由于 $8 \leqslant x \leqslant 11$, 故 $x = \dfrac{26}{3}$. 当 $x \in \left(8, \dfrac{26}{3}\right)$ 时, $L'(x) > 0$; 当 $x \in \left(\dfrac{26}{3}, 11\right)$ 时, $L'(x) < 0$; 故当 $x = \dfrac{26}{3}$ 时, $L(x)$ 在 $[8, 11]$ 上取得极大值, 也是最大值, 利润最大为 $L\left(\dfrac{26}{3}\right) = \dfrac{500}{27}$(万元).

能力拓展答案:

1. 设池壁单位造价为 a, 池底的造价为 $2a$. 由 $\pi r^2 h = V$, 得到 $h = \dfrac{V}{\pi r^2}$. 故总造价为: $y = f(r) = 2a\left(\pi r^2 + \dfrac{V}{r}\right)$. 求导得 $f'(r) = \dfrac{2a(2\pi r^3 - V)}{r^2}$. 令 $f'(r) = 0$, 得 $r = \sqrt[3]{\dfrac{V}{2\pi}}$. 当 $r >$

$\sqrt[3]{\dfrac{V}{2\pi}}$ 时, $f'(r) > 0$; 当 $0 < r < \sqrt[3]{\dfrac{V}{2\pi}}$ 时, $f'(r) < 0$; 故当 $r = \sqrt[3]{\dfrac{V}{2\pi}}$, $h = \dfrac{V}{\pi\left(\dfrac{V}{2\pi}\right)^{\frac{2}{3}}}$ 时, 造价最低. 2. 由题意可知, 总利润为 $L(x) = \dfrac{500}{\sqrt{x}}x - 1200 - \dfrac{2}{75}x^3 = 500\sqrt{x} - 1200 - \dfrac{2}{75}x^3$.

$L'(x) = 250x^{-\frac{1}{2}} - \dfrac{2}{25}x^2$. 令 $L'(x) = 0$, 得到 $x = 25$(件), 故当 $x = 25$ 时, 总利润最大.

■ 练习反馈、互动提问 ■

1. 在实际问题中, 如果定义域内的连续函数只有一个极值点, 则函数在该点处取最值吗?

2. 利用导数求实际问题中的最值的一般步骤是什么?

■ 结束语 ■

宇宙之大, 粒子之微, 火箭之速, 化工之巧, 地球之变, 生物之谜, 日用之繁, 无处不用数学. ——华罗庚

■ 备课资源 ■

数学优化问题

数学优化问题, 也叫最优化问题, 是指在一定约束条件下, 求解一个目标函数的最大值 (或最小值) 问题. 数学优化问题的定义为: 给定一个目标函数 (也叫代价函数) $f : A \to \mathbf{R}$, 寻找一个变量 (也叫参数) $x^* \in D$, 使得对于所有 D 中的 x, 满足 $f(x^*) \leqslant f(x)$ (最小化) 或者 $f(x^*) \geqslant f(x)$ (最大化), 其中 D 为变量 x 的约束集, 也叫可行域; D 中的变量被称为是可行解.

一、数学优化的类型

根据输入变量 x 的值域是否为实数域, 数学优化问题可以分为离散优化问题和连续优化问题.

1.1 离散优化和连续优化

离散优化问题是目标函数的输入变量为离散变量, 比如为整数或有限集合中的元素. 连续优化问题是目标函数的输入变量为连续变量 $x \in \mathbf{R}^d$, 即目标函数为实函数. 离散优化问题主要有两个分支:

组合优化: 其目标是从一个有限集合中找出使得目标函数最优的元素.

整数规划:输入变量 $x \in \mathbf{Z}^d$ 为整数.

离散优化问题的求解一般都比较困难,优化算法的复杂度都比较高. 后面的内容主要以连续优化为主.

1.2 无约束优化和约束优化

在连续优化问题中,根据变量是否有约束条件,可以将优化问题分为无约束优化问题和约束优化问题.

无约束优化问题的可行域为整个实数域 $D = \mathbf{R}^d$,其中 $x \in \mathbf{R}^d$ 为输入变量,$f: \mathbf{R}^d \to \mathbf{R}$ 为目标函数. 约束优化问题中变量 x 需要满足一些等式或不等式的约束. 约束优化问题通常使用拉格朗日乘数法来进行求解.

1.3 线性优化和非线性优化

如果目标函数和所有的约束函数都为线性函数,则该问题为线性规划问题. 相反,如果目标函数或任何一个约束函数为非线性函数,则该问题为非线性规划问题. 在非线性优化问题中,有一类比较特殊的问题是凸优化问题. 在凸优化问题中,变量 x 的可行域为凸集,即对于集合中任意两点,它们的连线全部位于集合内部. 目标函数 f 也必须为凸函数,满足凸优化条件的问题是一种特殊的约束优化问题,需满足目标函数为凸函数,并且等式约束函数为线性函数,不等式约束函数为凹函数.

二、优化算法

优化问题一般都是通过迭代的方式来求解:通过猜测一个初始的估计值 x_0,然后不断迭代产生新的估计值 $x_1, x_2, \cdots, x_t$,希望 x_t 最终收敛到期望的最优解 x^*. 一个好的优化算法应该是在一定的时间或空间复杂度下能够快速准确地找到最优解. 同时,好的优化算法受初始猜测点的影响较小,通过迭代能稳定地找到最优解 x^* 的邻域,然后迅速收敛于 x^*. 优化算法中常用的迭代方法有线性搜索和置信域方法等. 线性搜索的策略是寻找方向和步长,具体算法有梯度下降法、牛顿法、共轭梯度法等.

2.1 全局最优和局部最优

对于很多非线性优化问题,会存在若干个局部的极小值. 局部最小值,或局部最优解 x^* 定义为:存在一个 $\delta > 0$,对于所有的满足 $\|x - x^*\| < \delta$ 的 x,公式 $f(x^*) \leqslant f(x)$ 成立. 也就是说,在 x^* 的附近区域内,所有的函数值都大于或者等于 $f(x^*)$. 对于所有的 $x \in A$,都有 $f(x^*) \leqslant f(x)$ 成立,则 x^* 为全局最小值,或全局最优解. 一般地,求局部最优解是容易的,但很难保证其为全局最优解. 对于线性规划或凸优化问题,局部最优解就是全局最优解.

四、单元评价卷

"导数及其应用"单元评价卷

考试范围:第 5 单元;考试时间:60 分钟;满分:100 分.

班级:_____ 学号:_____ 姓名:_____ 得分:_____

一、填空题（本大题满分 40 分，共 8 题，每题 5 分）

1. 如图 5-1，函数 $y=f(x)$ 在 $[1,5]$ 上的平均变化率为 _____ .

2. 函数 $y=x^2$ 在 $x=$ _____ 处的导数值等于其函数值.

3. 已知 $f(x)=x^4-2x^3$，函数 $y=f(x)$ 的图像在点 $(1,f(1))$ 处的切线方程为 _____ .

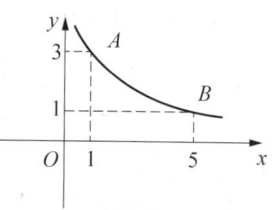

图 5-1

4. 已知 $f(x)=3-8x+x^2$ 且 $f'(x_0)=-4$，则 $x_0=$ _____ .

5. 已知 $f(x)=x+\dfrac{4}{x}+3\ln x$，函数 $y=f(x)$ 的递减区间是 _____ .

6. 已知 $f(x)=ax^3+bx^2-3x+k$ $(a,b\in \mathbf{R})$，若 $x=1$ 和 $x=3$ 是函数 $y=f(x)$ 的两个极值点，且函数 $y=f(x)$ 有且仅有两个不同零点，则实数 k 的值为 _____ .

7. 已知 $f(x)=x^2+2xf'(1)$，则 $f'(1)=$ _____ .（用数字作答）

8. 曲线 $y=\sqrt{2}\sin\left(x-\dfrac{\pi}{4}\right)+a(\cos x-1)$ 在 $x=\dfrac{\pi}{2}$ 处的切线与直线 $x-y+1=0$ 垂直，则该切线在 y 轴上的截距为 _____ .

二、选择题（本大题满分 20 分，共 4 题，每题 5 分）

9. 若可导函数 $y=f(x)$ 的图像过原点，且满足 $\lim\limits_{h\to 0}\dfrac{f(h)}{h}=-1$，则（ ）．

   A. $f'(0)=-1$　　B. $f'(0)=0$　　C. $f'(0)=1$　　D. $f'(0)=h$

10. 下列函数求导正确的是（ ）．

    A. $(x^{-2})'=-2x$

    B. $(\sin x)'=-\cos x$

    C. $(e^x+\ln 3)'=e^x+\dfrac{1}{3}$

    D. $(\ln x^2)'=\dfrac{2}{x}$

11. 设 $a \neq 0$,若 $x=a$ 为函数 $y=a(x-a)^2(x-b)$ 的极大值点,则(   ).

A. $a < b$ B. $a > b$

C. $ab < a^2$ D. $ab > a^2$

12. 函数 $y=f(x)$ 的导函数 $y=f'(x)$ 的图像如图5-2所示,则函数 $y=f(x)$ 的图像可能是(   ).

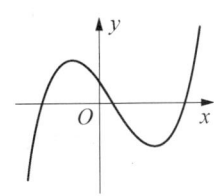

图 5-2

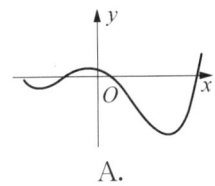

A.

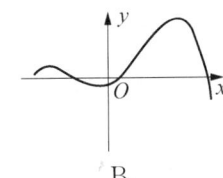

B.

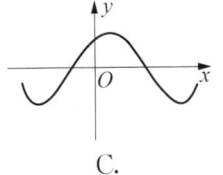

C.

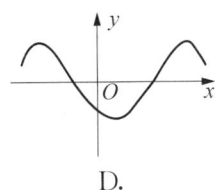

D.

三、解答题(本大题满分40分,共4题)

13. (本题满分8分)求下列函数的导数.

(1) $y=(2x^2-1)(3x+1)$;   (2) $y=\dfrac{\ln x}{x}$.

14. (本题满分10分)已知曲线 $y=\dfrac{1}{3}x^3+\dfrac{4}{3}$.

(1) 求曲线在点 $P(2,4)$ 处的切线方程;

(2) 求曲线过点 $P(2,4)$ 的切线方程.

15. (本题满分10分)酒杯的形状为倒立的圆锥(如图5-3),杯深8 cm,上口宽6 cm,水以 20 cm³/s 的流量倒入一个空酒杯中.当水深为4 cm时,求:

(1) 从开始倒水到水深为4 cm的过程中,水升高的平均变化率;

(2) 水升高的瞬时变化率.

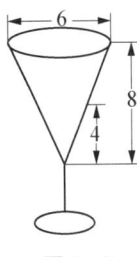

图 5-3

16. (本题满分12分)已知 $f(x)=x(\mathrm{e}^x-1)-ax^2$.

(1) 若 $a=\dfrac{1}{2}$,求 $y=f(x)$ 的递减区间;

(2) 若当 $x \geqslant 0$ 时,$f(x) \geqslant 0$ 恒成立,求 a 的取值范围.

参考答案

1. $-\dfrac{1}{2}$.   **2.** 0 或 2.   **3.** $y=-2x+1$.   **4.** 2.   **5.** $(0,1)$.   **6.** $\dfrac{4}{3}$ 或 0.   **7.** -2.

8. $\dfrac{\pi}{2}-1$.   **9.** A.   **10.** D.   **11.** D.   **12.** C.

13. (1) 因为 $y=(2x^2-1)(3x+1)=6x^3+2x^2-3x-1$,所以 $y'=(6x^3+2x^2-3x-$

$1)' = (6x^3)' + (2x^2)' - (3x)' - (1)' = 18x^2 + 4x - 3.$

(2) $y' = \left(\dfrac{\ln x}{x}\right)' = \dfrac{(\ln x)'x - \ln x \cdot x'}{x^2} = \dfrac{1-\ln x}{x^2}.$

14. (1) 因为 $y' = x^2$，所以在点 $P(2,4)$ 处的切线的斜率 $k = 2^2 = 4$，所以曲线在点 $P(2,4)$ 处的切线方程为 $y - 4 = 4(x-2)$，即 $4x - y - 4 = 0.$

(2) 设曲线 $y = \dfrac{1}{3}x^3 + \dfrac{4}{3}$ 与过点 $P(2,4)$ 的切线相切于点 $A\left(x_0, \dfrac{1}{3}x_0^3 + \dfrac{4}{3}\right)$，则切线的斜率 $k = x_0^2$，所以切线方程为 $y - \left(\dfrac{1}{3}x_0^3 + \dfrac{4}{3}\right) = x_0^2(x - x_0)$，即 $y = x_0^2 x - \dfrac{2}{3}x_0^3 + \dfrac{4}{3}.$ 因为点 $P(2,4)$ 在该切线上，所以 $4 = 2x_0^2 - \dfrac{2}{3}x_0^3 + \dfrac{4}{3}$，即 $x_0^3 - 3x_0^2 + 4 = 0$，所以 $(x_0 + 1) \cdot (x_0 - 2)^2 = 0$，解得 $x_0 = -1$ 或 $x_0 = 2.$ 故所求切线方程为 $4x - y - 4 = 0$ 或 $x - y + 2 = 0.$

15. 由题意，设 t 时刻水面高为 h，水面圆半径为 r，则 $\dfrac{r}{h} = \dfrac{3}{8}$，得 $r = \dfrac{3}{8}h$，此时水的体积 $V = \dfrac{1}{3} \cdot \pi \cdot r^2 \cdot h = \dfrac{3\pi}{64}h^3.$ 又由题设条件知，此时的水量为 $20t$，故有 $20t = \dfrac{3\pi}{64}h^3$，得 $h = \left(\dfrac{1280t}{3\pi}\right)^{\frac{1}{3}}.$ 当水深为 $4\,\text{cm}$，对应的时间 $t_0 = \dfrac{3\pi}{20}$，(1) 水升高的平均变化率 $\dfrac{h_0}{t_0} = \dfrac{1}{t_0} \cdot \left(\dfrac{1280t_0}{3\pi}\right)^{\frac{1}{3}} = \dfrac{20}{3\pi} \cdot \left(\dfrac{1280}{3\pi} \cdot \dfrac{3\pi}{20}\right)^{\frac{1}{3}} = \dfrac{20}{3\pi} \cdot 4 = \dfrac{80}{3\pi}.$ (2) $h' = \dfrac{1}{3}\left(\dfrac{1280t}{3\pi}\right)^{\frac{1}{3}-1} \cdot \dfrac{1280}{3\pi} = \dfrac{1280}{9\pi}\left(\dfrac{1280t}{3\pi}\right)^{-\frac{2}{3}}$，当水深为 $4\,\text{cm}$ 时，$h'(t_0) = \dfrac{1280}{9\pi} \cdot \left(\dfrac{1280}{3\pi} \cdot \dfrac{3\pi}{20}\right)^{-\frac{2}{3}} = \dfrac{1280}{9\pi} \cdot \dfrac{1}{16} = \dfrac{80}{9\pi}.$

16. (1) $a = \dfrac{1}{2}$ 时，$f(x) = x(e^x - 1) - \dfrac{1}{2}x^2$，$f'(x) = e^x - 1 + xe^x - x = (e^x - 1)(x + 1).$ 当 $x \in (-\infty, -1)$ 时，$f'(x) > 0$；当 $x \in (-1, 0)$ 时，$f'(x) < 0$；当 $x \in (0, +\infty)$ 时，$f'(x) > 0.$ 故 $y = f(x)$ 的递减区间为 $(-1, 0).$

(2) $f(x) = x(e^x - 1 - ax)$，"当 $x \geqslant 0$ 时，$f(x) \geqslant 0$ 恒成立"等价于"当 $x \geqslant 0$ 时，$g(x) = e^x - 1 - ax \geqslant 0$ 恒成立". 显然 $g(0) = 0$，$g'(x) = e^x - a$，令 $g'(x) > 0.$ ① 若 $a \leqslant 1$，可知 $y = g(x)$ 在 $(0, +\infty)$ 上为严格增函数，所以当 $x \in (0, +\infty)$ 时，$g(x) \geqslant 0$，即 $f(x) \geqslant 0$ 恒成立；② 若 $a > 1$，解得 $x \in (0, \ln a)$，所以 $y = g(x)$ 在 $(0, \ln a)$ 上为严格减函数，所以当 $x \in (0, \ln a)$ 时，$g(x) < 0$，即 $f(x) < 0$ 恒成立. 综上所述，a 的取值范围为 $(-\infty, 1].$

第六章 计数原理

一、单元基本信息

课程标准模块	选择性必修课程——主题三"概率与统计"——计数原理
使用教材	上教版普通高中教科书数学选择性必修第二册
单元名称	计数原理
单元课时	11 课时

二、单元教学规划

1. 主题名称

概率与统计.

2. 主题概述

(1) 核心概念

乘法原理 做一件事,需要依次完成 n 个步骤,其中完成第一步有 a_1 种不同的方法,完成第二步有 a_2 种不同的方法,……,完成第 n 步有 a_n 种不同的方法. 那么完成这件事共有 $a_1 a_2 \cdots a_n$ 种不同的方法.

加法原理 做一件事,完成它有 n 类办法,其中第一类办法有 a_1 种不同的方法,第二类办法有 a_2 种不同的方法,……,第 n 类办法有 a_n 种不同的方法. 那么完成这件事共有 $a_1 + a_2 + \cdots + a_n$ 种不同的方法.

排列与排列数 从 n 个互不相同的元素中,取出 m ($m \leqslant n$) 个不同元素按照一定顺序排成一列,叫做从 n 个元素中取出 m 个元素的一个排列. 从 n 个互不相同的元素中,取出 m ($m \leqslant n$) 个不同元素的所有排列的个数,叫做从 n 个元素中取出 m 个元素的排列数,用符号 P_n^m 表示.

组合与组合数 从 n 个互不相同的元素中,取出 m ($m \leqslant n$) 个不同元素作为一组,叫做从 n 个元素中取出 m 个元素的一个组合. 从 n 个互不相同的元素中,取出 m ($m \leqslant n$) 个不同元素的所有组合的个数,叫做从 n 个元素中取出 m 个元素的组合数,用符号 C_n^m 表示.

二项式定理 设 n 为正整数,等式 $(a+b)^n = C_n^0 a^n + C_n^1 a^{n-1} b + C_n^2 a^{n-2} b^2 + \cdots +$

$C_n^r a^{n-r}b^r + \cdots + C_n^n b^n$ 称为二项式定理.

(2) 内容结构

本章共五小节,第一节介绍乘法原理和加法原理,第二、三、四节主要介绍排列和组合的定义、计算、性质以及在古典概型中的应用,第五节介绍二项式定理及其应用.

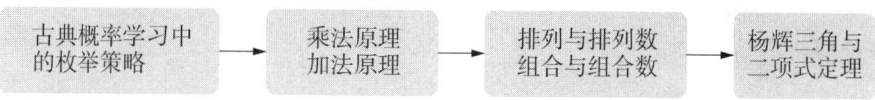

(3) 呈现方式

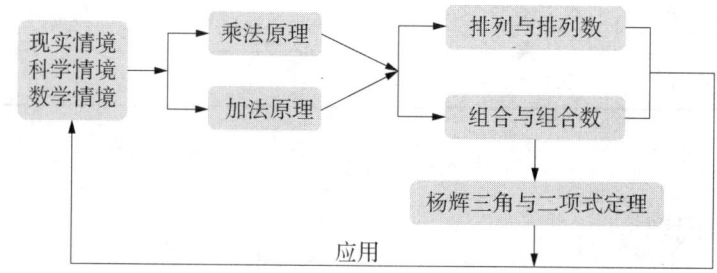

(4) 教学过程

第一阶段(起始课):介绍乘法原理和加法原理.

第二阶段(深化探究):介绍排列与组合的定义,利用乘法原理推演排列数的计算公式,探究排列数的性质,进而类比探究组合数及组合数的性质.

第三阶段(知识应用):用计数原理处理古典概率中的实际问题.

第四阶段(拓展提升):介绍杨辉三角及二项式定理并作简单的应用.

(5) 育人价值

在研究实际情境中的计数问题时进行缜密的分析,体悟研究计数原理问题时严密的分析特点,在具体的数学情境中体验规范的数学表达与交流方式,感悟抽象的数学方法,提升学生的数学抽象、数学运算、逻辑推理等核心素养.

3. 主题学情分析

面对全新的高中数学学习,学生具有一定的新鲜感,也比较具有学习积极性. 高中数学相对于初中数学而言,更加抽象,所要探究的问题也更为复杂,但初高中所学习的内容有很多关联,有的知识,可根据学生在不同年龄阶段的学习能力差异,进行初高中的分阶段学习. 这种做法,事实上在高中阶段也有所体现,如概率初步,在必修三第十二章已进行初步的学习,但当时主要涉及数量不大并可以用枚举法完成的问题,而在本章进行计数原理的学习后,又可以进行更深入的探究.

"计数原理"这一章,会接触到大量的生活实际情境,案例的情境丰富有趣,能有效激发学生的学习兴趣,同时经历一个从具体到抽象的过渡过程.同时,在分析解决计数原理的问题时需要非常严谨的思维习惯与合理的处理策略,故而需要学生有良好且严谨的习惯与品质,反过来,这个章节的学习,亦能有效提升学生这方面的能力.

4. 开放性学习环境

教师用于展示的电脑,实物投影仪;黑板、纸、笔.

5. 单元学习目标

目标(1):能够结合具体实例,识别和理解加法原理和乘法原理及其作用,并能够运用这些原理解决简单的实际问题.

目标(2):能够结合具体实例,理解排列、组合、二项式定理与两个计数原理的关系,能够运用两个计数原理推导排列、组合、二项式定理的相关公式,并能够运用它们解决简单的实际问题,特别是概率中的某些问题.

目标(3):感悟求解计数原理问题的关键思想,提升分析问题的严谨性,经历从具体到抽象的过程,感悟抽象的数学方法.

目标(4):提升数学抽象、数学运算、逻辑推理等核心素养.

6. 教学过程

(1) 总体想法

在必修课程第十二章的学习中,我们已经了解到古典概率的计算问题往往会考察一些集合中的元素个数,但当时由于样本空间较小,很多计算可以通过枚举完成,但实际生活情境中,需要计算的数据比较大,本章的学习就可以解决此方面的问题.本章的学习完成后,必修三第七章"概率初步(续)"的学习即可正常开展,故扎实掌握本章知识对后续知识的学习有重要意义.

计数原理的问题特别注重对事件的分析,"事件是什么?""怎样才算完成事件?"把这两个关键点想清楚,才能选择合适的工具进行处理,才能有效地解决问题.在学习过程中,不断强化这种思维习惯,有助于帮助学生迅速准确地处理问题,同时也能有效提升他们分析问题、解决问题的能力.此外,本章所要处理的问题大多综合了乘法原理和加法原理,有效的训练能很好地培养学生思维的严谨性.

(2) 各阶段教学内容

第一阶段(2课时):学习乘法原理(分步)和加法原理(分类),特别是乘法原理,为下一阶段排列的学习做好准备.

第二阶段(7课时):通过实例,理解排列与组合的定义,理解两者的联系与区别,利用计数原理推导排列数公式与组合数公式,并进一步掌握排列数公式与组合数公式的性质及两者的应用,掌握阶乘的定义,运用所学的知识解决简单的实际问题,特别是概率中的某些问题.

第三阶段(2课时):了解杨辉三角的相关知识,利用计数原理推导二项式定理,能用多项式运算法则和计数原理证明二项式定理,掌握二项式定理的运算和相关性质,会用二项式定理解决与二项展开式有关的简单问题. 感悟处理计数原理问题的特点,提升思维的严谨性,为后续"概率初步(续)"章节的学习做好铺垫.

(3) 教学分析

本单元具有丰富的生活实际背景,教师可通过典型案例开展教学活动,案例的情境应该是丰富的、有趣的、学生熟悉的. 在案例教学中要重视过程、层次清楚,从具体到抽象,从实际到理论. 教师要关注学生对数学知识学习从相对具体到相对抽象的过渡,积累数学抽象的经验,培养数学抽象、逻辑推理和数学运算等核心素养.

① 从实际情境引入,逐步进入数学范围

通过对实际案例的阅读与分析,提炼实际情境中所蕴含的数学信息,感悟事件完成的分步或分类的分析策略,紧扣"事件是什么?""怎样才算完成事件?"进行分析,确定适用的原理,厘清解决策略与步骤,用数学语言进行正确的表述与交流.

② 体悟知识形成的过程,训练严谨的思维习惯

实际教学中,学生普遍反映这个章节的问题基本能做,但极容易出错,通常问题出在两个环节:事件没有分析清楚;复杂情境中类别与步数分析不清,出现重复或遗漏. 事实上,计数原理方面所需解决的问题大多有着比较丰富的生活实际情境,信息量大,有的还非常复杂,因此明确事件解决的关键,厘清问题解决的脉络,仔细分类、分步,采用合适的工具进行处理非常重要. 实际教学中,教师应多引导学生分析事件,明确事件是什么? 怎样才算完成事件? 引导学生体验公式推演的过程,深入对知识原理的理解,而非仅仅满足于使用公式.

③ 提升数学语言表达能力,培养学科核心素养

"计数原理"作为"概率初步"与"概率初步(续)"的中续章节,主要是为了解决枚举法计数的手段无法解决实际情境中信息相对复杂、数据较大的情况. 完成本章的学习后,必修三第七章"概率初步(续)"的学习即可正常开展,故扎实掌握本章知识对后续知识的学习有重要意义. 实际教学中,教师宜在具体的生活情境或数学情境中引导学生体验规范的数学表达与交流方式,在学习简洁、严谨的数学语言的同时,提升学生的数学抽象、直观想象、数学运算、逻辑推理等核心素养. 此外,在教学中还可以组织学生收集、阅读相关知识的形成与发展的历史资料,撰写小论文,论述发展过程、重要结果、主要人物、关键事件及其对人类文明的贡献,提升学生的人文素养.

7. 评价建议

(1) 评价原则

以课程目标、课程内容和学业质量标准为基本依据. 重视学生核心素养的达成,重视评价的整体性与阶段性,重视评价过程,关注学生的学习态度.

本单元的教学评价应以过程性评价为主,适当关注终结性评价. 在过程性评价中,应密切关

注学生将实际情境数学化时表达的严密性与规范性,还要关注学生问题解决策略的合理性.

"计数原理"是学习概率统计的准备知识,够用即可,因此,评价指标作为教学目标设置的指导原则,不宜设置得过深过难.

(2) 评价量表

评价维度	评价内容	评价要点	评价方式
学习活动	学习准备	枚举法进行计数操作.	学生自评 学生互评 教师评价
	课堂学习	主动学习、认真思考、善于交流; 正确理解概念、执行计算; 方法选择合理、语言表述规范.	
	课后学习	作业积极认真完成; 自我钻研与团队交流有机结合; 主动进行深入探究.	
单元活动	活动表现	准确分析事件,思维过程严谨.	学生自评 学生互评 教师评价
单元测验	四基四能	准确掌握加法原理、乘法原理及其意义; 理解排列、组合的概念,能利用计数原理推导排列数公式、组合数公式; 能用多项式运算法则和计数原理证明二项式定理,会用二项式定理解决与二项展开式有关的简单问题; 从实际情境或数学情境中抽象出数学问题并进行分析解决.	考试、测验
	核心素养	数学抽象;数学运算;逻辑推理.	
其他表现	竞赛论文	能在综合情境中发现数学关系,用数学的眼光找到合适的研究对象,用恰当的数学语言进行表达,运用数学思维进行分析; 能提出问题,能自我分析和得出论点,能进行一定深度的探究.	教师评价
	创新能力	有质疑和探究精神,善于多角度、多层次、多结构分析和解决问题.	

(3) 作业设计建议

① 常规作业设计建议

基础性."计数原理"是学习概率统计的准备知识,够用即可,因此本章的作业训练,总体上建议以基础性为基本原则,不宜设置得过深过难.同时,计数原理中具有大量的现实情境问题,其问题分析与解决比较复杂,过多地将精力投注于此类问题的处理,会影响到学生对基本方法、基本知识的学习与掌握.

能力性.考虑到"计数原理"这一章节在高中阶段后续学习中的基础性与重要性,作业编制亦应考虑到知识、方法和思维策略的综合性及思维训练的深度.恰当但无需太多的综合能力训练,有助于提升学生分析问题与解决问题的能力,有助于其核心素养的培养,但不至于过于干扰其对基本知识技能的掌握与使用.

创新性.可结合社会热点问题设计一些题型新颖,兼顾趣味性和知识性的作业,提升学生学习数学的兴趣,体验数学知识与方法在实际生活中的应用,提升学生数学抽象素养和分析解决问题的能力.

② 综合作业设计建议

通过开放性的作业,例如组织学生收集、阅读有关"计数原理""杨辉三角""二项式定理"等形成与发展的历史资料,撰写小论文,论述其发展过程、重要结果、主要人物、关键事件及其对人类文明的贡献等,使学生进一步感悟"计数原理"这一章节知识在解决相关问题时的适用性及其方法特点,提升学生分析与解决问题的能力,提升学生运用数学语言规范表述的能力,并促进对所学知识进行更加深入的思考.

8. 教学反思

"计数原理"这一章,会接触到大量的实际生活情境,案例的情境丰富有趣,能有效激发学生的学习兴趣,同时经历一个从具体到抽象的过渡过程,在分析解决时需要非常严谨的思维习惯与合理的处理策略,教师在教学中需要引导学生进行严谨的分析.实际教学中,教师应多引导学生分析事件,明确事件是什么?怎样才算完成事件?引导学生体验公式推演的过程,深入对知识原理的理解,而非仅仅满足于使用公式.

9. 单元作业/测试(自选项)

见单元末.

三、课时教学设计示例

6.1(1)　乘法原理

(本教学设计由上海市吴淞中学柏雅明老师提供)

■ 教学内容分析 ■

本节课为选择性必修二第六章中的第一课时,是学生在高中阶段中的一个全新学习阶段.在本节课的学习中要引导学生认识现实生活中计数问题的普遍存在性,体验学习这些知识的必要性,同时了解研究计数问题的总体思路及本章的主要内容.计数问题是数学中的重要研究对象之一.

本节课中的乘法原理是排列组合问题中的最基本的原理之一,是推导排列数的理论依据,也是求解排列问题的基本思想方法,它是学习本章的基础.两个计数原理都是讨论"完成一件事情"的所有不同方法种数的问题,它们的核心就是将一个复杂问题分解为若干"类别"或"步骤",以达到简化问题的目的.本节课内容是在学生已有的利用列举法进行计数的基础上,进一步研究计数的规律,归纳出一种计数原理,即乘法原理,其中渗透着化归的数学思想.

■ 教学目标设置 ■

1. 通过实例归纳出并掌握乘法原理,并能应用其解决简单的问题.

2. 通过对生活中计数问题的归纳、推理,凸显乘法原理的发现过程,培养有序思维和归纳概括能力.

3. 经历一系列的探究活动,感受学习数学的乐趣.

■ 教学重点及学习难点 ■

教学重点:引导学生通过实例经历乘法原理的发现,并能运用它们解决简单的实际问题.

学习难点:归纳并掌握乘法原理,掌握应用乘法原理解决问题的前提条件.

■ 学生情况分析 ■

一方面,学生在初中学过树状图,目前遇到与计数有关的问题也可采用枚举法解决.但当数目比较大时,枚举法很难实施,因此学习计数原理是十分必要的;另一方面,就高二学生的数学学习能力而言,他们的归纳概括能力比较薄弱.

■ 教学流程 ■

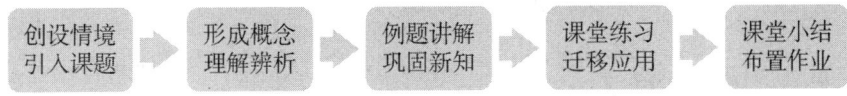

■ 教学过程设计 ■

教学设计	设计意图
(一)创设情境,引入课题 　　计数原理在日常生活中有着广泛的应用,今天就来看一下我们身边发生的一些问题. 　　引入1:如图6.1(1)-1,从甲地到丙地,需经过乙地.其中,从甲地到乙地有A_1、A_2、A_3共3条路线,而从乙地到丙地有B_1、B_2共2条路线.那么从甲地经由乙地到丙地,共有多少种不同的走法?	从学生身边的一些数学问题出发,更能让学生体会到教学的亲切感.

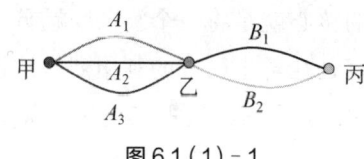

图 6.1(1)-1

从甲地到乙地有 3 种不同的走法,按其中任何一种走法到达乙地后,再由乙地到丙地又有 2 种不同的走法. 于是,不同的走法就有以下 6 种情形(其中符号 A_1B_1 的含义是"先走路线 A_1,再走路线 B_1",其余类同):

A_1B_1、A_1B_2、A_2B_1、A_2B_2、A_3B_1、A_3B_2.

其中每一种情形都可"从甲地经由乙地到丙地". 因此,从甲地经由乙地到丙地共有 $3×2=6$ 种不同的走法.

引入 2:某校学生午餐的选择有三大类:

大荤可供选择的种类 $\begin{cases} 炸鸡腿; \\ 红烧带鱼; \\ 蒜泥龙虾. \end{cases}$

小荤可供选择的种类 $\begin{cases} 茭白肉丝; \\ 青椒炒蛋. \end{cases}$

素菜可供选择的种类 $\begin{cases} 香菇菜心; \\ 拌裙带菜. \end{cases}$

学生每人选择三类中的各一种进行用餐,那么该校学生的午餐选择共有多少种?

分析:第一步,选大荤,有 3 种选择;
　　　第二步,选小荤,有 2 种选择;
　　　第三步,选素菜,有 2 种选择.

所有选择如下:

炸鸡腿——茭白肉丝——香菇菜心;
炸鸡腿——茭白肉丝——拌裙带菜;
炸鸡腿——青椒炒蛋——香菇菜心;
炸鸡腿——青椒炒蛋——拌裙带菜;
红烧带鱼——茭白肉丝——香菇菜心;
红烧带鱼——茭白肉丝——拌裙带菜;

学生很自然地利用列举法进行计数,教师进一步引导学生研究计数的规律,归纳出一种计数原理:乘法原理.

这是个令人流口水的问题,通过这个问题体会"完成一件事情可分为几个步骤,只有都完成,事情才算完成";"方法总数可由每个步骤的方法数相乘得到".

与同学们一起引出乘法原理,分析乘法原理的核心.

红烧带鱼——青椒炒蛋——香菇菜心；
红烧带鱼——青椒炒蛋——拌裙带菜；
蒜泥龙虾——茭白肉丝——香菇菜心；
蒜泥龙虾——茭白肉丝——拌裙带菜；
蒜泥龙虾——青椒炒蛋——香菇菜心；
蒜泥龙虾——青椒炒蛋——拌裙带菜.
所以共有 12 种选择.

总结如下：(1) 这两个问题都是分若干个步骤完成；
(2) 方法总数可由每个步骤的方法数相乘.

通过对生活中计数问题的归纳、推理，凸显乘法原理的发现过程，培养有序思维和归纳概括能力.

（二）形成概念，理解辨析

如果完成一件事需要 n 个步骤，第一步有 a_1 种不同的方法，第二步有 a_2 种不同的方法，……，第 n 步有 a_n 种不同的方法，那么完成这件事共有 $N = a_1 a_2 a_3 \cdots a_n$ 种不同的方法.

乘法原理的核心：分步，每一步均不能单独完成这件事（缺一不可）.

应用乘法原理解决简单的问题.

（三）例题讲解，巩固新知

例 1 一个三层的书架上共放有 9 本书，其中第一层放有 4 本不同的语文书，第二层放有 3 本不同的数学书，第三层放有 2 本不同的外语书.若从书架的第一、二、三层各取 1 本书，共有多少种不同的取法？

解 从书架的第一、二、三层各取 1 本书，可以分三个步骤完成：

第一步：从第一层取 1 本语文书，有 4 种取法；
第二步：从第二层取 1 本数学书，有 3 种取法；
第三步：从第三层取 1 本外语书，有 2 种取法.
根据乘法原理，不同取法的种数为

$$4 \times 3 \times 2 = 24.$$

即从书架的第一、二、三层各取 1 本书，有 24 种不同的取法.

例 1 与例 2 都是对乘法原理的应用，可从中体会乘法原理的分步原则.

例 2 用 1、2、3、4、5 可以组成多少个没有重复数字的三位数？

解 要组成一个没有重复数字的三位数，可以分三个步骤完成：

第一步：确定百位上的数字，从 5 个数字中任选一个，有 5 种选法；

第二步：确定十位上的数字，因为不允许有重复数字，所以从第一步余下的数字中任选一个，有 4 种选法；

第三步：确定个位上的数字，因为不允许有重复数字，所以从前两步余下的数字中任选一个，有 3 种选法.

根据乘法原理，不同取法的种数为

$$5 \times 4 \times 3 = 60.$$

因此，可以组成 60 个没有重复数字的三位数.

例 3　若 $M = 2^m \cdot 3^n (m, n \in \mathbf{Z}, m > 0, n > 0)$，则 M 的正约数共有多少个？

解　先作如下说明：每个正约数 P 恰好对应一组 (a, b)，使得 $P = 2^a \cdot 3^b (a, b \in \mathbf{Z}, a \geqslant 0, b \geqslant 0)$.

（1）凡是形式为 $P = 2^a \cdot 3^b (a, b \in \mathbf{Z}, a \geqslant 0, b \geqslant 0$，且 $a \leqslant m, b \leqslant n)$ 的数都是 M 的正约数，可用除法证明；

（2）凡是 M 的正约数都可写成

$P = 2^a \cdot 3^b (a, b \in \mathbf{Z}, a \geqslant 0, b \geqslant 0)$ 的形式；

然后求 $M = 2^m \cdot 3^n (m, n \in \mathbf{Z}, m > 0, n > 0)$ 的正约数可以分两个步骤完成：第一步，确定 a 的值，有 $(m+1)$ 种不同的方法；第二步，确定 b 的值，有 $(n+1)$ 种不同的方法.

根据乘法原理，M 共有 $(m+1) \times (n+1)$ 种不同的因数.

变式 1　540 的正约数共有多少个？

解　将 540 进行素因数分解，得 $540 = 2^2 \cdot 3^3 \cdot 5$.

同例 3，540 的任意正约数的形式为 $2^a \cdot 3^b \cdot 5^c$，其中 $a \in \{0, 1, 2\}$，$b \in \{0, 1, 2, 3\}$，$c \in \{0, 1\}$.

于是，求 540 的正约数可以分三个步骤完成：第一步，确定 a 的值，有 3 种不同的方法；第二步，确定 b 的值，有 4 种不同的方法；第三步，确定 c 的值，有 2 种不同的方法.

根据乘法原理，540 共有 $3 \times 4 \times 2 = 24$ 个不同的正约数.

变式 2　540 的正偶约数共有多少个？

解　$2 \times 4 \times 2 = 16$ 个.

例 3 是乘法原理在数学问题中的应用，通过变式练习，体会简单条件下原理的运用.

变式 3　540 的末位数是 0 的正约数有多少个？

解　末位是 0 的正约数必须含因数 2、5，则 $a \in \{1, 2\}$，$c \in \{1\}$，即 a 有 2 种选择，c 有 1 种选择，所以 540 的末位是 0 的正约数有 $N = 2 \times 4 \times 1 = 8$ 个.

巩固并体会"完成一件事"就是指明确做什么，"分步"就是指明确怎么做.

(四) 课堂练习，迁移应用

1. 某厂生产的手机为了在款式上能适应更多顾客的需求，为统一的机芯设计了 2 种不同的外形，同时每种外形又有 3 种不同色彩的外壳. 该厂这种手机共可设计多少种不同的款式？

解　$2 \times 3 = 6$.

2. 4 名学生报名参加两项体育比赛，每人至少报名一项比赛，每项比赛参加的人数不限，共有多少种不同的报名结果？

解　$3 \times 3 \times 3 \times 3 = 81$.

3. 公园有 4 个门，从一个门进. 再从另一个门出. 共有多少种不同的走法？

解　$4 \times 3 = 12$.

4. 一幢大楼共有 11 层，甲、乙、丙从底层同时进入电梯，则共有多少种不同的乘法？

解　$10 \times 10 \times 10 = 1000$.

5. 四封信投入三个不同的邮筒，则共有多少种不同的投法？

解　$3 \times 3 \times 3 \times 3 = 81$.

6. 某市采用 8 位数字的电话号码，若千万位上数字不能为 0，则一共可以组成多少种不同的电话号码？

解　$9 \times 10^7 = 90\,000\,000$.

(五) 课堂小结，布置作业

课堂小结：

1. 乘法原理的内容是什么？

2. 在应用乘法原理解决问题时要注意哪些方面？

课后作业：

基础练习

1. 4 名学生分别报名参加学校的足球队、篮球队和棒球队,每人限报其中的一支.问,有多少种不同的报名方法?

2. 某服装厂为学校设计了 4 种样式的上衣、3 种样式的裤子.若取其中的一件上衣和一条裤子配成校服,则可以配出多少种不同样式的校服?

3. 在一种编码方式中,每个编码都是两位字符,规定第一位用数字 0 至 9 中之一,第二位用 26 个小写英文字母中之一.这种编码方式共可以产生多少个不同的编码?

4. 设集合 $A = \{(x, y) | x \in \mathbf{Z}, y \in \mathbf{Z}, 且 |x| \leqslant 6, |y| \leqslant 7\}$,则集合 A 中有多少个元素?

5. 从 a、b、c、d、e 这 5 个元素中取出 4 个,放在 4 个不同的格子中,且元素 b 不能放在第二个格子里.问:一共有多少种不同的放法?

6. A、B、C、D、E 五人站成一排,如果 B 必须站在 A 的右边(A、B 可以不相邻).那么有多少种不同的排法?

能力拓展(选做)

1. 为了确保电子信箱的安全,在注册时,通常要设置电子信箱密码.选择在某网站设置的信箱中.

(1)密码为 6 位,每位可以是 0 到 9 这 10 个数字中的一个数字,这样的密码共有多少个?

(2)密码为 6 位,其中有 1 位是从 A 到 Z 这 26 个英文字母中的 1 个(不分大小写),其余 5 位是 0 到 9 这 10 个数字中的一个,这样的密码共有多少个?

2. 如图 6.1(1)-2 的电路中共有 7 个开关和一个电灯,若电灯不亮,其原因仅因开关断开的可能性有多少种情况?

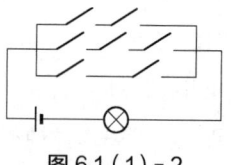
图 6.1(1)-2

基础练习答案:

1. $3 \times 3 \times 3 \times 3 = 81$. 2. $4 \times 3 = 12$. 3. $10 \times 26 = 260$.
4. $13 \times 15 = 195$. 5. $4 \times 4 \times 3 \times 2 = 96$. 6. $5 \times 4 \times 3 = 60$.

能力拓展答案:

1.(1) 10^6 个.提示:设置密码共需 6 个步骤:第 1 步,第一位密码数字有 10 种选择方法;第 2 步,第二位密码数字有 10 种选择方法;……第 6 步,第六位密码数字有 10 种选择方法.由乘法原理即得结论.(2) 1.56×10^7 个.提示:设置密码共需 7 个步骤:第 1 步,决定哪位是字母,共有 6 种选择方法;第 2 步,选择哪个字母,有 26 种选择方法;其余 5 步是决定其余 5 位数字,每步均有 10 种选择.由乘法原理,可得共有 $6 \times 26 \times 10^5 = 1.56 \times 10^7$ 个不同的密码. 2. $3 \times 3 \times 7 = 63$.

▪ **练习反馈、互动提问** ▪

(1) 四封信投入三个不同的邮筒的方法数为什么不是:$4 \times 4 \times 4$?
(2) 分步可以调整先后顺序吗?
(3) 例 1 改编条件:若从书架的第一、二、三层共取 1 本书,完成这件事分几步?
(4) 例 1 改编条件:若从书架的第一、二、三层各放 2 本书,完成这件事分几步?

▪ **结束语** ▪

善于发现,善于思考,人们才能有更多的创造.

▪ **备课资源** ▪

1850 年,科克曼在《女士与先生之日记》杂志上发表了题为"疑问六"的文章,提出了 15 个女学生问题:一位女教师每天带领班上的 15 名女生去散步,她把这些女生按 3 人一组分成 5 组,问能不能作出一个连续散步 7 天的分组计划,使得任意两个女生曾被分到一组且仅被分到一组,也就是说,随便从 15 人中挑出 2 人,她俩在一周所分成的 35 个小组里必在一组中见过一面,且仅见过一面.这个饶有趣味的游戏在一些数学家的介绍、研究和推广下很快在许多国家流传开来.科克曼本人给出了一个解,后来发现,科克曼给出的解并不是他所提出问题的唯一答案.

事实上,过了一百多年,到 1974 年,这一问题被丹尼斯顿借助于电子计算机得到解决.科克曼女生问题激起了研究的浪潮,吸引了许多数学家研究此问题,最终推动了组合数学的发展.

我国包头市第九中学的一位物理教师,在 20 世纪 60 年代独立地解决了科克曼女生问题,后来又解决了斯坦纳三元系问题,闻名中外.他就是数学家陆家羲.

6.1(2) 加法原理

(本教学设计由上海市吴淞中学施丽梅老师提供)

▪ **教学内容分析** ▪

本章所研究的计数问题与中学所讨论的其他数学问题有不同的特点.在教学中要重

视对具体问题的分析,重视数学思维品质的培养.通过多列举一些生活中学生熟悉的事例,引导学生从抽象中概括出乘法原理和加法原理,并会用两个原理解决最基本的计数问题.

本节课是在学习完乘法原理后进行的.理解乘法原理和加法原理的区别在于分步与分类.分步时,正确设计分步程序;分类时,不遗漏不重复.加法原理中的"如果完成一件事有 n 类办法",是对完成这件事的所有方法的一个分类.分类时首先要根据问题的特点确定一个分类标准,然后在确定的分类标准下进行分类;其次,分类时要注意满足既不重复、也不遗漏的基本要求.加法原理和乘法原理的共同点是把一个事件分解成若干个事件来完成;不同点是,加法原理与分类有关,且每类方法都能完成这一事件.对于较为复杂的既要用加法原理,又要用乘法原理的问题,我们可以根据题意,在解决具体问题时,既要弄清楚是"分类"还是"分步",还要弄清分类或分步的具体标准是什么.对于本节课的应用题,教学时要突出正向思考和逆向思考两种思路,渗透化归与转化的数学思想,注意引导学生追本溯源,复杂问题简单建模.也为后续排列组合知识的学习作准备.

▪ **教学目标设置** ▪

借助小组合作探究、发表想法、提出质疑、主动反思等教学活动,经历从现实问题中提取信息,与已学的知识加以联系,并进行信息加工的过程,从而将现实问题转化为数学模型,并在自身能力所及的范围理解并掌握加法原理.能利用加法原理解决一些简单的应用题.进一步理解乘法原理和加法原理的异同点,并能用两个原理解决一些比较复杂的应用题.在问题解决中发展高阶思维能力,渗透数学建模思想和化归与转化思想,学生感悟计数问题中的生活性和时代性,增强应用数学的意识.

▪ **教学重点及学习难点** ▪

教学重点:理解并掌握加法原理,并能根据加法原理解决一些简单的应用题.

学习难点:理解乘法原理和加法原理的异同点,并能用两个原理解决一些比较复杂的应用题.

▪ **学生情况分析** ▪

学生已经掌握了乘法原理.对于加法原理的知识,教师可以引导学生类比乘法原理解决问题的思想,将问题化归到"分步和分类"的数学本质解决这类问题,也为后续研究排列组合作准备.最后通过介绍数学小知识让学生感受数学文化.

▪ **教学流程** ▪

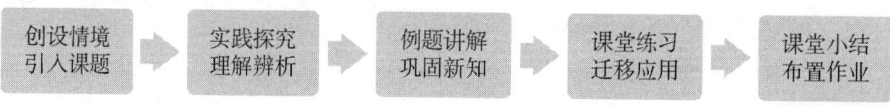

▪ 教学过程设计 ▪

教学设计	设计意图
（一）创设情境，引入课题 　　**问题**　从甲地到乙地，可以乘飞机，可以乘轮船，也可以乘汽车．一天中，飞机有 4 班，轮船有 3 班，汽车有 2 班．问：一天中乘坐这些交通工具从甲地到乙地共有多少种不同的走法？ 　　**解**　因为一天中乘飞机有 4 种走法，乘轮船有 3 种走法，乘汽车有 2 种走法，其中每一种走法都可以实现从甲地到乙地的目的，所以一天中乘坐这些交通工具从甲地到乙地共有 $4+3+2=9$ 种不同的走法． **（二）实践探究，理解辨析** 　　**加法原理（分类计数原理）**　做一件事，完成它有 n 类办法，其中第一类办法有 a_1 种不同的方法，第二类办法有 a_2 种不同的方法，……，第 n 类办法有 a_n 种不同的方法．那么完成这件事共有 $a_1+a_2+\cdots+a_n$ 种不同的方法． **（三）例题讲解，巩固新知** 　　**例 1**　用 1、2、3、4、5 这五个数字可以组成多少个十位数字大于个位数字的两位数？ 　　**解**　十位数字大于个位数字的两位数可以分成四类： 　　十位为 5，有 51、52、53、54 共 4 个； 　　十位为 4，有 41、42、43 共 3 个； 　　十位为 3，有 31、32 共 2 个； 　　十位为 2，只有 21 一个． 　　根据加法原理，十位数字大于个位数字的两位数共有 $4+3+2+1=10$ 个． 　　**例 2**　如图 6.1(2)-1，从甲地到乙地有 2 条路，从乙地到丁地有 3 条路，从甲地到丙地有 4 条路，从丙地到丁地有 2 条路．那么，从甲地到丁地，如果每条路至多走一次，且每个地点至多经过一次，有多少种不同的走法？	借助简单的情景问题，学生源于对生活的认识能自行解决问题．通过解决问题的过程探究加法原理，并验证结果的正确性． 强调加法原理中的"做一件事有 n 类办法"，是对完成这件事的所有方法的一个分类．分类时首先要根据问题的特点确定一个分类标准，然后在确定的分类标准下进行分类；其次分类时要注意满足既不重复、也不遗漏的基本要求．教学时注意与乘法原理进行类比研究． 例 1 是一道有两个限制条件的计数问题，对于有多个限制条件的问题，关键是根据问题的条件设计

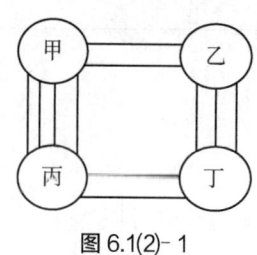

图 6.1(2)-1

解 从甲地到丁地的走法可以分成两类：

第一类：从甲地经由乙地到丁地，这类走法可以分成两个步骤：先从甲地到乙地，有 2 种走法；再从乙地到丁地，有 3 种走法．根据乘法原理，这一类走法的种数为 $2\times3=6$．

第二类：从甲地经由丙地到丁地，这类走法可以分成两个步骤：先从甲地到丙地，有 4 种走法；再从丙地到丁地，有 2 种走法．根据乘法原理，这一类走法的种数为 $4\times2=8$．根据加法原理从甲地到丁地共有 $6+8=14$ 种不同的走法．

(四) 课堂练习，迁移应用

1．在 300 和 800 之间，有多少个没有重复数字的奇数？

解 一个三位奇数的个位上的数字必是奇数，且因为不允许有重复数字出现，当一个奇数字(1、3、5、7、9)作为个位数字时，它就不能作为百位数．所以，符合条件的数可以按百位上的数字是奇数或偶数分成两类：

第一类：百位上的数字是偶数．这样的三位数可以由以下三个步骤确定：

第一步：百位上的数字从 4 到 6 中任选一个，有 2 种选法；

第二步：个位上的数字从 1、3、5、7、9 中任选一个，有 5 种选法；

第三步：十位上的数字从余下的 8 个数字中任选一个，有 8 种选法．

根据乘法原理，这一类奇数的个数为 $2\times5\times8=80$．

第二类：百位上的数字是奇数．这样的三位数可以由以下三个步骤确定：

好分类程序．本题的分类程序是先排十位数字，再排个位数字．教学时可允许学生发散思维多法解决．时间允许也可以做变式训练强化本节课重点．

例 2 是一道综合应用乘法和加法两个原理的应用题．要将分类和分步结合起来用．进一步理解乘法原理和加法原理的异同点，将其基本思想贯穿于解决本节课应用问题的始终．

本题也是一道有限制条件的应用题，既是对前面知识点的夯实，同时渗透了数学思想方法和数学

第一步:百位上的数字从 3、5、7 中任选一个,有 3 种选法;

第二步:个位上的数字从余下的 4 个奇数中任选一个,有 4 种选法;

第三步:十位上的数字从余下的 8 个数字中任选一个,有 8 种选法;

根据乘法原理,这一类奇数的个数为 $3\times 4\times 8=96$.

根据加法原理,在 300 和 800 之间共有 $80+96=176$ 个没有重复数字的奇数.

(五)课堂小结,布置作业

课堂小结:

1. 通过实例,总结出加法原理的本质.

2. 掌握加法原理和乘法原理的共同点是把一个事件分解成若干个事件来完成;不同点是,加法原理与分类有关,且每类方法都能完成这一事件.对于较为复杂的既要用加法原理,又要用乘法原理的问题,我们可以根据题意,在解决具体问题时,既要弄清楚是分类还是分步,还要弄清分类还是分步的具体标准是什么.

3. 关注分类讨论和化归等数学思想.

课后作业:

基础练习

1. 在平面直角坐标系中,以 1、2、3、4、5 这五个数中的两个分别作为一个点的横坐标和纵坐标,可以组成多少个位于直线 $y=x$ 下方的点?

2. 书架上放有 6 本不同的数学书和 5 本不同的语文书.从中任取一本,有多少种不同的取法?

3. 将红、黄、蓝三面小旗挂在旗杆上表示信号,每次可以挂 1 面、2 面、3 面,并且不同的顺序表示不同的信号,一共可表示多少种不同的信号?

4. 数字 1、2、3 可以组成多少个没有重复数字的自然数?

5. 数字 0、1、2、3、4 可以组成多少个没有重复数字的四位数?

6. 在 3000 和 8000 之间,有多少个没有重复数字的奇数?

建模素养.还可以培养学生的发散性思维,即通过不同的思路和方法解题.以上既可以开拓学生思路,又可提高学生分析问题的能力.

能力拓展（选做）

1. 6名队员排成一列,其中队员甲不能站在首位,也不能站在末位.有几种不同的排法?

2. 若一个三位数的各位数字之和为10,则称这个三位数为"十全十美数",如208和136都是"十全十美数",那么共有多少个"十全十美数"?

基础练习答案：

1. 10 个.　2. 11 种.　3. 15 种.　4. 15 个.　5. 96 个.　6. 1232 个.

能力拓展答案：

1. 480 种.　2. "十全十美数"有 54 个,列举如下:① 有一位数字是 0,共有 4+4+4+4+2=18 个,分别为 109,190,901,910,208,280,802,820,307,370,730,703,406,460,604,640,550,505;② 不含 0 且有两个相同数字的,共有 3+3+3+3=12 个,分别为 181,118,811,226,262,622,334,343,433,442,424,244;③ 不含 0 且没有相同数字的,共有 4×3×2×1=24 个,分别为 127,172,217,271,712,721,136,163,316,361,613,631,145,154,415,451,514,541,235,253,325,352,532,523.故答案为 54 个.

■ **练习反馈、互动提问** ■

1. 加法原理的内容是什么？应用加法原理解决问题时的关键是什么？

2. 乘法原理的内容是什么？应用乘法原理解决问题时的关键是什么？加法原理与乘法原理的异同点是什么？

■ **结束语** ■

两个计数原理问题注重"分步和分类"的区别.数学来源于生活,应用于生活.

■ **备课资源** ■

组合数学主要研究某组离散对象满足一定条件的安排的存在性、构造及计数等问题,又称离散数学.组合数学历史悠久,随着信息技术和网络技术的发展,组合数学迎来了自己的春天,已成为现代数学的重要组成部分.

组合计数是组合数学中一个最基本的研究方向,是组合数学重要的构成部分,主要研究满足一定条件的安排方式的数目及其计数问题,是研究组合数学的基础.组合计数的方法很多,如容斥原理、生成函数、Polya 计数法等.

6.2(1)　排列的定义

（本教学设计由上海市高境第一中学陈骏老师提供）

- **教学内容分析**

本节课是第六章"计数原理"第二节的第一节课,排列是一类特殊而重要的计数问题,教科书通过具体实例概括得出排列的定义.本节课具有承上启下的地位,理解排列的定义是应用乘法原理推导排列数公式的前提,对具体的排列问题的分析又为排列数公式提供了基础.基于学生的认知规律,本节课的重点是让学生抽象出什么是"一个排列".采取由特殊到一般的归纳思想来建构概念的理解过程,通过引导学生分析典型事例,从中归纳出共同特征,再进一步概括出本质特征,得出排列的定义.本节课奠定了学生对排列定义的理解基础,为后面组合概念的提出埋下伏笔.

- **教学目标设置**

1. 通过对具体实例的归纳概括,理解排列的定义,体会由特殊到一般的数学思想,发展数学抽象素养.

2. 借助树形图等工具,掌握解决排列问题的方法,体会数形结合的思想方法.

3. 通过对排列问题的研究,感受排列知识在生活中的应用,体会数学的实用价值和魅力.

- **教学重点及学习难点**

教学重点:排列定义的生成和理解.

学习难点:理解排列定义中"一定的顺序"的含义,解决实际中的排列问题.

- **学生情况分析**

学生在掌握了乘法原理和加法原理的基础上,对计数问题能够往分类或分步的方向进行思考.在应对实际生活中各种问题的过程中,学生将获得一定的理解、分析与解决问题的能力,会采用归纳、化归、从特殊到一般的思想方法理解,但抽象概括的能力较弱.本节课采取从特殊到一般的归纳思想来建构概念的理解过程,通过引导学生分析两个典型事例,从中归纳出共同特征,再进一步概括出本质特征,抽象出排列的定义.

- **教学流程**

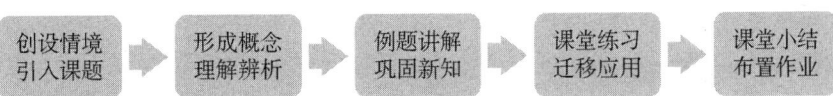

教学过程设计

教学设计	设计意图
（一）创设情境，引入课题 引入　大家一定听说过《田忌赛马》的故事，谁来说说田忌是如何转败为胜赢得比赛的？ 　　在孙膑的指点下，田忌把三匹马的顺序改成了下等上等中等，最终以 2 比 1 赢了齐威王. 这个故事揭示了人们应该善于利用自己的长处去对付对手的短处. 生活中无处不存在数学思想，我们不妨从数学的角度来分析一下此中缘由！ （二）形成概念，理解辨析 　　问题 1　如果田忌按照其他顺序排列这三匹马，结果将会怎样呢？ 　　下面请同学们来帮田忌出谋划策，看看你能否像孙膑那样深谋远虑. 请列出三匹马所有可能的排列顺序，并算出相应的比分. 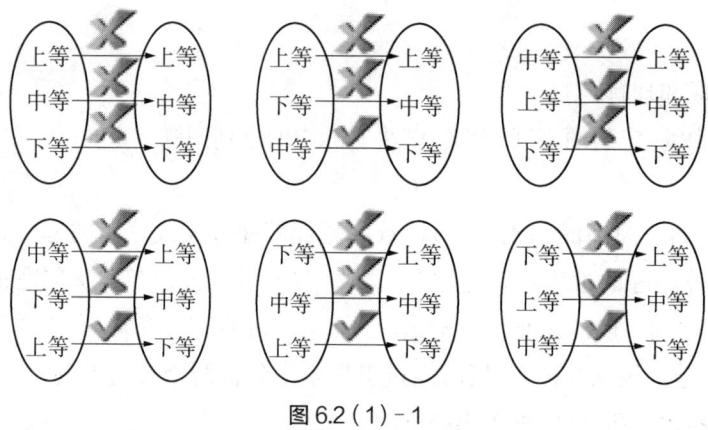 图 6.2(1)-1 　　将三匹马按照不同的顺序排列，一共有 6 种情况，结果只有最后一种情况能赢得比赛！ 　　问题 2　田忌能赢得比赛的真正原因是什么？ 　　马匹的顺序不同，形成了不同的排列. 但并不是随意更换马匹的顺序就可以的，必须做到集中劣势、分散优势，使效益	引入背景，活跃气氛. 引导学生通过直观想象枚举各种排列可能，解决实际问题.

最大化,最后的结果也就不一样了.

问题3　什么是三匹马的"一个排列"?

我们将三匹马按照一定的顺序排成一列叫做这三匹马的一个排列.

问题4　这样的排列有几个?为什么?

一共有 6 个,分别是"上中下、上下中、中上下、中下上、下中上、下上中".

问题5　对阵图中的第 2、3、4、5 种的比分都是 1∶2,那这四个排列是否算相同?

如果参与排列的元素相同,但是顺序不同,就算是两个不同的排列.

我们再来看下一个例题.

例1　已知抛物线的方程为 $y = ax^2 + bx + c$,其中 a、b、$c \in \{1, 2, 3, 4\}$,且 a、b、c 两两不同.求这样的抛物线的个数.

解　这个问题就是从 4 个不同的数字中,每次任取 3 个不同的数字,按照 x^2 的系数、x 的系数和常数项这样的顺序排列起来,求一共有多少种不同的排法.

第一步,先确定 x^2 的系数,从 1、2、3、4 这 4 个数字中任取 1 个,有 4 种方法;

第二步,确定 x 的系数,当 x^2 的系数确定以后,x 的系数只能从余下的 3 个数字中任取 1 个,有 3 种方法;

第三步,确定常数项,当 x^2 的系数和 x 的系数都确定以后,常数项只能从余下的 2 个数字中任取 1 个,有 2 种方法.

根据乘法原理,从 4 个不同的数字中,每次任取 3 个不同的数字,分别作为 x^2 的系数、x 的系数和常数项的方法共有 $4 \times 3 \times 2 = 24$ 种.

问题6　以上两个问题有什么共同点?

都是从若干个不同元素中选取部分(或全部)元素,并按序排列,求一共有多少种不同的排法.

定义　从 n 个互不相同的元素中,取出 m($m \leqslant n$)个不同元素按照一定的顺序排成一列,叫做从这 n 个元素中取出 m 个元素的一个排列(permutation).

从排列的定义可以看出,如果两个排列是相同的,不仅组

利用问题串剖析排列的定义,将定义中"一定的顺序""一个排列"等概念具体化,再逐个击破进行理解,引导学生对概念进行建构.

通过实例感受部分选取的排列问题,体会乘法原理的运用.

引导学生分析两个典型事例,从中归纳出共同特征,再进一步概括出本质特征,得出排列的定义.

成这两个排列的元素完全相同,而且排列的顺序也是完全相同的. 如果所取的元素不完全相同,那么这两个排列是两个不同的排列;如果所取的元素完全相同,但排列顺序不同,那么这两个排列也是不同的排列.

(三)例题讲解,巩固新知

例 2　写出从 a、b、c、d 四个元素中任取两个不同元素的所有排列.

解　先画出如下树形图

$$a\begin{cases}b\\c\\d\end{cases} \quad b\begin{cases}a\\c\\d\end{cases} \quad c\begin{cases}a\\b\\d\end{cases} \quad d\begin{cases}a\\b\\c\end{cases}$$

图 6.2(1)-2

体验树形图解题的直观性.

于是可知,所有的排列有 ab、ac、ad、ba、bc、bd、ca、cb、cd、da、db、dc.

例 3　将 6 本不同的书排成一排,有多少种不同的排法?

解　考虑依次编号为 1 到 6 的 6 个盒子,将 6 本书排成一排,相当于将这 6 本书分别放到 6 个盒子中,这是将 6 个元素进行排列的问题. 完成一个排列可以分为以下六个步骤:

第一步:确定放在 1 号盒子里的书,有 6 种方法;

第二步:确定放在 2 号盒子里的书,有 5 种方法;

第三步:确定放在 3 号盒子里的书,有 4 种方法;

第四步:确定放在 4 号盒子里的书,有 3 种方法;

第五步:确定放在 5 号盒子里的书,有 2 种方法;

第六步:确定放在 6 号盒子里的书,有 1 种方法.

根据乘法原理. 不同的排法数为 $6\times5\times4\times3\times2\times1=720$.

于是,将 6 本不同的书排成一排,有 720 种不同的排法.

感受排列知识在生活中的应用,巩固乘法原理的计数方式.

例 4　10 名学生排成两排照相,每排 5 人,共有多少种不同的排列方式?

解　将第一排的 5 个位置从左至右编号,号码分别为 1 到 5;再将第二排的 5 个位置从左至右编号,号码分别为 6 到 10. 这样,问题就转化为:10 名学生排在编号为 1 到 10 的十

将排列知识应用于生活实际中,明白"两排"与"一排"并

个位置上,共有多少种不同的排法?这时,完成一个排列可以分为以下十个步骤:

　　第一步:确定坐在 1 号位上的学生,有 10 种方法;
　　第二步:确定坐在 2 号位上的学生,有 9 种方法;
　　……
　　第 k 步:确定坐在 k 号位上的学生,有 $11-k$ 种方法;
　　……
　　第十步:确定坐在 10 号位上的学生,有 1 种方法.
　　根据乘法原理,不同的排法数为
$$10\times 9\times 8\times \cdots \times 2\times 1=3\,628\,800.$$

无本质差异.同时,多达十步的计算过程,也让下一节课排列数的公式呼之欲出.

(四)课堂练习,迁移应用

　　1. 写出从 a、b、c、d、e 这五个不同元素中任意取出两个元素的所有排列.

　　解　所有排列为 ab、ac、ad、ae、bc、bd、be、cd、ce、de、ba、ca、da、ea、cb、db、eb、dc、ec、ed.

用枚举法巩固排列的定义.

　　2. 已知 $M=\{1,2,3,4\}$,且 $m\in M$,$n\in M$,方程 $\dfrac{x^2}{m}+\dfrac{y^2}{n}=1$ 表示的曲线是椭圆.问:可以有多少个不同的椭圆?

　　解　$4\times 3=12$.

对新旧知识的综合训练.

(五)课堂小结,布置作业

课堂小结:

　　1. 排列的定义,什么是两个不同的排列.
　　2. 树形图和枚举法可以将问题直观化.
　　3. 采用从特殊到一般的数学思想方法归纳概括出结论.

课后作业:

基础练习

　　1. 用 1、2、3、4 可以组成多少个没有重复数字的三位奇数?
　　2. 从 1、2、3、4、5 这 5 个数字中,任取 3 个不同的数字作为空间中一个点的坐标,一共可以组成多少个不同的点?
　　3. 5 本不同的课外读物分给 4 位同学,每人一本,则有多少种不同的分法?
　　4. 已知集合 $A=\{-2,-1,2,3\}$,直线 $ax+by+1=0$

中,$a,b \in A$,且$a \neq b$,求这样的直线有多少条?

5. 10名学生排成两排照相,第一排6人,第二排4人,共有多少种不同的排列方式?

能力拓展(选做)

1. 已知$a_1 a_2 \cdots a_{10}$为0,1,2,$\cdots$,9的一个排列,满足$a_1+a_2+a_3=a_4+a_5+a_6=a_7+a_8+a_9+a_{10}$,且$a_1<a_2<a_3$,则这样排列的个数为_____.(用数字作答)

2. 如图6.2(1)-3,用6种不同的颜色将A、B、C三个区域涂色,每个区域涂上一种颜色,且有公共边的区域不能涂同一种颜色,问:不同的涂色方法共有多少种?

$$\boxed{A \mid B \mid C}$$

图6.2(1)-3

基础练习答案:

1. 12个. 2. 60个. 3. 120种. 4. $4 \times 3 = 12$条. 5. 3 628 800种.

能力拓展答案:

1. 0,1,2,$\cdots$,9的所有数字之和为45,$a_1+a_2+a_3 = a_4+a_5+a_6 = a_7+a_8+a_9+a_{10} = 15$.相加为15的3数组有:$\{0,6,9\}$,$\{0,7,8\}$,$\{1,5,9\}$,$\{1,6,8\}$,$\{2,4,9\}$,$\{2,5,8\}$,$\{2,6,7\}$,$\{3,4,8\}$,$\{3,5,7\}$,$\{4,5,6\}$.当$a_1 a_2 a_3$选择$\{0,6,9\}$后,$a_4 a_5 a_6$可以选择$\{2,5,8\}$,$\{3,4,8\}$,$\{3,5,7\}$3种.同理可得,分别有3,3,3,2,3,1,2,3,3,1,共24种选择.$a_1<a_2<a_3$选定后只有一种排列,$a_4 a_5 a_6$有6种排列,$a_7 a_8 a_9 a_{10}$有24种排列.所以共有$24 \times 6 \times 24 = 3456$种选择. 2. 150种.提示:第一步确定$B$区域的颜色,有6种选择,第二步确定$A$区域的颜色,有5种选择,第三步确定$C$区域的颜色,有6种选择,一共有$6 \times 5 \times 6 = 180$种涂色方法.

■ 练习反馈、互动提问 ■

1. 排列的定义是什么?什么是"一个排列"?

2. 怎样的两个排列被称为不同的排列?怎样的两个排列被称为相同的排列?

3. 采用树形图或枚举法解题时,如何才能做到不重不漏?

4. 若例 3 中参与拍照的学生前后两排的人数改变一下结果会怎样?或者改成三排结果会怎样?

5. 是否感觉例 3 的解法有点冗长,你有什么好的建议?

■ 结束语 ■

加法乘法两原理,与序有关是排列.特殊因素先处理,不重不漏多思考.

■ 备课资源 ■

1. 排列组合是组合学最基本的概念.组合学与其他数学分支有着天然的密切联系.它的一些研究内容与方法来自各个分支也应用于各个分支.当然,组合学与其他数学分支一样也有其独特的研究问题与方法,它源于人们对客观世界中存在的数与形及其关系的发现和认识.例如,中国古代的《易经》中用十个天干和十二个地支以六十为周期来记载月和年,以及在洛书河图中关于幻方的记载,是人们至今所了解到的最早发现的排列组合问题.在八卦中,亦运用到了排列组合.德国著名数学家高斯于 19 世纪初提出组合系数,今称高斯系数,在经典组合学中占有重要地位.在中国当代的数学家中,较早地在组合学中的不同方面作出过贡献的有华罗庚、吴文俊、柯召、万哲先、张里千和陆家羲等.

2. 参考书目:《组合几何趣谈》,丁仁,科学出版社.

6.2(2) 排列数的计算

(本教学设计由上海大学附属中学陈丽老师提供)

■ 教学内容分析 ■

汽车牌照一般从 26 个英文字母、10 个阿拉伯数字中选出若干个,并按照适当顺序排列而成.随着人们生活水平的提高,家庭汽车拥有量迅速增长,汽车牌照号码需要扩容.另外,许多车主还希望自己的牌照"个性化",那么,交通管理部门应如何确定汽车牌照号码的组成方法,才能满足民众的需求呢?这就需要"数出"某种汽车牌照号码组成方案下所有可能的号码数,这就是计数.日常生活、生产中类似的计数问题大量存在,例如幼儿会通过一个一个地数数的方法,计算自己拥有的玩具数量;学校要举行班级篮球比赛,在确定赛制后,体育组的老师要算一算共需要举行多少场比赛;用红、黄、绿三面旗帜组成航海信号,颜色的不同排列表示不同的信号,共可以组成多少种不同的信号……自远古以来,数的概念就来源于数这个动作.直到今天,精确地知道一个有限集合中元素的个数,仍然是一类非常重要的问题.在必修课程第十二章"概率初步"中,我们已经知道古典概率的计算往往需要用到一些集合的元素个数之间的比值,但在那里,大多数计数都是通过枚举来完成的.此章节我们将学习一些基本的计数原理,以便能够解决更多的计数问题.本节课所关心的是如何能不通过一个一个地数而确定出这个数.

■ **教学目标设置** ■

掌握排列数公式及推导方法,从中体会"化归"的数学思想,并能运用排列数公式进行计算.能运用所学的排列知识,正确地解决实际问题.发展化归能力、分析能力、观察思考能力.

■ **教学重点及学习难点** ■

教学重点:排列数的概念及公式推导.

学习难点:排列数公式的应用.

■ **学生情况分析** ■

学生已经学习了加法原理和乘法原理,这是解决计数问题的两个最基本、最重要的方法,应用这两个计数原理,就可以得到两类特殊计数问题的计数公式,即排列数公式和组合数公式,应用它们可以方便地解决一些计数问题.

■ **教学流程** ■

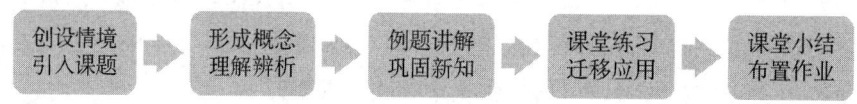

■ **教学过程设计** ■

教学设计	设计意图
(一)创设情境,引入课题 　　**乘法原理**　做一件事情,完成它需要分成 n 个步骤,做第一步有 m_1 种不同的方法,做第二步有 m_2 种不同的方法,……,做第 n 步有 m_n 种不同的方法,那么完成这件事有 $N=m_1\times m_2\times\cdots\times m_n$ 种不同的方法. 　　**加法原理**　做一件事情,完成它可以有 n 类办法,在第一类办法中有 m_1 种不同的方法,在第二类办法中有 m_2 种不同的方法,……,在第 n 类办法中有 m_n 种不同的方法,那么完成这件事共有 $N=m_1+m_2+\cdots+m_n$ 种不同的方法. (二)形成概念,理解辨析 　　1. 排列数的定义 　　从 n 个互不相同的元素中,取出 m ($m\leqslant n$) 个不同元素的所有排列的个数,叫做从 n 个元素中取出 m 个元素的排列数,用符号 P_n^m 表示.	加法原理和乘法原理,回答的都是有关做一件事的不同方法种数的问题,区别在于:加法原理针对的是"分类"问题,其中各种方法相互独立,每一种方法只属于某一类,用其中任何一种方法都可以做完这件事;乘法原理针对的是"分步"问题,各个步骤中的方法相互依存,某一步骤中的每一种方法都只能做完这件

2. 排列数公式及其推导

考查 P_n^3 的意义：假定有排好顺序的 3 个空位,从 n 个元素 a_1、a_2、$\cdots$、a_n 中任取 3 个元素去填空,一个空位填一个元素,每一种填法就得到一个排列;反过来,任一个排列总可以由这样的一种填法得到.因此,所有不同的填法的种数就是排列数 P_n^3.由乘法原理完成上述填空共有 $n(n-1)(n-2)$ 种填法,所以 $P_n^3 = n(n-1)(n-2)$.

同样,P_n^m 以按依次填 m 个空位来考虑,得到排列数公式 $P_n^m = n(n-1)\cdots(n-m+1)$(其中 m、n 是正整数,且 $m \leqslant n$).

(三) 例题讲解,巩固新知

例 1 用 0、1、2、3、4、5 这 6 个数字,可以组成多少个没有重复数字的三位数?

解法 1 用 0 到 5 这六个数字组成一个三位数,都可以看成从这六个数字中任取 3 个的一个排列(0 排在百位的除外).由于百位上的数字不能是 0,可以分两个步骤考虑:先排百位上的数字,再排十位和个位上的数字,百位上的数字从 1 到 5 这五个数字中任选一个,有 P_5^1 种情形;十位和个位上的数字,可以从余下的五个数中任选两个,有 P_5^2 种情形,根据乘法原理,所求的三位数的个数是

$$P_5^1 P_5^2 = 5 \times 5 \times 4 = 100.$$

解法 2 从 0 到 5 这六个数字中任取三个数字的排列数,减去其中以 0 为排头的排列数,就是用这六个数字组成的没有重复数字的三位数的个数.

从 0 到 5 这六个数字中任取三个数字的排列数为 P_6^3,其中以 0 为排头的排列数为 P_5^2,因此所求三位数的个数为

$$P_6^3 - P_5^2 = 100.$$

解法 3 由于 0 不能出现在百位上,因此可以根据数码中是否有 0 和 0 出现在哪一位数码上进行分类讨论.

满足条件的三位数可以分成三类:

每一位数字都不是 0 的三位数有 P_5^3 个;个位数字是 0 的

事的一个步骤,只有各个步骤都完成才算做完这件事.应用两种原理解题:1.分清要完成的事情是什么;2.是分类完成还是分步完成,"类"间互相独立,"步"间互相联系;3.有无特殊条件的限制.

注意区别排列和排列数的不同:"一个排列"是指从 n 个不同元素中,任取 m 个元素按照一定的顺序排成一列,不是数;"排列数"是指从 n 个不同元素中,任取 m ($m \leqslant n$) 个元素的所有排列的个数,是一个数.所以符号 P_n^m(也可以写成 A_n^m)只表示排列数,而不表示具体的排列.

排列数 P_n^m 的公式特征:第一个因数是 n,后面每一个因数比它前面一个少 1,最后一个因数是 $n-m+1$,共有 m 个因数.

三位数有 P_5^2 个;十位数字是 0 的三位数有 P_5^2 个.

根据加法原理,符合条件的三位数的个数是

$$P_5^3 + P_5^2 + P_5^2 = 100.$$

例 2 (1) 7 个人站成一排,若甲和乙不能相邻排列,有多少种不同的排法?

(2) 要将 8 本各不相同的教科书排成一排放在书架上,其中数学书 3 本、外语书 2 本、物理书 3 本,如果 3 本数学书要排在一起,2 本外语书也要排在一起,那么共有多少种不同的排法?

解 (1) 方法 1:因为甲和乙不能相邻,所以可以先考虑确定甲和乙在排列中所在的位置,然后再进行排列.将一排的 7 个位置从左向右依次编号为 1 到 7,则甲和乙所在位置的编号有以下 15 种情形:

(1,3),(1,4),(1,5),(1,6),(1,7),(2,4),(2,5),(2,6),(2,7),(3,5),(3,6),(3,7),(4,6),(4,7),(5,7).

这样,可以分两步找出符合条件的排列:

第一步,确定甲和乙在以上 15 种情形中的位置,有 15×2 种情形;

第二步,确定余下 5 人在排列中的位置,有 P_5^5 种情形,根据乘法原理,符合条件的排列个数为

$$15 \times 2 \times P_5^5 = 3600.$$

方法 2:因为甲和乙不能相邻,所以可以先将余下 5 个人排列好,相邻二人中间均留有一个空位,再加上两端的空位,共有 6 个空位,再将甲乙两人分别插入其中两个不同的空位即可.这样,可以分两步找出符合条件的排列:

第一步,先对甲和乙以外的 5 人进行排列,共有 P_5^5 种情形,这 5 人形成了 6 个空位;

第二步,再将甲和乙分别插入这 6 个空位中的 2 个,共有 P_6^2 种情形.

根据乘法原理,符合条件的排列个数为

$$P_5^5 P_6^2 = 3600.$$

总之，7 个人站成一排，若甲和乙不能相邻排列，则共有 3600 种排法.

(2) 分三个步骤完成这件事情：

第一步，将 3 本数学书和 2 本外语书都分别看作一本书，然后连同其他 3 本物理书排成一排，有 P_5^5 种排法；

第二步，3 本数学书的位置可以互换，有 P_3^3 种排法；

第三步，2 本外语书的位置也可以互换，有 P_2^2 种排法.

因此，根据乘法原理，不同排法的总数为

$$P_5^5 P_3^3 P_2^2 = 1440.$$

例 3 将 a、b、c、d、e、f 六个不同元素排成一列，其中 a 不在首位，b 不在末位，问有多少种不同的排法？

解 根据 a 所在的位置可以分以下两种情形：

若 a 在末位，则余下 5 个元素可任意排列，这样的排列个数为 $P_5^5 = 120$；

若 a 不在末位，则因为 a 不在首位，可以分三步找出符合条件的排列：

第一步，确定 a 的位置，有 4 种情形；

第二步，确定 b 的位置，有 4 种情形；

第三步，确定余下 4 个元素在排列中的位置，有 P_4^4 种情形.

根据乘法原理，a 不在首位和末位的排列个数为

$$4 \times 4 \times P_4^4 = 384.$$

综上，满足条件的排列个数为 $120 + 384 = 504$.

(四) 课堂练习，迁移应用

1. 将 5 名篮球队员甲、乙、丙、丁、戊排成一排.

(1) 共有多少种不同的排法？

(2) 若甲必须站在排头，有多少种不同的排法？

(3) 若甲不能站排头，也不能站排尾，有多少种不同的排法？

解 (1) $P_5^5 = 120$. (2) $P_4^4 = 24$. (3) $3P_4^4 = 72$.

2. 配制某种染色剂,需要加入 3 种有机染料、2 种无机染料和 2 种添加剂,其中有机染料的添加顺序不可以相邻. 为研究所有不同的添加顺序对染色效果的影响,总共要试验多少次?

解　$P_4^4 P_5^3 = 1440$.

3. 某展览馆计划展出 10 幅不同的画,其中水彩画 1 幅、油画 4 幅、国画 5 幅,现排成一排陈列,要求同一品种的画必须连在一起,并且水彩画不放在两端. 问:有多少种不同的陈列方式?

解　$P_4^4 P_5^5 P_2^2 = 5760$.

(五)课堂小结,布置作业

课堂小结:

　　1. 掌握排列数公式及推导方法;

　　2. 能运用所学的排列知识,正确地解决实际问题.

课后作业:

基础练习

1. 用 1、2、3、4 可以组成多少个没有重复数字的正整数? 其中有多少个偶数?

2. 从 1、2、3、4、5 这 5 个数字中,任取两个不同的数作为一个点的坐标,一共可以组成多少个不同的点?

3. 在方程 $ax + by = 0$ 中,设系数 a、b 是集合 $\{0,1,2,3,5,7\}$ 中两个不同的元素,求这些方程所表示的不同直线的条数.

4. 将 5 个人排成一排,若甲和乙须排在一起,则有多少种不同的排法?

5. 从 7 名运动员中选 4 名组成接力队参加 4×100 接力赛,问甲乙两人都不跑中间两棒的排法有多少种?

6. 从 7 名男生和 5 名女生中选取 3 人依次进行面试.

(1) 若参加面试的人全是女生,有多少种不同的面试方法?

(2) 若参加面试的人中,恰好有 1 名女生,则有多少种不同的面试方法?

能力拓展(选做)

1. 将 2 个男生和 4 个女生排成一排,问男生既不相邻也不排两端的不同排法共有多少种?

2. 在一张节目单中原有 6 个节目已排好顺序,现要插入 3 个节目,并要求不改变原有 6 个节目前后相对顺序,问一共有多少种不同的插法?

基础练习答案:

1. 24 个,12 个. 2. 20 个. 3. 22 条. 4. 48 种. 5. 400 种. 6. (1) 60 种;(2) 630 种.

能力拓展答案:

1. 144 种. 提示:第一步,将女生排成一排,共有 P_4^4 种不同排列;第二步,将两名男生放到女生之间的三个空档位置处(不包含两端)共有 P_3^2 种方法. 所以共有 $P_4^4 P_3^2 = 144$ 种不同的排法. 2. 504 种. 提示:假设将要插入的三个节目分别记为 1 号、2 号、3 号. 方法 1:第一步,将 1 号节目插入原有的节目单 6 个节目的 7 个空档处(包含两端),共有 P_7^1 种不同排列;第二步,将 2 号节目插入第一步操作后的节目单 7 个节目的 8 个空档处(包含两端),共有 P_8^1 种不同排列;第三步,将 3 号节目插入第二步操作后的节目单 8 个节目的 9 个空档处(包含两端),共有 P_9^1 种不同排列. 所以,共有 $P_7^1 P_8^1 P_9^1 = 504$ 种不同的插法. 方法 2:新的节目单共有 9 个节目,其中有三个位置是 1 号、2 号、3 号,其他六个位置是按原节目单顺序安排节目. 所以共有 $P_9^3 = 504$ 种不同的排法.

▪ 练习反馈、互动提问 ▪

1. 用乘法原理解题的步骤是什么?
2. 用加法原理解题的步骤是什么?
3. 排列数的计算公式有什么特点?
4. 对于元素位置相对确定或不相邻的问题,通常怎样处理?

▪ 结束语 ▪

把时间用在思考上是最能节省时间的事情.

▪ 备课资源 ▪

虽然数学始于结绳计数的远古时代,但那时的社会生产发展水平尚处于低级阶段,谈不上有什么技巧. 随着人们对数逐渐地了解和研究,在形成与数密切相关的数学分支的过程中,如数论、代数、函数论以至泛函的形成与发展中,逐步地从数的多样性发现数数的多样性,产生了各种数数的技巧.同时,人们对"形"有了更深入的了解和研究,在形成与"形"密切相关的各种数学分支的过程中,如几何学、拓扑学以至范畴论的形成与发展,逐步地从"形"的多样性也发现了数形的多样性,产生了各种数形的技巧.近代的集合论、数理逻辑等反映了潜在的"数"与"形"之间的结合.而现代的代数拓扑和代数几何等则将"数"与"形"密切地联系在一起了.这些,对于以数的技巧为中心课题的近代组合学的形成与发展都产生了而且还将继续产生深刻的影响.于11和12世纪间,贾宪就发现了二项式系数,杨辉将它整理记载在他的《续古摘奇算法》一书中,这就是中国常称的杨辉三角.在中国当代的数学家中,较早在组合学的不同方面作出过贡献的有华罗庚、吴文俊、柯召、万哲先、张里千和陆家羲等.

6.2(3) 排列数的性质

(本教学设计由上海大学附属中学周继彦老师提供)

■ 教学内容分析 ■

本节课是高中数学选择性必修第二册第六章"计数原理"第二节的第三课时,在此之前我们已经学习了加法原理和乘法原理,初步了解了排列的定义和排列数的计算.本节课将在所学知识的基础上继续研究排列数的性质,并应用该性质解决问题,为后续组合数的学习打下基础.

■ 教学目标设置 ■

通过复习巩固排列的定义,学习排列数公式,经历排列数公式阶乘形式的推导过程,掌握排列数公式的阶乘形式,发展数学运算、逻辑推理和数学抽象等核心素养.

■ 教学重点及学习难点 ■

教学重点:排列数公式阶乘形式的推导.

学习难点:排列数方程及排列数不等式的求解.

■ 学生情况分析 ■

学生已经学习并初步掌握了排列的定义及排列数的运算,对排列有了一个初步的认识,对公式的变形,尤其是从排列数公式推导到排列数公式阶乘形式的过程,需要学生具备一定的逻辑推理能力.

■ 教学流程 ■

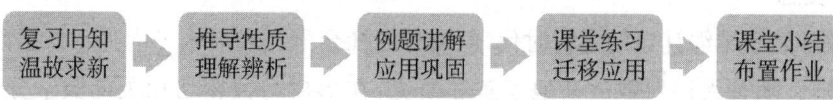

■ **教学过程设计** ■

教学设计	设计意图
(一) 复习旧知,温故求新 在前一节课中,我们学习了排列数公式,根据乘法原理,可以得到从 n 个不同元素中,取出 m ($m \leqslant n$) 个元素的排列数 $$P_n^m = n(n-1)(n-2)\cdots(n-m+1),$$ 其中 n、m 为正整数,且 $m \leqslant n$. 在排列数公式中,当 $m = n$ 时,有 $$P_n^n = n(n-1)(n-2)\cdots 3 \cdot 2 \cdot 1.$$ 这个公式表明,n 个元素的全排列数等于正整数 1、2、$\cdots$、n 的乘积,为方便起见,把乘积 $n(n-1)(n-2)\cdots 3 \cdot 2 \cdot 1$ 记作 $n!$,读作 n 的阶乘,那么 n 个不同元素的全排列数可以写成 $$P_n^n = n!.$$ 那我们之前学的排列数公式可以用阶乘符号表示吗? (二) 推导性质,理解辨析 利用阶乘符号可以将排列数公式作如下变形: $$P_n^m = n(n-1)(n-2)\cdots(n-m+1)$$ $$= \frac{n(n-1)(n-2)\cdots(n-m+1)(n-m)\cdots 2 \cdot 1}{(n-m)\cdots 2 \cdot 1}$$ $$= \frac{n!}{(n-m)!}.$$ 即排列数公式还可写成 $$P_n^m = \frac{n!}{(n-m)!}.$$ 为了使这个公式在 $m = n$ 时也成立,我们规定 $$0! = 1.$$	复习回顾排列数的定义和排列数公式,掌握全排列公式的形式. 通过阶乘公式的学习对排列数公式进行变形,推导出排列数公式的阶乘形式.

(三)例题讲解,应用巩固

例1 设 n 是一个不小于 17 的正整数,用排列数表示 $(n-16)(n-15)\cdots(n-6)$.

解 根据排列数公式,可以得到

$$(n-16)(n-15)\cdots(n-6)$$
$$=(n-6)[(n-6)-1][(n-6)-2]\cdots[(n-6)-11+1]$$
$$=P_{n-6}^{11}.$$

> 学习应用阶乘形式表示连续正整数的乘积.

例2 已知 m、n 是正整数,且 $m \leqslant n$. 求证:

(1) $P_n^m = nP_{n-1}^{m-1}$;

(2) $P_n^m + mP_n^{m-1} = P_{n+1}^m$.

证明 (1) 根据排列数公式,可以得到

$$P_n^m = \frac{n!}{(n-m)!} = \frac{n\cdot(n-1)!}{[(n-1)-(m-1)]!}$$
$$= nP_{n-1}^{m-1}.$$

所以, $P_n^m = nP_{n-1}^{m-1}$.

> 应用排列数公式的阶乘形式进行一些与自然数 n 相关的代数恒等式的证明.

(2) 根据排列数公式,可以得到

$$P_n^m + mP_n^{m-1} = \frac{n!}{(n-m)!} + m\frac{n!}{(n-m+1)!}$$
$$= \frac{n!(n-m+1) + m\times n!}{(n-m+1)!}$$
$$= \frac{n!(n-m+1+m)}{[(n+1)-m]!}$$
$$= \frac{(n+1)!}{[(n+1)-m]!}$$
$$= P_{n+1}^m.$$

所以, $P_n^m + mP_n^{m-1} = P_{n+1}^m$.

例3 解关于正整数 n 的方程: $P_{2n+1}^4 = 140P_n^3$.

解 由排列数的定义,有 $\begin{cases} 2n+1 \geqslant 4, \\ n \geqslant 3, \end{cases}$ 由此解得 $n \geqslant 3$.

> 应用排列数公式的阶乘形式解关于正整数 n 的方程.

又原方程可化为

$$(2n+1)2n(2n-1)(2n-2) = 140n(n-1)(n-2),$$

再化简,可得

$$(2n+1)(2n-1) = 35(n-2),$$

即

$$4n^2 - 35n + 69 = 0,$$

即

$$(n-3)(4n-23) = 0.$$

舍去非整数的根 $n = \dfrac{23}{4}$，故

$$n = 3.$$

(四)课堂练习,迁移应用

1. 已知 n 是正整数,且 $\dfrac{P_n^7 - P_n^5}{P_n^5} = 89$,求 n 的值.

解 由排列数的定义,得 $n \geqslant 7$. 又原方程可化为

$$(n-5)(n-6) = 90,$$

再化简,可得 $n^2 - 11n - 60 = 0$,即

$$(n-15)(n+4) = 0.$$

故 $n = 15$.

2. 设 n 为不小于 2 的正整数,求证：$P_{n+1}^{n+1} - P_n^n = n^2 P_{n-1}^{n-1}$.

证明 $P_{n+1}^{n+1} - P_n^n = (n+1)! - n!$
$= [(n+1)n - n](n-1)!$
$= n^2(n-1)! = n^2 P_{n-1}^{n-1}.$

复习巩固排列数公式的阶乘形式,学习应用该公式进行方程的求解与恒等式的证明.

(五)课堂小结,布置作业

课堂小结：

我们学习了阶乘的概念,了解了排列数公式的阶乘形式,希望同学们体会公式的特征,真正掌握公式在不同问题中的应用方法.

课后作业：

基础练习

1. 已知 $P_{10}^m = 10 \times 9 \times 8 \times 7 \times 6 \times 5$,求正整数 m 的值.

2. 若 m 为正整数,且 $m < 27$,则 $(27-m)(28-m)\cdots(34-m)$ 等于(　　).

课后作业根据学生掌握知识的不同程度设置了基础练习和拓展练习两个部分,主要用于巩固排列数公式阶乘形式以及其在求解方程

A. P_{27-m}^8 B. P_{34-m}^{27-m} C. P_{34-m}^7 D. P_{34-m}^8

3. 求满足等式 $P_{2n}^3 = 28P_n^2$ 的正整数 n 的值.

4. 解关于正整数 x 的方程 $5P_4^x = 6P_5^{x-1}$.

5. 解关于正整数 x 的不等式 $P_8^x < 6P_8^{x-2}$.

6. 证明：$P_n^m + mP_n^{m-1} = P_{n+1}^m$ ($m \leqslant n$, $m \in \mathbf{N}$, $n \in \mathbf{N}$, $m > 0$, $n > 0$).

能力拓展（选做）

1. 若 $6n$ (n 为正整数) 名学生排成一排的排法数为 x；这 $6n$ 名学生排成前后两排，每排各 $3n$ 个人的排法数为 y；而这 $6n$ 名学生排成前后三排，第一排 n 个人，第二排 $2n$ 个人，第三排 $3n$ 个人的排法数为 z，试判断 x、y、z 的大小关系.

2. 已知 i、m、n 是正整数，且 $1 < i \leqslant m < n$. 证明：$n^i P_m^i < m^i P_n^i$.

基础练习答案：

1. 6.   2. D.   3. 4.   4. $x = 3$.   5. $x = 8$.   6. 左 $= \dfrac{n!}{(n-m)!} + m\dfrac{n!}{(n-m+1)!} = \dfrac{(n-m+1)\cdot n! + m\cdot n!}{(n-m+1)!}$
$= \dfrac{(n+1)\cdot n!}{(n+1-m)!} = \dfrac{(n+1)!}{(n+1-m)!} =$ 右.

能力拓展答案：

1. $x = y = z$. 提示：$x = P_{6n}^{6n} = (6n)!$，$y = P_{6n}^{3n} P_{3n}^{3n} = \dfrac{(6n)!}{(3n)!}(3n)! = (6n)!$，$z = P_{6n}^n P_{5n}^{2n} P_{3n}^{3n} = \dfrac{(6n)!}{(5n)!}\cdot\dfrac{(5n)!}{(3n)!}\cdot(3n)! = (6n)!$.   2. 对于 $1 < i \leqslant m$，有 $\dfrac{P_m^i}{m^i} = \dfrac{m}{m}\cdot\dfrac{m-1}{m}\cdot\cdots\cdot\dfrac{m-i+1}{m}$，$\dfrac{P_n^i}{n^i} = \dfrac{n}{n}\cdot\dfrac{n-1}{n}\cdot\cdots\cdot\dfrac{n-i+1}{n}$，由于 $m < n$，故对整数 $k = 1, 2, \cdots, i-1$，有 $\dfrac{k}{n} < \dfrac{k}{m}$，所以 $\dfrac{n-k}{n} > \dfrac{m-k}{m}$，因此有 $\dfrac{P_n^i}{n^i} > \dfrac{P_m^i}{m^i}$，即 $n^i P_m^i < m^i P_n^i$.

■ 练习反馈、互动提问 ■

1. 阶乘中的自然数 n 能否改为整数或者分数呢？

2. 能否将若干个连续正整数的乘积转化为两个正整数阶乘相除的形式呢？在求解与排

和不等式中的灵活应用，能初步掌握排列数恒等式的证明方法.

列数有关的方程时,对于方程的解需要校验么?为什么?

3. 查阅资料,了解阶乘的历史等内容,分数、无理数、复数是否也有阶乘?

■ 结束语 ■

"不识阶乘真面目,只缘排列未学成",有了排列数公式的阶乘形式后,我们又多了一种解决问题的方法,希望同学们学有所感,学有所得.

■ 备课资源 ■

阶乘是基斯顿·卡曼(Christian Kramp,1760~1826)于1808年发明的运算符号,是一个数学术语.

一个正整数的阶乘(factorial)是所有小于及等于该数的正整数的积,并且规定0的阶乘为1.自然数 n 的阶乘写作 $n!$.

通常我们所说的阶乘是定义在自然数范围里的(大多科学计算器只能计算0~69的阶乘),小数没有阶乘功能,如 $0.5!$、$0.65!$、$0.777!$ 等都是错误的.

6.3(1) 组合的定义

(本教学设计由上海大学附属中学陈莎莎老师提供)

■ 教学内容分析 ■

排列组合、二项式定理是高中数学的一个独立分支,在日常生活和生产中应用广泛,研究内容独特且抽象,是极富生命力的中学数学题材.排列组合知识比较抽象,因而这部分内容被认为是高中代数里训练学生思维的好题材,对培养学生分析问题的能力十分有用.二项式定理是初中某些乘法公式的推广,且二项式系数实际上都是组合数,所以介绍二项式定理,可使乘法公式、组合数等知识的学习得到深化.

本节课的教学内容是选择性必修第二册第六章"计数原理"第三节"组合"第一课时.本节内容是两个计数原理及排列知识的延续,也是后续学习二项式定理,研究组合数性质及学习概率论的基础,因此本节课在整个章节中起到了承上启下的重要作用.本节课主要是借助学生身边的例子,类比排列的知识探究组合的定义、组合数的定义、组合数计算公式,并从具体情境中体会排列与组合的区别与联系,能用它们解决一些简单的实际问题.通过对组合知识的探究,学生体会类比思想,以及从特殊到一般等重要数学思想的应用和数学来源于生活又服务于生活的课程理念,进一步培养学生的数学抽象、数学运算与逻辑推理等核心素养.

■ 教学目标设置 ■

借助具体实例,理解组合的定义,通过排列与组合概念的对比,体会组合概念中元素的无序性,理解组合与排列的区别与联系,并能运用组合数公式进行计算,掌握组合数的公式及推导方法,从而加深对排列与组合问题的理解.熟练解决一些简单的综合问题,发展数学抽象、数学运算、逻辑推理等核心素养.

■ **教学重点及学习难点** ■

教学重点:(1) 理解并掌握组合、组合数的概念.

(2) 掌握组合数与排列数的关系,掌握组合数的计算公式及推导过程,解决有关组合数的计算问题.

学习难点:能正确区分排列问题和组合问题,正确运用组合数的计算公式.

■ **学生情况分析** ■

学生在之前的学习中,对加法原理和乘法原理以及排列有了一定的了解及应用,也掌握了排列数的计算公式,并能用此解决有关排列数的计算问题;已经有了一定的数学运算和逻辑分析能力,能把一些简单的计数问题转化为排列问题,以及排列数的计算,从而解决一些简单的排列问题.在此基础上,通过实例分析,要求学生理解组合和组合数的定义,理解组合与排列的区别与联系.在分析、思考的过程中,进一步培养数学运算、逻辑推理等核心素养.

■ **教学流程** ■

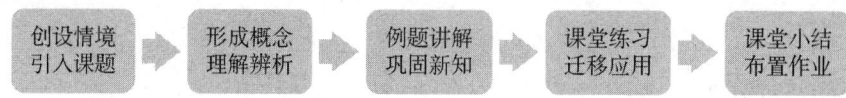

■ **教学过程设计** ■

教学设计	设计意图
(一) 创设情境,引入课题 问题1 考虑下面的问题:从甲、乙、丙3名学生中选出2名,有多少种不同的选法? 问题2 这个问题与"从甲、乙、丙3名同学中选出2名,一名担任正班长,另一名担任副班长.问有多少种不同的选法?"相同吗? 问题1与问题2是不同的.问题2是从3个不同的元素中任取两个,并按序排列,求一共有多少种不同的排列方法,这是排列问题;而问题1是,从3个不同的元素中任取2个,不管怎样的顺序都看作同一组,求一共有多少个不同的组.这就是所要研究的组合问题.	通过两个问题的比较,引导学生发现两者的不同之处,即是否与顺序有关,继而引入组合问题. 组合与排列问题的共同点是都要"从n个不同元素中取出m个元素",不同点是前者是"组成一组",而后者要"按照一定的次序排成一

(二) 形成概念，理解辨析

1. 组合

从 n 个互不相同的元素中，取出 $m\,(m\leqslant n)$ 个不同元素作为一组，叫做从这 n 个元素中取出 m 个元素的一个组合 (combination).

问题 3 列举出从甲、乙、丙 3 名学生中选出 2 名的所有组合.

问题 4 什么叫两个组合相同？

问题 5 组合与排列的区别和联系是什么？

从排列和组合的定义可以看到，排列与元素的顺序有关，组合与元素的顺序无关. 例如，"甲乙"与"乙甲"是不同的排列，但它们是同一个组合.

问题 6 请同学们列举出生活中的一些例子，由其他同学来判定是组合问题还是排列问题.

问题 7 类比排列的计数方式，同学们能否说说组合是如何计数的呢？

2. 组合数的定义与组合数公式

从 n 个不同的元素中取出 $m\,(m\leqslant n)$ 个不同元素的所有组合的个数，叫做从 n 个不同元素中取出 m 个元素的组合数，用 C_n^m 表示.

因此，从甲、乙、丙 3 名同学中选出 2 名，有 C_3^2 种不同的方法.

下面我们研究组合数 C_n^m 的计算方法，这可以从组合数 C_n^m 与排列数 P_n^m 的关系入手.

问题 8 研究"从 3 个不同元素 a、b、c 中取出 2 个不同元素"的排列和组合的关系：

表 6.3(1)-1

组合	排列	
a,b	a,b	b,a
b,c	b,c	c,b
c,a	c,a	a,c

列". 可知排列与组合的根本区别是：排列与元素的顺序有关，组合与元素的顺序无关. 所以判断某一问题是排列问题还是组合问题，关键看选出的元素是否与顺序有关. 若交换两个元素的位置对结果产生影响，则是排列问题；若交换任意两个元素的位置对结果没有影响，则是组合问题. 例如"寄信"是排列问题，"握手"是组合问题.

在讲解时一定要让学生去分析：判断是排列问题还是组合问题的关键是看该问题是否与顺序有关.

注：1. 不同元素；2. "只取不排"——无序性；3. 相同组合：元素相同.

从表 6.3(1)-1 可以看到,对于每一个组合都有 2 种不同的排列. 因此,求从 3 个不同元素中取出 2 个不同元素的排列数 P_3^2,可以分成以下两步进行:	组合可以看成是完成排列的第一个步骤——选.
第一步,从 3 个不同元素中任意取出 2 个不同元素,共有 C_3^2 个不同的组合;	
第二步,将每一个组合中的 2 个元素进行全排列,各有 P_2^2 个排列.	
从而根据乘法原理,有 $P_3^2 = C_3^2 P_2^2$,即 $C_3^2 = \dfrac{P_3^2}{P_2^2}$.	
问题 9 组合数公式是怎样推导的? 运用了哪个计数原理? 与排列有什么联系?	分析公式特点.
一般地,从 n 个不同元素中取出 m 个不同元素进行排列,可以分成以下两步进行:	
第一步,从 n 个不同元素中任意取出 m 个不同元素,共有 C_n^m 个不同的组合;	从特殊到一般,进一步培养学生观察、归纳、猜想的数学能力与推理论证能力.
第二步,将每一个组合中的 m 个元素进行全排列,各有 P_m^m 个排列.	
这样,根据乘法原理,从 n 个不同元素中取出 m 个元素的排列数 P_n^m 满足 $P_n^m = C_n^m P_m^m$,因此	
$$C_n^m = \dfrac{P_n^m}{P_m^m} = \dfrac{n(n-1)(n-2)\cdots(n-m+1)}{m!},$$	
其中 m,n 是正整数,且 $m \leqslant n$. 这个公式被称为组合数公式.	让学生熟悉组合数公式的特征.
(三) 例题讲解,巩固新知	
例 1 判断下列问题分别是排列问题还是组合问题:	
(1) 从 10 名学生中任选 5 名去参观一个展览会,求有多少种不同的选法;	
(2) 从 1、2、3、4、5 这 5 个数字中,每次任取 2 个不同的数作为一个点的坐标,求所有不同点的个数;	
(3) 一个黄袋中装有四张分别写有 1、3、5、7 的卡片,另一个红袋中装有四张分别写有 2、8、16、32 的卡片. 从红袋和黄袋中各任取一张卡片,问这两张卡片上的数相加所得的和有多少种;	

(4) 有四本不同的书要分别送给四个人,每人一本,问一共有多少种不同的送法.

解 (1)组合问题;(2)排列问题;(3)组合问题;(4)排列问题.

例 2 甲、乙、丙、丁 4 支篮球队举行单循环赛(即任意两支球队都要比赛一场).

(1) 写出每场比赛的两支球队;

(2) 写出冠亚军的所有可能情况.

解 (1) 这是一个组合问题,将两支球队的组合用一个集合表示,共有 6 个组合:

{甲,乙}、{甲,丙}、{甲,丁}、{乙,丙}、{乙,丁}、{丙,丁}.

(2) 这是一个排列问题,即从 4 支球队中任意选取 2 支,按照冠军和亚军顺序排列,共有 12 种排列方式(符号(甲,乙)表示"甲是冠军,乙是亚军")

(甲,乙)、(甲,丙)、(甲,丁)、(乙,丙)、(乙,丁)、(丙,丁)

(乙,甲)、(丙,甲)、(丁,甲)、(丙,乙)、(丁,乙)、(丁,丙)

(四) 课堂练习,迁移应用

1. (1)写出从 a、b、c、d、e 五个元素中任取两个不同元素的所有组合;

(2) 写出从 a、b、c、d、e 五个元素中任取两个不同元素的所有排列.

解 (1) 从 5 个元素 a、b、c、d、e 中任取两个元素的所有组合,共有 10 个:$\{a,b\}$、$\{a,c\}$、$\{a,d\}$、$\{a,e\}$、$\{b,c\}$、$\{b,d\}$、$\{b,e\}$、$\{c,d\}$、$\{c,e\}$、$\{d,e\}$;

(2) 从 5 个元素 a、b、c、d、e 中任取两个元素的所有排列,共有 20 个:

(a,b)、(a,c)、(a,d)、(a,e)、(b,c)、(b,d)、(b,e)、(c,d)、(c,e)、(d,e)、(b,a)、(c,a)、(d,a)、(e,a)、(c,b)、(d,b)、(e,b)、(d,c)、(e,c)、(e,d).

2. 平面上的 6 个点 A、B、C、D、E、F 中的任意 3 个点都不在同一条直线上,写出以其中 3 个点为顶点的三角形.

解 由于平面上任意 3 个点都不在同一条直线上,则从 6 个元素 A、B、C、D、E、F 中任取三个元素的所有组合,

排列与组合的区别和联系:

共同点:"从 n 个不同元素中任取 m 个元素".

不同点:排列与元素的顺序有关,而组合则与元素的顺序无关.

两者联系:组合是只选不排,排列是既选又排.

共有 20 个：△ABC、△ABD、△ABE、△ABF、△ACD、△ACE、△ACF、△ADE、△ADF、△AEF、△BCD、△BCE、△BCF、△BDE、△BDF、△BEF、△CDE、△CDF、△CEF、△DEF.

(五)课堂小结,布置作业

课堂小结：

  1. 组合的定义.

  2. 组合与排列的异同点.

  3. 组合数的定义.

  4. 组合数公式.

课后作业：

基础练习

  1. 下列问题是排列问题还是组合问题？请用排列数或组合数表示其结果.

  (1) 某铁路线上有 5 个车站,则这条铁路线上共需多少种不同的车票？

  (2) 某铁路线上有 5 个车站,则这条铁路线上共有多少种不同的票价？(相连两站来去票价一样)

  (3) 集合 $A=\{a,b,c,d,e,f\}$,则集合 A 含有 4 个元素的子集有多少个？

  (4) 从 1、3、5、9 中任取两个数相加,可得多少个不同的和？

  (5) 从 1、2、5、9 中任取两个数相除,可得多少个不同的商？

  2. 平面上有 10 个点,其中有 4 个点在同一条直线上,除此以外,不再有三点共线.问由这些点可以确定多少条直线？

  3. (1) 从 10 男 8 女中选 5 人,共有多少种不同的选择方法？

  (2) 从 10 男 8 女中选 5 人(男女都有)担任 5 项不同的工作,共有多少种不同的选择方法？

  4. (1) 平面内有 10 个点,以其中每 2 个点为端点的线段共有多少条？

  (2) 平面内有 10 个点,以其中每 2 个点为端点的有向线段共有多少条？

5. 某地有 5 条横向街道, 7 条纵向街道, 如下图 6.3(1)-1 所示:

图 6.3(1)-1

试问从 A 点走到 B 点最短路线的走法有多少种?

能力拓展(选做)

1. 平面上给定 10 个点, 任意三点不共线, 由这 10 个点确定的直线中, 无三条直线交于同一点(除原 10 个点外), 无两条直线互相平行.

(1) 求这些直线所交成的点的个数(除原 10 点外).

(2) 求这些直线交成多少个三角形.

2. 村长给 6 位小朋友布置一项搜寻空投食物的任务. 已知: ①食物投掷地点有远、近两处; ②由于 Grace 年纪尚小, 所以要么不参与该项任务, 但此时另需一位小孩在大本营陪同, 要么参与搜寻近处投掷点的食物; ③所有参与搜寻任务的小孩须被均分成两组, 一组去远处, 一组去近处. 那么不同的搜寻方案有_____种.

基础练习答案:

1. (1)排列问题, $P_5^2=20$; (2)组合问题, $C_5^2=10$; (3)组合问题, $C_6^4=15$; (4)组合问题, $C_4^2=6$; (5)排列问题, $P_4^2=12$. 2. 40 条. 3. (1) 8568 种; (2) 991 200 种. 4. (1) 45 条; (2) 90 条. 5. 210 种.

能力拓展答案:

1. (1) 630 个点; (2) 43 486 080 个. 提示: (1)方法 1: 由题设这 10 点所确定的直线是 $C_{10}^2=45$ 条. 这 45 条直线除原 10 点外无三条直线交于同一点, 由任意两条直线交一个点, 共有 C_{45}^2 个交点. 而在原来 10 点上有 9 条直线共点于此. 所以, 在原来点上有 $10C_9^2$ 个点被重复计数; 所以这些直线交成新的点是: $C_{45}^2-10C_9^2=630$. 方法 2: 如图 6.3(1)-2 对给定的

10点中任取4个点,四点连成6条直线,这6条直线交3个新的点.故原题对应于在10个点中任取4点的不同取法的3倍,即这些直线新交成的点的个数是:$3C_{10}^4=630$.(2)这些直线所交成的三角形个数可如下求:因为每个三角形对应着三个顶点,这三个点来自上述630个点或原来的10个点.所以三角

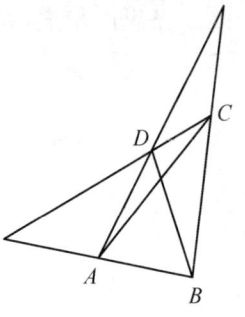

图6.3(1)-2

形的个数相当于从这640个点中任取三个点的组合,即$C_{640}^3=43\,486\,080$(个). 2. 40. 提示:若Grace不参与任务,则需要从剩下的5位小孩中任意挑出1位陪同,有C_5^1种挑法,再从剩下的4位小孩中挑出2位搜寻远处,有C_4^2种挑法,最后剩下的2位小孩搜寻近处,因此一共有$C_5^1C_4^2=30$种搜寻方案;若Grace参与任务,则其只能去近处,需要从剩下的5位小孩中挑出2位搜寻近处,有C_5^2种挑法,剩下3位小孩去搜寻远处,因此共有$C_5^2=10$种搜寻方案.综上,一共有$30+10=40$种搜寻方案.

■ 练习反馈、互动提问 ■

1. 在解决问题时,如何区分排列问题和组合问题?如何正确运用加法原理和乘法原理?
2. 组合数公式是怎样推导的?运用了哪个计数原理?与排列有什么联系?
3. 你能否列举出从a、b、c、d这4个字母中,每次取出3个字母的所有组合?
4. 记$f(n)=C_{3n}^{38-n}+C_{21+n}^{3n}$,则函数$y=f(n)$具有什么特征?
5. 从$4n$个不同元素中取出n个元素的所有组合中,记含有某特定元素的组合个数为M,不含该特定元素的组合个数为N,你能确定M与N之间所满足的等量关系吗?

■ 结束语 ■

组合与排列既有联系又有区别,我们既要充分利用它们之间的联系,化未知为已知,又要重视它们之间的区别,把握各自的内涵与本质.

■ 备课资源 ■

历史上的有关排列组合的一些问题:

(1) 公元前6世纪,印度的苏斯鲁塔(Susruta)在其医学论文中给出了六种不同的味道——酸、甜、苦、辣、咸、涩,计算从中分别取1、2、3、4、5、6种味道的方法总数.

(2) 公元6世纪,印度数学家瓦拉哈米希拉计算了从16种成分中提取4种制成的香水

的种数.

(3) 12 世纪,古印度数学家婆什迦罗(Bhaskara)在其著作《莉拉沃蒂》(*Lilavati*)中提出了一个问题:散卜神(Sambhu)的十只手中分别拿绳索、象牙、蛇、鼓、头盖骨、三叉戟、床架、匕首、箭、弓十件东西. 若十只手交换拿这十件东西,共有多少种不同的拿法?

(4) 12 世纪,犹太哲学家、占星学家伊本·艾斯拉在一本占星学著作中讨论了从 7 个行星中一次取两个、三个或更多个的问题.

6.3(2) 组合数的计算

(本教学设计由上海大学附属中学韩菁老师提供)

■ **教学内容分析** ■

排列组合是传统而又极富有生命力的中学数学题材,排列组合知识比较抽象,因而这部分内容被认为是高中代数里训练学生思维的好题材,对培养学生分析问题的能力十分有用. 本节课之前学生已经对两个计数原理、排列与组合概念有了一个比较清晰的认识. 因此这节课的目标就是让学生在原有的基础上对组合问题的求解能有进一步的深入理解和方法提高.

■ **教学目标设置** ■

掌握组合数的定义及计算;能正确认识组合与排列的联系与区别;通过例题与练习体验并掌握组合类题型;发展观察归纳能力、抽象思维能力.

■ **教学重点及学习难点** ■

教学重点:组合数的计算问题.

学习难点:组合与排列的区别.

■ **学生情况分析** ■

排列、组合问题大都来源于学生的生活和学习中所熟悉的情景,解题思路通常是依据具体做事的过程,用数学的原理和语言加以表述. 也可以说解排列、组合题的关键就是从生活经验、知识经验、具体情景出发,正确领会问题的实质,抽象出"按部就班"的处理问题的过程. 指导学生根据生活经验和问题的内涵领悟其中体现出来的顺序. 教的秘诀在于度,学的真谛在于悟,只有学生真正理解了,才能举一反三、融会贯通.

■ **教学流程** ■

教学过程设计

教学设计	设计意图
（一）复习旧知，引入课题 　　我们在前一节课中学习了组合的初步概念，请问你能说出组合的定义吗？ 　　组合和组合数是相同的概念吗？ 　　如何用组合数的定义解决一些简单的组合方面的应用题？ 　　首先要审题，看能否把这个问题归结为组合问题来解，如果是组合问题，就要考虑：这里的元素是指什么？每一种组合对应的是什么事情？ （二）例题讲解，巩固新知 　　**例1**　圆上有10个不同的点，以其中任意3个点为顶点，可以组成多少个不同的三角形？ 　　**解**　由于圆上的10个点中不可能有三点共线，因此以其中任意3个点为顶点的三角形的个数，就是从10个互不相同的元素中任取3个不同元素的组合数，即 $$C_{10}^3 = \frac{10 \times 9 \times 8}{3 \times 2 \times 1} = 120.$$ 因此，可以组成120个不同的三角形. 　　**例2**　某校高中一年级举行篮球赛．比赛时先分成两组，其中1班、2班、3班、4班为第一组，5班、6班、7班、8班、9班、10班为第二组．各组先进行单循环赛（即同组中的每两支队都要比赛一场），然后由各组的前两名共4支队进行单循环赛决出冠军和亚军．问：一共需要比赛多少场？ 　　**解**　由题意，第一组单循环赛的比赛场数是 C_4^2；第二组单循环赛的比赛场数是 C_6^2；各组的前两名共4支队再进行单循环赛，还需要比赛 C_4^2 场，所以，这次篮球赛一共需要比赛 $C_4^2 + C_6^2 + C_4^2 = 27$ 场. 　　**例3**　有甲、乙、丙三项任务，其中甲需2人承担，乙、丙各需1人承担．现从10人中任选4人承担这三项任务，不同	先复习组合概念，引出用组合数的定义解决简单的应用题的步骤．解组合应用题是一个难点，组合应用题的解法与排列应用题的解法类似． 这是一个不带限制条件的组合问题，从10个不同的点中取出3个点的一个组合对应一个三角形，所以三角形的个数，就是从10个元素中取出3个元素的组合数． 例2可联系世界杯男子足球比赛决赛阶段32支球队的比赛场数进行讲解，这个并不复杂的问题完全可以让学生自己动手解决． 问题等价于从10名学生中选4名完成

的选法有多少种?

解 从10人中任选4人分配任务,可分成以下三个步骤:第一步:从10人中任选2人承担甲任务,有 C_{10}^2 种选法;第二步:从余下的8人中任选1人承担乙任务,有 C_8^1 种选法;第三步:从余下的7人中任选1人承担丙任务,有 C_7^1 种选法.

根据乘法原理,不同选法的种数为 $C_{10}^2 C_8^1 C_7^1 = 2520$.

例4 某班要选举班干部,现有10名候选人.

(1) 从这10名候选人中任选5人组成班委,有多少种不同的选法?

(2) 从这10名候选人中任选5人分别担任班委中五项不同的职务,每项职务由一人担任,每人只担任一项职务,有多少种不同的选法?

解 (1) 从这10名候选人中任选5人组成班委,这是从10个互不相同的元素中任取5个不同元素的组合问题,有 $C_{10}^5 = 252$ 种选法.

(2) 将选出的5名候选人按照职务的顺序排列,这是从10个互不相同的元素中任取5个不同元素的排列问题,共有 $P_{10}^5 = 30\,240$ 种选法.

(三)课堂练习,迁移应用

1. 某班有20名男生、18名女生,现从中任选5人组成一个宣传小组,其中男生和女生都有的选法有多少种?

解 $C_{20}^1 C_{18}^4 + C_{20}^2 C_{18}^3 + C_{20}^3 C_{18}^2 + C_{20}^4 C_{18}^1 = 477\,870$.

2. 从1、2、3、4、5这五个数字中任取两个不同的奇数和两个不同的偶数.

(1) 一共有多少种不同的选法?

(2) 可以组成多少个没有重复数字的四位奇数?

解 (1) $C_2^2 C_3^2 = 3$.

(2) $3 C_2^1 P_3^3 = 36$.

(四)课堂小结,布置作业

课堂小结:

在求解排列、组合问题时,一般按以下两步思考:首先要考虑如何选出符合题意要求的元素,选出元素后再去考虑是

任务,虽然这是组合问题,但需分三步完成.

考查对排列问题和组合问题的辨析.

否要对元素进行排列,即第一步仅从组合的角度考虑,第二步则考虑元素是否需进行排列,如果不需要,是组合问题,否则是排列问题.

课后作业:

基础练习

1. 平面上有 10 个点,其中有 5 个点在同一直线上,除此以外,不存在其他任何三点共线. 根据"两点确定一条直线",这 10 个点可以确定多少条不同的直线?

2. 从 5 名外语系大学生中选派 4 名同学参加亚运会翻译、交通、礼仪三项义工活动,要求翻译有 2 人参加,交通和礼仪各有 1 人参加,则共有多少种不同的选派方法?

3. 某兴趣小组有 2 名男生和 3 名女生,现从中任选 2 名学生去参加活动,则至少选中一名男生的选法种数是多少?

4. 某学生要从物理、化学、生物、政治、历史、地理这六门学科中选三门参加等级考,要求是物理、化学、生物这三门至少要选一门,政治、历史、地理这三门也至少要选一门,则该生的可能选法总数是多少?

5. 已知有 8 名男生和 5 名女生,从中任选 6 人.

(1) 有多少种不同的选法?

(2) 其中有 3 名女生,有多少种不同的选法?

(3) 其中至多有 3 名女生,有多少种不同的选法?

(4) 其中有 2 名女生、4 名男生,分别负责 6 种不同的工作,共有多少种不同的分工方法?

(5) 其中既有男生又有女生,有多少种不同的选法?

能力拓展(选做)

1. 已知集合 A、B 都含有 12 个元素,$A \cap B$ 含有 4 个元素,集合 C 含有 3 个元素,且满足 $C \subseteq (A \cup B)$,$C \cap A \neq \varnothing$,$C \cap B \neq \varnothing$,则满足条件的集合 C 共有_____个.

2. 设集合 $A = \{(x_1, x_2, x_3, x_4, x_5) | x_i \in \{-1, 0, 1\}, i=1, 2, 3, 4, 5\}$,那么集合 A 中满足条件"$1 \leqslant |x_1| + |x_2| + |x_3| + |x_4| + |x_5| \leqslant 3$"的元素个数为_____.

基础练习答案：

1. 36 条.　2. 60 种.　3. 7 种.　4. 18 种.

5.（1）1716 种；（2）560 种；（3）1568 种；（4）504 000 种；（5）1688 种.

能力拓展答案：

1. 1028. 提示：依题意，设 $A=\{a_1,a_2,a_3,a_4,a_5,a_6,a_7,a_8,x_1,x_2,x_3,x_4\}$，$B=\{b_1,b_2,b_3,b_4,b_5,b_6,b_7,b_8,x_1,x_2,x_3,x_4\}$. 当 C 中含有 $A\cap B$ 中 3 个元素时，集合 C 共有 $C_4^3=4$ 个；当 C 中含有 $A\cap B$ 中 2 个元素时，集合 C 共有 $C_4^2\cdot C_{16}^1=96$ 个；当 C 中含有 $A\cap B$ 中 1 个元素时，集合 C 共有 $C_4^1\cdot C_{16}^2=480$ 个；当 C 中不含 $A\cap B$ 中元素时，集合 C 共有 $C_8^1\cdot C_8^2+C_8^2\cdot C_8^1=448$ 个. 故满足题意的 C 共有 $4+96+480+448=1028$ 个.　2. 130. 提示：由于 $|x_i|$ 只能取 0 或 1，且" $1\leqslant|x_1|+|x_2|+|x_3|+|x_4|+|x_5|\leqslant3$"，因此 5 个数值中有 2 个是 0，3 个是 0 和 4 个是 0 三种情况：① x_i 中有 2 个取值为 0，另外 3 个从 -1、1 中取，共有方法数：$C_5^2\times2^3$；② x_i 中有 3 个取值为 0，另外 2 个从 -1、1 中取，共有方法数：$C_5^3\times2^2$；③ x_i 中有 4 个取值为 0，另外 1 个从 -1、1 中取，共有方法数：$C_5^4\times2$. 所以总共方法数是 $C_5^2\times2^3+C_5^3\times2^2+C_5^4\times2=130$.

■ **练习反馈、互动提问** ■

我们在前一节中学习了组合的初步概念，你能说出组合的定义吗？

组合和组合数是相同的概念吗？

如何用组合数的定义解决一些简单的组合方面的应用题？

首先要审题，看能否把这个问题归结为组合问题来解，如果是组合问题，就要考虑：这里的元素是指什么？每一种组合对应的是什么事情？

■ **结束语** ■

解排列组合问题需要有足够清晰的头脑.

■ **备课资源** ■

组合数学最早起源于幻方问题. 据传说，大禹在 4000 多年前就观察到神龟背上的幻方. 1977 年美国旅行者 1 号、2 号宇宙飞船就带上了幻方以作为人类智慧的信号. 之后，用希腊文写在羊皮纸上的阿基米德关于幻方的手稿副本，距今约 1000 年. 2003 年，科学家借助现代科技手段初步破译了这篇论文,结论是这篇论文解决的是组合数学中的"十四巧板"问题. 中国最早的组合数学理论可追溯到宋朝时期的"贾宪三角",后来被杨辉引用,所以普遍称之为"杨辉三角",这在西方是1654年由帕斯卡提出,但比中国晚了400多年. 1666年莱布尼茨所著《论组合的艺术》一书问世,这是组合数学的第一部专著,书中首次使用了"组合论"一词.

6.3(3) 组合数的性质

(本教学设计由上海市宝山中学苏建茹老师提供)

■ **教学内容分析** ■

排列、组合所研究的是计数问题,它既是学习概率论的基础,又可用于解决相关的实际问题. 它也为以后进一步学习概率、数理统计等知识奠定了基础."组合数的性质"是在学习了"组合的定义"与"组合数的计算"后,在对组合数的概念和公式有基本认知的基础上,进一步研究组合数的性质. 不仅有助于培养学生的逻辑推理、数学运算和数学抽象等核心素养,同时两个性质也在有关组合数的计算、化简、证明以及有关二项展开式问题中有着广泛的应用,是后续学习的基础.

■ **教学目标设置** ■

1. 通过对特殊组合数运算结果的观察、探索、归纳、概括组合数的性质,并利用组合数的定义及公式对性质加以证明.
2. 掌握组合数性质,能运用组合数性质,将问题化繁为简.
3. 发展逻辑推理、数学运算和数学抽象等核心素养.

■ **教学重点及学习难点** ■

教学重点:组合数性质的应用.

学习难点:组合数性质的证明与应用.

■ **学生情况分析** ■

学生在本章学习排列数的性质、组合的概念和组合数的计算后,运算能力、抽象能力与逻辑思维能力有了一定的提升,在此基础上通过观察实例抽象得到组合数的性质,进一步提升数学抽象核心素养. 而学生对于含字母的公式,往往采用死记硬背的方式记忆,两个性质从不同角度的证明,既帮助学生巩固旧知、理解记忆新公式,也在研究的过程中提升了学生分析问题、解决问题的能力.

■ **教学流程** ■

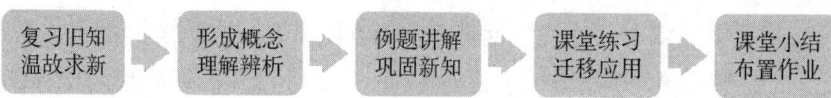

▪ **教学过程设计** ▪

教学设计	设计意图
（一）复习旧知，温故求新 之前我们学习了组合数的定义和计算公式，下面先一起来回忆一下组合数的公式． $C_n^m = \dfrac{P_n^m}{P_m^m}$（其中 m、n 是正整数，且 $m \leq n$）， 其中 $P_n^m = \dfrac{n!}{(n-m)!}$，代入化简得 $C_n^m = \dfrac{n!}{m!(n-m)!}$． 并规定 $C_n^0 = 1$．从而，上述公式在 $m = 0$ 时也成立． 例 1　已知 m 是自然数，n 为正整数，且 $m+1 \leq n$．求证： $C_n^m = \dfrac{m+1}{n-m} C_n^{m+1}$． 证明　由组合数公式，可以得到 $\dfrac{m+1}{n-m} C_n^{m+1} = \dfrac{m+1}{n-m} \cdot \dfrac{n!}{(m+1)!(n-m-1)!}$ $= \dfrac{n!}{m!(n-m)!}$ $= C_n^m$． （二）形成概念，理解辨析 例 2　分别计算 C_{12}^4 与 C_{12}^8、C_{21}^8 与 C_{21}^{13}、C_{50}^2 与 C_{50}^{48}．猜想一般结论并证明． 解　计算得 $C_{12}^4 = C_{12}^8$；$C_{21}^8 = C_{21}^{13}$；$C_{50}^2 = C_{50}^{48}$． 猜想：$C_n^m = C_n^{n-m}$（m 是自然数，n 是正整数，且 $m \leq n$）． 证明：$C_n^{n-m} = \dfrac{n!}{(n-m)![n-(n-m)]!} = \dfrac{n!}{m!(n-m)!} = C_n^m$． 思考　可以用组合数的定义解释上述性质吗？ 答　从 n 个互不相同的元素中任取 m 个元素后，会剩下 $n-m$ 个元素．因此，每一个从 n 个互不相同的元素中任取 m 个元素的组合，都唯一对应一个从 n 个互不相同的元素中任取 $n-m$ 个元素的组合；反之同理．因此，从 n 个互不相同的元素中任取 m 个元素的组合数，等于从 n 个互不相同的元素中任取 $n-m$ 个元素的组合数，即 $C_n^m = C_n^{n-m}$．	复习组合数及排列数公式，由此推导出阶乘表示的组合数公式． $C_n^0 = 1$ 与 $0! = 1$ 一样，是一种规定，是合理的．将 $0! = 1$ 代入阶乘表示的组合数公式可以得到 $C_n^0 = 1$． 例 1 的练习与讲解，可以加深对组合数公式的记忆与理解，也为后续组合数性质的代数证明打下了基础． 引导学生归纳组合数特征，猜想组合数性质，提升数学抽象核心素养，并利用公式加以证明．大胆猜想，小心求证． 猜想性质时，引导学生写清 m 与 n 的限制条件，强调严谨性． 启发学生从 $C_{12}^4 = C_{12}^8$ 入手，利用组合数定义解释等式，进而解释相应的组合数性质． 引导学生总结：当

例 3 分别计算 $C_{12}^3+C_{12}^4$ 与 C_{13}^4；$C_{50}^2+C_{50}^3$ 与 C_{51}^3. 猜想一般结论并证明.

解 计算得 $C_{12}^3+C_{12}^4=C_{13}^4$；$C_{50}^2+C_{50}^3=C_{51}^3$.

猜想：$C_n^m+C_n^{m-1}=C_{n+1}^m$（$m$、$n$ 是正整数，且 $m\leqslant n$）.

证明：$C_n^m+C_n^{m-1} = \dfrac{n!}{m!(n-m)!}+\dfrac{n!}{(m-1)!(n-m+1)!}$

$= \dfrac{n!(n-m+1)}{m!(n-m+1)!}+\dfrac{n!m}{m!(n-m+1)!}$

$= \dfrac{n!(n-m+1+m)}{m!(n-m+1)!}$

$= \dfrac{n!(n+1)}{m!(n-m+1)!}$

$= \dfrac{(n+1)!}{m!(n-m+1)!}$

$= C_{n+1}^m$.

思考 可以用组合数的定义解释上述性质吗？

答 C_{n+1}^m 表示从 $n+1$ 个不同元素 $\{a_1, a_2, a_3, \cdots a_{n+1}\}$ 中任选 m 个元素的组合数，我们从另一个角度对问题进行分类解决，即将该事件分成两类.

第一类：假定不含元素 a_1，则从 n 个不同元素 $\{a_2, a_3, \cdots a_{n+1}\}$ 任选 m 个元素的组合数为 C_n^m；

第二类：假定含元素 a_1，由于组合中已经有一个元素 a_1，那么只要再从余下的 n 个不同元素 $\{a_2, a_3, \cdots a_{n+1}\}$ 任选 $m-1$ 个即可，其组合数为 C_n^{m-1}.

由加法原理，得 $C_n^m+C_n^{m-1}=C_{n+1}^m$.

(三) 例题讲解，巩固新知

例 4 (1) 计算：C_{100}^{97}；

(2) 求满足等式 $C_{n+3}^{n+1}=C_n^{n-1}+C_n^{n-2}+C_n^{n+1}$ 的正整数 n.

解 (1) 由性质 $C_n^m=C_n^{n-m}$，得

$$C_{100}^{97}=C_{100}^3=\dfrac{100\times 99\times 98}{3\times 2\times 1}=161\,700.$$

(2) 由性质 $C_n^m=C_n^{n-m}$ 和 $C_n^m+C_n^{m-1}=C_{n+1}^m$，有

$$C_{n+3}^{n+1}=C_{n+3}^2,$$

$m>\dfrac{n}{2}$ 时，一般不计算 C_n^m 而改为计算 C_n^{n-m} 更简单.

引导学生归纳组合数的特征，猜想组合数第二个性质，并利用公式加以证明.

引导学生关注公式的特征，掌握公式及其变形.

启发学生构建问题，从分类情况入手，利用组合数定义和加法原理解释组合数性质.

通过例题，巩固学生对于组合数两个性质的理解和应用. 尤其是第(2)小问，需要观察等式特征，灵活地运用两个性质，将问题进行转化，化繁为简，解决问题.

$$C_{n+1}^{n-1} + C_n^{n-2} + C_{n+1}^n = C_{n+1}^2 + C_n^2 + C_{n+1}^1 = C_{n+2}^2 + C_n^2.$$

所以,已知等式可化为

$$C_{n+3}^2 - C_{n+2}^2 = C_n^2.$$

再由性质 $C_{n+1}^m = C_n^m + C_n^{m-1}$,有

$$C_{n+2}^1 = C_n^2,$$

即 $n+2 = \dfrac{n(n-1)}{2}$,即 $n^2 - 3n - 4 = 0$.

解得 $n_1 = -1$(舍去),$n_2 = 4$. 故 n 的值为 4.

（四）课堂练习,迁移应用

1. 解方程：$C_7^x = C_7^2$.

解　$x = 2$ 或 $x = 5$.

2. 求证：$C_{m+2}^n = C_m^n + 2C_m^{n-1} + C_m^{n-2}$.

证明：右边 $= (C_m^n + C_m^{n-1}) + (C_m^{n-1} + C_m^{n-2})$

$\qquad = C_{m+1}^n + C_{m+1}^{n-1} = C_{m+2}^n$

$\qquad =$ 左边.

（五）课堂小结,布置作业

课堂小结：

1. 掌握组合数的性质.
2. 通过归纳、猜想、证明得到组合数性质.
3. 利用组合数性质解决问题.

课后作业：

基础练习

1. 求满足等式 $C_{18}^k = C_{18}^{2k-3}$ 的所有正整数 k.
2. 已知 $C_{17}^{x+2} = C_{17}^{2x}$,求 C_8^x 的值.
3. 解关于正整数 x 的方程：$C_{16}^{x^2-x} = C_{16}^{5x-5}$.
4. 解关于正整数 x 的方程：$C_{x+2}^{x-2} + C_{x+2}^{x-3} = \dfrac{1}{4} P_{x+3}^3$.
5. 化简：$C_m^9 - C_{m+1}^9 + C_m^8 =$ _____.
6. 解方程：$C_4^{2x} + C_4^{2x-1} = C_6^5 - C_6^6$.

再次巩固组合数性质及其应用.

基础练习：

题 1 - 3 巩固组合数性质 $C_n^m = C_n^{n-m}$ 及其运用.

题 4 运用 $C_n^m = C_n^{n-m}$ 及组合数、排列数的公式解题.

题 5、6 巩固组合数性质 $C_n^m + C_n^{m-1} = C_{n+1}^m$ 及其变形和运用.

能力拓展（选做）

1. 利用组合数的性质化简：$C_3^3 + C_4^3 + C_5^3 + \cdots + C_n^3$.

2. 观察下列等式及其所示的规律：

$$C_3^0 + C_4^1 = C_4^0 + C_4^1 = C_5^1,$$

$$C_3^0 + C_4^1 + C_5^2 = C_5^1 + C_5^2 = C_6^2,$$

$$C_3^0 + C_4^1 + C_5^2 + C_6^3 = C_6^2 + C_6^3 = C_7^3,$$

并据此化简 $C_3^0 + C_4^1 + C_5^2 + C_6^3 + \cdots + C_{n+3}^n$，其中 n 为正整数.

能力拓展：
题 1 巩固组合数性质 $C_n^m + C_n^{m-1} = C_{n+1}^m$ 的运用，注意组合数变换后运用公式.
题 2 再次利用从特殊到一般的数学思想解决问题.

基础练习答案：

1. $k=3$ 或 $k=7$. 2. 当 $x=2$ 时，$C_8^x = C_8^2 = 28$；当 $x=5$ 时，$C_8^x = C_8^5 = 56$. 3. $x=1$ 或 $x=3$. 4. $x=6$. 5. 0. 6. $x=2$ 或 $x=\dfrac{1}{2}$.

能力拓展答案：

1. $C_3^3 + C_4^3 + C_5^3 + \cdots + C_n^3 = C_4^4 + C_4^3 + C_5^3 + \cdots + C_n^3 = C_5^4 + C_5^3 + \cdots + C_n^3 = C_6^4 + \cdots + C_n^3 = \cdots = C_n^4 + C_n^3 = C_{n+1}^4$. 提示：创造条件，利用组合数性质 $C_n^m + C_n^{m-1} = C_{n+1}^m$. 2. $C_3^0 + C_4^1 + C_5^2 + C_6^3 + \cdots + C_{n+3}^n = C_4^0 + C_4^1 + C_5^2 + C_6^3 + \cdots + C_{n+3}^n = C_5^1 + C_5^2 + C_6^3 + \cdots + C_{n+3}^n = C_6^2 + C_6^3 + \cdots + C_{n+3}^n = \cdots = C_{n+3}^{n-1} + C_{n+3}^n = C_{n+4}^n$. 提示：利用组合数性质 $C_n^m + C_n^{m-1} = C_{n+1}^m$.

■ **练习反馈、互动提问** ■

1. 组合数性质 $C_n^m + C_n^{m-1} = C_{n+1}^m$ 的运用，有时需要先对式子中的组合数进行转化，何时需要转化？如何转化？

2. 组合数的公式是什么？

组合数的性质有哪些？如何运用？

研究复杂的问题时，这节课教会了我们什么样的方法？

3. 组合数性质的证明除了运用组合数公式和概念外，还有其他证明方法吗？

■ **结束语** ■

大胆猜想、小心求证、辨析特征、灵活运用.

■ **备课资源** ■

组合学的简要发展历史：数数始于结绳计数的远古时代，由于那时人的智力发展尚处于低级阶段,谈不上有什么计数技巧.随着人们对数的了解和研究,在形成与数密切相关的数学分支的过程中,如数论、代数、函数论以至泛函等,逐步地从数的多样性发现数数的多样性,并产生了各种数数的技巧.

11世纪和12世纪间,贾宪就发现了二项式系数,杨辉将它整理记载在他的《续古摘奇算法》一书中.这就是中国通常称的杨辉三角.事实上,12世纪印度的婆什迦罗也发现了这种组合数.13世纪波斯的哲学家曾讲授过此类三角.而在西方,布莱士·帕斯卡发现这个三角形是在17世纪中期.这个三角形在其他数学分支的应用也屡见不鲜.同时,帕斯卡和费马均发现了许多与概率论有关的经典组合学的结果.因此,西方人认为组合学开始于17世纪.组合学一词是德国数学家莱布尼茨在数学意义下的首次应用.也许,在那时他已经预感到了其将来的蓬勃发展.然而只有到了18世纪欧拉所处的时代,组合学才可以说开始作为一门科学发展,因为那时,他解决了柯尼斯堡七桥问题,发现了多面体(首先是凸多面体,即平面图的情形)的顶点数、边数和面数之间的简单关系,也就是欧拉公式.甚至,当今人们所称的哈密顿圈的首创者也应该是欧拉.这些不但使欧拉成为组合学的一个重要人物,而且图论也成为占据现代数学舞台中心的拓扑学发展的先驱.同时,他提出了当今组合学中的另一个重要组成部分——组合设计中的拉丁方的研究所提出的猜想,人们称为欧拉猜想.直到1959年才得到完全的解决.19世纪初,高斯提出的组合系数,今称高斯系数,在经典组合学中也占有重要地位.同时,他还研究过平面上的闭曲线的相交问题,由此所提出的猜想称为高斯猜想,这一猜想直到20世纪才得到解决.这个问题不仅贡献于拓扑学,而且也对组合学中图论的发展做出了贡献.同在19世纪,由乔治·布尔创立且被当今人们称为布尔代数的分支已经成为组合学中序理论的基石.当然,在这一时期,人们还研究许多其他组合问题,它们中的大多数是娱乐性的.

20世纪初期,庞加莱联系多面体问题发展了组合学的概念与方法,直接促进了近代拓扑学从组合拓扑学到代数拓扑学的发展.20世纪的中、后期,组合学发展之迅速也许是人们意想不到的.近年来,用组合学中的方法已经解决了一些即使在整个数学领域也是具有挑战性的难题.例如,范·德·瓦尔登(Van der Waerden,B. L.)于1926年提出的关于双随机矩阵积和式猜想的证明;希伍德(Heawood,P. J.)于1890年提出的曲面地图着色猜想的解决;著名的四色定理的计算机验证和扭结问题的新组合不变量发现等.在数学中已经或正在形成着诸如组合拓扑、组合几何、组合数论、组合矩阵论、组合群论等与组合学密切相关的交叉学科.此外,组合学也正在渗透到其他自然科学以及社会科学的各个方面,例如,物理学、力学、化学、生物学、遗传学、心理学以及经济学、管理学甚至政治学等.

6.4 计数原理在古典概率中的应用

(本教学设计由上海市高境第一中学陈芬芬老师提供)

■ **教学内容分析** ■

随机现象无处不在且与我们的生活息息相关,它看似没有规律,但实际上隐含着深刻的规律.概率论就是研究随机现象背后所蕴藏的规律的数学理论.它在现代社会中变得越来越重要,在数学中的地位也越来越高.

本节课是选择性必修二第六章"计数原理"的第四节"计数原理在古典概率中的应用",是在"概率初步"和"计数原理"学习之后,"概率初步(续)"学习之前的内容.学生在必修三第十二章"概率初步"中学习了古典概率,在古典概率中往往需要用到一些集合的元素个数之间的比值,但在那里,大多数计数都是通过枚举来完成的.在本节课里,将运用一些基本的计数原理来计数,并进一步学习古典概率.

■ **教学目标设置** ■

1. 通过一些具体实例,初步学会把一些实际问题转化为古典概率,判断该问题是否满足古典概率模型的两个条件,培养学生在面对各种不同的实际情况时的分析、判断、探索能力,培养学生的应用能力.

2. 理解并掌握古典概率模型的两个特征及古典概率的计算公式,会用计数原理计算一些随机事件所含的基本事件数及事件发生的概率,掌握分类讨论的思想方法.

■ **教学重点及学习难点** ■

教学重点:(1) 理解并运用古典概率计算公式: $P(A) = \dfrac{\text{事件 } A \text{ 中的基本事件数}}{\text{总的基本事件数}} = \dfrac{|A|}{|\Omega|}$;

(2) 会用计数原理计算一些随机事件所含的基本事件数及事件发生的概率.

学习难点:会判断一个试验是否为古典概率模型,会运用计数原理计算随机事件包含的基本事件数和试验中基本事件的总数.

■ **学生情况分析** ■

学生在必修三 12.2 "古典概率"中学习过古典概率的计算公式, $P(A) = \dfrac{\text{事件 } A \text{ 中的基本事件数}}{\text{总的基本事件数}} = \dfrac{|A|}{|\Omega|}$,知道了互斥事件的概率加法公式.前面又学习了计数原理,掌握了用计数原理计算一些随机事件所含的基本事件数.学生已经具备了一定的归纳、猜想能力,但在数学的应用意识与应用能力方面尚需进一步培养.

▪ **教学流程** ▪

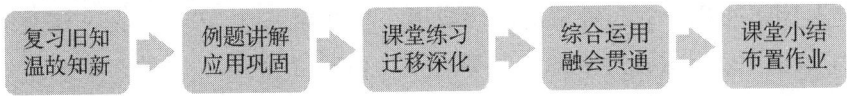

▪ **教学过程设计** ▪

教学设计	设计意图
（一）复习旧知，温故知新 　　我们之前学习了什么是古典概率模型．一个随机试验满足下面两个条件即为古典概率模型：1. 只有有限个可能出现的结果；2. 这些结果出现是等可能的． 　　我们知道，在一个古典概率模型中，设 Ω 是一个有限且等可能的样本空间，随机事件 A 是基本事件的某个集合，则事件 A 发生的概率是：$P(A)=\dfrac{|A|}{|\Omega|}$，其中 $|A|$ 表示事件 A 中的基本事件个数，而 $|\Omega|$ 表示样本空间中的基本事件总数．这说明概率是事件中的元素个数与样本空间中元素总数的比值． 　　当 Ω 值较大时，枚举法难以使用，就需要利用计数原理的知识进行计算． （二）例题讲解，应用巩固 　　例 1　一个罐子中有大小与质地完全相同的 20 个玻璃球，其中 4 个是红色的，6 个是黑色的，10 个是白色的．经充分混合后，从罐子中同时任取 2 个球，求下列事件的概率： 　　（1）两个球都是黑色的； 　　（2）两个球的颜色不同． 　　解　随机地从 20 个球中取出 2 个球，可能出现的结果有 C_{20}^2 种，即所有的基本事件有 C_{20}^2 个． 　　（1）将"取出的 2 个球都是黑色的"这一事件记为 A．A 所包含的基本事件有 C_6^2 个，因此事件 A 的概率是 $$P(A)=\dfrac{C_6^2}{C_{20}^2}=\dfrac{3}{38}.$$	这个例题设计是为了让学生明确使用古典概率计算公式的前提是判断该概率模型是不是古典概率，突出了本节课的重点与难点．

(2) 将"取出的2个球颜色不同"的事件记为 B. "取出的2个球颜色不同"可以分为三种情况：(1) 取出 1 个红球、1 个黑球；(2) 取出 1 个黑球、1 个白球；(3) 取出 1 个白球、1 个红球. 由乘法原理和加法原理, 易知 B 所包含的基本事件有 $C_4^1 C_6^1 + C_6^1 C_{10}^1 + C_{10}^1 C_4^1$ 个, 所以事件 B 的概率是

$$P(B) = \frac{C_4^1 C_6^1 + C_6^1 C_{10}^1 + C_{10}^1 C_4^1}{C_{20}^2} = \frac{62}{95}.$$

例 2 在 100 件产品中有 90 件一等品、10 件二等品, 从中随机抽取 4 件产品.

(1) 求恰好含 1 件二等品的概率；

(2) 求至少含有 1 件二等品的概率.

(以上结果均精确到 0.01)

解 从这 100 件产品中随机抽取 4 件产品的基本事件的个数为 C_{100}^4.

(1) 将"恰好含 1 件二等品"的事件记为 A. 易知 A 所包含的基本事件有 $C_{90}^3 C_{10}^1$ 个, 所以事件 A 的概率是

$$P(A) = \frac{C_{90}^3 C_{10}^1}{C_{100}^4} = \frac{1\,174\,800}{3\,921\,225} \approx 0.30.$$

(2) 将"至少含有 1 件二等品"的事件记为 B. B 的对立事件 $\overline{B}$ 为"4 件产品全是一等品", 而 $\overline{B}$ 所包含的基本事件有 C_{90}^4 个, 所以

$$P(\overline{B}) = \frac{C_{90}^4}{C_{100}^4} = \frac{2\,555\,190}{3\,921\,225},$$

从而事件 B 的概率是

$$P(B) = 1 - P(\overline{B}) \approx 0.35.$$

例 3 某学习小组共有 10 名学生, 求其中至少有 2 名学生在同一月份出生的概率. (默认每月天数相同, 结果精确到 0.001)

解 由于每名学生的出生月份可能是 1 月到 12 月中的任何一个, 因此 10 名学生的出生月份共有 12^{10} 种可能的排列, 每个排列对应一个基本事件, 从而基本事件就有 12^{10} 个,

对于例 3, 由对立事件概率加法公式得 $P(A) + P(\overline{A}) = 1$, 所以有 $P(A) = 1 - P(\overline{A})$.

借助对立事件的概

且每个基本事件发生的概率都相等.设 A 表示事件"10 名学生中没有任何 2 名学生在同一月份出生",那么 10 名学生的出生月份共有 P_{12}^{10} 种可能的排列,即事件 A 包含 P_{12}^{10} 个基本事件,所以事件 A 的概率是

$$P(A) = \frac{P_{12}^{10}}{12^{10}},$$

这样,"至少有 2 名学生在同一月份出生"的概率是

$$1 - P(A) \approx 0.996.$$

率加法公式,同学们接受这个理论并不困难,且理论证明更具有说服力,同时将所学习的概率知识串联了起来,体现了知识的整体性与连贯性.

(三)课堂练习,迁移深化

1. 从 7 名男生和 5 名女生中选取 3 人进行面试.
(1)求参加面试的人全是女生的概率;
(2)求参加面试的人中,恰好有 1 名女生的概率;
(3)求参加面试的人中,至少有 1 名女生的概率.

解 从 7 名男生和 5 名女生中选取 3 人所构成的基本事件的个数为 C_{12}^3.

(1)将"参加面试的人全是女生"的事件记为 A.易知 A 所包含的基本事件有 C_5^3 个,所以事件 A 的概率是

$$P(A) = \frac{C_5^3}{C_{12}^3} = \frac{10}{220} = \frac{1}{22}.$$

(2)将"参加面试的人中,恰好有 1 名女生"的事件记为 B.易知 B 所包含的基本事件有 $C_7^2 C_5^1$ 个,所以事件 B 的概率是

$$P(B) = \frac{C_7^2 C_5^1}{C_{12}^3} = \frac{105}{220} = \frac{21}{44}.$$

(3)将"参加面试的人中,至少有 1 名女生"的事件记为 C.C 的对立事件 $\overline{C}$ 为"参加面试的人全是男生",而 $\overline{C}$ 所包含的基本事件有 C_7^3 个,所以

$$P(\overline{C}) = \frac{C_7^3}{C_{12}^3} = \frac{35}{220} = \frac{7}{44},$$

从而事件 C 的概率是

巩固新知识,加深对古典概型的概率计算公式的理解,提高学生解题的熟练程度.

$$P(C)=1-P(\overline{C})=\frac{37}{44}.$$

(四)综合运用,融会贯通

1. 10 节相同的干电池中有 3 个是没有电的,从这些电池中选取 2 个,每个电池被取出的机会均等,则至少有一个是有电的概率是多少?

解 方法 1:$P=\dfrac{C_7^2+C_7^1C_3^1}{C_{10}^2}=\dfrac{21+21}{45}=\dfrac{14}{15}.$

方法 2:$P=1-\dfrac{C_3^2}{C_{10}^2}=1-\dfrac{3}{45}=\dfrac{14}{15}.$

2. 求某一个班级 36 位同学中,至少有 2 个同学在同一天出生的概率.(一年 365 天,闰年不计,精确到 0.001)

解 $P=1-\dfrac{P_{365}^{36}}{365^{36}}\approx 0.832.$

(五)课堂小结,布置作业

课堂小结:

通过对古典概率和计数原理的复习,我们能更好地理解古典概率的计算,并用此解决生活中一些简单的概率问题.

课后作业:

基础练习

1. 一个密闭的袋中装有 4 个红球、3 个黄球、3 个白球,所有小球的大小与质地完全相同.从中同时任取 2 个小球,求取出的 2 个球颜色相同的概率.

2. 某校要从 2 名男生和 4 名女生中任选 4 人担任一项赛事的志愿者工作,每个人被选中的可能性相同.求在选出的志愿者中男生和女生都有的概率.

3. 已知 10 件产品中有 2 件次品.现从中任取若干件进行检验.若要使 2 件次品全部被检测出的概率超过 0.6,最少应抽取几件产品进行检验?

能力拓展(选做)

1. 从正方体的 8 个顶点中任选 4 个,则这 4 个点在同一个平面的概率为_____.

2. 从 1, 3, 5, 7, 9 中任取 2 个不同的数字,从 0, 2, 4, 6 中任取 2 个不同的数字,组成没有重复数字的四位数,则所组成的四位数是奇数的概率为_____.

基础练习答案:

1. $\dfrac{4}{15}$.　2. $\dfrac{14}{15}$.　3. 8 件.

能力拓展答案:

1. 解　从正方体的 8 个顶点中任取 4 个,有 $n=C_8^4=70$ 种结果,这 4 个点在同一个平面的有 $m=6+6=12$ 个,故所求概率 $P=\dfrac{m}{n}=\dfrac{12}{70}=\dfrac{6}{35}$.

2. 解　若选出的 4 个数中有 0,则组成的四位无重复的数字共有 $C_5^2 C_3^1 C_3^1 P_3^3=540$ 个,其中奇数有 $C_5^2 C_3^1 C_2^1 C_2^1 P_2^2=240$ 个;若选出的 4 个数中无 0,则组成的无重复数字的四位数有 $C_5^2 C_3^2 P_4^4=720$ 个,其中奇数有 $C_5^2 C_3^2 C_2^1 P_3^3=360$ 个,所以,组成的四位数为奇数的概率为 $P=\dfrac{240+360}{540+720}=\dfrac{600}{1260}=\dfrac{10}{21}$.

▪ 练习反馈、互动提问 ▪

1. 什么样的随机试验是古典概率模型?

2. 我们学过哪些基本的计数原理(如加法原理、乘法原理、排列、组合)?

3. 计算古典概率要把握两点:一是判定是否是古典概率模型;二是准确计算出事件中基本事件数和总的基本事件数.

4. 例 2 第(2)小问中至少含有 1 件二等品,可以启发学生除了运用直接求事件中基本事件数来计算概率外,还能运用对立事件的概率来计算 $P(A)=1-P(\overline{A})$.

▪ 结束语 ▪

加法原理和乘法原理是计数问题中的基本方法,任何复杂的计数过程都是以这两种方法为基础进行计算的,我们要牢记它们的含义.

▪ 备课资源 ▪

概率论的起源与赌博问题有关.16 世纪意大利的学者开始研究掷骰子等赌博中的一些简单问题.17 世纪中叶,法国数学家帕斯卡、费马及荷兰数学家惠更斯基于排列组合方法,研究了一些较复杂的赌博问题,他们解决了分赌注问题、赌徒输光问题等.帕斯卡和费马以"赌金分配问题"开始通信形式的讨论,开创了概率论研究的先河,后来荷兰数学家惠更斯也参加了这场讨论,并写出了关于概率论的第一篇正式论文《赌博中的推理》.帕斯卡、费马、惠更斯一起被誉为概率论的创始人.

6.5(1) 杨辉三角和二项式定理

（本教学设计由行知实验中学范晓艳老师提供）

▪ **教学内容分析** ▪

研究杨辉三角和组合数的关系,探索二项式定理的证明过程,同时也为随后学习的概率与统计作知识上的铺垫.二项展开式与多项式乘法有密切的联系,通过本节知识的学习,不仅能从更广的视角和更高的层次来审视初中学习的关于多项式变形的知识,也能运用二项式定理进一步解决一些比较典型的数学问题,例如整除或余数问题、不等式的证明等.杨辉三角是我国古代数学重要成就之一,显示了我国古代人民的卓越智慧和才能,其知识学习可顺势对学生进行爱国主义教育,以此提升学生的民族自豪感.

▪ **教学目标设置** ▪

1. 理解杨辉三角与二项式系数的联系,会应用二项式定理求解二项展开式与指定的项或系数,会应用二项式定理解决某些整除或余数问题.

2. 通过经历二项式定理的探究过程,体验"归纳、猜想、证明"的数学发现过程,提高观察、分析、概括的能力和"从特殊到一般"等数学思想的应用能力,培养逻辑推理、数学运算、数学抽象和数学建模等核心素养.

3. 在了解、观察与探究杨辉三角隐藏的规律的学习活动中,感受中国古代数学的成就,提升民族自豪感,感悟数学的奥妙.

▪ **教学重点及学习难点** ▪

教学重点:二项式定理的探索和证明.

学习难点:二项式定理的应用.

▪ **学生情况分析** ▪

学生在本节课学习之前已经初步具备了多项式运算、计数原理、组合数等相关知识储备,也具备了一定的观察、分析、推理、归纳、探究问题的能力,适当的问题引导基本能建立知识之间的相互联系.

▪ **教学流程** ▪

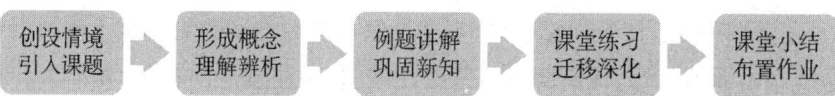

▎教学过程设计 ▎

教学设计	设计意图
(一) 创设情境,引入课题 1. $(a+b)^n$ 中,n 取 $1,2,3,4,5,6$.观察 $(a+b)^n$ 的展开式有什么规律? 2. 观察下列数阵,你能发现该数阵的特点吗?能否将此特点用组合数公式表示? $(a+b)^1$ 1 1 $(a+b)^2$ 1 2 1 $(a+b)^3$ 1 3 3 1 $(a+b)^4$ 1 4 6 4 1 $(a+b)^5$ 1 5 10 10 5 1 $(a+b)^6$ 1 6 15 20 15 6 1 (二) 形成概念,理解辨析 此数阵的特点是: (1) 每一行的首末都是 1; (2) 与首末两端"等距离"的两个数相等; (3) 从第三行起,每一行中除了第一个数和最后一个数外,每个数等于它"肩上"的两个数之和; (4) 当 n 为偶数时,最大的系数是中间一项;当 n 为奇数时,最大的系数是中间两项. 在我国南宋数学家杨辉于 1261 年所著《详解九章算法》中出现了类似的图表(类似于图 6.5(1)-1),习惯上称之为杨辉三角,它是中国古代数学的杰出研究成果之一. **二项式定理** 设 n 是正整数,等式 $(a+b)^n = C_n^0 a^n + C_n^1 a^{n-1}b + C_n^2 a^{n-2}b^2 + \cdots + C_n^r a^{n-r}b^r + \cdots + C_n^n b^n$ 称为二项式定理,其中展开式的第 $r+1$ 项叫做二项展开式的通项,记作:$T_{r+1} = C_n^r a^{n-r} b^r$.	从特殊到一般,为二项式定理的展开式学习作铺垫. 你能发现杨辉三角中的数字蕴含着哪些规律吗? 又对应于组合数的哪些性质? (1) $C_n^0 = C_n^n = 1$; (2) $C_n^k = C_n^{n-k}$; (3) $C_{n+1}^k = C_n^{k-1} + C_n^k$; (4) 当 n 为偶数时,最大的系数是 $C_n^{\frac{n}{2}}$;当 n 为奇数时,最大的系数是 $C_n^{\frac{n-1}{2}}$ 和 $C_n^{\frac{n+1}{2}}$. 二项式定理形式上的特点: (1) 二项展开式有 $n+1$ 项,而不是 n 项. (2) 按照字母 a 的降幂排列,从第一项起,次数由 n 次逐项减少 1 次直到 0 次,同时字母 b 按升幂排列,次数由 0 次逐项增加 1 次直到 n 次.

图 6.5(1)-1

证明 （1）当 $n=1$ 时，$(a+b)^1 = a+b = C_1^0 a^1 b^0 + C_1^1 a^0 b^1$.

（2）假设 $n=k$ 时，$(a+b)^k = C_k^0 a^k + C_k^1 a^{k-1} b + C_k^2 a^{k-2} b^2 + \cdots + C_k^r a^{k-r} b^r + \cdots + C_k^k b^k$.

则当 $n=k+1$ 时，$(a+b)^{k+1} = (a+b)^1 (a+b)^k = (a+b)^1 (C_k^0 a^k + C_k^1 a^{k-1} b + C_k^2 a^{k-2} b^2 + \cdots + C_k^r a^{k-r} b^r + \cdots + C_k^k b^k) = C_k^0 a^{k+1} b^0 + (C_k^1 + C_k^0) a^k b^1 + (C_k^2 + C_k^1) a^{k-1} b^2 + \cdots + (C_k^r + C_k^{r-1}) a^{k-r+1} b^r + \cdots + C_k^k b^{k+1}$.

由性质 $C_{n+1}^k = C_n^{k-1} + C_n^k$ 和 $C_n^0 = C_n^n = 1$，得

$(a+b)^{k+1} = C_{k+1}^0 a^{k+1} + C_{k+1}^1 a^{k+1-1} b + C_{k+1}^2 a^{k+1-2} b^2 + \cdots + C_{k+1}^r a^{k+1-r} b^r + \cdots + C_{k+1}^{k+1} b^{k+1}$.

所以，由数学归纳法可知对任意正整数 n，都有 $(a+b)^n = C_n^0 a^n + C_n^1 a^{n-1} b + C_n^2 a^{n-2} b^2 + \cdots + C_n^r a^{n-r} b^r + \cdots + C_n^n b^n$.

(三) 例题讲解，巩固新知

例1 求 $\left(x + \dfrac{1}{x}\right)^5$ 的二项展开式.

解 $\left(x + \dfrac{1}{x}\right)^5 = x^5 + 5x^3 + 10x + \dfrac{10}{x} + \dfrac{5}{x^3} + \dfrac{1}{x^5}$.

例2 求 $(3-2x)^6$ 的二项展开式中 x^3 项的系数.

解 $(3-2x)^6$ 的展开式的通项是

$T_{r+1} = C_6^r 3^{6-r} \cdot (-2x)^r \ (r=0, 1, \cdots, 6)$.

令 $r=3$，得 x^3 项的系数是 $C_6^3 3^{6-3} \cdot (-2)^3 = -4320$.

例3 证明：$15^{30} - 1$ 是 7 的倍数.

证明 $15^{30} = (14+1)^{30} = C_{30}^0 14^{30} + C_{30}^1 14^{29} + \cdots + C_{30}^{29} 14 + C_{30}^{30}$，由此可见，除最后一项外均能被 7 整除. 而 $15^{30} - 1 = C_{30}^0 14^{30} + C_{30}^1 14^{29} + \cdots + C_{30}^{29} 14 + C_{30}^{30} - 1 = C_{30}^0 14^{30} + C_{30}^1 14^{29} + \cdots + C_{30}^{29} 14$. 故 $15^{30} - 1$ 是 7 的倍数.

(四) 课堂练习，迁移深化

1. 已知 $\left(3\sqrt{x} - \dfrac{2}{3x}\right)^{10}$.

（1）求展开式中第 4 项的系数；

（2）求展开式的第 4 项.

通过典例解析，让学生体会利用二项式定理模型进行计算证明的过程，感受数学模型在数学应用中的价值. 发展学生逻辑推理、直观想

解 $\left(3\sqrt{x}-\dfrac{2}{3x}\right)^{10}$ 的展开式的通项是

$$T_{r+1}=C_{10}^{r}(3\sqrt{x})^{10-r}\cdot\left(-\dfrac{2}{3x}\right)^{r}(r=0,1,\cdots,10).$$

(1) 展开式中第 4 项的系数为 $C_{10}^{3}\cdot 3^{7}\cdot\left(-\dfrac{2}{3}\right)^{3}=-77760.$

(2) 展开式的第 4 项为

$$T_{4}=T_{3+1}=C_{10}^{3}(3\sqrt{x})^{7}\cdot\left(-\dfrac{2}{3x}\right)^{3}$$

$$=C_{10}^{3}\cdot 3^{7}\cdot\left(-\dfrac{2}{3}\right)^{3}\cdot x^{\frac{1}{2}}=-77760\sqrt{x}.$$

2. $(1+2x)^{n}$ 的展开式中第 6 项和第 7 项的系数相等,求展开式中系数最大的项.

解 $T_{6}=C_{n}^{5}(2x)^{5}$,$T_{7}=C_{n}^{6}(2x)^{6}$,依题意有 $C_{n}^{5}\cdot 2^{5}=C_{n}^{6}\cdot 2^{6}\Rightarrow n=8$,所以 $(1+2x)^{8}$ 的展开式中,系数最大的项为 $T_{6}=C_{8}^{5}(2x)^{5}=1792x^{5}$ 和 $T_{7}=C_{8}^{6}(2x)^{6}=1792x^{6}.$

3. 求 91^{92} 被 100 除的余数.

解 $91^{92}=(90+1)^{92}=C_{92}^{0}90^{92}+C_{92}^{1}90^{91}+\cdots+C_{92}^{91}90+C_{92}^{92}.$ 由此可见,除最后两项外均能被 100 整除. 而 $C_{92}^{91}90+C_{92}^{92}=8281=82\times 100+81.$ 故 91^{92} 被 100 除的余数为 81.

(五) 课堂小结,布置作业

课堂小结:

1. 杨辉三角和二项式定理.

2. 二项式定理的应用.

课后作业:

基础练习

1. 判断(正确的打"√",错误的打"×").

(1) $(a+b)^{n}$ 展开式中共有 n 项. ( )

(2) $C_{n}^{k}a^{n-k}b^{k}$ 是 $(a+b)^{n}$ 展开式中的第 k 项. ( )

(3) $(a-b)^{n}$ 与 $(a+b)^{n}$ 的二项展开式中系数的绝对值相同. ( )

2. (1) 求 $(2-x)^{5}$ 的二项展开式;

(2) 求 $\left(x-\dfrac{1}{x}\right)^{9}$ 的二项展开式中含 x^{3} 的项;

象、数学抽象和数学运算等核心素养.

(3) 求 $\left(2\sqrt{x}+\dfrac{1}{\sqrt{x}}\right)^6$ 的二项展开式中的常数项.

3. $\left(\sqrt{x}+\dfrac{1}{x}\right)^6$ 的二项展开式中有理项共有_____项.

4. 在由组合数所构成的如下的数表中,第_____行中从左至右第 12 个数与第 13 个数的比为 1∶2.

第 1 行　　　　　1　1
第 2 行　　　　1　2　1
第 3 行　　　1　3　3　1
第 4 行　　1　4　6　4　1
第 5 行　1　5　10　10　5　1

5. 利用二项式定理证明:$7^{100}-1$ 是 8 的倍数.

能力拓展(选做)

1. 求 $(1-2x)^8$ 的二项展开式中系数最大的项.

2. 若 $|x|\leqslant 1$,证明:$(1+x)^n+(1-x)^n\leqslant 2^n$

基础练习答案:

1. (1) ×;(2) ×;(3) √.   2. (1) $(2-x)^5 = C_5^0 2^5 + C_5^1 2^4(-x) + C_5^2 2^3(-x)^2 + C_5^3 2^2(-x)^3 + C_5^4 2(-x)^4 + C_5^5(-x)^5 = 32-80x+80x^2-40x^3+10x^4-x^5$;(2) 含 x^3 的项为第 7 项 $T_7 = (-1)^3 C_9^6 x^3 = -84x^3$;(3) 常数项 $T_4 = C_6^3 2^{6-3} x^{\frac{3}{2}-\frac{3}{2}} = 160$.   3. 4.   4. 35.   5. $7^{100} = (8-1)^{100} = C_{100}^0 8^{100} - C_{100}^1 8^{99} + \cdots - C_{100}^{99} 8 + C_{100}^{100}$,由此可见,除最后一项外均能被 8 整除.而 $7^{100}-1 = C_{100}^0 8^{100} + \cdots - C_{100}^{99} 8 + C_{100}^{100}-1 = C_{100}^0 8^{100} - C_{100}^1 8^{99} + \cdots - C_{100}^{99} 8$.故 $7^{100}-1$ 是 8 的倍数.

能力拓展答案:

1. 系数最大的项为 $T_7 = 1792x^6$. 提示:$T_{r+1} = C_8^r(-2x)^r$,$(r=0,1,2,\cdots,8)$.比较 $r=0,2,4,6,8$ 时,对应项的系数,即可得到系数最大的项为 $T_7 = 1792x^6$.

2. $2^n = [(1+x)+(1-x)]^n = C_n^0(1+x)^n + C_n^1(1+x)^{n-1}(1-x)^1 + \cdots + C_n^{n-1}(1+x)^1(1-x)^{n-1} + C_n^n(1-x)^n \geqslant C_n^0(1+x)^n + C_n^n(1-x)^n = (1+x)^n + (1-x)^n$,所以 $(1+x)^n + (1-x)^n \leqslant 2^n$.

■ 练习反馈、互动提问 ■

1. 什么是二项式定理?
2. 应用二项式定理求二项展开式特定项的常见题型和解题策略是什么?
3. 你还能发现杨辉三角其他隐藏的规律吗?

■ 结束语 ■

宋代诗人苏轼的诗句"横看成岭侧成峰,远近高低各不同",大家应该从横向、纵向、斜向等不同角度探索杨辉三角隐藏的规律.

■ 备课资源 ■

杨辉,字谦光,汉族,钱塘(今浙江省杭州)人,南宋杰出的数学家. 他主要著有数学著作 5 种 21 卷,即《详解九章算法》12 卷(1261),《日用算法》2 卷(1262),《乘除通变本末》3 卷(1274),《田亩比类乘除捷法》2 卷(1275)和《续古摘奇算法》2 卷(1275).

杨辉在《详解九章算法》一书中画了一张表示二项式展开后的系数构成的三角图形,称为"开方做法本源",并说明此表引自 11 世纪中叶贾宪的《释锁算书》,所以"杨辉三角"又称为"贾宪三角".

在欧洲,帕斯卡在 1654 年发现这一规律,所以这个表又叫做帕斯卡三角形. 帕斯卡的发现比杨辉要迟 400 年左右,比贾宪迟 600 年左右.

6.5(2) 二项式定理的应用——组合数的性质

(本教学设计由上海市行知实验中学金嘉敏老师提供)

■ 教学内容分析 ■

本节课是上教版高中数学选择性必修二第 6 章第 5 节"二项式定理"的第二课时. 在此之前,学生学习了组合数的计算、组合数的性质、以及二项式定理等相关知识,这些知识为本节课组合数性质的推导奠定了基础. 本节课中,学生将通过赋值法得到与组合数有关的特殊恒等式,用函数的观点求解二项展开式中系数最大的项,不断体会赋值法以及函数思想,提高逻辑推理以及数学运算等核心素养,为后续二项式定理的应用打下重要基础.

■ 教学目标设置 ■

1. 经历用赋值法论证组合数的性质的过程,掌握与组合数相关的特殊恒等式的证明方法,发展数学运算核心素养.
2. 经历用函数的观点求二项展开式中项的系数最大值的过程,培养数学推理等核心素养.

■ 教学重点及学习难点 ■

教学重点:求解二项展开式中项的系数最大值以及用赋值法推导证明组合数的性质.

学习难点:二项展开式中项的系数最大值的求解方法.

▪ 学生情况分析 ▪

在本节课之前,学生已经学习了组合数的计算、组合数的性质、以及二项式定理,已经具备了对二项式部分性质的归纳和证明的能力.同时,学生还掌握了数列单调性的论证以及最值的求解方法,这都为本节课的学习奠定了知识、技能与心理基础.

▪ 教学流程 ▪

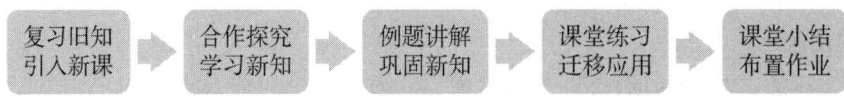

▪ 教学过程设计 ▪

教学设计	设计意图
(一)复习旧知,引入新课 我们之前学习了二项式定理: $(a+b)^n = C_n^0 a^n + C_n^1 a^{n-1} b^1 + \cdots + C_n^r a^{n-r} b^r + \cdots + C_n^n b^n$, $n \in \mathbf{N}, n > 0$,展开式共有 $n+1$ 项,$T_{r+1} = C_n^r a^{n-r} b^r$ 是二项展开式的通项,即展开式的第 $r+1$ 项.	
(二)合作探究,学习新知 在二项式定理中,如果把 a、b 代入一些特殊的值,会得到一些与组合数有关的特殊的恒等式. 特别地,令 $a=1, b=1$,就得到 $$C_n^0 + C_n^1 + C_n^2 + \cdots + C_n^n = 2^n.$$ 令 $a=1, b=-1$,就得到 $$C_n^0 - C_n^1 + C_n^2 - C_n^3 + \cdots + (-1)^n C_n^n = 0.$$ 由上述二式就得到 $$C_n^0 + C_n^2 + C_n^4 + \cdots = C_n^1 + C_n^3 + C_n^5 + \cdots = 2^{n-1}.$$	引导学生体会赋值法在证明组合数相关恒等式中的作用.
(三)例题讲解,巩固新知 例1 已知对任意给定的实数 x,都有 $(1+2x)^{100} = a_0 + a_1(x-1) + a_2(x-1)^2 + \cdots + a_{100}(x-1)^{100}$ 成立. (1) 求 $a_0 + a_1 + a_2 + \cdots + a_{100}$ 的值;	例1运用了换元法,本题也可以直接对 $x-1$ 进行赋值.

(2) 求 $a_1+a_3+a_5+\cdots+a_{99}$ 的值.

解 令 $x-1=y$，则 $x=y+1$，从而
$$1+2x=1+2(y+1)=3+2y,$$
$$a_0+a_1(x-1)+a_2(x-1)^2+\cdots+a_{100}(x-1)^{100}$$
$$=a_0+a_1y+a_2y^2+\cdots+a_{100}y^{100}.$$

因此，已知的等式可改写为
$$(3+2y)^{100}=a_0+a_1y+a_2y^2+\cdots+a_{100}y^{100}.$$

(1) 令 $y=1$，得 $a_0+a_1+a_2+\cdots+a_{100}=5^{100}$.

(2) 令 $y=-1$，得 $a_0-a_1+a_2-a_3+\cdots-a_{99}+a_{100}=1$.

二式联立就得到
$$a_1+a_3+a_5+\cdots+a_{99}=\frac{5^{100}-1}{2}.$$

例 2 证明：在 $n+1$ 个组合数 $C_n^0, C_n^1, C_n^2, \cdots, C_n^n$ 中，当 n 为偶数时，最大值是中间的一项 $C_n^{\frac{n}{2}}$；而当 n 为奇数时，最大值是中间的两项 $C_n^{\frac{n-1}{2}}$ 和 $C_n^{\frac{n+1}{2}}$.

证明 对于任给的 $r\in\{0,1,2,\cdots,n-1\}$，有
$$\frac{C_n^{r+1}}{C_n^r}=\frac{\dfrac{n!}{(r+1)!(n-r-1)!}}{\dfrac{n!}{r!(n-r)!}}=\frac{n-r}{r+1}.$$

由于 $C_n^{r+1}>0$，$C_n^r>0$，因此当 $\dfrac{n-r}{r+1}>1$ 即 $r<\dfrac{n-1}{2}$ 时，$C_n^{r+1}>C_n^r$；而当 $\dfrac{n-r}{r+1}<1$，即 $r>\dfrac{n-1}{2}$ 时，$C_n^{r+1}<C_n^r$.

若 n 为偶数，则当 $r\in\left\{0,1,2,\cdots,\dfrac{n-2}{2}\right\}$ 时，$C_n^0<C_n^1<C_n^2<\cdots<C_n^{\frac{n-2}{2}}<C_n^{\frac{n}{2}}$；

当 $r\in\left\{\dfrac{n}{2},\dfrac{n}{2}+1,\cdots,n-1\right\}$ 时，$C_n^{\frac{n}{2}}>C_n^{\frac{n}{2}+1}>\cdots>C_n^n$. 所以，当 n 为偶数时，最大值是中间的一项 $C_n^{\frac{n}{2}}$.

若 n 为奇数，则当 $r\in\left\{0,1,2,\cdots,\dfrac{n-3}{2}\right\}$ 时，$C_n^0<$

> 探究组合数最大值的过程，其实也可以看作求由组合数构成的数列 $C_n^0, C_n^1, C_n^2, \cdots, C_n^n$ 的最值. 在求解数列最值之前，需要分析数列的单调性.

> 在分析单调性的过程中，体会分类讨论的数学思想.

$$C_n^1 < C_n^2 < \cdots < C_n^{\frac{n-3}{2}} < C_n^{\frac{n-1}{2}};$$

当 $r = \dfrac{n-1}{2}$ 时,$C_n^{r+1} = C_n^r$,即 $C_n^{\frac{n-1}{2}} = C_n^{\frac{n+1}{2}}$;而当 $r \in \left\{\dfrac{n+1}{2}, \dfrac{n+3}{2}, \cdots, n-1\right\}$ 时,$C_n^{\frac{n+1}{2}} > C_n^{\frac{n+3}{2}} > \cdots > C_n^n$.

所以,当 n 为奇数时,最大值是中间的两项 $C_n^{\frac{n-1}{2}}$ 及 $C_n^{\frac{n+1}{2}}$.

例3 求 $(1+3x)^{15}$ 的二项展开式中系数最大的项.

解 对 $r = 0, 1, 2, \cdots, 15$,展开式的第 $r+1$ 项是 $C_{15}^r(3x)^r$.设这一项的系数为 c_{r+1},就有 $c_{r+1} = 3^r C_{15}^r$.显然,$c_{r+1} > 0$.

因此,对于 $r \in \{0, 1, 2, \cdots, 14\}$,就有

$$\frac{c_{r+2}}{c_{r+1}} - 1 = \frac{3^{r+1} C_{15}^{r+1}}{3^r C_{15}^r} - 1 = \frac{44 - 4r}{r+1}.$$

所以,当 $r \in \{0, 1, 2, \cdots, 10\}$ 时,$c_{r+2} > c_{r+1}$ 成立,即 $c_{12} > c_{11} > \cdots > c_1$;当 $r = 11$ 时,$c_{r+2} = c_{r+1}$,即 $c_{12} = c_{13}$;而当 $r \in \{12, 13, 14\}$ 时,$c_{r+2} < c_{r+1}$ 成立,即 $c_{16} < c_{15} < c_{14} < c_{13}$.

因此,系数最大的项是第12项 $C_{15}^{11} 3^{11} x^{11} = 241\,805\,655 x^{11}$ 和第 13 项 $C_{15}^{12} 3^{12} x^{12} = 241\,805\,655 x^{12}$,其中 $C_{15}^{11} 3^{11} = C_{15}^{12} 3^{12}$.

(四)课堂练习,迁移应用

1. (1) 若 $(1-x)^6 = a_0 + a_1 x + a_2 x^2 + \cdots + a_6 x^6$,求 $a_0 + a_1 + a_2 + \cdots + a_6$ 的值.

(2) 已知 $(x+1)^n = a_0 + a_1(x-1) + a_2(x-1)^2 + a_3(x-1)^3 + \cdots + a_n(x-1)^n (n \geqslant 2, n$ 为正整数),求 $a_0 + a_1 + a_2 + \cdots + a_n$ 的值.

解 (1) 令 $x = 1$,得 $a_0 + a_1 + a_2 + \cdots + a_6 = 0$.

(2) 令 $x = 2$,得 $a_0 + a_1 + a_2 + \cdots + a_n = 3^n$.

2. (1) 求 $(1+2x)^7$ 的二项展开式中系数最大的项;

(2) 求 $(1-2x)^7$ 的二项展开式中系数最大的项.

解 (1) 同例3,得系数最大的项为 $T_6 = 672 x^5$.

(2) 展开式中的第 $r+1$ 项为 $T_{r+1} = C_7^r(-2x)^r$, $r = 0$,

在带领学生探究组合数最值之后,可让学生仿照例2的探究过程,自行探究例3,深化学生对知识的理解.

这些习题分别是对赋值法以及求系数最大项问题的考查,可再次巩固本课时的重要知识.

$1, \cdots, 7$. 比较 $r=0, 2, 4, 6$ 时对应项的系数,即可得到系数最大的项为 $T_5 = 560x^4$.

(五)课堂小结,布置作业

课堂小结:

1. 通过赋值法,得到了与组合数有关的恒等式.

2. 用函数的观点分析二项展开式中项的系数的单调性,求解二项展开式中项的系数的最大值.

课后作业:

基础练习

1. 求 $\left(x+\dfrac{1}{2}\right)^8$ 的二项展开式中系数最大的项.

2. 求 $(3-2x)^9$ 的二项展开式中系数最大的项.

3. 在 $(1+x)^n$ 的二项展开式中,设奇数项之和为 A,偶数项之和为 B. 求证: $A^2 - B^2 = (1-x^2)^n$.

4. 已知 $\left(x^2+\dfrac{1}{x}\right)^n$ 的二项展开式的各项系数之和为 32,求该二项展开式中 x 的系数.

5. 设 $(2-\sqrt{3}x)^{100} = a_0 + a_1 x + a_2 x^2 + \cdots + a_{100} x^{100}$,求下列各式的值:

(1) a_0;

(2) $a_1 + a_3 + a_5 + \cdots + a_{99}$;

(3) $(a_0 + a_2 + a_4 + \cdots + a_{100})^2 - (a_1 + a_3 + \cdots + a_{99})^2$.

能力拓展(选做)

1. 若 $(1-2x)^{2004} = a_0 + a_1 x + a_2 x^2 + \cdots + a_{2004} x^{2004}$ $(x \in \mathbf{R})$,则 $(a_0+a_1)+(a_0+a_2)+(a_0+a_3)+\cdots+(a_0+a_{2004}) = $ _____.(用数字作答)

2. 若把 $1+(1+x)+(1+x)^2+\cdots+(1+x)^n$ 展开成关于 x 的多项式,其各项系数和为 $a_n (n \in \mathbf{N}, n>0)$,则 $a_n = $ _____.

基础练习答案:

1. 系数最大的项是第 3 项 $C_8^2 x^6 \left(\dfrac{1}{2}\right)^2 = 7x^6$ 和第 4 项 $C_8^3 x^5 \left(\dfrac{1}{2}\right)^3 = 7x^5$. 2. 系数最大的项是第 5 项 $C_9^4 3^5 \cdot$

$(-2)^4 x^4 = 489\,888 x^4$. 3. 因为 $(1-x^2)^n = (1-x)^n \cdot (1+x)^n$,$A+B=(1+x)^n$,$A-B=(1-x)^n$.所以$(A+B)(A-B)=(1-x^2)^n$. 4. x 的系数为 $C_5^8 = 10$. 5. (1) $a_0 = 2^{100}$；(2) 原式 $= \dfrac{(2-\sqrt{3})^{100}-(2+\sqrt{3})^{100}}{2}$；(3) 原式 $=(a_0+a_1+a_2+a_3+a_4+\cdots+a_{100})(a_0-a_1+a_2-a_3+a_4-\cdots+a_{100})=(2-\sqrt{3})^{100}\cdot(2+\sqrt{3})^{100}=1$.

能力拓展答案：

1. 2004.提示：令 $x=0$,得 $a_0=1$；令 $x=1$,得 $1=a_0+a_1+a_2+\cdots+a_{2004}$,$(a_0+a_1)+(a_0+a_2)+(a_0+a_3)+\cdots+(a_0+a_{2004})=2003a_0+a_0+a_1+a_2+\cdots+a_{2004}=2004$.

2. $2^{n+1}-1$. 提示：$1+(1+x)+(1+x)^2+\cdots+(1+x)^n$ 展开成关于 x 的多项式,令 $x=1$,得其各项系数和为 $a_n=1+2+2^2+2^3+\cdots+2^n=\dfrac{1(1-2^{n+1})}{1-2}=2^{n+1}-1$.

▪ 练习反馈、互动提问 ▪

1. 如何求 $C_n^0 + C_n^1 + C_n^2 + \cdots + C_n^n$？

2. $C_n^0 + C_n^2 + C_n^4 + \cdots$ 与 $C_n^1 + C_n^3 + C_n^5 + \cdots$ 有何关系？

3. $C_n^0, C_n^1, C_n^2, \cdots, C_n^n$ 中,最大值是哪一项？

4. 如何求二项展开式项中系数最大的项？

▪ 结束语 ▪

数学是一种别具匠心的艺术. ——哈尔莫斯

▪ 备课资源 ▪

贾宪,北宋人,他大约在1050年完成了《黄帝九章算经细草》一书,原书已遗失,但其中一个很重要的内容,关于求解"二项式展开系数表"的"贾宪三角"被杨辉抄录在他的《详解九章算法》著作中,因而这个知识才能流传下来.曾有人把它称为"杨辉三角",但是杨辉在他的书中已经很明确地说明了此图是"出释锁算书,贾宪用此术",所以人们才改称它为"贾宪三角"了.

根据杨辉的摘录,贾宪的高次开方法是以一张称为"开方作法本源"的图为基础,现被称作"贾宪三角".贾宪的"开方作法本源图"见下图(采自《永乐大典》),它是什么意思呢？它实际上是一张二项系数表,即 $(x+a)^n$ 展开式的各项系数.贾宪将左右斜线上的数字1分别称为"积数"和"隅算",将这两行斜线数字中藏的数字称为"廉",开几次方,就用相应行的廉；第三行的"二"是开平方的廉,第四行是开三次方的廉,第五行是开四次方的廉,等."积""隅""廉"都是沿用中国古代开方术语.

本积
左积　1　右隅
商除　1　1　方法
平方积　1　2　1　平方隅
立方积　1　3　3　1　立方隅
三乘积　1　4　6　4　1　三乘隅
四乘积　1　5　10　10　5　1　四乘隅
五乘积　1　6　15　20　15　6　1　五乘隅

贾宪不仅给出了这个图,还给出了这个图的简捷制作规律.从第三行(即2次幂)开始,两端最边上的数字都是1,而中间的任何一个数字都是这个数在上一行相邻两数的和.在贾宪之前,只能开平方与开立方,自从贾宪发明此表与"增乘开方法"后,就首次开辟了求解高次方程的真正通途.

在贾宪之后,我国数学家又进一步探索了系数中有负整数的方程解法,最终由南宋秦九韶发明的"正负开方法"彻底解决了这个问题,除了杨辉的书中有贾宪三角形外,另外一本元朝朱世杰1303年写的《四元玉鉴》,书中也有这个贾宪三角的图,并且计算到了二项式的八次方.

——以上内容摘自中国科学院科普云平台"中国科普博览"之"数学博物馆"

四、单元评价卷

"计数原理"单元评价卷

考试范围:第6单元;考试时间:60分钟;满分:100分.

一、填空题(本大题满分48分,共12题,每题4分)

1. $C_7^3 - P_4^2 = $ _____.

2. 从9名学生中选出3名参加"希望英语"口语比赛,有_____种不同选法.

3. 若$k \in \mathbf{N}$,且$0 < k \leqslant 40$,则$(50-k)(51-k)(52-k)\cdots(79-k)$用排列数符号表示为_____.

4. 在装有3双不同袜子的抽屉内随机抓出两只,恰为同一双的概率是_____.

5. 在$\left(x + \dfrac{1}{x}\right)^5$的展开式中,$x$的系数为_____.

6. 如图6-1,由连接正八边形的三个顶点组成的三角形中与正八边形有公共边的三角形有_____个.

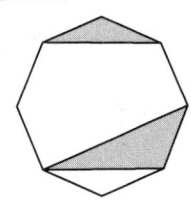

图6-1

7. 已知直线 $ax+by+c=0$ 的斜率大于零,其系数 a、b、c 是取自集合 $\{-2,-1,0,1,2\}$ 中的 3 个不同元素,那么这样的不重合直线的条数是_____.

8. 有一道楼梯共 10 阶,小王同学要登上这道楼梯,登楼梯时每步随机选择一步一阶或一步两阶,小王同学 7 步登完楼梯的概率为_____.

9. 四个不同的小球随机放入编号为 1、2、3、4 的四个盒子中,则恰有两个空盒的概率为_____.

10. 在下面的杨辉三角中,若用 a_{i-j} 表示三角形数阵的第 i 行第 j 个数,则 $a_{50-3}+a_{50-4}$ 等于_____(用数字作答).

$$
\begin{array}{c}
1 \\
1 \quad 1 \\
1 \quad 2 \quad 1 \\
1 \quad 3 \quad 3 \quad 1 \\
1 \quad 4 \quad 6 \quad 4 \quad 1 \\
1 \quad 5 \quad 10 \quad 10 \quad 5 \quad 1 \\
1 \quad 6 \quad 15 \quad 20 \quad 15 \quad 6 \quad 1 \\
1 \quad 7 \quad 21 \quad 35 \quad 35 \quad 21 \quad 7 \quad 1 \\
1 \quad 8 \quad 28 \quad 56 \quad 70 \quad 56 \quad 28 \quad 8 \quad 1 \\
1 \quad 9 \quad 36 \quad 84 \quad 126 \quad 126 \quad 84 \quad 36 \quad 9 \quad 1
\end{array}
$$

11. 在一个趣味活动中,有一个环节要求父(母)与子(女)各自从 1、2、3、4、5 中随机挑选一个数以观测两代人之间的默契程度. 若所选数据之差的绝对值等于 1,则称为"基本默契",结果为"基本默契"的概率为_____.

12. 计算机在进行数的计算处理时,使用的是二进制. 一个十进制数 $n(n \in \mathbf{N}, n>0)$ 可以表示成二进制数 $(a_0 a_1 a_2 \cdots a_k)_2$,$k \in \mathbf{N}$,则 $n = a_0 \cdot 2^k + a_1 \cdot 2^{k-1} + a_2 \cdot 2^{k-2} + \cdots + a_k \cdot 2^0$,其中 $a_0=1$,当 $i \geqslant 1$ 时,$a_i \in \{0,1\}$,若记 $a_0, a_1, a_2, \cdots, a_k$ 中 1 的个数为 $f(n)$,则满足 $k=6$,$f(n)=3$ 的 n 的个数为_____.

二、选择题(本大题满分 16 分,共 4 题,每题 4 分)

13. $(1-2x)^5$ 的展开式中,x^3 的系数为( ).

A. 40　　　　B. -40　　　　C. 80　　　　D. -80

14. 为了丰富学生的假期生活,某学校为学生推荐了《西游记》《红楼梦》《水浒传》和《三国演义》4 部名著. 甲同学准备从中任意选择 2 部进行阅读,那么《红楼梦》被选中的概率为( ).

A. $\dfrac{1}{4}$　　　　B. $\dfrac{1}{3}$　　　　C. $\dfrac{1}{2}$　　　　D. $\dfrac{3}{4}$

15. 已知 $(1+x)^n = a_0 + a_1 x + a_2 x^2 + \cdots + a_n x^n$, 若 $a_1 + a_2 + a_3 + \cdots + a_n = 31$, 则自然数 $n = ($ $)$.

A. 6   B. 5   C. 4   D. 3

16. 第24届冬季奥运会已于2022年2月4日至2022年2月20日在北京市和河北省张家口市举行. 其中甲、乙、丙、丁四名志愿者去国家高山滑雪馆、国家速滑馆、首钢滑雪大跳台三个场馆参加活动, 要求每个场馆都有人去, 且这四人都在这三个场馆, 则甲和乙都没被安排去首钢滑雪大跳台的种数为(   ).

A. 12   B. 14   C. 16   D. 18

三、解答题(本大题满分36分, 共5题, 17、18、19、20题7分, 21题8分)

17. 求证: $r C_n^r = n C_{n-1}^{r-1}$.

18. 在核酸检测中, "k 合 1" 混采核酸检测是指: 先将 k 个人的样本混合在一起进行 1 次检测, 如果这 k 个人都没有感染新冠病毒, 则检测结果为阴性, 得到每人的检测结果都为阴性, 检测结束; 如果这 k 个人中有人感染新冠病毒, 则检测结果为阳性, 此时需对每人再进行 1 次检测, 得到每人的检测结果, 检测结束.

(1) 现对 100 人进行核酸检测, 假设其中只有 2 人感染新冠病毒, 并假设每次检测结果准确, 将这 100 人随机平均分成 10 组, 每组 10 人, 且对每组都采用 "10 合 1" 混采核酸检测. 如果感染新冠病毒的 2 人在同一组, 求检测的总次数;

(2) 将这 100 人随机平均分成 20 组, 每组 5 人, 且对每组都采用 "5 合 1" 混采核酸检测. 试求两名感染者在同一组的概率.

19. 环保部门就违规排泄污染物问题, 对 20 家工厂进行检查, 其中 3 家有违规行为. 现从 20 家工厂中随机抽取 5 家进行检查.

(1) 求没有发现工厂违规的概率;

(2) 求发现 2 家工厂有违规行为的概率.

20. 已知二项式 $\left(3x + \dfrac{1}{\sqrt{x}}\right)^4$.

(1) 求展开式中 x 项的系数;

(2) 求展开式中所有含 x 的有理项.

21. 现有数字 0、1、2、3、4. 回答下列问题:

(1) 从中任取两个数, 求取出的两个数之积恰为偶数的不同取法有多少种?

(2) 可组成多少个无重复数字的五位数?

(3) 在无重复数字的五位数中, 任取两个数, 求取出的两个数都是偶数的概率.

参考答案

1. 23. **2.** 84. **3.** P_{79-k}^{30}. **4.** $\dfrac{1}{5}$. **5.** 10. **6.** 40. **7.** 11. **8.** $\dfrac{35}{89}$. **9.** $\dfrac{21}{64}$.

10. 19 600. **11.** $\dfrac{8}{25}$. **12.** 15. **13.** D. **14.** C. **15.** B. **16.** B.

17. $rC_n^r = r \times \dfrac{n!}{r! \cdot (n-r)!} = \dfrac{n!}{(r-1)! \cdot (n-r)!} = \dfrac{n \cdot (n-1)!}{(r-1)! \cdot (n-r)!} = nC_{n-1}^{r-1}$.

18. (1) 对每组进行检测,需要 10 次,再对结果为阳性的组每个人进行检测,需要 10 次,所以总检测次数为 20 次.

(2) 若两名感染者在同一组,则该组还需从另外的 98 人中抽取 3 人,故两名感染者在同一组的概率为 $P = \dfrac{20 C_2^2 C_{98}^3}{C_{100}^5} = \dfrac{4}{99}$.

19. (1) 设没有发现工厂违规的事件为 A,则 $P(A) = \dfrac{C_{17}^5}{C_{20}^5} = \dfrac{91}{228}$.

(2) 设发现 2 家工厂有违规行为的事件为 B,则 $P(B) = \dfrac{C_{17}^3 C_3^2}{C_{20}^5} = \dfrac{5}{38}$.

20. (1) 设展开式的第 $r+1$ 项为 $T_{r+1} = C_4^r (3x)^{4-r} \cdot \left(\dfrac{1}{\sqrt{x}}\right)^r = 3^{4-r} C_4^r x^{4-\frac{3}{2}r}$. 令 $4 - \dfrac{3}{2}r = 1$,得 $r = 2$,则含 x 项的系数为 $3^2 \cdot C_4^2 = 54$.

(2) 由(1)可知,令 $4 - \dfrac{3}{2}r \in \mathbf{Z}$,则有 $r = 0, 2, 4$,所以含 x 的有理项为第 1 项 $81x^4$,第 3 项 $54x$,第 5 项 x^{-2}.

21. (1) 两个数的积是偶数,则其中至少有一个偶数,分两类,第一类只有一个偶数有 $C_3^1 C_2^1 = 6$ 种,第二类都是偶数有 $C_3^2 = 3$ 种,根据加法原理得 $6 + 3 = 9$ 种.

(2) 0 是特殊元素不能排在首位,所以先排首位,然后再排另外四位,有 $P_4^1 P_4^4 = 96$ 个.

(3) 第一类 0 在末尾时有 $P_4^4 = 24$ 个,第二类 0 不在末尾时,末尾只能从 2、4 选一个,再排首位,首位不能是 0,有 $P_2^1 P_3^1 P_3^3 = 36$ 个,故无重复数字的五位数中偶数共有 $24 + 36 = 60$;由(2)可知可组成 96 个无重复数字的五位数,则取出的两个数都是偶数的概率 $P = \dfrac{C_{60}^2}{C_{96}^2} = \dfrac{59}{152}$.

第七章 概率初步（续）

一、单元基本信息

课程标准模块	选择性必修课程——主题三"概率与统计"——概率
使用教材	上教版普通高中教科书数学选择性必修第二册
单元名称	概率初步(续)
单元课时	9课时

二、单元教学规划

1. 主题名称
概率初步(续).

2. 主题概述

（1）核心概念

条件概率、全概率公式、贝叶斯公式、随机变量、期望、方差、二项分布、超几何分布、正态分布.

（2）内容结构

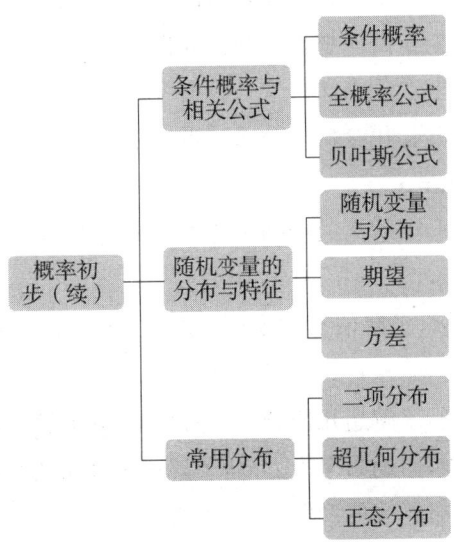

(3) 呈现方式

教材中通过对大量实例进行分析提出问题,给出新的概率公式解决问题;通过创设问题情境引出新的概念和公式,体现了数学建模的思想.

(4) 教学过程

通过典型案例开展教学,设置情境引出概念和公式,案例的情境应该是丰富的、学生比较熟悉的,在教学中要重视解决问题的过程,问题的解决要注重层次,条理清晰,要从具体到抽象,从实际到理论.

(5) 育人价值

本单元的内容和实际问题紧密相连.通过对实际问题的解决,发展数学式的理性思维能力;通过进行理性思考,感受用理性思维思考的过程,从而提升数学建模的核心素养;在解决具体问题的过程中体会数学的基本思想——确定性思想、随机思想等,提升思维品质,同时建立知识点之间的联系;通过推理和表达,形成数学的思维方式,从具体问题中抽象出一般的数学表达方式,体会数学是解决一般性问题的工具.

3. 主题学情分析

本单元是必修课中概率与统计内容的延续,学生虽然有了一定的学习基础,但由于本单元内容比较抽象,对学生的学习能力要求比较高,所以学生在学习本单元时会遇到一定的困难,需要教师在教学时多关注学生,以学生为中心开展教学活动.

4. 开放性学习环境

教师应创设学生开展合作学习的条件,引导学生进行合作式学习,带领学生通过查阅相关学习资料开展小组讨论,通过小组讨论发现问题和解决问题,体会团队合作的重要性.

5. 单元学习目标

目标(1):结合古典概型,了解条件概率,能计算简单随机事件的条件概率;

目标(2):结合古典概型,了解条件概率与独立性的关系;

目标(3):结合古典概型,会用乘法公式计算概率;

目标(4):结合古典概型,会用全概率公式计算概率;

目标(5):了解贝叶斯公式;

目标(6):通过具体实例,了解离散型随机变量的概念,理解离散型随机变量分布列及其数字特征(均值、方差);

目标(7):通过具体实例,了解伯努利实验,掌握二项分布及其数字特征,并能解决简单的实际问题;

目标(8):通过具体实例,了解超几何分布及其均值,并能解决简单的实际问题;

目标(9):通过具体实例,借助频率直方图,了解正态分布的特征;

目标(10):了解正态分布的均值、方差及其含义.

6. 教学过程

（1）总体想法

教师应通过具体案例开展教学活动，案例的设置应是丰富的，要能体现从具体到抽象、从实际到理论的过程；同时应在引导学生利用所学知识解决一些实际问题的基础上，适当进行严格准确的描述.

（2）各阶段教学内容

第一阶段(3课时)：条件概率、全概率公式、贝叶斯公式.

第二阶段(3课时)：随机变量与分布、期望、方差.

第三阶段(3课时)：二项分布、超几何分布、正态分布.

（3）教学分析

在本单元的教学中，应引导学生通过具体实例，理解可以用随机变量更好地刻画随机现象，感悟随机变量与随机事件的关系；理解随机事件独立性与条件概率之间的关系；通过二项分布、超几何分布、正态分布的学习，理解随机变量及其分布.

7. 评价建议

（1）评价原则

不仅关注学生的学业成绩，更要关注学生的综合素质；不仅关注结果，更要关注学生的学习过程与成长发展过程.

（2）评价量表

评价维度	评价内容	评价要点	评价方式
学习活动	学习准备	学习态度、课前预习.	学生自评 学生互评 教师评价
	课堂学习	认真听课、积极参与、善于合作、掌握知识、独立思考.	
	课后学习	作业完成、知识梳理、课外阅读.	
单元活动	活动表现	活动准备、数据收集、问题处理、活动小结.	学生自评 学生互评 教师评价
单元测验	四基四能	基础知识、基本技能、基本思想方法和基本活动经验；能够发现问题、提出问题、分析问题、解决问题.	考试、测验
	核心素养	数据分析、数学建模、逻辑推理和数学抽象.	
其他表现	竞赛论文	参加市、区、校级数学竞赛；对某个数学内容有独到的见解.	教师评价
	创新能力	思维敏捷、思维广阔、分析问题有独到的见解.	

(3) 作业设计建议

作业设计应体现基础性和发展性原则，既要体现出对基础知识的巩固，又要体现层次性，从而满足不同学生的需求.

① 常规作业设计建议

常规作业的设计应体现对基础知识和基本技能的巩固，与教学内容结合紧密，与教学目标保持一致，具有较强的针对性；同时作业的数量要符合学生的实际情况，让绝大部分学生能够在合理的时间内完成，要处理好质与量的关系.

② 综合作业设计建议

要结合单元教学的要求，作业设计要覆盖整个单元的内容，并适度加以综合，体现整体性联系.

8. 教学反思

本单元内容抽象，难度大，对学生的学习有一定的困难，所以教学中教师要善于适时引导和启发学生，教学方法和手段要得当，要符合学生学习的最近发展区.

9. 单元作业/测试（自选项）

见单元末.

三、课时教学设计示例

7.1(1)　条件概率

（本教学设计由新疆喀什第六中学，即上海师范大学附属喀什中学马丽亚姆·艾合买提老师提供）

▪ **教学内容分析** ▪

本节课选自 2020 上教版选择性必修第二册，第 7 章"概率初步（续）"，本节课主要学习与条件概率相关的概念与公式.

学生已经学习了有关概率的一些基础知识，对一些简单的概率模型（如古典概型）已经有所了解.通过学习条件概率后发现乘法公式是解决较为复杂概率问题的有力工具，公式的理解重点是在具体的问题情境中进行运用.

▪ **教学目标设置** ▪

1. 掌握条件概率的定义、判断及求解方法.

2. 通过知识的探索让学生体会数学来源于生活，采用以分析、归纳、总结为主的方法，培养学生的自学能力.

3. 通过生活中的实例让学生体会数学知识的重要性，培养学生思维的灵活性和知识的迁移能力，帮助学生养成善于观察与分析总结的良好习惯.

■ 教学重点及学习难点 ■

教学重点:让学生理解公式的推导及应用.

学习难点:条件概率的判断与计算;在理解的基础上运用自如.

■ 学生情况分析 ■

学生学过古典概型,在这个基础上学习条件概率求法,学生能较好地理解相互独立事件及事件的关系.条件概率公式比较抽象,需要注意引导学生理解其意义.

■ 教学流程 ■

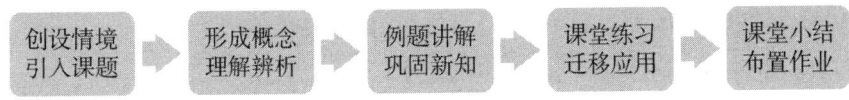

■ 教学过程设计 ■

教学设计	设计意图
（一）创设情境，引入课题 情境　抛掷一枚质地均匀的硬币两次. （1）两次都是正面向上的概率是多少？ （2）在已知有一次出现正面向上的条件下，两次都是正面向上的概率是多少？ （3）在第一次出现正面向上的条件下，第二次出现正面向上的概率是多少？ 问题　上述几个问题有什么区别？它们之间有什么关系？ 学生活动　两次抛掷硬币，试验结果的基本事件组成集合 $S=\{正正,正反,反正,反反\}$，其中两次都是正面向上的事件记为 A，则 $A=\{正正\}$，故 $P(A)=\dfrac{1}{4}$. 将两次试验中有一次正面向上的事件记为 B，则 $B=\{正正,正反,反正\}$，那么，在 B 发生的条件下，A 发生的概率为 $\dfrac{1}{3}$. 这说明，在事件 B 发生的条件下，事件 A 发生的概率产生了变化.	学生口答. 学生思考.

(二) 形成概念,理解辨析

1. 若有两个事件 A 和 B,在已知事件 B 发生的条件下考虑事件 A 发生的概率,则称此概率为 B 已发生的条件下 A 的条件概率,记作 $P(A|B)$.

注:在"|"之后的部分表示条件,区分 $P(A|B)$ 与 $P(B|A)$.

2. $P(A|B)$ 与 $P(A\cap B)$ 的区别:

$P(A|B)$ 是在事件 B 发生的条件下,事件 A 发生的概率,$P(A\cap B)$ 表示事件 A 和事件 B 同时发生的概率,无附加条件.

3. 一般地,若 $P(B)>0$,则在事件 B 已发生的条件下 A 发生的条件概率是 $P(A|B)$,且 $P(A|B)=\dfrac{P(A\cap B)}{P(B)}$.

思考 若事件 A 与 B 互斥,则 $P(A|B)$ 等于多少?

(三) 例题讲解,巩固新知

例 1 抛掷一枚质地均匀的骰子所得的样本空间为 $S=\{1,2,3,4,5,6\}$,令事件 $A=\{2,3,5\}$,$B=\{1,2,4,5,6\}$,求 $P(A)$,$P(B)$,$P(A\cap B)$,$P(A|B)$.

解 $A\cap B=\{2,5\}$,由古典概型可知

$$P(A)=\frac{3}{6}=\frac{1}{2},\ P(B)=\frac{5}{6},\ P(A\cap B)=\frac{2}{6}=\frac{1}{3},$$

$$P(A|B)=\frac{P(A\cap B)}{P(B)}=\frac{2}{5}.$$

例 2 如图 7.1(1)-1,正方形被平均分成 9 个部分,向大正方形区域随机地投掷一个点(每次都能投中),设投中最左侧 3 个小正方形区域的事件记为 A,投中最上面 3 个小正方形或正中间的 1 个小正方形区域的事件记为 B,求 $P(A\cap B)$,$P(A|B)$.

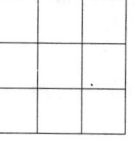

图 7.1(1)-1

解 $n(\Omega)=9$,$n(A)=3$,$n(B)=4$,$n(A\cap B)=1$,所以 $P(A\cap B)=\dfrac{1}{9}$,$P(A|B)=\dfrac{n(A\cap B)}{n(B)}=\dfrac{1}{4}$.

(四) 课堂练习,迁移应用

1. 在一个盒子中有大小一样的 20 个球,其中 10 个红球,10 个白球.求在第 1 个人摸出 1 个红球,摸后不放回的条件下第 2 个人摸出 1 个白球的概率.

解 记 A 为"第1个人摸出1个红球",B 为"第2个人摸出一个白球",则 $P(B|A) = \dfrac{P(A \cap B)}{P(A)} = \dfrac{\frac{10 \times 10}{20 \times 19}}{\frac{10}{20}} = \dfrac{10}{19}$.

所以在第1个人摸出1个红球,摸后不放回的条件下第2个人摸出1个白球的概率为 $\dfrac{10}{19}$.

2. 设100件产品中有70件一等品,25件二等品,规定一、二等品为合格品. 从中任取1件,求(1)取得一等品的概率;(2)已知取得的是合格品,求它是一等品的概率.

解 (1) 记 A 为"取到1件一等品". 则 $P(A) = \dfrac{70}{100} = \dfrac{7}{10}$. 所以取到1件一等品的概率是 $\dfrac{7}{10}$.

(2) 记 A 为"取到1件合格品",B 为"取到1件一等品",则 $P(B|A) = \dfrac{P(B \cap A)}{P(A)} = \dfrac{\frac{7}{10}}{\frac{95}{100}} = \dfrac{14}{19}$. 所以取到1件合格品的条件下取到的是一等品的概率是 $\dfrac{14}{19}$.

3. 已知某大学数学专业二年级的学生中,是否有自主创业打算的情况如下表7.1(1)-1所示,从这些学生中随机抽取一人.

(1) 求抽到的人有自主创业打算的概率;
(2) 求抽到的人是女生的概率;
(3) 若已知抽到的人是女生,求她有自主创业打算的概率.

表 7.1(1)-1

	男生/人	女生/人
有自主创业打算	16	15
无自主创业打算	64	60

解 由题意可知,所有学生人数为 $16 + 15 + 64 + 60 = 155$.

通过典型问题的分析解决,帮助学生理解条件概率的概念,并能在具体情境中判断和计算概率,发展学生逻辑推理、数学运算、数学抽象和数学建模等核心素养.

记 A 为"抽到的人有自主创业打算", B 为"抽到的人是女生".

(1) 因为有自主创业打算的人数为 $16+15=31$.

因此抽到的人有自主创业打算的概率为 $P(A)=\frac{31}{155}=\frac{1}{5}$.

(2) 因为女生人数为 $15+60=75$,

因此抽到的人是女生的概率为 $P(B)=\frac{75}{155}=\frac{15}{31}$.

(3) 由于 75 名女生中有 15 人有自主创业打算,因此 $P(A\mid B)=\frac{15}{75}=\frac{1}{5}$.

4. 我国古代典籍《周易》用"卦"描述万物的变化.每一"重卦"由从下到上排列的 6 个爻组成,爻分为阳爻"—"和阴爻"--",如图 7.1(1)-2 就是一重卦.在所有重卦中随机取一重卦,记事件 $A=$ "取出的重卦中至少有 2 个阴爻",事件 $B=$ "取出的重卦中恰有 3 个阳爻".则 $P(B\mid A)=(\quad)$.

图 7.1(1)-2

A. $\frac{5}{16}$ B. $\frac{11}{32}$ C. $\frac{21}{32}$ D. $\frac{20}{57}$

解 每一"重卦"由从下到上排列的 6 个爻组成,爻分为阳爻"—"和阴爻"--".

在所有重卦中随机取一重卦,记事件 $A=$ "取出的重卦中至少有 2 个阴爻",事件 $B=$ "取出的重卦中恰有 3 个阳爻".

$$P(A)=1-\frac{1}{2^6}-\frac{C_6^1}{2^6}=\frac{57}{64},$$

$$P(A\cap B)=\frac{C_6^3}{2^6}=\frac{20}{64},$$

则 $P(B\mid A)=\frac{P(A\cap B)}{P(A)}=\frac{\frac{20}{64}}{\frac{57}{64}}=\frac{20}{57}$. 故选 D.

(五)课堂小结,布置作业

课堂小结:

1. 通过本节课的学习,你学到了哪些知识?
2. 你又掌握了哪些学习方法?
3. 你能将条件概率的学习与实际生活联系起来吗?

课后作业:

基础练习

1. 设男性和女性的人数相等.已知在所有男性中有 5% 患有色盲症,在所有女性中有 0.25% 患有色盲症,随机抽一人发现患色盲症,其为男性的概率为(　　).

　　A. $\dfrac{10}{11}$　　B. $\dfrac{20}{21}$　　C. $\dfrac{11}{21}$　　D. $\dfrac{1}{12}$

2. 某同学参加学校数学考试,数学考试分为选择题和解答题两部分,选择题及格的概率为 $\dfrac{4}{5}$,两部分都及格的概率为 $\dfrac{3}{10}$,则在选择题及格的条件下两部分都能及格的概率为(　　).

　　A. $\dfrac{6}{25}$　　B. $\dfrac{3}{10}$　　C. $\dfrac{3}{8}$　　D. $\dfrac{14}{25}$

3. 10 张奖券中有 4 张"中奖"奖券,甲乙两人先后参加抽奖活动,每人从中不放回地抽取一张奖券,甲先抽,乙后抽,则在甲中奖的条件下,乙没有中奖的概率为_____.

4. 抛掷两枚骰子,已知两枚骰子向上的点数之和为 7,求其中一枚骰子向上的点数为 1 的概率.

5. 盒子里有 7 个白球,3 个红球,白球中有 4 个木球,3 个塑料球;红球中有 2 个木球,1 个塑料球.现从袋子中摸出 1 个球,假设每个球被摸到的可能性相等,若已知摸到的是一个木球,问它是白球的概率是多少?

6. 为落实国务院提出的"双减"政策,某校在课后服务时间开展了丰富多彩的兴趣小组活动,其中有个课外兴趣小组制作了一个正十二面体模型,并在十二个面分别雕刻了十二生肖的图案作为 2022 年春节的吉祥物. 2 个兴趣小组各派一名成员将模型随机抛出,两人都希望能抛出虎的图案朝上,寓意虎虎生威. 2 人各抛一次,则在第一人抛出虎的图案朝上时,两人心愿均能达成的概率为(　　).

A. $\dfrac{1}{12}$　　B. $\dfrac{11}{72}$　　C. $\dfrac{143}{144}$　　D. $\dfrac{23}{144}$

能力拓展(选做)

1. 某公司为方便员工停车,租了 6 个停车位,编号如图 7.1(1)-3 所示.公司规定:每个车位只能停一辆车,每个员工只允许占用一个停车位.记事件 A 为"员工小王的车停在编号为奇数的车位上",事件 B 为"员工小李的车停在编号为偶数的车位上",则 $P(A|B)=(\quad)$.

图 7.1(1)-3

A. $\dfrac{1}{6}$　　B. $\dfrac{3}{10}$　　C. $\dfrac{1}{2}$　　D. $\dfrac{3}{5}$

2. 某次校园活动中,组织者给到场的前 1000 名同学分发编号为 000~999 的号码纸,每人一张,活动结束时公布获奖规则:①号码的三个数字之和是 7 的倍数者可获得纪念品 M;②号码的三个数字全是奇数者可获得纪念品 N.已知某同学的号码满足获得纪念品 N 的条件,求他同时可以获得纪念品 M 的概率.

基础练习答案:

1. B.　2. C.　3. $\dfrac{2}{3}$.　4. $\dfrac{1}{3}$.　5. $\dfrac{2}{3}$.　6. A.

能力拓展答案:

1. D. 提示:根据条件概率,可得 $P(A|B)=\dfrac{P(A\cap B)}{P(B)}=\dfrac{\frac{3}{6}\cdot\frac{3}{5}}{\frac{3}{6}}=\dfrac{3}{5}$.　2. 0.128. 提示:记"该同学获得纪念品 M"为事件 A,"该同学获得纪念品 N"为事件 B,则 $P(B)=\dfrac{5\times5\times5}{1000}=\dfrac{1}{8}$. 事件 $A\cap B$ "该同学同时获得纪念品 M 和 N",即"号码的三个数字均为奇数,且这三个数字之和是 7 的倍数",易知三个 0~9 之间的数字之和的范围为 0~27,又每个数字都是奇数,故三个数字的和为奇数,且同时满足为 7 的倍数,所以三个数字之和只可能是 7 或 21,分以下五种情况讨论:①1,1,5,这三个数字的排列个数为 $C_3^1=3$;②1,3,3,这三个数字的排列个数为 $C_3^1=3$;③3,9,9,这三个数字的排列个数为 $C_3^1=3$;④5,7,9,这三个数字的排列个

数为 $P_3^3=6$；⑤7，7，7，这三个数字的排列个数为 1. 故 $P(A\cap B)=\dfrac{3+3+3+6+1}{1000}=\dfrac{2}{125}$. 于是所求概率为 $P(A|B)=\dfrac{P(A\cap B)}{P(B)}=\dfrac{16}{125}=0.128$.

■ 练习反馈、互动提问 ■

1. 当事件 A 和 B 不是独立事件时，它们同时发生的概率 $P(A\cap B)$ 等于什么？
2. 条件概率的公式是什么？
3. 条件概率与事件独立性的关系是什么？

■ 结束语 ■

数学是一门严密的科学，学习数学可以培养严密的逻辑推理能力和思维能力，从而发展逻辑推理、数学运算等素养.

■ 备课资源 ■

条件概率是概率论的重要概念之一，是概率论的理论基础，在理论和实践中都有重要的应用. 从知识的角度看，由条件概率可以得到两个不独立事件的概率乘法公式、全概率公式，它们是求一类复杂事件概率的有力工具；从认知角度看，学会利用条件概率、概率乘法公式和全概率公式计算较复杂事件的概率，可以有效提高学生对概率的理解.

7.1(2)　全概率公式

(本教学设计由复旦大学附属中学张诚纯老师提供)

■ 教学内容分析 ■

全概率公式是概率论中最重要的公式之一，全概率公式直观上是指一个事件在不同条件下发生概率的加权平均. 在我们学习了条件概率以后，利用条件概率和计数原理可以推导出全概率公式，全概率公式也在具体的概率问题中有诸多应用. 当我们对全概率公式进行进一步地挖掘后，就可以发现贝叶斯公式的导出是自然的，这也使得全概率公式成为后面学习贝叶斯公式的基础.

■ 教学目标设置 ■

1. 通过实际的情境了解全概率公式，掌握全概率公式的推导过程.
2. 分析具体问题，运用全概率公式解决实际概率问题.
3. 感受全概率公式和加法原理的相似性，体会数学的整体性、抽象性与简洁性.

▪ **教学重点及学习难点** ▪

教学重点:学习、理解并掌握全概率公式.

学习难点:分析实际概率问题并合理分情况,运用全概率公式解决问题.

▪ **学生情况分析** ▪

学生对集合论、计数原理、概率基础、条件概率的理解和掌握程度会对全概率公式的学习和理解产生影响,学生的组合能力以及概率直觉也是影响本课时内容学习的重要因素.

▪ **教学流程** ▪

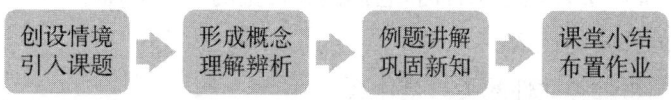

▪ **教学过程设计** ▪

教学设计	设计意图
（一）创设情境,引入课题 问题　假设某产品的一个部件来自三个供应商,供货占比分别是 $\frac{1}{2}$、$\frac{1}{6}$、$\frac{1}{3}$,而它们的良品率分别是 0.96、0.90、0.93. 问:该部件的总体良品率为多少? 解　取 600 件产品,并假设良品的频率恰好等于概率.这时应该有 $600 \times \left(\frac{1}{2} \times 0.96 + \frac{1}{6} \times 0.90 + \frac{1}{3} \times 0.93\right) = 564$ 件良品. 也就是总体的良品率 $P(A) = \frac{564}{600} = 0.94$. 如果把上面关于件数的式子除以 600,就得到关于概率的式子 $P(A) = \frac{1}{2} \times 0.96 + \frac{1}{6} \times 0.90 + \frac{1}{3} \times 0.93 = 0.94$. 所以总体的良品率就是三个供应商良品率的加权平均. （二）形成概念,理解辨析 　　上面的问题体现了全概率公式的思想. 设某个随机试验的结果可以分成 n 种情况,即设样本空间 Ω 可分成 n 个两两互斥的事件 $\Omega_1, \Omega_2, \cdots, \Omega_n$,即 $\Omega = \Omega_1 \cup \Omega_2 \cup \cdots \cup \Omega_n$,且当 $i \neq j$ 时有 $\Omega_i \cap \Omega_j = \varnothing$,因此有 $P(\Omega_1) + P(\Omega_2) + \cdots +$	情境引入,通过实际问题引入全概率公式,让学生有直观的感受.

$P(\Omega_n) = 1$. 于是一个事件 A 的发生可以看作在这 n 种情况下的分别发生, 即

$$A = (A \cap \Omega_1) \cup (A \cap \Omega_2) \cup \cdots \cup (A \cap \Omega_n).$$

注意: 当 $i \neq j$ 时有 $(A \cap \Omega_i) \cap (A \cap \Omega_j) = A \cap (\Omega_i \cap \Omega_j) = \varnothing$. 由概率的可加性和条件概率的公式, 得

$$\begin{aligned}P(A) &= P(A \cap \Omega_1) + P(A \cap \Omega_2) + \cdots + P(A \cap \Omega_n) \\ &= P(A|\Omega_1)P(\Omega_1) + P(A|\Omega_2)P(\Omega_2) + \cdots + \\ &\quad P(A|\Omega_n)P(\Omega_n).\end{aligned}$$

这就是全概率公式, 注意这时候 $P(A|\Omega_i)$ 可以为 0.

直观上, $P(A)$ 可理解为条件概率 $P(A|\Omega_i)$ 权重为 $P(\Omega_i)$ 的加权平均.

全概率公式是将事件分成 n 种情况下的概率相加, 这本质上是计数原理中的加法原理的概率版本. 如果这么去理解全概率公式, 我们就会发现数学的统一之美.

(三) 例题讲解, 巩固新知

下面先用全概率公式部分地解决一个重要的概率问题, 证明抽签时抽到好签的概率和抽签顺序无关. 我们先将这个问题抽象成摸球的问题.

例 1 设一个袋子中装有 3 个白球, 2 个黑球, 两个人依次从袋子中不放回地取出 1 个球. 证明第一个人和第二个人摸到白球的概率都是 $\frac{3}{5}$.

解 设第一个人摸到白球的事件为 A, 第二个人摸到白球的事件为 B, 则显然 $P(A) = \frac{3}{5}$.

要考虑第二个人摸到白球的概率, 我们将情况分成两种: 第一个人摸到了白球 A, 第一个人没有摸到白球 $\overline{A}$. 当发生事件 A 时, 白球还有 2 个, 那么第二个人摸到白球的概率 $P(B|A) = \frac{1}{2}$; 当发生事件 $\overline{A}$ 时, 白球还有 3 个, 那么第二个人摸到白球的概率 $P(B|\overline{A}) = \frac{3}{4}$. 于是根据全概率公式 $P(B) = $

让学生学习全概率公式的具体形式与推导方法, 并试图让学生直观理解全概率公式, 注意和加法原理的相似性.

让学生熟悉全概率公式的运用, 综合运用其他章节的内容解决实际概率问题, 学会将具体的概率问题合理分情况.

$$P(B|A)P(A)+P(B|\overline{A})P(\overline{A})=\frac{1}{2}\times\frac{3}{5}+\frac{3}{4}\times\frac{2}{5}=\frac{3}{5}.$$

于是 $P(B)=P(A)$，证毕.

剩下的三个人摸到白球的概率留作作业.

例2 设有两个罐子，A 罐中放有 2 个白球 1 个黑球，B 罐中有 3 个白球. 所有的球除颜色外，其他都一样. 现在从两个罐子中各摸一个球并交换，求交换两次后，黑球仍在 A 罐中的概率.

解 设交换 1 次后黑球仍在 A 罐中的事件为 A_1，交换 2 次后黑球仍在 A 罐中的事件为 A_2，则显然 $P(A_1)=\frac{2}{3}$. 将第二次交换前的情况分为两种，即黑球仍在 A 罐中 A_1 与黑球在 B 罐中 $\overline{A_1}$. 当 A_1 发生时，第二次交换后黑球仍在 A 罐中的概率 $P(A_2|A_1)=\frac{2}{3}$；当 $\overline{A_1}$ 发生时，第二次交换后黑球被换到在 A 罐中的概率 $P(A_2|\overline{A_1})=\frac{1}{3}$. 于是由全概率公式，就得到

$$P(A_2)=P(A_2|A_1)P(A_1)+P(A_2|\overline{A_1})P(\overline{A_1})=\frac{5}{9}.$$

还可以考虑交换 n 次后黑球仍在 A 罐中的概率，设这个事件为 A_n，由全概率公式得到

$$\begin{aligned}P(A_n)&=P(A_n|A_{n-1})P(A_{n-1})+P(A_n|\overline{A_{n-1}})P(\overline{A_{n-1}})\\&=\frac{2}{3}P(A_{n-1})+\frac{1}{3}(1-P(A_{n-1}))=\frac{1}{3}P(A_{n-1})+\frac{1}{3}.\end{aligned}$$

如果将 $\{P(A_n)\}$ 视作一个数列（该数列可以假设下标 n 从 0 开始，首项 $P(A_0)=1$，即不做任何交换时，黑球必然在 A 罐中），那么上式就是数列的一个递推公式，于是 $P(A_n)-\frac{1}{2}=\frac{1}{3}\left(P(A_{n-1})-\frac{1}{2}\right)$，这时 $P(A_n)=\frac{1}{2}+\frac{1}{3^n}\left(P(A_0)-\frac{1}{2}\right)=\frac{1}{2}+\frac{1}{2\cdot 3^n}$.

例3 设 A、B 两人进行乒乓球比赛，每一局 A 获胜的概率为 p，则 B 获胜的概率为 $1-p$. 再假设当一个人净胜局为 2（即获胜的局数比另一个人获胜的局数多 2）时就获得整

让学生巩固全概率公式运用，综合分析并解决实际概率问题.

场游戏的胜利,问 A 获得整场游戏胜利的概率.

解 设 A 最终获胜的事件为 W,A 赢下一局的事件为 X,B 赢下一局的事件为 Y. 这个问题如果一局一局分析会陷入苦海,可以将两局放在一起分析:在情况 XX 下,A 直接获得游戏胜利;在情况 XY 或 YX 下,净胜局数为 0,不妨假设游戏重新开始;在情况 YY 下,B 直接获得游戏胜利. 由全概率公式,就得到

$$P(W) = P(W|XX)P(XX) + P(W|XY)P(XY) + \\ P(W|YX)P(YX) + P(W|YY)P(YY) = p^2 + \\ 2p(1-p)P(W).$$

根据上式可解得 $P(W) = \dfrac{p^2}{2p^2 - 2p + 1}$.

(四) 课堂小结,布置作业

课堂小结:

我们这节课学习了全概率公式及其应用,大家要直观理解这个公式,注意到它和加法原理的相似性,巩固它的应用方法,提升自己分析概率问题的能力.

课后作业:

基础练习

1. 公司库房中的某种零件的 70% 来自 A 公司,30% 来自 B 公司,两个公司的正品率分别是 95% 和 90%. 从库房中任取一个零件,求它是正品的概率.

2. 盒子中有大小与质地相同的 5 个红球和 4 个白球,从中随机取 1 个球,观察其颜色后放回,并同时放入与其相同颜色的 3 个球,再从盒子中取 1 个球,求第二次取出的球是白色的概率.

3. 从一个放有大小与质地相同的 3 个黑球、2 个白球的袋子里摸出 2 个球并放入另外一个空袋子里,再从后一个袋子里摸出 1 个球,求该球是黑色的概率.

4. 已知甲袋中有 3 个红球,2 个白球;乙袋中有 4 个红球,3 个白球,所有的球大小和质地都相同. 随机取一只袋子,再从该袋中随机取一个球,求该球是红球的概率.

5. 某小组中一、二、三级射手分别有 2、3、6 名. 若选一、二、三级射手参加比赛,则在比赛中射中目标的概率分别为 0.8、0.6、0.4. 若随机选一人参加比赛,求该小组在比赛中射中目标的概率.

6. 验证本教学设计中的例 1 中后三个人摸到白球的概率都是 $\frac{3}{5}$.

能力拓展(选做)

1. 设有 A、B 两个盒子,分别有 3 个白球和 3 个黑球,所有的球大小和质地都相同. 每次从两盒子中任取一个球交换,求 n 次后盒子中的球的颜色仍然相同的概率.

2. 设 A、B 两人轮流抛一枚均匀硬币,设抛出正面的事件为 H,抛出反面的事件为 T. 当出现事件 HT 时游戏结束,且抛出反面者获得游戏胜利. 设先抛硬币的人为 A,求 A 获胜的概率.

基础练习答案:

1. 0.935. 2. $\frac{4}{9}$. 3. $\frac{3}{5}$. 4. $\frac{41}{70}$. 5. $\frac{29}{55}$.

6. 设第三、四个人摸到白球的事件分别为 C、D,则根据全概率公式

$$P(C) = P(C|A \cap B)P(A \cap B) + P(C|\overline{A} \cap B)P(\overline{A} \cap B)$$
$$\quad + P(C|A \cap \overline{B})P(A \cap \overline{B}) + P(C|\overline{A} \cap \overline{B})P(\overline{A} \cap \overline{B})$$

$$= \frac{1}{3} \times \frac{6}{20} + \frac{2}{3} \times \frac{6}{20} + \frac{2}{3} \times \frac{6}{20} + 1 \times \frac{2}{20} = \frac{3}{5}.$$

在计算 $P(D)$ 的时候,可以分为 8 种情况分别计算,我们这里使用另一种方法. 设 A、B、C 三人拿走 i 个白球的概率为 P_i,于是根据计数原理可以得到 $P_0 = 0$,$P_1 = \frac{3}{10}$,$P_2 = \frac{6}{10}$,$P_3 = \frac{1}{10}$,再应用全概率公式得到 $P(D) = 1 \times P_1 + \frac{1}{2} \times P_2 + 0 \times P_3 = \frac{3}{5}$. 最后,因为五个人拿到白球的概率之和必须

为 3,所以最后一人拿到白球的概率就为 $\frac{3}{5}$.

能力拓展答案:

1. $P(A_n) = \frac{1}{4} + \frac{3}{4} \cdot \left(-\frac{1}{3}\right)^n$. 提示:设交换 n 次后盒子中的球的颜色仍然相同的事件为 A_n,显然 $P(A_0)=1$. 由全概率公式, 就得到 $P(A_n) = P(A_n|A_{n-1})P(A_{n-1}) + P(A_n|\overline{A_{n-1}})P(\overline{A_{n-1}}) = \frac{1}{3}(1-P(A_{n-1}))$,这时 $P(A_n) = \frac{1}{4} + \frac{3}{4} \cdot \left(-\frac{1}{3}\right)^n$.

2. $\frac{4}{9}$. 提示:设 A 最终获胜的事件为 W. 若 A 第一次抛出 T,则不妨设游戏重新开始,但是先抛硬币的人变为 B;若 A 第一次抛出 H,则这时游戏变为第一个抛出 T 的人获得游戏胜利且 B 先抛硬币. 设 B 在新游戏中最终获胜的事件为 X. 若 B 第一次抛出 T,则直接获得胜利;若 B 第一次抛出 H,则不妨设游戏重新开始,但是先抛硬币的人变为 A. 根据全概率公式可以得到

$$P(X) = P(X|T)P(T) + P(X|H)P(H)$$
$$= \frac{1}{2} + (1-P(X)) \times \frac{1}{2},$$

解得 $P(X) = \frac{2}{3}$. 于是原来的游戏根据全概率公式可以列出式子 $P(W) = P(W|T)P(T) + P(W|H)P(H) = \frac{1}{2}(1-P(W)) + \frac{1}{2}(1-P(X)) = -\frac{1}{2}P(W) + \frac{2}{3}$,解得 $P(W) = \frac{4}{9}$.

■ 练习反馈、互动提问 ■

1. 具体概率问题要合理地分出情况有时很困难,如何解决?(来自学生的问题)
2. 全概率公式如何直观理解?(关键问题1)
3. 全概率公式和加法原理有何相似之处?(关键问题2)
4. 能不能反过来利用全概率公式来求某个条件概率?(留作思考的问题)
5. 抽签顺序问题如果推广到 n,使用全概率公式会陷入苦海,那我们要如何理解这个问

题?（研究性、开放性问题）

- **结束语**

大胆假设,小心求证.

- **备课资源**

应坚刚,何萍.《概率论》(第二版),复旦大学出版社.

7.1(3)　贝叶斯(Bayes)公式

（本教学设计由复旦大学附属中学施柯杰老师提供）

- **教学内容分析**

本课时是在学习条件概率及全概率公式后,又一非常重要且有意思的概率公式——贝叶斯公式.贝叶斯公式与全概率公式的作用正好相反,它是解决当一个事件已经发生了,考虑该事件发生的各种原因的可能性大小的问题.通过对贝叶斯公式的学习,将其与全概率公式比较,进一步理解概率的直观含义.

- **教学目标设置**

1. 通过几个具体的生活案例,了解贝叶斯公式的基本思想,引导学生发现全概率公式与贝叶斯公式的异同.

2. 掌握全概率公式与贝叶斯公式的基本模型,培养学生提出、分析、解决问题的能力,进而发展整合所学知识解决实际问题的能力.

3. 通过介绍概率及贝叶斯公式在实际生活中的应用,激发学生自主学习的兴趣,培养学生创新意识和探究精神.

- **教学重点及学习难点**

教学重点:分析贝叶斯公式与全概率公式的区别与联系.

学习难点:贝叶斯公式的正确使用.

- **学生情况分析**

学生之前在必修课程中已经学习了随机事件的独立性、概率的统计定义、古典定义及公理化定义,对概率有了一定的了解.在本章中,又学习了条件概率与概率的乘法公式,以及全概率公式,对概率的直观定义及综合应用也有了一定的知识储备.这些对于本课时将要学习的贝叶斯公式都是非常有帮助的.

- **教学流程**

第七章 概率初步（续）

■ 教学过程设计 ■

教学设计	设计意图
（一）创设情境，引入课题 上节课我们学的是全概率公式。全概率公式是利用事件发生的各种原因去求该事件发生的概率，它是概率论的基本公式之一，是概率的加法公式与乘法公式的综合应用，为我们提供了一种计算复杂事件概率的有效途径。下面我们通过一个生活中的例子再来回顾一下全概率公式： **引例** 高中生小李每天 7:00 从家里出发去学校，学校第一节课 8:00 开始。根据以往的经验，他骑自行车迟到的概率为 0.05，乘出租车迟到的概率为 0.50。他上学时首选自行车，发现自行车有故障时再选择出租车。设自行车有故障的概率是 0.01。试计算小李迟到的概率。 **解** 设事件 A 表示小李上学迟到，事件 B 表示自行车出现故障，则 $P(A\mid B)$ 表示小李乘出租车上学迟到的概率，$P(A\mid \overline{B})$ 表示小李骑自行车上学迟到的概率。由题意，$P(B)=0.01$，$P(A\mid B)=0.50$，$P(A\mid \overline{B})=0.05$，由全概率公式，可得 $$P(A)=P(B)P(A\mid B)+P(\overline{B})P(A\mid \overline{B})$$ $$=0.01\times 0.50+(1-0.01)\times 0.05=0.0545.$$ 很自然地，能不能解决下面的问题呢？ **问题** 若小李 8:00 还没到学校，试计算他出发时自行车发生故障的概率。 **分析** 现在要计算的是在小李迟到（即事件 A 发生）的条件下自行车发生故障（即事件 B 发生）的概率，即求 $P(B\mid A)$。 由题意，已知 $P(B)=0.01$，$P(A\mid B)=0.50$，$P(A\mid \overline{B})=0.05$，以及刚刚由全概率公式计算得到的 $P(A)=0.0545$。 借助这几个量，以及概率乘法公式，我们可以试着来求 $P(B\mid A)$：	回顾全概率公式，进而自然引出用贝叶斯公式计算的"逆概率"问题。 提出问题，试着解答，此处举出生活中常见的例子：上学迟到问题。学生更感兴趣。

$$P(B|A) = \frac{P(A \cap B)}{P(A)} = \frac{P(B)P(A|B)}{P(A)}$$

$$= \frac{0.01 \times 0.50}{0.0545} = 0.0917.$$

这也是已知小李迟到的条件下他乘出租车去上学的概率.

上面计算概率 $P(B|A)$ 的公式的一般形式称为贝叶斯(Bayes)公式.

(二) 公式推导,引入新知

设事件 $\Omega_1, \Omega_2, \cdots, \Omega_n$ 为样本空间 Ω 的一个划分,即 $\Omega = \bigcup_{i=1}^{n} \Omega_i$ 且当 $i \neq j$ 时有 $\Omega_i \cap \Omega_j = \varnothing$. 则对任一事件 A,在条件 $P(A) > 0$, $P(\Omega_i) > 0 (i = 1, 2, \cdots, n)$ 成立时,必有

$$P(\Omega_i|A) = \frac{P(\Omega_i)P(A|\Omega_i)}{\sum_{j=1}^{n} P(\Omega_j)P(A|\Omega_j)}. \quad (*)$$

给出贝叶斯公式的表述及证明,要严谨规范.

事实上,由概率乘法公式 $P(A \cap \Omega_i) = P(\Omega_i|A)P(A) = P(A|\Omega_i)P(\Omega_i)$,从而 $P(\Omega_i|A) = \frac{P(A \cap \Omega_i)}{P(A)} = \frac{P(\Omega_i)P(A|\Omega_i)}{P(A)}$,再代入全概率公式,即可推出贝叶斯公式 $(*)$.

特别地,在 $(*)$ 式中取 $n=2$,并将 Ω_1 记作 B,此时 Ω_2 就是 $\overline{B}$,那么贝叶斯公式 $(*)$ 就变成了

$$P(B|A) = \frac{P(B)P(A|B)}{P(B)P(A|B) + P(\overline{B})P(A|\overline{B})}.$$

这个公式是常用的.

(三) 例题讲解,巩固新知

例1 已知人群中有 5% 的人患有一种严重的疾病,而已有的检测方法很繁琐,也很昂贵.某公司自称发明了一种方便且成本低廉的医学检测方法,已知这种方法对患有这种疾病的人检测时,90% 呈阳性反应,而对不患有这种疾病的人检测

课本例题,结合社会热点,用最新所学解决社会实际问题,建构模型.

时,有 5% 的人呈阳性反应. 从这两个数据看,这种方法似乎是不错的,管理部门该怎么评价它的准确率?

解 首先要弄清楚什么是一个检测方法的准确率. 检测方法的准确率是指当一个人被检测呈阳性反应时,他的确患有这种疾病的概率.

用事件 B 表示一个人患有此疾病, $P(B)$ 就是患病率,并且用事件 A 来表示其检测呈阳性. 我们要计算条件概率 $P(B|A)$. 由已知条件,患病率 $P(B)=0.05$,患病者检测呈阳性的概率 $P(A|B)=0.9$,非患病者检测呈阳性的概率 $P(A|\overline{B})=0.05$. 由全概率公式、条件概率公式及概率的乘法公式,就得到

$$P(B|A) = \frac{P(B)P(A|B)}{P(A|B)P(B)+P(A|\overline{B})P(\overline{B})}$$

$$= \frac{0.05 \times 0.9}{0.9 \times 0.05 + 0.05 \times 0.95} = \frac{0.045}{0.0925} = \frac{18}{37}.$$

这说明其准确率不到 $\frac{1}{2}$,管理部门可由此断定这不是一个有效的检测方案.

例 2 某一学生回答一道有四个选项的单项选择题,设该生会答该题的概率为 $\frac{1}{2}$,并且会答时一定能答对,若不会答时则在四个答案中任选一个. 求该生回答正确时他确实会答的概率.

解 设事件 A 表示该生答对该题,事件 B 表示该生会答该题,则由题意,$P(B)=P(\overline{B})=\frac{1}{2}$,同时 $P(A|B)=1$,$P(A|\overline{B})=\frac{1}{4}$,从而由贝叶斯公式,得

$$P(B|A) = \frac{P(B)P(A|B)}{P(B)P(A|B)+P(\overline{B})P(A|\overline{B})}$$

$$= \frac{0.5 \times 1}{0.5 \times 1 + 0.5 \times 0.25} = 0.8.$$

从计算结果分析其结果基本还是可以的,但如果还想提

这也是一个大家很熟悉的问题:选择题蒙对的概率有多少?展开讨论,如何正确反馈选择题的真实性?哪些途径可以改善?

高或改进的话,则可以从几方面着手:

一是增加选择题的备选项,当选项从 4 个增加到 5 个的时候,对应的 $P(B|A)=0.833$. 另外我们对题目的难易度可作适当调整.事实上,设该生会答该题的概率为 p,则相应答案变为

$$P(B|A)=\frac{p\cdot 1}{p\cdot 1+(1-p)\cdot\frac{1}{4}}=\frac{4p}{1+3p}=\frac{4}{3+\frac{1}{p}}.$$

当 p 增加(即题目易做)时,$P(B|A)$ 增加;当 p 减少(即题目不易做)时,$P(B|A)$ 减少,所以适当调整题目的难易度可以使选择题的得分结果更准确地反映学生学习的真实情况.

(四)课堂小结,布置作业

课堂小结:

由上面几个例子可以看出,全概率公式和贝叶斯公式的条件完全相同,是一个问题的两个方面.在全概率公式中,构成划分的事件 $\Omega_1,\Omega_2,\cdots,\Omega_n$ 是导致试验结果的原因,故对于任意给定的 i 来说,$P(\Omega_i)$ 称为事件 Ω_i 的先验概率(prior probability).而在贝叶斯公式中,一个已经发生了的事件 A 可以看作一个新的信息.在 A 发生的条件下,Ω_i 的概率 $P(\Omega_i|A)$ 可以看作对原概率 $P(\Omega_i)$ 的一个矫正,称为后验概率(posterior probability).这是知道结果再追溯原因出在何处,并由此作出贝叶斯决策,这种决策方法在随机信号处理、投资决策和风险管理等方面有广泛应用.

课后作业:

基础练习

1. 一道考题有 4 个答案,要求学生将其中的一个正确答案选择出来.某考生知道正确答案的概率为 $\frac{1}{3}$,而乱猜正确的概率为 $\frac{2}{3}$.在乱猜时,4 个答案都有机会被他等可能选择,如果他答对了,则他确实知道正确答案的概率是_____.

2. 根据以往的临床记录,某种诊断癌症的试验有如下的

效果:若以 A 表示事件"试验反应为阳性",以 C 表示事件"被诊断者患有癌症",则有 $P(A|C)=0.95$,$P(\overline{A}|\overline{C})=0.95$,现在对自然人群进行普查,设被试验的人患有癌症的概率为 0.005,即 $P(C)=0.005$,则 $P(C|A)=$ _____.(精确到 0.001)

3. 电报发射台发出"·"和"—"的比例为 5∶3,由于干扰,传送"·"时失真的概率为 $\dfrac{2}{5}$,传送"—"时失真的概率为 $\dfrac{1}{3}$,则接受台收到"·"时发出信号恰是"·"的概率为 _____.

4. 8 支步枪中有 5 支已校准过,3 支未校准.一名射手用校准过的枪射击时,中靶的概率为 0.8;用未校准的枪射击时,中靶的概率为 0.3.现从 8 支枪中任取一支用于射击,结果中靶,则所用的枪是校准过的概率为 _____.

5. 某卡车为乡村小学运送书籍,共装有 10 个纸箱,其中 5 箱英语书、2 箱数学书、3 箱语文书.到目的地时发现丢失一箱,但不知丢失哪一箱.现从剩下 9 箱中任意打开两箱,结果都是英语书,则丢失的一箱也是英语书的概率为 _____.

能力拓展(选做)

1. 袋中装有 m 枚正品硬币,n 枚次品硬币(次品硬币的两面均印有国徽),所有硬币大小都相同,质量也都是均匀的.在袋中任取一枚,将它投掷 r 次,已知每次都得到国徽.问这枚硬币是正品的概率是多少?

2. 将 A、B、C 三个字母之一输入信道,输出为原字母的概率为 α,而输出为其他字母的概率都是 $\dfrac{1-\alpha}{2}$.今将字母串 $AAAA$、$BBBB$、$CCCC$ 之一输入信道,输入 $AAAA$、$BBBB$、$CCCC$ 的概率分别为 p_1、p_2、p_3($p_1+p_2+p_3=1$),已知输出为 $ABCA$,问输入的是 $AAAA$ 的概率是多少?(设信道传输各个字母的工作是相互独立的.)

基础练习答案:

1. $\dfrac{2}{3}$.   2. 0.087.   3. $\dfrac{3}{4}$.   4. $\dfrac{40}{49}$.   5. $\dfrac{3}{8}$.

能力拓展答案：

1. $\dfrac{m}{m+2^r n}$. 提示：$P(B|A)=\dfrac{\dfrac{1}{2^r}\times\dfrac{m}{m+n}}{\dfrac{1}{2^r}\times\dfrac{m}{m+n}+\dfrac{n}{m+n}}=\dfrac{m}{m+2^r n}$.

2. $\dfrac{2\alpha p_1}{(3\alpha-1)p_1+1-\alpha}$. 提示：以 A_1，B_1，C_1 分别表示事件"输入 AAAA""输入 BBBB""输入 CCCC"，以 D 表示事件"输出 ABCA"，则由贝叶斯公式有 $P(A_1|D)=\dfrac{P(D|A_1)p_1}{P(D|A_1)p_1+P(D|B_1)p_2+P(D|C_1)p_3}$. 在输入为 AAAA 而输出为 ABCA 时，有两个字母为原字母，另两字母为其他字母，所以 $P(D|A_1)=\alpha^2\left(\dfrac{1-\alpha}{2}\right)^2$. 同理 $P(D|B_1)=P(D|C_1)=\alpha\left(\dfrac{1-\alpha}{2}\right)^3$，代入贝叶斯公式，即得 $P(A_1|D)=\dfrac{2\alpha p_1}{(3\alpha-1)p_1+1-\alpha}$.

■ 练习反馈、互动提问 ■

1. 如何理解先验概率与后验概率？

2. 可以把贝叶斯公式理解为从先验概率 $P(\Omega_i)$ 到后验概率 $P(\Omega_i|A)$ 的转化公式么？

3. 例 2 从计算结果分析其结果基本还是可以的，但如果还想提高或改进的话，可以从几方面着手？如何正确反馈选择题的真实性？哪些途径可以改善？

■ 结束语 ■

本节课通过具体的实例，激发同学们对贝叶斯公式的学习兴趣，更好地理解贝叶斯公式的作用，能够举一反三，融会贯通，从而解决实际生活中的案例。

■ 备课资源 ■

概率就是上帝在掷骰子——在 18 世纪，这是神职人员对概率的理解。为了证明上帝的存在，英国业余数学家托马斯·贝叶斯(Thomas Bayes, 1701—1761)发明了概率统计学原理，他发现了古典统计学中的一些缺点，并在统计当中引入了一个主观因素(即先验概率)，形成了自己的"贝叶斯统计学"。

然而他的理论在当时并不受认可。当然贝叶斯直到去世都没有印证上帝的存在，他的观点简单平淡："用客观的新信息更新我们最初关

于某个事物的信念后,我们就会得到一个新的、改进了的信念."这个研究成果,直到他死后的两年才由他的朋友理查德·普莱斯帮助发表. 1774 年,法国数学家皮埃尔·西蒙·拉普拉斯才给出了我们现在所用的贝叶斯公式的表达.

所谓的贝叶斯定理源于他生前为解决一个"逆向概率"问题写的一篇文章:"假设袋子里有白球和黑球,我们事先并不知道袋子里面黑白球的比例,而是闭着眼摸出一个(或好几个)球,观察这些取出来的球的颜色之后,我们可以就此对袋子里面的黑白球比例做出什么样的推测?"

贝叶斯定理与经典统计学推断方法截然不同,它建立在主观判断的基础上,使用者可以不需要客观证据,先估计一个值,然后根据实际结果不断修正,正是因为它的主观性太强,和注重客观事实研究的经典统计学背道而驰,最终连公式的发现者拉普拉斯都放弃了它,转投经典统计学. 但随着计算机的发展,高速运算能力解决了贝叶斯定理所需的大量运算问题,它的威力才逐渐显现.

7.2(1)　随机变量的分布与特征

(本教学设计由复旦大学附属中学张亚婕老师提供)

■ **教学内容分析** ■

本节的主要内容是随机变量与特征. 随机变量是一个新的概念,它区别于通常所指的变量,是学生比较容易混淆的概念. 而随机变量的分布既结合了之前概率的知识,又是后面学习数学期望的基础,起着承上启下的作用.

■ **教学目标设置** ■

1. 通过生活中的实例,理解随机变量、随机变量分布的概念.

2. 经历写出一些简单随机变量的分布的过程,归纳总结分布的特征,发展数学抽象、数学运算等核心素养.

■ **教学重点及学习难点** ■

教学重点:随机变量的概念.

学习难点:随机变量的分布.

■ **学生情况分析** ■

随机变量是一个新的概念,它区别于通常所指的变量,是学生比较容易混淆的概念. 而学生已经初步掌握了求概率的一些基本方法,为学习随机变量的分布提供了良好的基础.

■ **教学流程** ■

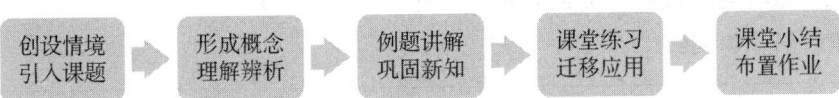

▪ **教学过程设计** ▪

教学设计	设计意图
（一）创设情境，引入课题 　　在许多情况下，我们可以使用数来表示随机现象的结果．生活中就有很多例子： 　　（1）掷一颗骰子，用 X 表示点数，$X=6$ 表示掷出 6 点，$X=1$ 表示掷出 1 点； 　　（2）抛掷一枚硬币 10 次，用 X 表示得到正面的次数．例如，$X=5$ 表示 5 次是正面； 　　（3）从一个放有大小与质地相同的 10 个白球、10 个黑球的罐子中摸出 5 个球，用 X 表示其中白球的个数； 　　（4）用 X 表示明天的降雨量（单位：mm）； 　　（5）用 X 表示保险公司某客户一年中的车辆损失（单位：元）． 　　在这些例子中，我们都是用数来表示随机现象的结果，也引入了随机变量这个重要的概念． （二）形成概念，理解辨析 　　1. 随机变量的概念 　　一般地，假设样本空间是有限的．这时，以样本空间作为定义域的一个函数 X 称为一个随机变量，即对样本空间 Ω 中任意给定的元素 w，都有唯一的实数 $X(w)$ 与之对应． 　　问题 1　为什么要引进随机变量？ 　　为了进行定量的数学处理，必须把随机现象的结果数量化，这就是引进随机变量的原因．随机变量的引进使得对随机现象的处理更简单与直接． 　　问题 2　随机变量是变量吗？ 　　随机变量区别于通常所说的变量，实际上它是一个函数．随机变量把随机试验的结果转化为实数，试验结果的范围相当于函数的定义域，随机变量的取值范围相当于函数的值域． 　　随机变量将随机现象与数值联系在一起，通过随机变量将随机事件转化为实数．	创设情境，激发学生的求知欲与参与的积极性，帮助学生主动融入学习活动． 剖析引入概念的必要性． 剖析随机变量的函数本质：是基本事件的函数．

例1 在含有10件次品的100件产品中,任意抽取4件,可能含有的次品件数 X 随着抽取结果的变化而变化,是一个随机变量,其值域为 $\{0,1,2,3,4\}$.

利用随机变量可以表达一些事件. 如 $\{X=0\}$ 表示"抽出0件次品". 你能说出 $\{X<3\}$ 表示什么事件?"抽出3件以上次品"又如何用 X 表示呢?

问题3 前面列举的试验结果本身就与数值有关,但有些随机试验的结果不具有数量性质,如何用数量来表达呢?

例如:抛掷1枚均匀的硬币,可以用 $X=1$ 表示正面朝上, $X=0$ 表示反面朝上.

任何事件 A 都可以由随机变量 X 来表示,如

$$X=\begin{cases}1, & \text{若 }A\text{ 出现,}\\ 0, & \text{若 }A\text{ 不出现.}\end{cases}$$

随机变量概念的产生是概率论发展史上的重大事件. 引入随机变量后,对随机现象统计规律的研究,就由对事件及事件概率的研究扩大为对随机变量及其取值规律的研究.

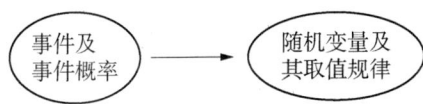

阐述随机变量定义的可操作性.

阐述随机变量概念的引进对概率论发展的作用.

2. 随机变量的分布

(1) 定义

随机变量所有可能的取值以及相应的概率,称为随机变量的分布.

(2) 分布的表示

常用图表表示,比较直观易懂.

例如,之前所举抛掷1枚硬币,随机变量 X 的分布可以表示为: $\begin{pmatrix} 0 & 1 \\ \frac{1}{2} & \frac{1}{2} \end{pmatrix}$.

第一行表示随机变量的取值,第二行表示相应取值的概率.

(3) 当随机变量取所有值的概率均相等时,称它是等可

能分布或均匀分布的.另外,只取两个值的随机变量称为伯努利型,其分布称为伯努利分布.

(三)例题讲解,巩固新知

例 2 之前写出了抛掷 1 枚硬币,随机变量 X 的分布.继续研究抛掷 2、3 枚硬币,写出其中正面朝上枚数 X 的分布.

运用实例进一步掌握随机变量,写出分布.

解 (1)考虑抛掷 2 枚硬币的情形.

此时 X 的可能取值是 0、1、2,分别表示两个反面、一正一反、两个正面这三个事件,因为

$$P(X=0)=P(X=2)=\frac{1}{4},\ P(X=1)=\frac{1}{2},$$

所以 X 的分布是 $\begin{pmatrix} 0 & 1 & 2 \\ \frac{1}{4} & \frac{1}{2} & \frac{1}{4} \end{pmatrix}$.

让我们用这个例子来详细解释一下随机变量.用 H 和 T 分别表示正面和反面,那么样本空间 $\Omega=\{HH,HT,TH,TT\}$ 是等可能的.随机变量 X 是正面朝上的个数,故

$$X(HH)=2,\ X(HT)=1,\ X(TH)=1,\ X(TT)=0,$$

且

$$\{X=0\}=\{TT\},$$
$$\{X=1\}=\{HT,TH\},$$
$$\{X=2\}=\{HH\}$$

分别包含 1、2、1 个元素,因此概率分别是 $\frac{1}{4}$、$\frac{2}{4}$、$\frac{1}{4}$.

(2)若抛掷 3 枚硬币,则 X 的可能取值是 0、1、2、3,分别表示三个反面、一正两反、两正一反、三个正面这四个事件,且

$$P(X=0)=P(X=3)=\frac{1}{8},$$

$$P(X=1)=P(X=2)=\frac{3}{8},$$

所以 X 的分布是

$$\begin{pmatrix} 0 & 1 & 2 & 3 \\ \frac{1}{8} & \frac{3}{8} & \frac{3}{8} & \frac{1}{8} \end{pmatrix}.$$

问题 4 通过对例题中随机变量的分布的观察,总结分布具有怎样的性质?

考虑分布 $\begin{pmatrix} x_1 & x_2 & \cdots & x_n \\ p_1 & p_2 & \cdots & p_n \end{pmatrix}$,其中 $x_1, x_2, \cdots, x_n$ 是互异的实数. 随机变量的分布都具有下面两个性质:

(1) $0 \leqslant p_k \leqslant 1, k = 1, 2, \cdots, n$;

(2) $p_1 + p_2 + \cdots + p_n = 1$.

这两条性质可作为判断一个函数是否是分布的理论依据.

例 3 掷一颗均匀的骰子,观察掷得的点数.

(1) 求点数 X 的分布;

(2) 只关心点数 6 是否出现. 若出现,则记 $Y=1$,否则记 $Y=0$. 求 Y 的分布.

解 (1) 因为掷得每个点数为等可能事件,所以点数 X 的分布为

$$\begin{pmatrix} 1 & 2 & 3 & 4 & 5 & 6 \\ \frac{1}{6} & \frac{1}{6} & \frac{1}{6} & \frac{1}{6} & \frac{1}{6} & \frac{1}{6} \end{pmatrix}.$$

(提问:这是什么分布? 答:等可能分布)

(2) 因为 $P(Y=1) = \frac{1}{6}$,而 $P(Y=0) = \frac{5}{6}$,所以 Y 的分布为

$$\begin{pmatrix} 0 & 1 \\ \frac{5}{6} & \frac{1}{6} \end{pmatrix}.$$

(提问:这是什么分布? 答:伯努利分布)

例 4 统计某地历史上近两百年的年降水量,得到以下数据:

从特殊到一般,归纳抽象出分布的性质.

进一步在实例中阐述等可能分布和伯努利分布这两种特殊的分布的概念与特征.

年降水量/mm	0～100	100～200	200～300	300～400	400 以上
年数	10	55	85	35	15

请据此构造一个随机变量并求其分布.

解 用 X 表示年降水量级别,$X=1、2、3、4、5$ 分别表示年降水量为 $0～100$、$100～200$、$200～300$、$300～400$ 和 400 以上. X 是一个随机变量,其分布为

$$\begin{pmatrix} 1 & 2 & 3 & 4 & 5 \\ \dfrac{2}{40} & \dfrac{11}{40} & \dfrac{17}{40} & \dfrac{7}{40} & \dfrac{3}{40} \end{pmatrix}.$$

分布通常可用更直观的图像来表示,如用下面的条形图表示.

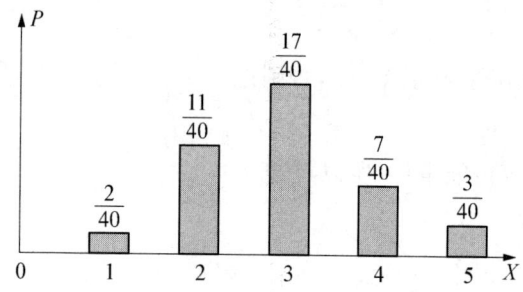

通过实例展示分布的图像表示方法,更加直观.

(四)课堂练习,迁移应用

1. 以下是分布的为(　　).

A. $\begin{pmatrix} 0 & 1 \\ 1 & 1 \end{pmatrix}$ 　　B. $\begin{pmatrix} -1 & 0 & 1 \\ \dfrac{1}{2} & \dfrac{1}{3} & \dfrac{1}{6} \end{pmatrix}$

C. $\begin{pmatrix} 1 & 2 & 3 \\ \dfrac{1}{2} & \dfrac{1}{4} & \dfrac{1}{8} \end{pmatrix}$ 　　D. $\begin{pmatrix} 1 & 1.2 & 2 & 2.4 \\ -0.5 & 0.5 & 0.3 & 0.7 \end{pmatrix}$

答案:B.

2. 掷两颗均匀的骰子,用 X 表示两点数差的绝对值,求 X 的分布.

答案:$\begin{pmatrix} 0 & 1 & 2 & 3 & 4 & 5 \\ \dfrac{1}{6} & \dfrac{5}{18} & \dfrac{2}{9} & \dfrac{1}{6} & \dfrac{1}{9} & \dfrac{1}{18} \end{pmatrix}.$

进一步巩固分布的特征,加深对分布概念的理解.

(五)课堂小结,布置作业

课堂小结:

  本节课的设计紧扣教材,通过复习之前基本事件和样本空间的概念,引出了这节课.这节课的第一个新的概念是随机变量,它区别于通常所说的变量,本质上是函数,这一点需要引起重视.通过随机变量的学习,了解到可以将所考虑的随机事件转化为实数,这样便于之后的研究.而本节课的学习难点是随机变量的分布,它既涉及之前概率部分的知识,又影响之后数学期望的学习,需要学生很好地理解与掌握.所以在这一部分的教学中,设计了一个概念的辨析,目的在于使学生通过例子,理解概念的本质属性.随后又利用课本中的练习题,巩固概念.之后又通过课本上的一个例题,进一步深化了分布的概念,并结合两个特殊的分布,使学生在理解与掌握分布律的同时更好地了解等可能分布和伯努利分布.

布置作业:

基础练习

  1. 口袋中有 5 只大小与质地都相同的球,编号为 1、2、3、4、5. 从中任取 3 只,以 X 表示取出的 3 只球中的最大号码. 试求 X 的分布.

  2. 将一颗均匀的骰子抛两次,以 X 表示两次中所得的最小点数. 试求 X 的分布.

  3. 口袋中有 7 个白球、3 个黑球,所有的球的大小和质地都相同.

  (1) 每次从中任取一个不放回,求首次取出白球的取球次数 X 的分布;

  (2) 如果取出的是黑球则不放回,而另外放入一个白球,此时 X 的分布如何?

能力拓展(选做)

  1. 有 3 个盒子,第一个盒子装有 1 只白球、4 只黑球;第二个盒子装有 2 只白球、3 只黑球;第三个盒子装有 3 只白球、2 只黑球,所有球的大小与质地都相同. 现任取一个盒子,从中任取 3 只球. 以 X 表示所取到的白球数.

  (1) 试求 X 的分布;

(2) 取到的白球数不少于 2 只的概率是多少?

2. 一批产品共有 100 件,其中 10 件是不合格品. 根据验收规则,从中任取 5 件产品进行质量检验,假如 5 件中无不合格品,则这批产品被接收,否则就要重新对这批产品逐个检验. 试求 5 件中不合格品数 X 的分布.

基础练习答案:

1. $\begin{pmatrix} 3 & 4 & 5 \\ 0.1 & 0.3 & 0.6 \end{pmatrix}$. 2. $\begin{pmatrix} 1 & 2 & 3 & 4 & 5 & 6 \\ \frac{11}{36} & \frac{9}{36} & \frac{7}{36} & \frac{5}{36} & \frac{3}{36} & \frac{1}{36} \end{pmatrix}$.

3. (1) $\begin{pmatrix} 1 & 2 & 3 & 4 \\ \frac{7}{10} & \frac{7}{30} & \frac{7}{120} & \frac{1}{120} \end{pmatrix}$; (2) $\begin{pmatrix} 1 & 2 & 3 \\ \frac{7}{10} & \frac{6}{25} & \frac{27}{500} & \frac{3}{500} \end{pmatrix}$.

能力拓展答案:

1. (1) $\begin{pmatrix} 0 & 1 & 2 & 3 \\ \frac{5}{30} & \frac{15}{30} & \frac{9}{30} & \frac{1}{30} \end{pmatrix}$; (2) $\frac{1}{3}$. 2. $P(X=k) = \frac{C_{90}^{5-k} C_{10}^{k}}{C_{100}^{5}}, k=0, 1, 2, 3, 4, 5$.

▪ **练习反馈、互动提问** ▪

1. 为什么要引入随机变量的概念?

2. 随机变量是变量吗?

3. 有些试验结果本身就与数值有关,但有些随机试验的结果不具有数量性质,如何用数量来表达呢?

4. 通过对生活中随机变量的分布的观察,总结分布具有怎样的性质?

▪ **结束语** ▪

随机变量概念的产生是概率论发展史上的重大事件. 引入随机变量后,对随机现象统计规律的研究,就由对事件及事件概率的研究扩大为对随机变量及其取值规律的研究.

▪ **备课资源** ▪

随机变量是概率论的核心概念,有了随机变量,我们可以将具体的"随机事件"及其关系抽象成用随机变量的关系来表达,就可以从数值方面对随机事件进行运算.

"变量"的概念是 17 世纪由著名数学家笛卡儿首先提出,而"随机变量"是 20 世纪 30 年代以后由苏联学者首先提出,两个概念的首次提出相差三个世纪.

"变量"的提出造就了一系列的函数论、方程论、微积分等重大数学学科的产生和发展,进而引发了世界范围内新的工业革命的兴起.而"随机变量"的提出则奠定了概率论、数理统计以及信息论、系统论、控制论等科学的产生和发展,从而促成了全球范围内的高科技时代的诞生.

7.2(2) 期望

(本教学设计由新疆喀什第六中学,即上海师范大学附属喀什中学古丽扎·克力木老师提供)

▪ **教学内容分析** ▪

本节内容是概率论与数理统计的重要概念之一,数学期望是反映随机变量取值分布的特征数,它在市场预测、经济统计、风险与决策等领域有着广泛的应用,期望的学习将在今后学习数学及相关学科上产生重大作用.

▪ **教学目标设置** ▪

1. 能够依据随机变量的分布求数学期望.
2. 通过学习数学期望,学会用均值对具体问题进行判断,感受数学知识与生活的联系.

▪ **教学重点及学习难点** ▪

教学重点:了解随机变量的期望的意义,会根据随机变量的分布求期望.

学习难点:对数学期望概念的理解.

▪ **学生情况分析** ▪

学生学过古典概型,古典概型是从静态上理解基本事件及其概率,而随机变量及其分布则是动态的,两者间有一定的联系,因此学生能较好地理解随机变量的概念和随机变量的分布.数学期望是新的概念,需要注意引导学生理解其意义.

▪ **教学流程** ▪

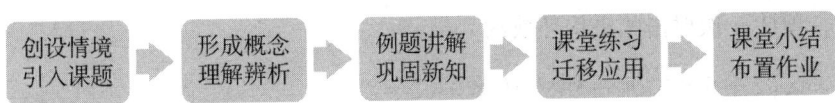

▪ **教学过程设计** ▪

教学设计	设计意图
(一)创设情境,引入课题 复习回顾　1. 随机变量的定义. 　　一般地,把定义在样本空间 Ω 上的函数叫做随机变量.	通过复习引入,回顾随机变量的定义和随机变量的分布.

随机变量常用字母 X, Y, $\cdots$ 表示.

2. 随机变量的分布

一般地,随机变量所有的取值以及相对应的概率叫做随机变量的分布.

(二) 形成概念,理解辨析

1. 数学期望

已知随机变量的分布,可以方便地得出随机变量取值的概率,但分布的用途远不止如此.

例如:已知射手 A 射击所得的环数 X 的分布如下:

$$\begin{pmatrix} 0 & 1 & 2 & 3 & 4 & 5 & 6 & 7 & 8 & 9 & 10 \\ 0 & 0 & 0 & 0 & 0.02 & 0.04 & 0.06 & 0.09 & 0.28 & 0.29 & 0.22 \end{pmatrix}$$

在 n 次射击之前,可以依据该分布估计 n 次射击的平均环数.

根据射手射击所得环数 X 的分布,我们可以估计,在 n 次射击中,预计大约有

$P(X=4) \times n = 0.02n$ 次得 4 环;

$P(X=5) \times n = 0.04n$ 次得 5 环;

$\cdots$

$P(X=10) \times n = 0.22n$ 次得 10 环.

故在 n 次射击的总环数约为

$$4 \times 0.02n + 5 \times 0.04n + \cdots + 10 \times 0.02n$$
$$= (4 \times 0.02 + 5 \times 0.04 + \cdots + 10 \times 0.02) \times n.$$

从而,预计 n 次射击的平均环数约为

$$4 \times 0.02 + 5 \times 0.04 + \cdots + 10 \times 0.02 = 8.32.$$

这是一个由射手射击所得环数的分布得到的,只与射击环数的可能取值及其相应的概率有关的常数,它反映了射手射击的平均水平.

对于任一射手,若已知其射击所得环数 X 的分布,即已知各个 $P(X=i)$ ($i=0, 1, 2, \cdots, 10$),同样可以预计他任意 n 次射击的平均环数:

$$0 \times P(X=0) + 1 \times P(X=1) + \cdots + 10 \times P(X=10).$$

仍用情境中的例子,使得例子间具有连贯性.

基于随机变量的概率分布律,估计 n 次射击的平均环数,从而引入数学期望.

可以看出,预计 n 次射击的平均环数与次数 n 无关,值为随机变量与其概率乘积的和.

一般地,如果随机变量 X 可以取 $x_1, x_2, \cdots, x_n$ 中任意一个值,这些值对应的概率分别为 $p_1, p_2, \cdots, p_n$,那么随机变量 X 的数学期望为 $E[X] = x_1 p_1 + x_2 p_2 + \cdots + x_n p_n$.

数学期望是随机变量取值的加权平均数,表示随机变量取值的平均水平,因此也叫做随机变量的均值.

所以射手 A 射击成绩的期望可表示为:$E[X] = 8.32$.

一般地,若随机变量 X 的分布为

$$\begin{pmatrix} x_1 & x_2 & \cdots & x_n \\ p_1 & p_2 & \cdots & p_n \end{pmatrix}$$

则称 $E[X] = x_1 p_1 + x_2 p_2 + \cdots + x_n p_n$ 为 X 的均值或数学期望,简称期望.

2. 均值或数学期望是随机变量的一个特征,它反映了随机变量取值的平均水平.

3. 平均数、均值:一般地,在有限取值的随机变量 X 的分布中,令 $p_1 = p_2 = \cdots = p_n$,则有 $p_1 = p_2 = \cdots = p_n = \dfrac{1}{n}$,$E[X] = (x_1 + x_2 + \cdots + x_n) \times \dfrac{1}{n}$,所以 X 的数学期望又称为平均数或均值.

4. 均值或期望的一个性质:若 $Y = aX + b$(a、b 是常数),X 是随机变量,则 Y 也是随机变量,它的分布为

$$\begin{pmatrix} ax_1 + b & ax_2 + b & \cdots & ax_n + b \\ p_1 & p_2 & \cdots & p_n \end{pmatrix}$$

于是

$$\begin{aligned} E[Y] &= (ax_1 + b) p_1 + (ax_2 + b) p_2 + \cdots + (ax_n + b) p_n \\ &= a(x_1 p_1 + x_2 p_2 + \cdots + x_n p_n) + b(p_1 + p_2 + \cdots + p_n) \\ &= aE[X] + b, \end{aligned}$$

由此，我们得到了期望的一个性质：$E[aX+b] = aE[X]+b$.

5. 若 X、Y 是两个随机变量,那么 $E[X+Y]=E[X]+E[Y]$.（证明超出本书范围）

(三) 例题讲解,巩固新知

例 1 随机的抛掷一个质地均匀的骰子,求所得骰子的点数 X 的数学期望.

解 抛掷骰子所得点数 X 的概率分布为

$$\begin{pmatrix} 1 & 2 & 3 & 4 & 5 & 6 \\ \dfrac{1}{6} & \dfrac{1}{6} & \dfrac{1}{6} & \dfrac{1}{6} & \dfrac{1}{6} & \dfrac{1}{6} \end{pmatrix}$$

所以

$$E[X] = 1 \times \frac{1}{6} + 2 \times \frac{1}{6} + 3 \times \frac{1}{6} + 4 \times \frac{1}{6} + 5 \times \frac{1}{6} + 6 \times \frac{1}{6}$$
$$= (1+2+3+4+5+6) \times \frac{1}{6} = 3.5.$$

抛掷骰子所得点数 X 的数学期望,就是 X 的所有可能取值的平均值.

例 2 从 1、2、3、4、5 这组数据中,随机取出三个不同的数,用 X 表示取出的数字的最小数,求随机变量 X 的数学期望 $E[X]$.

解 由题意知 X 的可能值为 1、2、3,而随机取 3 个数的取法有 C_5^3 种,当 $X=1$ 时,取法有 C_4^2 种,即 $P(X=1) = \dfrac{C_4^2}{C_5^3} = \dfrac{3}{5}$；

当 $X=2$ 时,取法有 C_3^2 种,即 $P(X=2) = \dfrac{C_3^2}{C_5^3} = \dfrac{3}{10}$；

当 $X=3$ 时,取法有 C_2^2 种,即 $P(X=3) = \dfrac{C_2^2}{C_5^3} = \dfrac{1}{10}$；

所以 $E[X] = 1 \times \dfrac{3}{5} + 2 \times \dfrac{3}{10} + 3 \times \dfrac{1}{10} = \dfrac{3}{2}.$

(四) 课堂练习,迁移应用

1. 如果随机变量 X 的分布如下：

> 巩固随机变量的分布的概念.

$$\begin{pmatrix} 0 & \dfrac{\pi}{2} & \pi \\ \dfrac{1}{4} & \dfrac{1}{2} & \dfrac{1}{4} \end{pmatrix}$$

求 $E[X]$；若 $Y = \cos(X)$，求 $E[Y]$.

解　$E[X] = 0 \cdot \dfrac{1}{4} + \dfrac{\pi}{2} \cdot \dfrac{1}{2} + \pi \cdot \dfrac{1}{4} = \dfrac{\pi}{2}$. Y 的分布为

$\begin{pmatrix} 1 & 0 & -1 \\ \dfrac{1}{4} & \dfrac{1}{2} & \dfrac{1}{4} \end{pmatrix}$，所以，$E[Y] = 1 \cdot \dfrac{1}{4} + 0 \cdot \dfrac{1}{2} + (-1) \cdot \dfrac{1}{4} = 0$.

2. 用 X 表示抛掷一枚均匀的硬币 3 次出现正面朝上的次数，求 X 的期望.

解　随机变量 X 可以取 0、1、2、3. X 的分布如下：

$$\begin{pmatrix} 0 & 1 & 2 & 3 \\ \dfrac{1}{8} & \dfrac{3}{8} & \dfrac{3}{8} & \dfrac{1}{8} \end{pmatrix}$$

所以，$E[X] = 0 \cdot \dfrac{1}{8} + 1 \cdot \dfrac{3}{8} + 2 \cdot \dfrac{3}{8} + 3 \cdot \dfrac{1}{8} = \dfrac{3}{2}$.

3. （选做）现有 10 道题，其中 6 道甲类题，4 道乙类题，张同学从中任取 3 道题解答.

(1) 求张同学至少取到 1 道乙类题的概率；

(2) 已知所取的 3 道题中有 2 道甲类题，1 道乙类题. 设张同学答对每道甲类题的概率都是 $\dfrac{3}{5}$，答对每道乙类题的概率都是 $\dfrac{4}{5}$，且各题答对与否相互独立. 用 X 表示张同学答对题的个数，求 X 的分布和数学期望.

解　(1) 设事件 $A =$ "张同学所取的 3 道题至少有 1 道乙类题"，则有 $\overline{A} =$ "张同学所取的 3 道题都是甲类题".

因为 $P(\overline{A}) = \dfrac{C_6^3}{C_{10}^3} = \dfrac{1}{6}$，所以 $P(A) = 1 - P(\overline{A}) = \dfrac{5}{6}$.

(2) X 所有的可能取值为 0、1、2、3.

$P(X = 0) = C_2^0 \cdot \left(\dfrac{2}{5}\right)^2 \cdot \dfrac{1}{5} = \dfrac{4}{125}$；

$$P(X=1)=C_2^1 \cdot \left(\frac{3}{5}\right)^1 \cdot \left(\frac{2}{5}\right)^1 \cdot \frac{1}{5}+C_2^0\left(\frac{2}{5}\right)^2 \cdot \frac{4}{5}=\frac{28}{125};$$

$$P(X=2)=C_2^2 \cdot \left(\frac{3}{5}\right)^2 \cdot \frac{1}{5}+C_2^1\left(\frac{3}{5}\right)^1 \cdot \left(\frac{2}{5}\right)^1 \cdot \frac{4}{5}=\frac{57}{125};$$

$$P(X=3)=C_2^2 \cdot \left(\frac{3}{5}\right)^2 \cdot \frac{4}{5}=\frac{36}{125}.$$

所以 X 的分布为

$$\begin{pmatrix} 0 & 1 & 2 & 3 \\ \frac{4}{125} & \frac{28}{125} & \frac{57}{125} & \frac{36}{125} \end{pmatrix}$$

所以 $E[X]=0\times\frac{4}{125}+1\times\frac{28}{125}+2\times\frac{57}{125}+3\times\frac{36}{125}=2.$

（五）课堂小结，布置作业

课堂小结：

（1）随机变量的期望，反映了随机变量取值的平均水平；

（2）求随机变量 X 的期望的基本步骤：①理解 X 的意义，写出 X 的全部可能取值；②求 X 取各个值的概率，写出分布；③根据分布，由期望的定义求出 $E[X]$.

布置作业：

基础练习

1. 一袋子里装有大小和质地相同的 5 个白球和 4 个黑球，从中不放回地取出 3 个球，用 X 表示取到的白球数，求 X 的期望.

2. 篮球运动员在比赛中每次罚球命中得 1 分，罚不中得 0 分. 已知某运动员罚球命中的概率为 0.7，且每次罚球的得分都是互相独立的.

（1）求他罚球 1 次的得分 X 的数学期望；

（2）求他罚球 2 次的得分 X 的数学期望；

（3）求他罚球 3 次的得分 X 的数学期望.

3. 在一场晚会上，有 5 位歌手（1 至 5 号）登台演唱，由现场数百名观众投票选出最受欢迎歌手. 各位观众须彼此独立地在选票上选 3 名歌手，其中观众甲是 1 号歌手的歌迷，他必选 1

让学生自己总结本节课所学知识点.

号,不选2号,另在3至5号中随机选2名.观众乙和丙对5位歌手的演唱没有偏爱,因此在1至5号中随机选3名歌手.

(1) 求观众甲选中3号歌手且观众乙未选中3号歌手的概率;

(2) X 表示3号歌手得到观众甲、乙、丙的票数之和,求 X 的分布及数学期望.

能力拓展(选做)

1. 一个袋中共有5个大小形状完全相同的红球、白球和黑球,其中红球有1个.每次从袋中拿一个小球,不放回,拿出红球即停.记拿出的黑球个数为 ξ,且 $P(\xi=0)=\dfrac{1}{4}$,则随机变量 ξ 的数学期望 $E[\xi]=$ _____.

2. 设 ξ 为随机变量,从边长为1的正方体12条棱中任取两条,当两条棱相交时,$\xi=0$;当两条棱异面时,$\xi=1$;当两条棱平行时,ξ 的值为两条棱之间的距离,则数学期望 $E[\xi]=$ _____.

基础练习答案:

1. $\dfrac{5}{3}$. 2. (1) 0.7;(2) 1.4;(3) 2.1. 3. (1) $\dfrac{4}{15}$;

(2) X 的分布为:

$$\begin{pmatrix} 0 & 1 & 2 & 3 \\ \dfrac{4}{75} & \dfrac{20}{75} & \dfrac{33}{75} & \dfrac{18}{75} \end{pmatrix}$$

X 的数学期望为 $\dfrac{28}{15}$.

能力拓展答案:

1. 设白球 n 个,显然 $n\neq 0,n\neq 4$.

若 $n=1$,则 $P(\xi=0)=\dfrac{1}{C_5^1}+\dfrac{1}{P_5^2}=\dfrac{1}{4}$ 符合.

若 $n\geqslant 2$,则 $P(\xi=0)>\dfrac{1}{C_5^1}+\dfrac{C_n^1}{P_5^2}=\dfrac{1}{5}+\dfrac{n}{20}\geqslant \dfrac{1}{5}+\dfrac{2}{20}>\dfrac{1}{4}$,

所以 $n=1$,黑球有3个.

$$P(\xi=1)=\frac{C_3^1}{P_5^2}+\frac{C_3^1\times 2}{P_5^3}=\frac{1}{4},\ P(\xi=2)=\frac{P_3^2}{P_5^3}+\frac{C_3^2\times P_3^3}{P_5^4}=\frac{1}{4}$$，因为 $P(\xi=0)=\frac{1}{4}$，所以 $P(\xi=3)=1-\frac{1}{4}\times 3=\frac{1}{4}$，

所以 $E(\xi)=(0+1+2+3)\times\frac{1}{4}=\frac{3}{2}$.

2. 由题意知正方体中两条平行的棱间的距离为 1 或 $\sqrt{2}$.

正方体共 12 条棱中任取两条，共有 $\frac{12\times 11}{2}=66$ 种取法，

其中相交的有 $\frac{12\times 4}{2}=24$ 种，平行且距离为 $\sqrt{2}$ 的有 $\frac{12}{2}=6$ 种，其余的是异面或距离为 1 的平行线，共有 36 种，

所以 $P(\xi=0)=\frac{24}{66}=\frac{4}{11}$，$P(\xi=\sqrt{2})=\frac{6}{66}=\frac{1}{11}$，$P(\xi=1)=\frac{36}{66}=\frac{6}{11}$，

所以 ξ 的分布为：$\begin{pmatrix} 0 & 1 & \sqrt{2} \\ \frac{4}{11} & \frac{6}{11} & \frac{1}{11} \end{pmatrix}$.

则 $E[\xi]=0\times\frac{4}{11}+1\times\frac{6}{11}+\sqrt{2}\times\frac{1}{11}=\frac{6+\sqrt{2}}{11}$.

■ 练习反馈、互动提问 ■

1. 期望的意义是什么？
2. 随机变量的期望的计算公式是什么？期望的性质是什么？
3. 期望的本质是什么？

■ 结束语 ■

期望是概率论中的重要概念，全称是数学期望，也称均值或随机变量的期望. 本节的学习可以发展学生逻辑推理、数学运算和数学建模等核心素养.

■ 备课资源 ■

期望是概率论中的一个重要概念，它的全称是数学期望，也称均值. 因为期望实际上是由某个分布所确定的，所以也称为该分布的期望. 数学期望是一个加权平均，其中的权是随机变量取值对应的概率.

7.2(3) 方差

(本教学设计由复旦大学附属中学陈博文老师提供)

■ **教学内容分析** ■

本节作为"随机变量的分布与特征"的最后一节,在上一节"期望"的基础上,研究关于随机变量的另一重要概念——方差.通过对随机变量分布的分散程度的感性认识,引入方差的定义以及计算公式,研究并证明方差的运算性质,应用定义和性质计算具体的问题,让学生进一步认识随机性,完善对概率分布的理解.

■ **教学目标设置** ■

1. 了解方差的意义,掌握方差的定义及计算公式.
2. 掌握方差的运算性质,发展逻辑推理和数学运算等核心素养.
3. 通过方差来刻画现实问题的随机性,使学生产生定量研究问题的意识,提高学生迁移知识的能力、运算能力和解决实际问题的能力.激发学生的学习积极性,体会数学概念在现实生活中的意义.

■ **教学重点及学习难点** ■

教学重点:方差的定义与计算公式.
学习难点:方差运算性质的证明与运用.

■ **学生情况分析** ■

学生已学过了随机变量的分布与期望的概念,也学习过随机试验独立性的概念.

■ **教学流程** ■

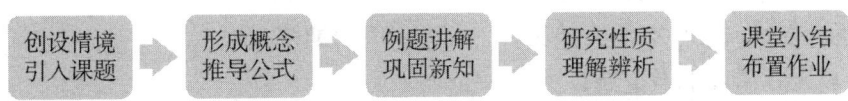

■ **教学过程设计** ■

教学设计	设计意图
(一) 创设情境,引入课题 通过前面的学习,我们了解了随机变量的分布和期望的概念,知道期望反映分布的"平均"状态,然而期望并不是随机变量的全部属性,其无法刻画随机变量的"随机程度",下面通	

过一个例子来说明.

例1　如果将股票价格的日涨跌幅看成是一个随机变量,观察以下三支股票连续五天的日涨跌幅历史数据,分析两者的随机程度.

表 7.2(3)-1

涨幅(%)\名称	5/11	5/12	5/13	5/14	5/15
中国平安	0.3	−0.7	−0.5	1.0	−0.1
中信证券	4.9	2.5	−9.0	−8.4	10.0
中兴通讯	9.9	10.0	10.0	10.0	10.0

解　可以将以上各行中的五个涨跌幅数据看成是五次独立的随机试验,简单计算得到前两支股票的涨跌幅平均值都是0,然而直觉告诉我们后者的波动更剧烈,也即涨跌幅的"随机性"更大,第三行数据的数值虽然都较大,但是几乎没有随机性,那么该如何定量地刻画"随机程度"? 为此引入随机变量的"方差"这一概念.

(二) 形成概念,推导公式

通过上面的例子,我们发现在研究随机程度的问题时,反映随机程度大小直接起作用的并不是"平均状态",而是随机变量总体偏离"平均状态"的分散程度. 因此,对于随机变量 X, 先将 X 与其期望 $E[X]$ 的偏差的平方,即 $(X-E[X])^2$, 看成一个新的随机变量,定义 X 的方差为 $(X-E[X])^2$ 的期望,即 $E[(X-E[X])^2]$, 并将其记为 $D[X]$.

由期望的性质,得到

$$D[X] = E[(X-E[X])^2]$$
$$= E[X^2 - 2E[X]X + E[X]^2]$$
$$= E[X^2] - 2E[X]E[X] + E[X]^2$$
$$= E[X^2] - E[X]^2.$$

从而得到方差的公式 $D[X] = E[X^2] - E[X]^2$.

(三) 例题讲解,巩固新知

例2　掷一个骰子,用 X 表示掷得的点数,求 X 的方差.

通过控制变量法让学生感性认识随机变量的随机程度,通过定性分析数据,引入方差课题.

引入方差的定义,推导方差的计算公式.

期望运算的线性性质.

解 $P(X^2 = k^2) = P(X = k) = \dfrac{1}{6}$, $k = 1, 2, 3, 4, 5, 6$.

$$E[X^2] = 1^2 \times \dfrac{1}{6} + 2^2 \times \dfrac{1}{6} + 3^2 \times \dfrac{1}{6} + 4^2 \times \dfrac{1}{6} + 5^2 \times \dfrac{1}{6} + 6^2 \times \dfrac{1}{6} = \dfrac{91}{6}.$$

$$E[X] = 1 \times \dfrac{1}{6} + 2 \times \dfrac{1}{6} + 3 \times \dfrac{1}{6} + 4 \times \dfrac{1}{6} + 5 \times \dfrac{1}{6} + 6 \times \dfrac{1}{6} = \dfrac{7}{2}.$$

$$D[X] = E[X^2] - E[X]^2 = \dfrac{91}{6} - \left(\dfrac{7}{2}\right)^2 = \dfrac{35}{12}.$$

通过教材中的具体例子,掌握随机变量的方差的计算公式.

(四) 研究性质,理解辨析

有了方差的定义,下面考虑方差的运算性质:

(1) 假设已知随机变量 X 的方差 $D[X]$ 和常数 a,如何得到随机变量 aX 的方差呢?

根据方差的计算公式以及期望的运算性质,得

$$\begin{aligned} D[aX] &= E[(aX)^2] - E[aX]^2 \\ &= a^2 E[X^2] - (aE[X])^2 \\ &= a^2 (E[X^2] - E[X]^2) \\ &= a^2 D[X]. \end{aligned}$$

因此有公式 $D[aX] = a^2 D[X]$.

考虑随机变量的线性运算,推导方差相应的运算性质.

直接用期望运算的线性性质得到 $D[aX] = a^2 D[X]$.

(2) 下面考虑两个给定的随机变量 X、Y,如果已知两者各自的方差 $D[X]$ 和 $D[Y]$,是否可以得到它们之和(或者差)的方差呢?

我们试着从方差的计算公式进行推导:

$$\begin{aligned} D[X+Y] &= E[(X+Y)^2] - E[X+Y]^2 \\ &= E[X^2 + 2XY + Y^2] - (E[X] + E[Y])^2 \\ &= (E[X^2] - E[X]^2) + 2(E[XY] - E[X]E[Y]) + (E[Y^2] - E[Y]^2) \\ &= D[X] + 2(E[XY] - E[X]E[Y]) + D[Y]. \end{aligned}$$

其中 $E[XY] - E[X]E[Y]$ 无法进一步化简,这说明在仅仅已知两个给定的随机变量的方差时,是不足以求出随机

推导两个独立的随机变量 X、Y 之和 $X + Y$ 的方差的运算公式 $D[X + Y] = D[X] + D[Y]$,辨析独立性在公式中的意义.

变量 $X+Y$ 的方差的,但是如果进一步假设这两个随机变量是互相独立的,就可以得到 $E[XY]=E[X]E[Y]$,从而得到公式 $D[X+Y]=D[X]+D[Y]$.

例 3 独立地掷两个骰子,掷得的点数分别为 X、Y,求点数和 $X+Y$ 与点数差 $X-Y$ 的期望与方差.

解 $E[X+Y]=E[X]+E[Y]=7.$

$E[X-Y]=E[X]-E[Y]=0.$

$D[X+Y]=D[X]+D[Y]=\dfrac{35}{6}.$

$D[X-Y]=D[X+(-Y)]$
$=D[X]+D[(-1)\cdot Y]$
$=D[X]+(-1)^2 D[Y]=\dfrac{35}{6}.$

对于 X、Y 互相独立情形下等式 $E[XY]=E[X]E[Y]$ 的证明,以及下面的协方差的概念,留给有兴趣的同学作课后思考. X、Y 互相独立是等式 $D[X+Y]=D[X]+D[Y]$ 成立的充分条件. 当 X、Y 不互相独立时,$E[XY]-E[X]E[Y]$ 这个量也被称为协方差,用以描述多个随机变量的相互关系.

在期望以及方差的计算问题中灵活运用多种运算性质,借鉴之前的证明过程,合理迁移知识并推导出公式 $D[X-Y]=D[X]+D[Y]$. 证明中隐含 X 与 $-Y$ 的独立性.

(五)课堂小结,布置作业

课堂小结:

1. 方差的定义与计算公式 $D[X]=E[X^2]-E[X]^2$.

2. 方差的运算性质及成立的条件:

对于随机变量 X 和常数 a,$D[aX]=a^2 D[X]$.

对于独立的随机试验所对应的随机变量 X、Y,$D[X\pm Y]=D[X]+D[Y]$.

课后作业:

基础练习

1. 设 X 是一个随机变量,c 是常数,求证:$X+c$ 的方差与 X 的方差相同.

2. 已知随机变量 X 的分布为 $\begin{pmatrix} 1 & 2 & 3 \\ 0.4 & 0.2 & 0.4 \end{pmatrix}$,求 X 的方差.

3. 一袋中装有大小和质地都相同的 2 个白球和 3 个黑球,从中不放回地依次摸出 2 个球,记 2 球中白球的个数为 X,求 X 的期望和方差.

4. 已知一个随机变量的分布为 $\begin{pmatrix} -1 & 0 & 1 \\ a & b & c \end{pmatrix}$,若 $a+c=$

$2b$,且 $E[X] = \dfrac{1}{3}$,求 $D[X]$ 的值.

5. 一袋中有编号为 1、2、3、4、5 的五个大小和质地都相同的球,依次摸两个球,用 X_1、X_2 分别表示第一个和第二个球的编号,如果取第二个球之前先将第一个取出的球放回,求 $E[X_1 + X_2]$ 和 $D[X_1 + X_2]$.

6. 上述问题中其他条件均保持不变,如果取第二个球之前不把第一个取出的球放回,求 $E[X_1 + X_2]$ 和 $D[X_1 + X_2]$,并检验 $E[X_1 + X_2] = E[X_1] + E[X_2]$ 以及 $D[X_1 + X_2] = D[X_1] + D[X_2]$ 是否成立.

能力拓展(选做)

1. 先掷一个骰子,记朝上的点数为 X,再掷 X 个硬币,记 Y 为正面朝上的硬币数,求 Y 的分布、期望与方差.

2. 游乐场有一个免费游戏,玩家掷一个标准的骰子得到点数 Z,从而收益 $Z - 3.5$ 元($Z \leqslant 3$ 时视为损失),为了改进游戏后玩家拒付损失费用的问题,按以下两方案改进游戏,A 方案规则如下:玩家掷一个标准的骰子,若得到的点数为"大"($\geqslant 4$ 点),则有权利获得 X 元,若点数为"小"($\leqslant 3$ 点),则获得 0 元,其中 X 为所掷得的点数超出 3.5 的部分;B 方案规则如下:玩家掷一个质地均匀的正 20 面体骰子(面上分别印有 $1, 2, 3, \cdots, 20$),若点数为"大"($\geqslant 11$ 点),则获得 Y 元,若点数为"小"($\leqslant 10$ 点),则获得 0 元,其中 Y 为掷得的点数减去 10.5. 试计算随机变量 X 和 Y 的期望和方差,并给出两个项目门票的合理定价,通过分析价格的决定因素,自行推广出更多的游戏方案.

> 该问题想法来源于金融市场中"期权"定价的问题.

基础练习答案:

1. $D[X+c] = E[(X+c)^2] - E[X+c]^2$
$= E[X^2] + 2cE[X] + c^2 - (E[X]+c)^2$
$= E[X^2] - E[X]^2 = D[X].$

2. $E[X] = 0.4 \times 1 + 0.2 \times 2 + 0.4 \times 3 = 2,$
$E[X^2] = 0.4 \times 1^2 + 0.2 \times 2^2 + 0.4 \times 3^2 = 4.8,$
$D[X] = E[X^2] - E[X]^2 = 4.8 - 2^2 = 0.8.$

3. X 分布为 $\begin{pmatrix} 0 & 1 & 2 \\ \dfrac{C_3^2}{C_5^2} & \dfrac{C_3^1 C_2^1}{C_5^2} & \dfrac{C_2^2}{C_5^2} \end{pmatrix} = \begin{pmatrix} 0 & 1 & 2 \\ 0.3 & 0.6 & 0.1 \end{pmatrix}$;

$E[X] = 0.3 \times 0 + 0.6 \times 1 + 0.1 \times 2 = 0.8$,
$E[X^2] = 0.3 \times 0^2 + 0.6 \times 1^2 + 0.1 \times 2^2 = 1$,
$D[X] = E[X^2] - E[X]^2 = 1 - 0.8^2 = 0.36$.

4. 由 $\begin{cases} a + c = 2b, \\ -a + c = \dfrac{1}{3}, \\ a + b + c = 1, \end{cases}$ 得 $\begin{cases} a = \dfrac{1}{6}, \\ b = \dfrac{1}{3}, \\ c = \dfrac{1}{2}. \end{cases}$

$E[X^2] = \dfrac{1}{6} \times (-1)^2 + \dfrac{1}{3} \times 0^2 + \dfrac{1}{2} \times 1^2 = \dfrac{2}{3}$,

$D[X] = E[X^2] - E[X]^2 = \dfrac{2}{3} - \left(\dfrac{1}{3}\right)^2 = \dfrac{5}{9}$.

5. $E[X_1 + X_2] = E[X_1] + E[X_2] = 3 + 3 = 6$,
$D[X_1 + X_2] = D[X_1] + D[X_2] = 2 + 2 = 4$.

6. $E[X_1 + X_2] = \dfrac{(1+2+3+4+5) \times 4}{C_5^2} = 6$,

$D[X_1 + X_2] = \dfrac{3^2 \times 4 + 2^2 \times 4 + 1^2 \times 8 + 0^2 \times 4}{5 \times 4} = 3$,

显然 X_1 的分布是 $\begin{pmatrix} 1 & 2 & 3 & 4 & 5 \\ 0.2 & 0.2 & 0.2 & 0.2 & 0.2 \end{pmatrix}$,

又计算得 X_2 的分布也是 $\begin{pmatrix} 1 & 2 & 3 & 4 & 5 \\ 0.2 & 0.2 & 0.2 & 0.2 & 0.2 \end{pmatrix}$,

$E[X_1] = E[X_2] = 3$,$D[X_1] = D[X_2] = 2$,所以 $E[X_1 + X_2] = E[X_1] + E[X_2]$.

$D[X_1] + D[X_2] = 4 \neq 3 = D[X_1 + X_2]$. 这也说明随机变量 X_1、X_2 并不独立.

能力拓展答案：

1. $Y = 0$ 的概率为 $\left(\dfrac{1}{2} + \dfrac{1}{2^2} + \dfrac{1}{2^3} + \cdots + \dfrac{1}{2^6}\right) \times \dfrac{1}{6}$,$Y = 1$ 的概率为 $\left(\dfrac{C_1^1}{2} + \dfrac{C_2^1}{2^2} + \dfrac{C_3^1}{2^3} + \cdots + \dfrac{C_6^1}{2^6}\right) \times \dfrac{1}{6}$,$Y = 2$ 的概率为

$\left(\dfrac{C_2^2}{2^2}+\dfrac{C_3^2}{2^3}+\cdots+\dfrac{C_6^2}{2^6}\right)\times\dfrac{1}{6}$. 同理依次得到 $Y=3、4、5、6$ 时的概率, 从而得到 Y 的分布:

$$\begin{pmatrix} 0 & 1 & 2 & 3 & 4 & 5 & 6 \\ \dfrac{63}{384} & \dfrac{120}{384} & \dfrac{99}{384} & \dfrac{64}{384} & \dfrac{29}{384} & \dfrac{8}{384} & \dfrac{1}{384} \end{pmatrix},$$

$$E[Y]=1.75, D[Y]=\dfrac{77}{48}.$$

2. $E[X]=0, E[Y]=0, D[X]=\dfrac{35}{12}, D[Y]=33.25.$ 定义随机变量 $x=\max\{X,0\}$, A 价格应为 x 的期望 $E[x]$, 即 0.75 元; 同样定义 $y=\max\{Y,0\}$, B 价格应为 y 的期望 $E[y]$, 即 2.5 元; 这样游乐场和玩家收益的期望都是 0 元, 因此相对公平. 一般地, 随机变量 X 在 $\left\{1-\dfrac{1+n}{2}, 2-\dfrac{1+n}{2}, \cdots, n-\dfrac{1+n}{2}\right\}$ 上均匀分布, 玩家玩一次游戏的收益为 $x=\max\{X,0\}$, 计算得 $E[x]=\dfrac{n}{8}$. 然而由原先的随机变量的期望 $E[X]=0$, 方差 $D[X]=\dfrac{n^2-1}{12}$, 可知玩家的收益与 X 期望无关, 而与方差有关, 方差增大, 可以认为随机性在增加, 分布也越分散, 即风险在增加, 同时玩家的期望收益也随之增高, 这也反映了该游戏有"风险越大, 收益越大"的特点, 门票的定价也应提高到 $\dfrac{n}{8}$ 元以平衡买方和卖方的损益, 这也被称为"无套利定价原理".

■ 练习反馈、互动提问 ■

1. 随机变量的方差为什么要用抽象的期望符号 E 来定义, 而不直接用和式来定义?

2. 为了反映随机变量分布的分散程度, 我们定义了方差, 但是为什么要用偏差的平方, 而不用偏差的绝对值来定义分散程度?

3. 可否将公式 $D[X+Y]=D[X]+D[Y]$ 推广到 n 个互相独立的随机变量的情形?

▪ **结束语** ▪

我想要一个有足够数学知识并能有效地使用这些工具的家伙,同时他需要有弄清这些工具如何工作的好奇心,和足以将其推理出来的想象力.

——詹姆斯·西蒙斯

▪ **备课资源** ▪

方差的英文名是 variance,variance 一词在英文中也可理解为变化、分歧,指与期望偏离的活动,而在统计学中特指方差,两者是异曲同工的. 另外,其在英文中有一个近义词 deviation,同样也指偏离、违背,统计学中另一个重要的术语"标准差",即是从英文 standard deviation 一词翻译而来.

7.3(1)　二项分布

(本教学设计由复旦大学附属中学冯璟老师提供)

▪ **教学内容分析** ▪

本节课是高中数学选择性必修二第 7 章"概率初步(续)"第三节"常用分布"的第一课时. 在实际问题中,大量的随机变量都服从或近似服从二项分布,它的实际应用广泛,理论上也非常重要. 本节课将从生活实际入手,尝试建立数学模型,掌握二项分布及其数字特征,并用其解决简单的实际问题.

▪ **教学目标设置** ▪

1. 通过分析生活中常见的符合二项分布的具体事例,归纳概括出二项分布的概念,发展数学抽象等核心素养.

2. 会判断一个概率模型是否符合二项分布,体会二项分布模型在生活中的广泛应用.

3. 会计算服从二项分布的随机变量的期望和方差,并能解决简单的实际问题.

▪ **教学重点及学习难点** ▪

教学重点:二项分布的概念及其数字特征.

学习难点:二项分布模型的构建.

▪ **学生情况分析** ▪

学生已经学习和掌握了有关概率和统计的基础知识,其中包括古典概型、独立事件、互斥事件、伯努利试验等概念及其相关概率的计算,还学习了条件概率及其计算、随机变量的分布等有关内容. 本节课将利用这些知识研究一类重要的概率模型——二项分布,需要学生在教师的启发引导下,由特殊到一般,从生活实例中归纳概括出二项分布的概念及其数字特征,发展数学抽象等核心素养.

教学流程

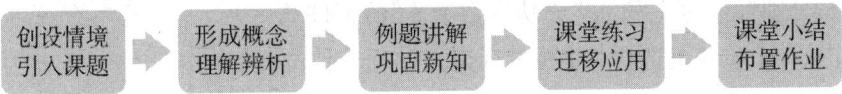

教学过程设计

教学设计	设计意图
（一）创设情境，引入课题 **情境与问题** 一次测验共有 10 道选择题，每题备有 4 个选项，其中只有 1 个正确. 如果某学生随意猜测答题，问其答对一半及一半以上的概率有多大？ 根据前面所学知识，这是一个成功（猜中正确选项）概率为 $p=\dfrac{1}{4}$，失败（未猜中正确选项）概率为 $q=\dfrac{3}{4}$、独立重复 10 次的伯努利试验. 在这 10 次独立重复试验中，成功次数为 k 的事件 $X=k$ 的概率为 $P(X=k)=C_{10}^{k}\left(\dfrac{1}{4}\right)^{k}\left(\dfrac{3}{4}\right)^{10-k}$，其中 $k=0,1,2,\cdots,10$，随机变量 X 的分布可表示为： $\begin{pmatrix} 0 & 1 & \cdots & k & \cdots & 10 \\ \left(\dfrac{3}{4}\right)^{10} & C_{10}^{1}\left(\dfrac{1}{4}\right)\left(\dfrac{3}{4}\right)^{9} & \cdots & C_{10}^{k}\left(\dfrac{1}{4}\right)^{k}\left(\dfrac{3}{4}\right)^{10-k} & \cdots & \left(\dfrac{1}{4}\right)^{10} \end{pmatrix}.$ 所求即为 $P(X\geqslant 5)=\sum\limits_{k=5}^{10}C_{10}^{k}\left(\dfrac{1}{4}\right)^{k}\left(\dfrac{3}{4}\right)^{10-k}\approx 0.078.$ **思考** 上述问题中的试验具有怎样的特征？其随机变量的分布具有怎样的特征？你还能举出其他具有类似特征的模型吗？ （二）形成概念，理解辨析 类似的例子还有很多，如多次掷硬币的试验、有放回的随机抽取 20 件次品率为 5% 的产品……其共同特征如下：① 每一次试验均为伯努利试验，即只有两个结果，若其成功概率为 p，失败概率为 q，则 $p+q=1$；② n 次试验之间相互独立. 若用 X 表示 n 次试验中成功的次数，可以把这 n 次试验	由学生熟悉的现实情境引入课题，激发学生的学习兴趣，体会概率模型在生活中的应用. 在教师的引导下，通过对上述问题的分析和总结，由特殊到一般，归纳总结，得到独立重复伯努利试验 n 次的随机变量分布的特征，进而

看作具有 n 个标号的位置，其中每个位置都有两种可能：成功或者失败，分别标记为 1 和 0。"成功次数为 k"的事件 $X=k$ 可以看作从 n 个位置里选择 k 个位置标记为 1，而其他位置标记为 0，这样的选择共有 C_n^k 种，因为每次试验都是独立地进行，由独立性知，每种标记发生的概率为 $p^k q^{n-k}$。由概率的可加性，成功次数为 k 的概率为

$$P(X=k)=C_n^k p^k q^{n-k},$$

其中 $k=0, 1, 2, \cdots, n$，因为 $C_n^0 = C_n^n = 1$，所以 X 的分布可表示为

$$\begin{pmatrix} 0 & 1 & 2 & \cdots & k & \cdots & n \\ q^n & C_n^1 pq^{n-1} & C_n^2 p^2 q^{n-2} & \cdots & C_n^k p^k q^{n-k} & \cdots & p^n \end{pmatrix}.$$

从这个角度，也可以证明二项式定理

$$\sum_{k=0}^n C_n^k p^k q^{n-k} = \sum_{k=0}^n P(X=k) = 1.$$

这也是这个分布被称为二项分布的原因。

定义 独立地重复一个成功概率为 p 的伯努利试验 n 次，其成功次数的分布称为二项分布（binomial distribution），亦称成功次数 X 服从二项分布 $B(n, p)$。

（三）例题讲解，巩固新知

例 1 （1）将一枚硬币连续抛掷 5 次，判断正面向上的次数 X 是否服从二项分布？

（2）已知随机变量 X 服从二项分布 $B(3, 0.6)$，计算 $P(X=1)$ 的值。

解 （1）X 服从二项分布 $B(5, 0.5)$；

（2）$P(X=1)=C_3^1 \times 0.6 \times 0.4^2 = 0.288.$

一般地，确定一个二项分布模型的步骤如下：

（1）明确伯努利试验及事件 A 的意义，确定事件 A 发生的概率 p；

（2）确定重复试验的次数 n，并确定各次试验的独立性；

（3）设 X 为 n 次独立重复试验中事件 A 发生的次数，则 X 服从二项分布 $B(n, p)$。

生成二项分布的概率模型。

巩固所学二项分布的知识，会判断随机变量是否服从二项分布，加深对二项分布的理解。

对例 1 的小结，明确确定一个二项分布模型的步骤。

例 2 独立地重复 n 次成功概率为 p 的伯努利试验,求至少有一次成功的概率.

解 用 X 表示成功次数,至少有一次成功相当于 $X > 0$,它的对立事件是 $X = 0$. 由概率的性质,至少有一次成功的概率为

$$P(X > 0) = 1 - P(X = 0) = 1 - (1-p)^n.$$

当成功概率 p 很小时,通常说成功是小概率事件. 虽然在一次试验中,小概率事件几乎不可能发生,但因为 $0 < p < 1$,有 $0 < 1 - p < 1$,当试验次数 n 充分大时,$(1-p)^n$ 接近于零,即 $1 - (1-p)^n$ 接近于 1,所以至少一次成功的概率就会很大.

例 3 设 X 服从二项分布 $B(n, p)$,求 X 的期望与方差.

解 用 X_k 表示第 k 次随机试验的结果:若成功,则 $X_k = 1$;若失败,则 $X_k = 0$. 总的成功次数 X 可表示为

$$X = X_1 + X_2 + \cdots + X_n.$$

按照定义,X_k 的期望是

$$E[X_k] = 1 \times p + 0 \times (1-p) = p.$$

由期望的线性性质,得

$$E[X] = E[X_1] + E[X_2] + \cdots + E[X_n] = np.$$

同理,可先计算 $D[X_k]$,因为 $E[X_k] = p$,所以

$$D[X_k] = E[X_k^2] - E[X_k]^2 = p - p^2 = p(1-p).$$

因为每次试验是独立重复的,所以 $X_1, X_2, \cdots, X_n$ 是相互独立的,且 $D[X_k] = p(1-p)$,由方差的性质,有

$$D[X] = D[X_1] + D[X_2] + \cdots + D[X_n] = np(1-p).$$

由上式可见,方差关于概率 p 是一个开口向下的二次函数,且它在 $p = \dfrac{1}{2}$ 时达到最大值. 这说明,在成功概率是 $\dfrac{1}{2}$ 时,X 的分散度最大;而当 p 与 $\dfrac{1}{2}$ 相差较大时,X 的分散度较小.

例 2 说明,做一件事情,不管成功的概率多小,只要不断地努力,重复的次数足够多,就有很大可能会成功. 如同俗语所说:失败乃成功之母. 反过来说,如果不断重复,小概率的坏事也终有可能发生.

例 3 推导和计算服从二项分布的随机变量的期望和方差,是对所学知识的综合应用.

对二项分布期望和方差的计算与分析,从数学上诠释了随机性大小与概率大小的直观关系.

(四)课堂练习,迁移应用

1. 已知随机变量 X 服从二项分布 $B(n,p)$,若 $E[X]=30$,$D[X]=20$,求 p 的值.

解 因为 $E[X]=np=30$,$D[X]=np(1-p)=20$,所以 $1-p=\dfrac{2}{3}$,故 $p=\dfrac{1}{3}$.

2. 一批产品的二等品率为 0.3,从这批产品中每次随机取一件,并有放回地抽取 20 次.用 X 表示抽到二等品的件数,求 $D[X]$.

解 由题意可知,X 满足二项分布 $B(20,0.3)$,故 $D[X]=np(1-p)=20\times0.3\times(1-0.3)=4.2$.

(五)课堂小结,布置作业

课堂小结:

本节课学习了一类重要的概率模型——二项分布.经历了从特殊到一般和归纳概括二项分布概念的过程;会根据定义判断一个概率模型是否符合二项分布;会推导服从二项分布的随机变量的期望和方差公式,并能用其解决简单的实际问题.

通过本节课的学习,体会了从特殊到一般的数学思想,发展了数学抽象、逻辑推理、数学运算等核心素养.

课后作业:

基础练习

1. 判断以下随机变量 X 是否服从二项分布.

(1)抛掷一枚质地均匀的硬币 10 次,X 表示正面朝上出现的次数;

(2)某运动员每次射击中靶的概率为 0.8,连续射击 3 次,X 表示中靶的次数;

(3)一批产品次品率为 5%,有放回地随机抽取 4 件,X 表示抽中次品的数量;

(4)100 件产品中有 5 件次品,不放回地随机抽取 4 件,X 表示抽中次品的数量.

2. 某处有水龙头 3 个,调查表明每个水龙头被打开的可能性是 0.1,随机变量 X 表示同时被打开的水龙头的个数,则

$P(X=2) = $ _____.(用数字作答)

3. 射击中每次击中目标得 1 分,未击中目标得 0 分,已知某运动员每次射击击中目标的概率是 0.7,假设每次射击击中目标与否互不影响,则他射击 3 次的得分的数学期望是 _____.

4. 若随机变量 X 服从二项分布 $B\left(10, \dfrac{1}{5}\right)$,且 $Y=3X+1$,则 $E[Y]=$ _____,$D[Y]=$ _____.

5. 将一枚质地均匀的硬币连续抛掷 4 次,X 表示"正面朝上"出现的次数.

（1）求 X 的分布；

（2）计算 X 的期望与方差.

6. 已知每门大炮击中目标的概率都是 0.3,现在 n 门大炮同时独立地对某一目标各射击一次.

（1）当 $n=10$ 时,求恰好击中目标 3 次的概率(精确到 0.001)；

（2）如果使目标至少被击中一次的概率超过 95%,至少需要多少门大炮?

能力拓展(选做)

1. 平面直角坐标系中,一个机器人从坐标原点 $O(0,0)$ 出发,每秒向上或向右移动 1 个单位长度,已知每次向上移动 1 个单位的概率是 $\dfrac{2}{3}$,向右移动 1 个单位的概率是 $\dfrac{1}{3}$,则该机器人 6 秒后到达点 $P(4,2)$ 的概率为 _____.

2. 某种植物种子的出芽率为 $p(0<p<1)$,每颗种子是否发芽相互独立.现任取该植物种子 $2n-1(n\geqslant 2)$ 颗进行种植,若种子的出芽数 X 超过半数,则可认为种植成功.

（1）当 $n=3$,$p=\dfrac{1}{2}$ 时,求种植成功的概率及 X 的数学期望；

（2）现拟加种两颗该植物种子,试分析能否提高种植成功率?

基础练习答案:

1. (1)(2)(3)服从二项分布,(4)不服从二项分布. 2. 0.027.
3. 2.1. 4. 7 和 $\frac{72}{5}$. 5. (1) $\begin{pmatrix} 0 & 1 & 2 & 3 & 4 \\ \frac{1}{16} & \frac{1}{4} & \frac{3}{8} & \frac{1}{4} & \frac{1}{16} \end{pmatrix}$;
(2) $E[X]=2, D[X]=1$. 6. (1) 0.267;(2) 9.

能力拓展答案：

1. $\frac{20}{243}$. 2. (1) $\frac{1}{2}$ 和 $E[X]=\frac{5}{2}$; (2) 当 $0<p<\frac{1}{2}$ 时,种植成功率会降低;当 $p=\frac{1}{2}$ 时,种植成功率不变;当 $\frac{1}{2}<p<1$ 时,种植成功率会提高.

■ 练习反馈、互动提问 ■

1. 如何判断一个随机变量是否服从二项分布？
2. 举两个服从二项分布的随机变量的例子.
3. 服从二项分布的随机变量的期望和方差公式是什么？
4. 二项分布 $B(n,p)$ 可用更直观的条形图来表示,对于不同的 n 和 p 值,如图 7.3(1)-1 绘制概率分布的条形图. 观察图形,类比函数性质的研究,你能发现二项分布的哪些性质？提出你的猜想,并尝试证明.

(1) $n=9, p=0.5$； (2) $n=9, p=0.3$； (3) $n=9, p=0.7$；
(4) $n=12, p=0.4$； (5) $n=15, p=0.4$.

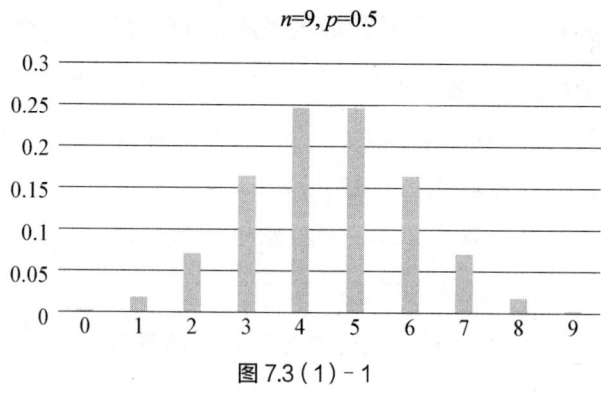

图 7.3(1)-1

■ 结束语 ■

二项分布是一类重要的概率模型,其应用非常广泛. 在学习的过程中,尝试学会用数学的眼光观察世界,用数学的思维思考世界,用数学的语言表达世界.

▪ 备课资源 ▪

雅各布·伯努利(Jakob Bernoulli，1654—1705)在概率论研究方面有着突出的贡献，他在研读了惠更斯(Christiaan Huygens，1629—1695)的机遇理论后，对概率产生了浓厚的兴趣. 他继续对机会游戏(赌博)以外的概率演算进行举例和评论，最后写成著作《猜度术》(Ars Conjectandi). 这部著作于1713年出版，并提出了著名的分布"二项分布"的表达式，以及概率论中的"伯努利定理"("大数定律"的最早形式)等.

7.3(2) 超几何分布

(本教学设计由复旦大学附属中学章昇老师提供)

▪ 教学内容分析 ▪

本节课是高中数学选择性必修二第7章"概率初步(续)"第三节"常用分布"的第二课时. 在上一节课中，学生已经掌握了二项分布及其数字特征，而本节课将介绍另一个在实际问题中常见的分布，也就是超几何分布. 通过从实际问题出发，尝试建立数学模型，掌握超几何分布及其数字特征，并用其解决简单的实际问题.

▪ 教学目标设置 ▪

1. 通过分析生活中常见的符合超几何分布的具体事例，归纳概括出超几何分布的概念，发展数学抽象等核心素养.
2. 会判断一个概率模型是否符合超几何分布，体会超几何分布模型在生活中的广泛应用.
3. 会计算服从超几何分布的随机变量的期望，并能解决简单的实际问题.

▪ 教学重点及学习难点 ▪

教学重点：超几何分布的概念及其数字特征.
学习难点：超几何分布模型的构建.

▪ 学生情况分析 ▪

学生已经学习掌握了有关概率和统计的基础知识：古典概型、独立事件、互斥事件、伯努利试验等概念及其相关概率的计算，还学习了条件概率及其计算、随机变量的分布等有关内容. 在上一节课中学生已经学过二项分布的模型和其数字特征. 本节课将从复习二项分布入手，引出超几何分布的实际情境，由学生归纳出超几何分布的概念和数字特征，发展数学抽象等核心素养.

▪ 教学流程 ▪

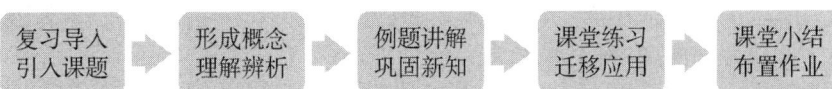

- 教学过程设计 -

教学设计	设计意图
(一)复习导入,引入课题 例1 设袋中装有大小与质地相同的6个白球、4个黑球.现在依次摸5个球,每次摸出并记录颜色后将球放回,用 X 表示摸出的白球个数. (1)判断 X 是否服从二项分布; (2)求 $P(X=3)$; (3)求 X 的期望. 解 (1)设 $p=\dfrac{6}{6+4}=0.6$,则 X 服从二项分布 $B(5, 0.6)$; (2) $P(X=3)=C_5^3 p^3(1-p)^{5-3}=0.3456$; (3) $E(X)=5$. 现在修改问题,将"摸球后放回"改为"摸球后不放回",X 的分布会发生什么变化? 例2 设袋中装有大小与质地相同的6个白球、4个黑球.现在依次不放回地摸5个球,用 X 表示摸出的白球个数.求 X 的分布. 解 首先,因为所考虑的是白球的个数,与摸球的顺序无关,而且是不放回地摸球,所以从随机性的角度讲,依次摸出5个球和一次摸出5个球是一样的.其次,由于是不放回地摸球,前面摸球的结果会影响后面摸球的结果,因此考虑问题的方法应该不同于放回摸球的情况. 因为黑球只有4个,所以变量 X 的取值范围是1、2、3、4、5.从10个球中取5个球的所有可能的取法,如果不计顺序,则共有 C_{10}^5 种.举例来说,事件 $X=3$ 可以分为从6个白球中取3个,并从4个黑球中取2个这样的两个步骤,即 $$P(X=3)=\dfrac{C_6^3 C_4^2}{C_{10}^5},$$ 模仿上述操作,可以得到变量 X 的分布:	复习二项分布的概念,计算 $P(X=k)$ 以及期望. 回顾二项分布,提出问题:由"放回"改为"不放回"后随机变量的分布会如何改变.

$$\begin{pmatrix} 1 & 2 & 3 & 4 & 5 \\ \dfrac{C_6^1 C_4^4}{C_{10}^5} & \dfrac{C_6^2 C_4^3}{C_{10}^5} & \dfrac{C_6^3 C_4^2}{C_{10}^5} & \dfrac{C_6^4 C_4^1}{C_{10}^5} & \dfrac{C_6^5 C_4^0}{C_{10}^5} \end{pmatrix}.$$

一般来说,$P(X=k)=\dfrac{C_6^k C_4^{5-k}}{C_{10}^5}$,其中 $k=1,2,3,4,5$.

(二) 形成概念,理解辨析

我们对上述问题进行归纳,如果一袋中装有大小与质地相同的 a 个白球、b 个黑球,依次随机且不放回地取 n 个球,用 X 表示其中的白球数,那么 X 的分布可以由下式给出:

$$P(X=k)=\dfrac{C_a^k C_b^{n-k}}{C_{a+b}^n}.$$

其中,k 的取值范围由以下几个条件决定:

① 取得的白球个数不能超过 n,也不能超过 a;
② 取得的黑球个数不能超过 b;

所以 k 需要满足:$k \leqslant n, k \leqslant a, n-k \leqslant b$.

在此约定:当 $k<0$ 或 $k>n$ 时,组合符号 $C_n^k=0$,这样,上面 $P(X=k)$ 式中的 k 原则上可以取任意的整数值.

定义 从一个装有大小与质地相同的 a 个白球、b 个黑球的袋中随机且不放回地取 n 个球,其中白球数的分布称为超几何分布(hyper-geometric distribution).确定一个超几何分布的参数共有三个,分别是 n、a、b.

记白球个数为 X,则变量 X 的分布为:

$$\begin{pmatrix} 0 & 1 & \cdots & k & \cdots & n \\ \dfrac{C_a^0 C_b^n}{C_{a+b}^n} & \dfrac{C_a^1 C_b^{n-1}}{C_{a+b}^n} & \cdots & \dfrac{C_a^k C_b^{n-k}}{C_{a+b}^n} & \cdots & \dfrac{C_a^n C_b^0}{C_{a+b}^n} \end{pmatrix}.$$

通过分布的定义,可以验证恒等式:$\sum\limits_{k=0}^{n} C_a^k C_b^{n-k} = C_{a+b}^n$.

(三) 例题讲解,巩固新知

例 3 工厂生产出了一批产品,抽取其中一箱进行开箱抽查.一箱中共有 20 件产品,已知其中有 3 件不合格为次品.现在从这 20 件产品中随机抽取 6 件进行检查.

(1) 求抽取的 6 件产品中有 1 件是次品的概率;

由于没有定义过当 $k<0$ 或 $k>n$ 时 C_n^k 的值,因此在这里作补充规定.

巩固所学知识,判断随机变量是否服从超几何分布,加深对超几何分布的理解.

(2) 若抽取的 6 件产品中次品数大于或等于 2 件,则这批产品需要被退回,求被退回的概率.

解 用随机变量 X 表示抽出的产品中次品的数量,则 X 服从 $n=6, a=3, b=17$ 的超几何分布.

(1) 所求概率为 $P(X=1)$,则

$$P(X=1)=\frac{C_3^1 C_{17}^5}{C_{20}^6}=\frac{91}{190}\approx 0.479.$$

(2) 所求概率为

$$P(X\geqslant 2)=P(X=2)+P(X=3)$$

$$=\frac{C_3^2 C_{17}^4}{C_{20}^6}+\frac{C_3^3 C_{17}^3}{C_{20}^6}=\frac{23}{114}\approx 0.202.$$

例 4 从一个装有大小与质地相同的 a 个白球、b 个黑球的袋中随机且不放回地取 n 个球,用变量 X 表示取出的球中白球的个数,计算 X 的期望.

解 根据期望的定义,X 的期望为:

$$E[X]=\sum_{k=0}^{n}\left(k\cdot\frac{C_a^k C_b^{n-k}}{C_{a+b}^n}\right),$$

但是此式的直接计算比较困难,因此考虑利用期望的性质进行计算.

在上述问题中,用 X_k 表示第 k 次取球的结果:如果是白球,则 $X_k=1$;如果是黑球,则 $X_k=0$. 那么 $X=X_1+X_2+\cdots+X_n$.

在本章 7.1 节中已经证明,抽签概率与顺序无关,所以 $P(X_k=1)=\dfrac{a}{a+b}$,$P(X_k=0)=\dfrac{b}{a+b}$,因此可得 $E[X_k]=1\cdot\dfrac{a}{a+b}+0\cdot\dfrac{b}{a+b}=\dfrac{a}{a+b}$,根据期望的线性性质,得到:

$$E[X]=E[X_1]+E[X_2]+\cdots+E[X_n]=\frac{na}{a+b},$$

即 X 的期望为取球的个数乘白球的比例,这与放回摸球(二项分布)情况下取得白球的个数的期望是一样的.

从二项分布的期望计算到超几何分布的期望计算,可以

此处可以对比二项分布,计算放回抽样时对应的概率,再进行比较.

由于用组合数进行计算的过程比较复杂,所以放入了能力拓展部分的作业,可以鼓励有兴趣的学生尝试证明.

在利用该方法求解数学期望时,首先要确定变量之间是独立的.

看出,虽然期望和方差是用分布来定义的,但是其计算过程实际上不一定要用到分布,而只要使用期望和方差的性质即可.

另外根据定义,若要计算 X 的方差,则可以利用 $D[X]=E[X^2]-E[X]^2$,其中 $E[X^2]=\sum_{k=0}^{n}\left(k^2 \cdot \dfrac{C_a^k C_b^{n-k}}{C_{a+b}^n}\right)$,该式的直接计算同样过于复杂;我们也可以利用方差的其他性质进行求解,此处直接给出结论,

$$D[X]=\dfrac{nab}{(a+b)^2} \cdot \dfrac{a+b-n}{a+b-1}$$
$$=\dfrac{nab}{(a+b)^2} \cdot \left(1-\dfrac{n-1}{a+b-1}\right).$$

令 $p=\dfrac{a}{a+b}$,则 $D[X]=np(1-p)\left(1-\dfrac{n-1}{a+b-1}\right)$,当 $n>1$ 时,$D[X]<np(1-p)$,因此在题设条件下,不放回抽样(超几何分布)相较于放回抽样(二项分布)来说,数学期望相同,但是方差会更小.

> 方差越小,说明估计越精确,所以同样情况下,不放回抽样能够比放回抽样更好地对分布进行估计.

另一方面,当 $a+b$ 远大于 n 时,放回与不放回两种情况下的分布之间差别不大,即二项分布与超几何分布之间差别不大,考虑到当 $a+b$ 很大时,$P(X=k)=\dfrac{C_a^k C_b^{n-k}}{C_{a+b}^n}$ 的计算会比较困难,所以可以近似用二项分布来代替,即 X 近似于服从二项分布 $B\left(n, \dfrac{a}{a+b}\right)$.

(四)课堂练习,迁移应用

1. 在 20 张彩票中只有 2 张可以中奖,现在从中选取 n 张,为了使事件"选出的 n 张彩票中至少有一张中奖"发生的概率大于 0.5,求 n 的最小值.

> 能够根据概率的大小,求解参数需要符合的条件.

解 用随机变量 X 表示"抽出中奖彩票的张数",则 X 服从参数为 $n, a=2, b=18$ 的超几何分布,根据公式,至少选出一张中奖彩票的概率 $P(X\geqslant 1)=P(X=1)+P(X=2)=\dfrac{C_2^1 C_{18}^{n-1}}{C_{20}^n}+\dfrac{C_2^2 C_{18}^{n-2}}{C_{20}^n}>0.5$,而 $\dfrac{C_2^1 C_{18}^{n-1}}{C_{20}^n}=\dfrac{2n(20-n)}{20 \cdot 19}$,$\dfrac{C_2^2 C_{18}^{n-2}}{C_{20}^n}=\dfrac{n(n-1)}{20 \cdot 19}$,解不等式得到 n 的最小值为 $n=6$.

(五)课堂小结,布置作业

课堂小结:

  1. 通过具体情境,掌握超几何分布的概念,能够根据定义判断一个概率模型是否服从超几何分布.

  2. 能够根据定义求解服从超几何分布的随机变量的分布,并能求解该随机变量的期望.

  3. 体会从特殊到一般的数学思想,发展数学抽象、逻辑推理、数学运算等核心素养.

课后作业:

基础练习

  1. 盒子中有大小与质地相同的 3 个白球、1 个黑球,若从中随机地摸出 2 个球,求它们颜色不同的概率.

  2. 从放有 6 黑 2 白共 8 颗大小和质地都相同的珠子的袋子中抓 3 颗珠子,分别求黑珠颗数 X 与白珠颗数 Y 的分布.

  3. 求上题中 X 和 Y 的期望与方差.

  4. 从一副去掉大小王牌的 52 张扑克牌中任取 5 张牌,求:

  (1) 至少有一张黑桃的概率;

  (2) 至少有一个对子(两张牌的数字一样)的概率.

  5. 10 件产品中有 n 个次品,从中不放回地随机选取两件产品,至少抽到一件次品的概率是 $\dfrac{8}{15}$,则 n 的值为 _____.

  6. 在一个袋中装有质地大小一样的 6 个黑球、4 个白球,现从中任取 4 个小球,设取出的 4 个小球中白球的个数为 X,现有下列结论:

  ① $P(X=2)=\dfrac{3}{7}$;

  ② 随机变量 X 服从二项分布;

  ③ 随机变量 X 服从超几何分布;

  ④ $E[X]=\dfrac{8}{5}$.

  其中正确的结论序号为_____.

能力拓展(选做)

1. 利用组合数的性质证明：$\sum_{k=0}^{n}\left(k \cdot \dfrac{C_a^k C_b^{n-k}}{C_{a+b}^n}\right) = \dfrac{na}{a+b}$.

2. 两颗黑球混入了大小质地都相同的 n ($n \in \mathbf{N}, n > 0$) 个白球之中，现从中任意选取两个球，其中至少有一个黑球的概率小于 0.5，求白球个数 n 的取值范围.

基础练习答案：

1. $\dfrac{1}{2}$. 2. X 的分布为 $\begin{pmatrix} 1 & 2 & 3 \\ \dfrac{3}{28} & \dfrac{15}{28} & \dfrac{5}{14} \end{pmatrix}$；$Y$ 的分布为 $\begin{pmatrix} 0 & 1 & 2 \\ \dfrac{5}{14} & \dfrac{15}{28} & \dfrac{3}{28} \end{pmatrix}$. 3. $E[X] = \dfrac{9}{4}$，$D[X] = \dfrac{45}{112}$；$E[Y] = \dfrac{3}{4}$，$D[Y] = \dfrac{45}{112}$. 4. (1) $1 - \dfrac{C_{39}^5}{C_{52}^5} = \dfrac{7411}{9520} \approx 0.778$；(2) $1 - \dfrac{C_{13}^5 \times 4^5}{C_{52}^5} = \dfrac{2053}{4165} \approx 0.493$. 5. $\dfrac{C_n^1 C_{10-n}^1}{C_{10}^2} + \dfrac{C_n^2 C_{10-n}^0}{C_{10}^2} = \dfrac{8}{15}$，解得 $n = 3$. 6. ①③④.

能力拓展答案：

1. $1 \leqslant k \leqslant n$ 时，$kC_a^k = k \cdot \dfrac{a!}{k!(a-k)!} = \dfrac{a!}{(k-1)!(a-k)!} = a \cdot \dfrac{(a-1)!}{(k-1)![(a-1)-(k-1)]!} = aC_{a-1}^{k-1}$，所以 $\sum_{k=0}^{n}\left(k \cdot \dfrac{C_a^k C_b^{n-k}}{C_{a+b}^n}\right) = \sum_{k=1}^{n}\left(a \cdot \dfrac{C_{a-1}^{k-1} C_b^{n-k}}{C_{a+b}^n}\right) = \dfrac{a}{C_{a+b}^n} \cdot \sum_{k=1}^{n}(C_{a-1}^{k-1} C_b^{n-k}) = \dfrac{a}{C_{a+b}^n} \cdot \sum_{k=0}^{n-1}(C_{a-1}^k C_b^{n-1-k}) = \dfrac{a}{C_{a+b}^n} C_{a+b-1}^{n-1} = \dfrac{na}{a+b}$.

2. $\dfrac{C_2^1 C_n^1 + C_2^2 C_n^0}{C_{n+2}^2} < 0.5$，解得正整数 $n \geqslant 6$.

■ **练习反馈、互动提问** ■

1. 如果两个分布的期望和方差都相同，那么这两个分布是不是一定相同？

2. 如何用组合数的性质证明 $\sum_{k=0}^{n} C_a^k C_b^{n-k} = C_{a+b}^n$？

3. "二项分布"因可以证明二项式定理而得名；那么"超几何分布"的名称从何而来？

▪ 结束语 ▪

课本上介绍的各种分布,并不能完全描述生活中的各种情况,如何将生活中遇到的随机变量,建立成一个简单却又能体现变量变化特征的模型,是一件十分有意思且具有挑战性的事情.

▪ 备课资源 ▪

超几何分布一般被用在抽奖、摸球等问题中.在例 2 中,"依次不放回地摸 5 个球"可以看成 5 个人同时从 10 个球中各摸一个球,那么对于每个人来说,摸到白球的概率都是 $\frac{3}{5}$;而如果将这个摸球活动理解为 1 个人依次摸 5 个球,那么只有第一次的概率和上一种情况相同,而从第二次摸球开始,根据前面摸球的结果,之后每次摸到白球的概率会产生变化,和上一种情况中的"每个人摸到白球概率相同"不一致.在实际的问题中,例如抽奖问题,如果后抽的人能够看到前面人抽奖的结果,那自己的中奖概率也就会发生变化.

7.3(3) 正态分布

(本教学设计由复旦大学附属中学谢大军老师提供)

▪ 教学内容分析 ▪

正态分布是高中数学选择性必修二第 7 章"概率初步(续)"第三节"常用分布"的最后一节内容,在学习了二项分布和超几何分布等离散型随机变量之后,正态分布作为连续型随机变量出现,既是对前面内容的补充,同时又是对前面知识的一种拓展.本节内容先通过研究频率分布直方图、正态密度函数和钟形曲线,进而得到正态分布的概念,分析正态分布的特点,最后研究了它的应用.

正态分布是描述随机现象的一种十分常见的分布,在现实生活中有非常广泛的应用.学习正态分布,有利于学生在大学阶段的进一步学习.

▪ 教学目标设置 ▪

1. 通过分析生活中常见的符合正态分布的具体事例,归纳概括出正态分布的概念,发展直观想象与数学抽象等核心素养.

2. 能应用正态分布解决一些简单的实际问题.

▪ 教学重点及学习难点 ▪

教学重点:正态分布密度函数的特点,正态分布函数的性质.

学习难点:理解正态分布的密度函数图像的特点及其所表示的意义.

▪ 学生情况分析 ▪

学生已经学习掌握了有关概率和统计的基础知识,还学习了二项分布与超几何分布两个离散型随机变量的分布.本节课将研究一类重要的连续型随机变量模型——正态分布,需要学生在教师的启发引导下,从直观上分析和抽象概括出正态分布的概念.

▪ **教学流程** ▪

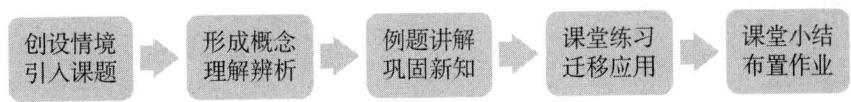

▪ **教学过程设计** ▪

教学设计	设计意图
(一)创设情境,引入课题 　　**情境与问题**　一包米外包装上标示的质量是5000 g,但实际上是有误差的,假设包装米的公司没有故意偷工减料,计量员精确地检测所有在售的该种米,那么画出米包质量的频率分布直方图,会是什么形状呢? 　　**问题1**　如图7.3(3)-1是一条峰值在5000 g左右的曲线,请通过观察总结一下它的形状特征: 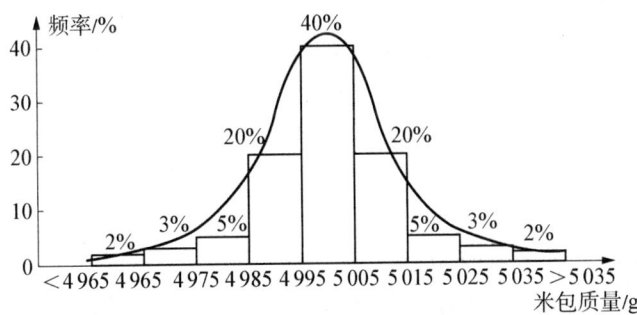 图7.3(3)-1 (教师提问,学生回答,教师总结) 　　观察图形可知:该图形峰值在5000 g左右,并且质量大致对称地分布在5000 g的两侧.靠近5000 g的比远离5000 g的数据出现得更频繁. 　　随着样本数据量越来越大,分组越来越多,组距越来越小,可以知道频率分布直方图的轮廓越来越稳定,接近一个光滑的钟形曲线.	观察米包的质量测量的频率分布直方图.通过细化数据,发现直方图具有以下特征:单一峰值、中间高两头矮.为引入正态分布作准备.

(二) 形成概念,理解辨析

数学中用正态分布来描述这种形如钟形的曲线对应的分布.它由下面函数所表达:

$$\varphi_{\mu,\sigma^2}(x) = \frac{1}{\sqrt{2\pi}\sigma} e^{-\frac{(x-\mu)^2}{2\sigma^2}}, \ x \in (-\infty, +\infty).$$

其中有两个参数:

(1) μ 是该分布的期望或均值;

(2) σ^2 是该分布的方差,且总是假设 $\sigma > 0$.

该函数在数学上称为正态密度函数,对应的曲线称为钟形曲线,如图 7.3(3)-2.

分析钟形曲线的两个参数所代表的意义.

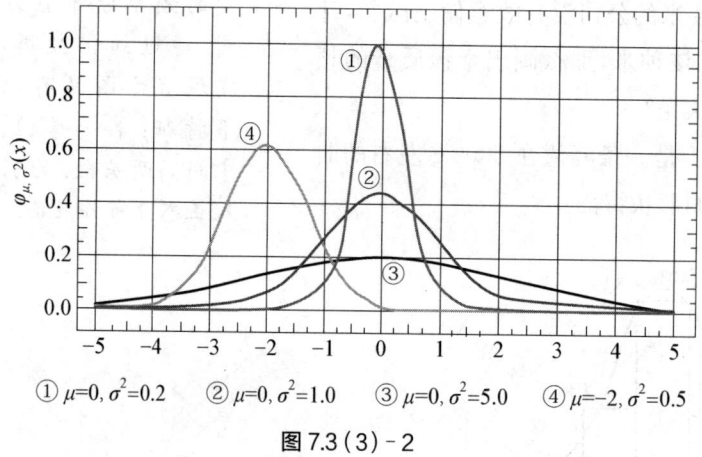

① $\mu=0, \sigma^2=0.2$ ② $\mu=0, \sigma^2=1.0$ ③ $\mu=0, \sigma^2=5.0$ ④ $\mu=-2, \sigma^2=0.5$

图 7.3(3)-2

为了理解"一个函数所表达的分布",要说明两点:第一,分布是指总数为1的量以某种方式分布在直线上;第二,该函数的图像与 x 轴所夹部分的面积等于1,但这个事实需要用到高等数学的知识才能证明.

定义 设 X 是一个取实数值的随机变量,如果对任何给定的实数 a 与 b ($a<b$),X 落在区间 (a, b) 上的概率 $P(a<X<b)$ 等于三条直线:$y=0$, $x=a$, $x=b$ 与正态密度函数图像 $y = \varphi_{\mu,\sigma^2}(x)$ 所围的区域面积(或者

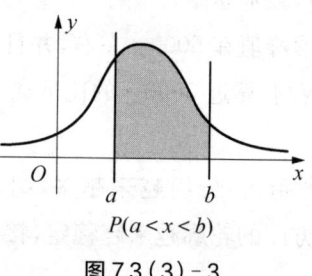

图 7.3(3)-3

简称作此函数在该区间上的面积,如图 7.3(3)-3 所示),那么 X 服从正态分布(normal distribution),或者更准确地说,X 服从参数为 μ、σ^2 的正态分布,记为

$$X \sim N(\mu, \sigma^2).$$

当 $\mu=0$,$\sigma^2=1$ 时,相应的正态分布称为标准正态分布,记作 $X \sim N(0,1)$. 其密度函数

$$y = \frac{1}{\sqrt{2\pi}} e^{-\frac{x^2}{2}}, x \in (-\infty, +\infty)$$

称为标准正态分布的密度函数,简记作 $y=\varphi(x)$,实际上,一般的正态分布的密度函数总是标准正态分布的密度函数的某种平移和伸缩变换,其形状保持钟形不变.

用 $\Phi(x)$ 表示标准正态分布的密度函数 $y=\varphi(x)$ 从 $-\infty$ 到 x 的累计面积,如图 7.3(3)-4 所示,称为标准正态分布函数.

这个函数没有简单的表达式,其函数值可通过近似计算得到,我们也可以通过计算器来查它或者它的反函数的值.

图 7.3(3)-4

问题 2 根据密度函数的特征,请问 $\Phi(x)$ 有哪些性质?
(教师提问,学生回答,教师总结)

总结 (1) $\Phi(x)$ 的值域为 $(0,1)$;
(2) $\Phi(x)$ 严格单调递增;
(3) $\Phi(-x)=1-\Phi(x)$.

如果 $X \sim N(\mu, \sigma^2)$,那么将 X 平移再伸缩后将服从标准正态分布,即成立

$$\frac{X-\mu}{\sigma} \sim N(0,1).$$

这样,正态分布 $X \sim N(\mu, \sigma^2)$ 的密度函数的图像是一条钟形曲线,它关于直线 $x=\mu$ 对称,其最大值在 $x=\mu$ 处达到. 在 $x=\mu$ 的左侧,函数严格增,而在 $x=\mu$ 的右侧,函数严

介绍标准正态分布,将其他正态分布问题转化为标准正态分布问题.

利用 $\varphi(x)$ 的性质和钟形曲线的图像特征,抽象概括出正态分布函数 $\Phi(x)$ 的性质.

格减,从而它是一条单峰曲线. 固定正数 $b-a$,当区间 (a, b) 在 x 轴上平移时,显然当 μ 处于区间的中心时,概率 $P(a < X < b)$ 即在区间 (a, b) 上的面积达到最大值. 因此,通常说正态分布集中在其期望 μ 的附近,即参数 μ 表示分布集中的位置.

另一个参数 σ 描述的是分布的集中程度. 从图 7.3(3)-5 中可以看出,密度函数的最大值在 $x=\mu$ 处达到,其最大值为 $\varphi_{\mu,\sigma^2}(\mu)=\dfrac{1}{\sqrt{2\pi}\sigma}$, 它与 σ 成反比. 由于图像与 x 轴之间的区域的总面积是一个固定值 1,因此当 σ 变小时,最大值变大,钟形变"高瘦",分布向中心 $x=\mu$ 处集中;反之 σ 变大时,最大值变小,钟形变"矮胖",分布向 $x=\mu$ 的两边分散.

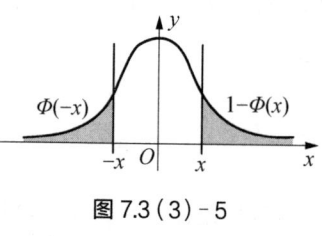

图 7.3(3)-5

分析两个参数 μ 和 σ 对钟形曲线的影响.

由于种种原因,在测量的过程中总有误差存在. 通常我们总假设误差是一个服从正态分布的随机变量.

(三) 例题讲解,巩固新知

例 1 某公司生产的糖果每包标识质量是 500 g,但公司承认实际质量存在误差. 已知每包糖果的实际质量服从 $\mu=500, \sigma^2=2.5^2$ 的正态分布. 问随意买一包糖果,其质量误差超过 5 g(即 1%)的可能性有多大? (结果精确到 0.1%)

解 用 X 表示糖果的质量,由题意,可知 $X\sim N(500, 2.5^2)$. 要求 $|X-500|>5$ 的概率,即求 $P(|x-500|>5)$ 的值. 令 $Y=\dfrac{X-500}{2.5}$,则 $Y\sim N(0,1)$. 因此,有

$$P(|X-500|>5)=P(|Y|>2)=P(Y>2)+P(Y<-2)$$
$$=2\Phi(-2)=2(1-\Phi(2))$$
$$\approx 2(1-0.9772)=2\times 0.0228$$
$$=0.0456\approx 4.6\%,$$

即误差超过 $5g$ 的可能性约 4.6%.

通过例 1 巩固正态分布函数的性质.

例 2 设 X 为任取的某袋有包装误差的产品的质量,$X\sim N(\mu, \sigma^2)$. 分别求 $|X-\mu|<\sigma, |X-\mu|<2\sigma$ 及

通过例 2 一方面巩固正态分布函数的

$|X-\mu|<3\sigma$ 的概率.(结果精确到 0.1%)   性质,同时介绍 3σ

  解 令   原则.

$$Y = \frac{X-\mu}{\sigma},$$

  那么 $P(|X-\mu|<\sigma)=P(|Y|<1)$. 而 $P(|Y|<1)$ 是标准正态分布的密度函数在区间 $(-1,1)$ 上的面积,也就是 $(-\infty,1)$ 上的面积减去在区间 $(-\infty,-1)$ 上的面积. 这样,就有

$$\begin{aligned}P(|Y|<1)&=\Phi(1)-\Phi(-1)=\Phi(1)-(1-\Phi(1))\\&=2\Phi(1)-1\approx 2\times 0.8413-1\\&=0.6826\approx 68.3\%.\end{aligned}$$

同样,

$$\begin{aligned}P(|Y|<2)&=2\Phi(2)-1=2\times 0.9772-1\\&=0.9544\approx 95.4\%;\\P(|Y|<3)&=2\Phi(3)-1=2\times 0.9987-1\\&=0.9974\approx 99.7\%.\end{aligned}$$

  因此,随意购买一袋该产品,约有 68.3% 的可能性其质量在 $(\mu-\sigma,\mu+\sigma)$ 范围内;约有 95.4% 的可能性其质量在 $(\mu-2\sigma,\mu+2\sigma)$ 范围内;约有 99.7% 的可能性其质量在 $(\mu-3\sigma,\mu+3\sigma)$ 范围内,如图 7.3(3)-6 所示. 这称为正态分布的 3σ 原则.

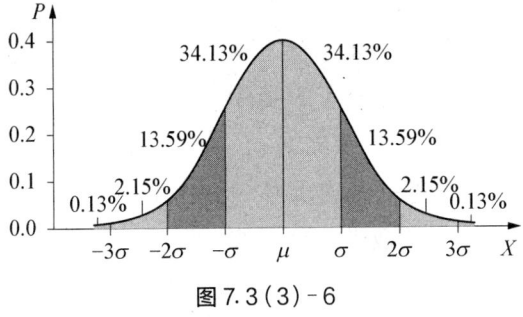

图 7.3(3)-6

(四) 课堂练习,迁移应用

  1. 已知随机变量 $X\sim N(2,3^2)$,且 $P(X\leqslant 1)=P(X\geqslant$

$m+1)$,则 $\dfrac{1}{x}+\dfrac{4}{m-x}(0<x<m)$ 的最小值为_____.

解 由正态分布的对称性可知,$m+1=3$,解得 $m=2$. 因为 $0<x<2$,所以 $2-x>0$,由基本不等式得:

$\left(\dfrac{1}{x}+\dfrac{4}{2-x}\right)=\dfrac{1}{2}\left(\dfrac{1}{x}+\dfrac{4}{2-x}\right)[x+(2-x)]=\dfrac{1}{2}\left(1+\dfrac{2-x}{x}+\dfrac{4x}{2-x}+4\right)\geqslant\dfrac{1}{2}\left(5+2\sqrt{\dfrac{2-x}{x}\cdot\dfrac{4x}{2-x}}\right)=\dfrac{9}{2}$.

当且仅当 $\dfrac{2-x}{x}=\dfrac{4x}{2-x}$,即 $x=\dfrac{2}{3}$ 时等号成立,所以不等式的最小值为 $\dfrac{9}{2}$.

2. 已知某批零件的长度误差 X(单位:毫米)近似服从正态分布 $N(0,2^2)$,从这批零件中随机抽取一件,则事件 $\{2<X<4\}$ 的概率为_____.(附:若随机变量 $\xi\sim N(\mu,\sigma^2)$,则 $P(|\xi-\mu|\leqslant\sigma)\approx 0.6826$,$P(|\xi-\mu|\leqslant 2\sigma)\approx 0.9544$)

解 $X\sim N(0,2^2)$,$\mu=0$,$\sigma=2$,所以 $P(2<X<4)=\dfrac{0.9544-0.6826}{2}=0.1359$. 故答案为 0.1359.

(五) 课堂小结,布置作业

课堂小结:

本节课学习了一类常见的连续型随机变量模型——正态分布. 经历了从特殊到一般,从具体到抽象的过程. 归纳概括出了正态分布密度函数的图像特征,也总结出了正态分布函数的性质;会利用计算器解决简单的有关正态分布的实际问题.

通过本节课的学习,学生体会了从特殊到一般,从具体到抽象的数学思想;发展了直观想象、数学抽象、数学运算等核心素养.

课后作业:

基础练习

1. 已知随机变量 $X\sim N(2,\sigma^2)$,若 $P(X\geqslant 4)=0.1$,则

$P(0 < X < 4) =$ _____.

2. 已知随机变量 $X \sim N(\mu, \sigma^2)$，若 $P(X < 0) = P(X > 6)$，则 $\mu =$ _____.

3. 随机变量 X 服从正态分布 $N(10, 2^2)$，$P(X < 12) + P(X < m) = 1$，则 $m =$ _____.

4. 已知随机变量 X 服从正态分布 $N(-2, \sigma^2)$，且 $P(X \leqslant -1) = k$，求 $P(X \leqslant -3)$ 的值.

5. 为加强体育锻炼，让运动成为习惯，某学校进行了一次体能测试. 这次体能测试满分为 100 分，从高三年级抽取 1000 名学生的测试结果，已知测试结果 ξ 服从正态分布 $N(70, \sigma^2)$. 若 ξ 在 $(50, 70)$ 内取值的概率为 0.4，则 ξ 在 90 分以上取值的概率为（　　）.

A. 0.05　　B. 0.1　　C. 0.2　　D. 0.4

能力拓展（选做）

1. 随机变量 X 服从正态分布，有下列四个命题：
①$P(X \geqslant k) = 0.5$；②$P(X < k) = 0.5$；
③$P(X > k+1) < P(X < k-2)$；④$P(k-1 < X < k) > P(k+1 < X < k+2)$.

若只有一个假命题，则该假命题是（　　）.

A. ①　　B. ②　　C. ③　　D. ④

2. 某机械厂对一台自动化机床生产的标准零件尺寸进行统计发现，零件尺寸误差 X 近似服从正态分布 $N(0, 0.5^2)$（误差单位：mm），已知尺寸误差的绝对值在 0.5 mm 内的零件都是合格零件. 若该机床在某一天共生产了 5000 个零件，则其中合格的零件总数为_____.

（附：随机变量 ξ 服从正态分布 $N(\mu, \sigma^2)$，则 $P(\mu - \sigma < \xi < \mu + \sigma) = 0.6826$，$P(\mu - 2\sigma < \xi < \mu + 2\sigma) = 0.9544$）

基础练习答案：

1. 0.8.　2. 3.　3. 8.　4. $1-k$.　5. B.

能力拓展答案：

1. C. 提示：由①$P(X \geqslant k) = 0.5$、②$P(X < k) = 0.5$ 及正态分布的性质和题意可知，①②均为真命题，所以 $\mu = k$，所以 $P(X > k+1) > P(X > k+2) = P(X < k-2)$，所以

③错误,因为 $P(k-1<X<k)=P(k<X<k+1)>P(k+1<X<k+2)$,所以④正确. 2. 3413. 提示:由已知条件可得 $\mu=0$, $\sigma=0.5$, $P(|\xi|<0.5)=P(\mu-\sigma<\xi<\mu+\sigma)=0.6826$,因此,合格的零件总数为 $5000\times0.6826=3413$.

- **练习反馈、互动提问**
1. 参数 μ 和 σ 对钟形曲线有何影响?
2. 还有其他连续型随机变量么?

- **结束语**

数缺形时少直观,形少数时难入微.

- **备课资源**

正态分布概念是由法国数学家棣莫弗于1733年首次提出的,后由德国数学家高斯率先将其应用于天文学研究,故正态分布又叫高斯分布. 高斯这项工作对后世的影响极大,他使正态分布同时有了"高斯分布"的名称,后世之所以多将最小二乘法的发明权归之于他,也是出于这一理由.

四、单元评价卷

"概率初步(续)"单元评价卷

考试范围:第7单元;时间:60分钟;满分:100分.

一、选择题(下列各题只有一个选项是正确的,每题4分,共40分)

1. 抛掷一枚质地均匀的骰子,观察出现的点数. 若已知出现的点数不超过4,则出现的点数是奇数的概率为( ).

A. $\dfrac{1}{3}$ B. $\dfrac{1}{4}$ C. $\dfrac{1}{6}$ D. $\dfrac{1}{2}$

2. 设某医院仓库中有10盒同样规格的X光片,已知其中有5盒、3盒、2盒依次是甲厂、乙厂、丙厂生产的. 且甲、乙、丙三厂生产该种X光片的次品率依次为 $\dfrac{1}{10}$、$\dfrac{1}{15}$、$\dfrac{1}{20}$,现从这10盒中任取一盒,再从这盒中任取一张X光片,则取得的X光片是次品的概率为( ).

A. 0.08   B. 0.1   C. 0.15   D. 0.2

3. 已知 $P(B|A)=\dfrac{1}{3}$,$P(A)=\dfrac{2}{5}$,则 $P(A\cap B)$ 等于( ).

A. $\dfrac{5}{6}$ B. $\dfrac{9}{10}$ C. $\dfrac{2}{15}$ D. $\dfrac{1}{15}$

4. 一个口袋中装有 2 个白球和 3 个黑球,先摸出一个球后放回,再摸出一个球,则两次摸出的球都是白球的概率是(　　).

A. $\dfrac{2}{5}$ B. $\dfrac{3}{5}$ C. $\dfrac{1}{5}$ D. $\dfrac{4}{25}$

5. 播种用的一等小麦种子中混有 2% 的二等种子,1.5% 的三等种子,1% 的四等种子. 用一、二、三、四等种子长出的穗含 50 颗以上麦粒的概率分别为 0.5、0.15、0.1、0.05,则这批种子所结的穗含 50 颗以上麦粒的概率为(　　).

A. 0.8   B. 0.8325   C. 0.5325   D. 0.4825

6. 设 $0<a<1$,随机变量 X 的分布是 $\begin{pmatrix} 0 & a & 1 \\ \dfrac{1}{3} & \dfrac{1}{3} & \dfrac{1}{3} \end{pmatrix}$,则当 a 在 $(0,1)$ 内增大时,$D[X]$(　　).

A. 增大   B. 减小   C. 先增大后减小   D. 先减小后增大

7. 设 $0<p<1$,随机变量 ξ 的分布为 $\begin{pmatrix} 0 & 1 & 2 \\ \dfrac{1}{2} & \dfrac{p}{2} & \dfrac{1-p}{2} \end{pmatrix}$,则当 p 在 $(0,1)$ 内增大时(　　).

A. $E[\xi]$ 减小,$D[\xi]$ 减小   B. $E[\xi]$ 减小,$D[\xi]$ 增大
C. $E[\xi]$ 增大,$D[\xi]$ 减小   D. $E[\xi]$ 增大,$D[\xi]$ 增大

8. 已知随机变量 X 服从正态分布 $N(4,\delta^2)$,且 $P(X\leqslant 8)=0.8$,则 $P(0<X\leqslant 4)$ 等于(　　).

A. 0.2   B. 0.3   C. 0.4   D. 0.5

9. 某地 7 个贫困村中有 3 个村是深度贫困,现从中任意选 3 个村,下列事件中概率等于 $\dfrac{6}{7}$ 的是(　　).

A. 至少有 1 个深度贫困村   B. 有 1 个或 2 个深度贫困村
C. 有 2 个或 3 个深度贫困村   D. 恰有 2 个深度贫困村

10. 若随机变量 X 服从二项分布 $B\left(80,\dfrac{1}{4}\right)$,则 $D[X]=$(　　).

A. 20   B. 40   C. 15   D. 30

二、填空题(请把正确的答案直接写在横线上,每题 4 分,共 40 分)

11. 已知 $P(B|A)=\dfrac{1}{3}$,$P(A)=\dfrac{3}{5}$,则 $P(A\cap B)=$_____.

12. 某小组有 20 名射手,其中 1、2、3、4 级射手人数分别为 2、6、9、3 名.又若选 1、2、3、4 级射手参加比赛,则在比赛中射中目标的概率分别为 0.85、0.64、0.45、0.32,今随机选一人参加比赛,则该小组比赛中射中目标的概率为_____.

13. 设某公路上经过的货车与客车的数量之比为 2:1,货车中途停车修理的概率为 0.02,客车为 0.01.今有一辆汽车中途停车修理,该汽车是货车的概率为_____.

14. 小赵、小钱、小孙、小李四名同学报名参加了 $a、b、c、d$ 四个景点的旅游,且每人只参加了其中一个景点的旅游,记事件 A 为"4 个人去的景点互不相同",事件 B 为"只有小赵去了 a 景点",则 $P(A|B)=$_____.

15. 通信渠道中可传输的字符为 $AAAA$、$BBBB$、$CCCC$ 三者之一,传输三者的概率分别为 0.3、0.4、0.3.由于通道噪声的干扰,正确地收到被传输字符的概率为 0.6,收到其他字符的概率为 0.2,假定字符前后是否被歪曲互不影响.若收到的字符为 $ABCA$,则传输的字符是 $AAAA$ 的概率为_____.

16. 已知随机变量 X 的分布为 $\begin{pmatrix} a & 2 & 3 & 4 \\ \frac{1}{3} & b & \frac{1}{6} & \frac{1}{4} \end{pmatrix}$,若 $E[X]=2$,则 $a=$_____;$D[X]=$_____.

17. 若随机变量 ξ 的分布为 $\begin{pmatrix} -1 & 0 & 1 \\ a & \frac{1}{4} & a^2 \end{pmatrix}$,则 $E[\xi]=$_____,$D[2\xi-1]=$_____.

18. 已知随机变量 ξ 服从二项分布 $B\left(6,\frac{1}{2}\right)$,则 $E[2\xi+3]=$_____,$D[2\xi+3]=$_____.

19. 已知随机变量 X 服从正态分布 $N(10,\sigma^2)$,$\sigma>0$,且 $P(X\leqslant 16)=0.76$,则 $P(4<X\leqslant 10)$ 的值为_____.

20. 若随机变量 X 服从正态分布 $N(2,3^2)$,且 $P(X<a)=0.20$,则 $P(2<X<4-a)=$_____.

三、解答题(每题 10 分,共 20 分)

21. 两台车床加工同样的零件,第一台出现废品的概率是 0.03,第二台出现废品的概率是 0.02.加工出来的零件放在一起,并且已知第一台加工的零件比第二台加工的零件多一倍.

(1)(5 分)求随机取出的 1 个零件是合格品的概率;

(2)(5 分)如果随机取出的 1 个零件是废品,求它是第二台车床加工的概率.

22. 我国全力抗击"新冠疫情"对全球做出了巨大贡献,广大中小学生在这场"战疫"中也通过各种方式作出了贡献. 某校团委准备组织一次"网上战疫"的宣传活动,活动包含 4 项子活动. 现随机抽取了 5 个班级中的 25 名同学进行关于活动方案的问卷调查,其中关于 4 项子活动的赞同情况统计如下表 7-1:

表 7-1

班级代码	A	B	C	D	E	合计
4 项子活动全部赞同的人数	3	4	8	3	2	20
4 项子活动不全部赞同的人数	1	1	0	2	1	5
合计问卷调查人数	4	5	8	5	3	25

现欲针对 4 项子活动的活动内容作进一步采访调研,每项子活动采访 1 名学生.

(1)(5 分)若每项子活动都从这 25 名同学中随机选取 1 人采访,求 4 次采访中恰有 1 次采访的学生对"4 项子活动不全部赞同"的概率;

(2)(5 分)若从 A 班和 E 班的被问卷调查者中各随机选取 2 人作为采访调研的对象,记选取的 4 人中"4 项子活动全部赞同"的人数为 X,求随机变量 X 的分布与数学期望 $E[X]$.

参考答案

1. D. **2.** A. **3.** C. **4.** D. **5.** D. **6.** D. **7.** A. **8.** B. **9.** B. **10.** C.

11. $\dfrac{1}{5}$. **12.** 0.5275. **13.** 0.80. **14.** $\dfrac{2}{9}$. **15.** 0.5625. **16.** $0;\dfrac{5}{2}$. **17.** $-\dfrac{1}{4};\dfrac{11}{4}$.

18. 9;6. **19.** 0.26. **20.** 0.3.

21. 设 A_i 表示"第 i 台机床加工的零件"($i=1,2$),B 表示"出现废品";C 表示"出现合格品".

(1) $P(C)=P(A_1\cap C)\cup(A_2\cap C)=P(A_1\cap C)+P(A_2\cap C)=P(A_1)P(C|A_1)+P(A_2)P(C|A_2)=\dfrac{2}{3}\times(1-0.03)+\dfrac{1}{3}\times(1-0.02)\approx 0.973$.

(2) $P(A_2|B)=\dfrac{P(A_2\cap B)}{P(B)}=\dfrac{P(A_2)P(B|A_2)}{P(A_1)P(B|A_1)+P(A_2)P(B|A_2)}$

$=\dfrac{\dfrac{1}{3}\times 0.02}{\dfrac{2}{3}\times 0.03+\dfrac{1}{3}\times 0.02}=0.25$.

22. (1) 设 4 次采访中恰有 1 次采访的学生对"4 项子活动不全部赞同"为事件 A,因为 25 名同学中 4 项子活动全部赞同的人数为 20 人,不全部赞同的人数为 5 人,所以从中任选 1 人对 4 项子活动不全部赞同的概率为 $\dfrac{5}{25}=\dfrac{1}{5}$,所以所求事件的概率为 $P(A)=C_4^1\left(\dfrac{1}{5}\right)^1$

$\left(1-\dfrac{1}{5}\right)^3=\dfrac{256}{625}.$

(2) $X=2、3、4$,$P(X=2)=\dfrac{C_3^1 C_1^1}{C_4^2}\times\dfrac{C_2^1 C_1^1}{C_3^2}=\dfrac{1}{3}$,$P(X=3)=\dfrac{C_3^2 C_1^0}{C_4^2}\times\dfrac{C_2^1 C_1^1}{C_3^2}+\dfrac{C_3^1 C_1^1}{C_4^2}\times\dfrac{C_2^2 C_1^0}{C_3^2}=\dfrac{1}{2}$,$P(X=4)=\dfrac{C_3^2 C_1^0}{C_4^2}\times\dfrac{C_2^2 C_1^0}{C_3^2}=\dfrac{1}{6}$,故 X 的分布为:

$$\begin{pmatrix} 2 & 3 & 4 \\ \dfrac{1}{3} & \dfrac{1}{2} & \dfrac{1}{6} \end{pmatrix}$$

则 X 的数学期望为 $E[X]=2\times\dfrac{1}{3}+3\times\dfrac{1}{2}+4\times\dfrac{1}{6}=\dfrac{17}{6}.$

第八章 成对数据的统计分析

一、单元基本信息

课程标准模块	选择性必修课程——主题三"概率与统计"——统计
使用教材	上教版普通高中教科书数学选择性必修第二册
单元名称	成对数据的统计分析
单元课时	6

二、单元教学规划

1. 主题名称
成对数据的统计分析.

2. 主题概述
（1）核心概念：成对数据、线性相关系数、相关分析、回归分析、χ^2检验、统计图表、2×2列联表、独立性检验.

（2）内容结构：

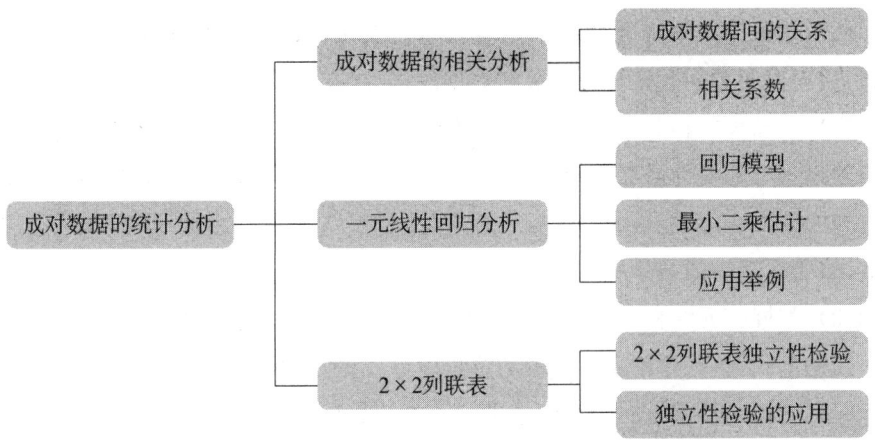

（3）呈现方式

案例教学、信息技术辅助.

(4) 教学过程

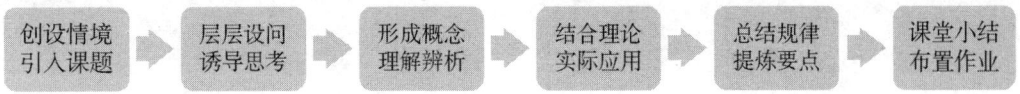

(5) 育人价值

学生能提升获取有价值信息并进行定量分析的意识和能力;适应数字化学习的需求,增强基于数据表达现实问题的意识,形成通过数据认识事物的思维品质,积累依托数据探索事物本质、关联和规律的活动经验.

3. 主题学情分析

(1) 基础能力

学生在统计分析方面的基础知识比较薄弱,理解能力、计算能力、处理数据能力、抽象思维能力有所欠缺.

(2) 认知现状

统计知识的教学贯穿小学到初中,学生在每个阶段都要学习收集、整理、描述和分析等处理数据的基本方法;在高中阶段,需要量化两个变量之间的相关程度的大小,重视对统计结果的解释,了解如何用"最小二乘法"确定回归方程,在此阶段的学习中容易产生认知上的困难.

(3) 其他

利用信息技术制作散点图、绘制回归直线、确定回归方程,容易激发学生的学习兴趣.

4. 开放性学习环境

教材、参考书籍、计算机及网络.

5. 单元学习目标

目标(1):认识生活中变量间的关系,体会两个变量间的相关性,理解成对数据及相关分析的概念;会通过相关系数比较两组成对数据的相关性.

目标(2):了解样本相关系数与标准化数据向量夹角的关系;了解线性回归方程和由它所作出的预报具有随机性的特点;体会事件、样本数据与回归方程三者之间的关系;明确建立回归模型的基本步骤;能够利用回归方程进行预测;认识到线性回归知识在实际生活中的实践价值,感受生活中的数学.

目标(3):掌握一元线性回归模型的一般步骤.体会有些非线性模型通过变换可以转化为线性回归模型,了解在解决实际问题的过程中寻找更好的模型的方法.

目标(4):结合生活实例对分类变量进行简单的数据处理,运用2×2列联表判断两个分类变量是否有关系,了解独立性检验的基本思想、方法及初步应用.

目标(5):会利用信息技术(如 Excel 软件)绘制成对数据的散点图、求线性回归方程.通过解决实际问题,提高运用所学知识与方法及信息技术解决实际问题的能力,并学习如何处理数据.

目标(6)：知道最小二乘法思想，了解其公式的推导过程.

目标(7)：学生通过数据统计、分析和计算过程，从具体实例中学会基本的统计思想；初步培养学生从生活中发现数学问题、解决数学问题的能力及数学抽象、数学建模、数据分析等核心素养；培养数学应用意识，形成实事求是的治学态度和锲而不舍的求学精神.

6. 教学过程

（1）总体想法

面对实际背景，凝练统计问题；明确问题目标，收集整理数据；合理构建模型，优化推断结论；回归实际问题，形成决策认识.

（2）各阶段教学内容

第一阶段：成对数据的相关分析（2课时）.

第二阶段：一元线性回归分析（2课时）.

第三阶段：2×2列联表（2课时）.

（3）教学分析

本单元教学过程要着重引导学生参与统计活动全过程，亲身经历从实际问题情境到提出统计问题，再到形成用于决策的知识的全过程，使学生不断积累统计分析经验，感悟统计分析的本质所在. 教学中不要一味追求"短平快"，而要着眼于长远发展，要看到学生通过对概率统计等相关内容的学习，在数据分析活动过程中逐渐提升发现、提出、分析、解决问题的能力. 要从培养学生对数学感悟能力开始，培养学生用统计的眼光观察世界，学会把实际问题凝练成相关的统计问题；要把学会用统计思维分析实际问题的能力作为核心素养的重要表现，要把是否具有用统计语言去表达实际问题和形成决策的能力作为核心素养达成的目标.

7. 评价建议

（1）评价原则

克服把教学重心放在单纯演练统计习题上的倾向，通过问题情境引导学生亲身经历统计分析活动的全过程；评价中重点关注学生在分析和解读数据上的表现，培养相关的能力；充分发挥案例在评价中的作用，提高学生数据分析核心素养的质量水平.

（2）评价量表

评价维度	评价内容	评价要点	评价方式
学习活动	学习准备	对本单元的学习有一定的兴趣和动力，对本单元的学习时间有科学的规划和安排，同时能为本单元的学习认真复习巩固前面学习的知识；	学生自评 学生互评 教师评价

续表

评价维度	评价内容	评价要点	评价方式
		能够事先预习本单元的内容,并且在预习过程中能提出自己的见解,能对知识点提出质疑,会事先查找和准备相关的学习资料; 具有积极向上的学习态度和强烈的求知欲.	
	课堂学习	上课专心听讲,思维始终与课堂教学同步,并能做好课堂笔记; 积极思考老师提出的问题并踊跃举手发言,积极参加小组讨论,能用数学语言表述与交流; 小组活动中用语恰当,善于合作与交流,同学之间相互帮助和相互学习; 明确学习重点和难点,理解概念和公式,掌握学习方法; 独立完成课堂练习,及时归纳和总结学习方法; 能思考有挑战性的问题,敢于质疑,并尝试用不同的方法解决问题.	
	课后学习	按时独立完成作业,作业质量高,格式和表述规范,准确率高; 能及时订正做错的作业,不会之处及时问老师; 对本单元的知识点和方法进行归纳和梳理,形成知识链; 重点归纳本单元典型的解题方法和步骤; 阅读相关的课外数学书籍,拓宽知识面; 尝试通过网络等途径查找和学习相关知识.	
单元活动	活动表现	积极参加学习活动,积极思考,善于合作,能主动发现问题和解决问题,有良好的学习习惯; 积极参加小组合作学习,勇于接受任务,积极承担责任,逐步提高数学表达与交流能力; 积极参加数学探究和数学建模活动,主动学习数学文化; 学习和借鉴他人的优点,改正自己的不足,对他人评价认真、负责、有诚信.	学生自评 学生互评 教师评价
单元测验	四基四能	结合实例,了解样本相关系数的统计含义,了解样本相关系数与标准化数据向量夹角的关系; 结合实例,会通过相关系数判断两组成对数据的相关性; 结合具体实例,了解一元线性回归模型的含义,了解模型参数的统计意义,了解最小二乘原理,掌握一元线性回归模型参数的最小二乘估计方法,会使用相关的统计软件; 针对实际问题,会用一元线性回归模型进行预测; 通过实例,理解 2×2 列联表的统计意义; 通过实例,了解 2×2 列联表独立性检验及其应用.	考试、测验
	核心素养	数据分析、数学建模、逻辑推理、数学运算和数学抽象.	

续表

评价维度	评价内容	评价要点	评价方式
其他表现	竞赛论文	积极体验数学概念和公式发生发展的过程,体会数学家锲而不舍的科学态度和实事求是的科学精神; 善于从真实情境中发现问题,并提出有意义的数学问题,然后分析问题,给出解决问题的方案,并解释和证明,最后撰写探究活动报告或论文.	教师评价
	创新能力	借助真实情境提出问题,然后通过观察、分析、归纳提出问题,并探索解决问题的方法; 敢于质疑新的观点和方法,能够提出自己的见解和方法,并探讨自己的方法是否正确.	

(3) 作业设计建议

① 常规作业设计建议

围绕基本概念和基本方法,设计难易适度的问题;通过有针对性的问题提升学生的数学基本思想和基本活动经验.

② 综合作业设计建议

结合实例是学习本章内容的最好方法,教师要设计丰富的实例,使学生通过理解、比较,形成新的知识.

8. 教学反思

受考试方式的影响,概率与统计的教学实践往往陷入过度的习题操练中,原本极其鲜活的数据采集、分析过程变成了无趣的"纸上谈兵",这样的状况难以支撑数据分析素养的培养,必须加以改变. 数据分析素养的培养要着重引导学生参与统计活动的全过程,亲身经历从实际问题情境到统计问题,再到形成决策的知识的全过程,使学生不断积累数学分析活动经验,感悟数据分析的本质所在. 教学中不要一味追求"短平快",要着眼于长远发展,要看到学生在数据分析活动过程中是否逐渐提升发现、提出、分析和解决问题的能力;要注意在教学中重点关注学生在处理数据时的表现,要把学会用统计思维去分析实际问题的能力作为数学学科核心素养的重要表现,要把是否具有用统计语言去表达实际问题和形成决策知识的能力作为核心素养达成的目标;重视案例教学的功能,注重过程评价,开拓基于数据分析核心素养评价的多种方式.

9. 单元作业/测试(自选项)

见单元末.

三、课时教学设计示例

8.1(1) 成对数据间的关系

（本教学设计由新疆喀什第六中学，即上海师范大学附属喀什中学曹秀梅老师提供）

■ **教学内容分析** ■

本节课是高中数学上教版(2020)选择性必修二第八章第一节"成对数据间的相关分析"的第1课时. 在必修课程第13章"统计"中，已学习了单一变量数据的一些统计特征，如集中趋势、离散程度、分布等，曾经用散点图观察两个变量之间的相关性. 这为本节课的学习作了铺垫.

统计学是一门很古老的科学，它是通过搜集、整理、分析数据等手段，以达到推断所测对象的目的，甚至预测对象未来的一门综合性科学，其中用到了大量的数学及其他学科的专业知识，它的使用范围几乎覆盖了社会科学和自然科学的各个领域.

本节课的内容主要是成对数据间的关系，通过收集现实问题中两个有关联性的数据直观认识变量间的相关关系，培养学生普遍联系的思想，为后期构建统计模型打下基础. 这些知识和方法在解决实际问题中非常有用，同时进一步提升了学生的数据分析、直观想象、数学运算等核心素养.

■ **教学目标设置** ■

1. 通过实例，体会两个变量间的相关性. 理解成对数据及相关分析的概念.
2. 掌握相关关系的判断，会用 Excel 软件制作成对数据的散点图，能根据散点图对线性相关关系进行判断.
3. 通过对两个变量相关关系的学习，提升直观想象及数据分析等核心素养.

■ **教学重点及学习难点** ■

教学重点：通过收集现实问题中两个有关联性的数据直观认识变量间的相关关系；利用散点图直观认识两个变量之间的线性关系.

学习难点：变量间的相关关系，利用散点图直观体会这种相关关系.

■ **学生情况分析** ■

学生已经具有函数关系的概念；对相关关系也有了一些了解，但抽象思维能力还比较弱，处理数据的能力也较差，从合理应用技术的角度去看，Excel 软件可以帮助解决统计方面的问题. 学生在数字化环境下的学习过程，不仅仅是学知识，也是在掌握一种学习的手段.

■ **教学流程** ■

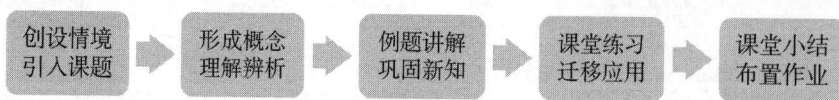

▪ **教学过程设计** ▪

教学设计	设计意图
（一）创设情境，引入课题 　　在学校里，老师经常这样对学生说："如果你的数学成绩好，那么你的物理学习就不会有什么大问题."按照这种说法，似乎学生的物理成绩与数学成绩之间存在着一种相关关系.这种说法有没有根据呢？教师点出课题. （二）形成概念，理解辨析 　　在统计活动中，我们常常需要研究来自同一对象的两个相关变量的两组数据间的关系，例如，为考察某班学生的身高与体重的关系，首先需要对每个学生的身高和体重进行测量，得到两组数据：一组是反映"身高"这个变量的数据，另一组是反映"体重"这个变量的数据，我们把这样来自同一对象的两组数据称为成对数据，研究成对数据相关性的方法称为相关分析. 　　问题1　水稻产量与施肥量有关系吗？"名师出高徒"可以解释为教师的水平越高，学生的水平也越高吗？教师的水平与学生的水平有什么关系？你能举出更多的描述生活中两个变量的相关关系的例子吗？ 　　问题2　两个变量间的关系有几种？ 　　问题3　如何研究两组数据的相关性？ 　　讨论结果： 　　1. 水稻产量与施肥量有关系，一般是在标准范围内，施肥越多，粮食产量越高；教师的水平与学生的水平有关系，通常是教师的水平越高，学生的水平往往也越高. 　　我们还可以举出现实生活中存在的许多具有相关关系的例子. 例如： 　　商品销售收入与广告支出经费之间的关系：商品销售收入与广告支出经费有着密切的联系，但商品销售收入不仅与广告支出多少有关，还与商品质量、居民收入等因素有关. 　　水稻产量与施肥量之间的关系：在一定范围内，施肥量越大，水稻产量就越高. 但是，施肥量并不是决定粮食产量的唯一因素. 因为粮食产量还要受到土壤质量、降雨量、田间管理	用现实情境问题引入，激发学生学习新知的兴趣. 通过问题设置引导学生自主探索、合作学习，不仅让学生充当学习的主人，更可加深对所得到结论的理解. 把"函数关系""相关关系"放在一起相互比较学习，可以使它们的"不同点"更加鲜明突出.

水平等因素的影响.

2.变量与变量之间的关系常见的有两类:一类是确定性的函数关系,像正方形的边长a和面积S的关系.另一类是变量间确实存在关系,但又不具备函数关系所要求的确定性,它们的关系是带有随机性的,即相关关系.

3.如何研究变量间的相关关系呢?

(1)收集整理数据;(2)作出散点图;(3)找函数模型.

(三)例题讲解,巩固新知

例1 通过随机抽样,我们获得某种商品每千克价格(单位:百元)与该商品消费者年需求量(单位:千克)的一组调查数据,如表8.1(1)-1所示.

表 8.1(1)-1

每千克价格/百元	4.0	4.0	4.6	5.0	5.2	5.6	6.0	6.6	7.0	10.0
年需求量/千克	3.5	3.0	2.7	2.4	2.5	2.0	1.5	1.2	1.2	1.0

请绘制上述数据的散点图,并依据散点图观察两组数据的相关性.

解 由于这两组数据分别来自同一商品的两个变量:"每千克价格"与"年需求量",因此来自这两个变量的两组数据可以看作成对数据.把"每千克价格"作为横坐标(自变量),"年需求量"作为纵坐标(因变量),在平面直角坐标系中绘制相应的点,就得到年需求量和每千克价格的散点图(图8.1(1)-1).

教师通过具体的案例,让学生了解两组数据相关性的研究方法,可以借助信息技术的使用,打破这部分内容的常规教法,降低理解难度,提高学生的学习效率,激发学生用数学知识研究具体问题的兴趣.

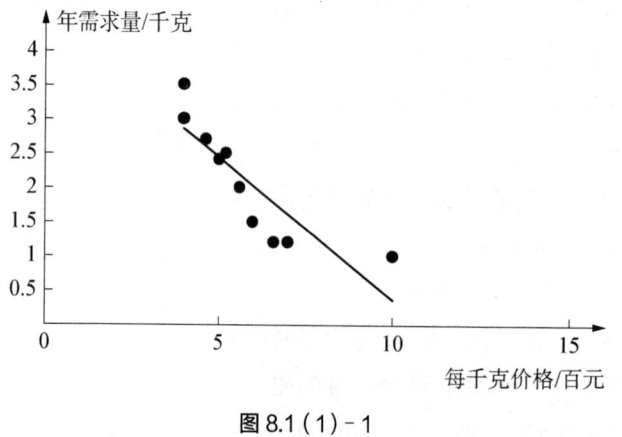

图 8.1(1)-1

从图 8.1(1)-1 可以看出,消费者对该商品的年需求量大体上随着价格的上升而减少,但也有一些例外的情况.例如,价格都是 4 百元,但不同年份的需求量分别是 3.5 千克和 3 千克,说明在价格不变的情况下,需求量仍可能发生变化.类似的价格改变,需求也可能基本不变.

如果所有的样本点都落在某一函数曲线上,就用该函数来描述变量之间的关系,即变量之间具有函数关系.如果所有的样本点都落在某一函数曲线附近,变量之间就有相关关系.如果所有的样本点都在一条直线附近波动,变量之间就有线性相关关系.此时可以用一条直线来拟合这两组数据,如例 1.

变式训练(散点图及其应用):下面是水稻产量与施化肥量的一组观测数据:

表 8.1(1)-2

施化肥量	15	20	25	30	35	40	45
水稻产量	320	330	360	410	460	470	480

(1) 将上述数据制成散点图;

(2) 你能从散点图中发现施化肥量与水稻产量近似成什么关系吗?水稻产量会一直随施化肥量的增加而增加吗?

解 (1) 散点图如下:

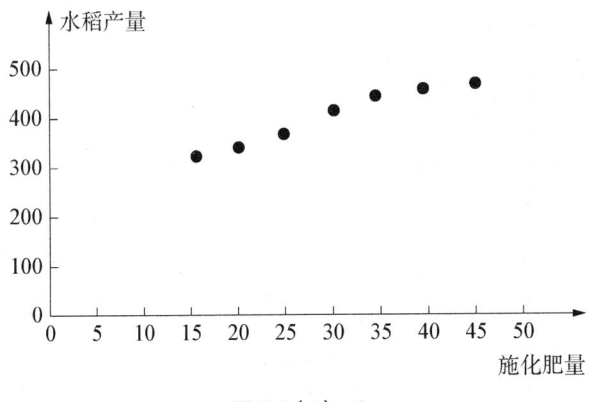

图 8.1(1)-2

(2) 从图中可以发现,当施化肥量由小到大变化时,水稻

本题的目的是加深对散点图的应用,同时也是对问题 1 从"形"的角度的直观理解.在这里利用散点图直观感知事物的形态与变化,理解事物间的关联及变化规律,是直观想象素养的具体体现.

产量也由小变大,图中的数据点大致分布在一条直线的附近,因此施化肥量和水稻产量近似成线性相关关系,但水稻产量只是在一定范围内随着化肥施用量的增加而增加,不会一直随施化肥量的增加而增加.

规律方法:画散点图时应注意合理选择单位长度,避免图形过大或偏小,或者是点的坐标在坐标系中画不准,使图形失真,导致得出错误结论.

归纳总结:

(1) 两个变量 x 和 y 具有相关关系的判断方法.

① 散点图法:通过散点图,观察它们的分布是否存在一定规律,直观地判断;

② 表格、关系式法:结合表格或关系式进行判断;

③ 经验法:借助积累的经验进行分析判断.

(2) 判断两个变量 x 和 y 之间是否具有线性相关关系,常用的简便方法就是绘制散点图,如果发现点的分布从整体上看大致在一条直线附近,那么这两个变量就是线性相关的,注意不要受个别点的位置的影响.

(四) 课堂练习,迁移应用

1. 若已知下列各组数据,它们是否可以看作成对数据? 是否可以进行相关分析? 判断并简要说明理由.

(1) A 校学生的身高与 B 校学生的体重;

(2) 人体内的脂肪含量与体重;

(3) 某班学生的物理成绩与数学成绩.

解 (1) 不可以看作成对数据. 因为不是来自同一对象的两个相关变量. (2)、(3) 可以看作成对数据.

2. 下列语句所表示的事件中的因素不具有相关关系的是(   ).

  A. 瑞雪兆丰年   B. 名师出高徒

  C. 吸烟有害健康   D. 喜鹊叫喜

解 瑞雪对农作物有好处,可能使得农作物丰收,所以瑞雪兆丰年具有相关关系;名师出高徒也具有相关关系;吸烟有害健康也具有相关关系;而喜鹊叫喜,没有必然的关系,故选 D.

选自教材练习,重点是对成对数据概念的理解.

由汉语文字中包含的"相关关系",让学生认识到相关性的研究价值.

3. 观察下列散点图,具有相关关系的是(   ).

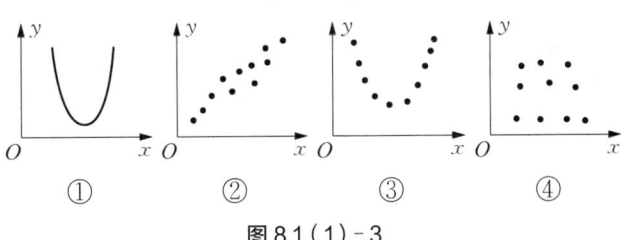

图 8.1(1)-3

A. ①②   B. ①③
C. ②④   D. ②③

解 ①是函数关系,④不具有相关关系,②③具有相关关系.故选 D.

从形的角度认识变量间的相关性.

4. 对于给定的两个变量的统计数据,下列说法中正确的是(   ).

A. 都可以分析出两个变量之间的关系
B. 都可以用一条直线近似地表示两者的关系
C. 都可以作出散点图
D. 都可以用确定的表达式表示两者的关系

答案 C.

加深对本节概念的理解.

5. 列表作出本班 5 名学生期中考试数学和物理成绩,画出散点图,并判断它们是否有相关关系.

解 5 名学生的数学和物理成绩(单位:分)如下:(数据仅供参考)

表 8.1(1)-3

学生 成绩	A	B	C	D	E
数学成绩	80	75	70	65	60
物理成绩	70	66	68	64	62

以 x 轴表示数学成绩,y 轴表示物理成绩,得相应的散点图如图所示.

由散点图可知,各点分布在一条直线附近,故两者之间具有线性相关关系.

解决开篇引入的问题,学生收集数据并动手制作散点图,分析其相关性,同时为课后拓展训练做准备.

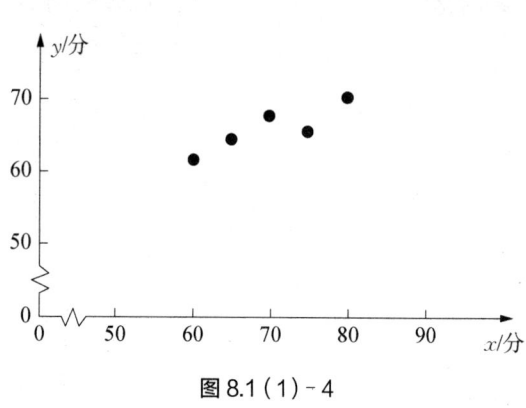

图 8.1(1)-4

(五)课堂小结,布置作业

课堂小结:

本节课研究了两个成对数据之间的关系,知道了现实生活中两个变量之间除了确定的函数关系外,还存在着大量的相关关系.散点图是直观有效的方法.

归纳总结、提升认识.

课后作业:

基础练习

1. 下列语句所表示的事件中的因素不具有相关关系的是(　　).

A. 正方体的棱长与体积

B. 读书破万卷,下笔如有神

C. 数学成绩与物理成绩

D. 光照时间与水稻的单位产量

2. 下列说法正确的是(　　).

A. $y=2x^2+1$ 中的 x、y 是具有相关关系的两个变量

B. 正四面体的体积与棱长具有相关关系

C. 电脑的销售量与电脑的价格之间是一种确定性的关系

D. 传染病医院感染传染病的医务人员数与医院收治的传染病病人数是具有相关关系的两个变量

3. 下列图形中具有相关关系的两个变量是(　　).

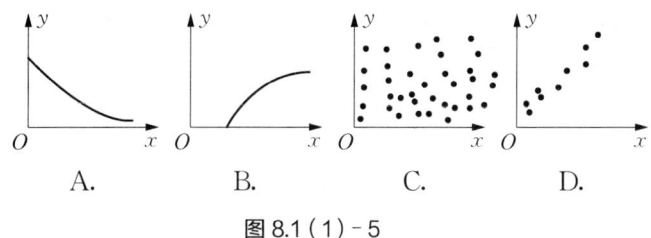

A. B. C. D.

图 8.1(1)-5

4. 从统计学的角度看,下列关于变量间的关系说法正确的是( ).

A. 人体的脂肪含量与年龄之间没有相关关系

B. 汽车的重量和汽车每消耗 1 L 汽油所行驶的平均路程之间有相关关系

C. 吸烟量与健康水平之间没有相关关系

D. 气温与热饮销售好不好之间没有相关关系

5. 《国家学生体质健康标准(2014 年修订)》中,体能监测包含身高、体重、肺活量、50 米跑、坐位体前屈、引体向上(女:仰卧起坐)、立定跳远、1000 米跑(女:800 米跑),据此得到的每项指标都可以按照相应的单项指标评分表进行测量和计分,分别得到相应的数据.

(1) 这些数据中的任意两组是否都可以作为成对数据进行相关分析?

(2) 依据你的经验,哪两组数据的相关程度可能最高? 哪两组数据的相关程度可能最低? 如何通过统计方法检验你的判断?

6. 某市 104 路公交车上午 7:05—8:55 时段在起点站每 9 分钟发一班次. 公交公司为了了解早高峰时段各班次上客情况,某日上午 7:14—8:35 记录了在起点站各班次车辆上客的人数:

表 8.1(1)-4

发车时刻	7:14	7:23	7:32	7:41	7:50	7:59	8:08	8:17	8:26	8:35
上车乘客数/人	10	13	13	18	17	15	12	9	3	3

请绘制这组成对数据的散点图,并通过观察散点图大致

判断客车发车时刻与上车乘客人数之间的相关性.

能力拓展(选做)

1. 有人收集了10年中某城市居民年收入(即此城市所有居民在一年内的收入的总和)与某种商品的销售额的数据:(单位:亿元)

表 8.1(1)-5

第n年	1	2	3	4	5	6	7	8	9	10
年收入	32.2	31.1	32.9	35.8	37.1	38.0	39.0	43.0	44.6	46.0
销售额	25.0	30.0	34.0	37.0	39.0	41.0	42.0	44.0	48.0	51.0

(1)画出散点图.你能从散点图中发现居民年收入与该种商品销售额之间的近似关系吗?

(2)如果它们之间近似成线性关系,请画出一条直线来近似表示这种关系.

2. 有关法律规定,香烟盒上必须印上"吸烟有害健康"的警示语.吸烟是否一定会引起健康问题?你认为"健康问题不一定是由吸烟引起的,所以可以吸烟"的说法对吗?

基础练习答案:

1. A. 2. D. 3. D. 4. B. 5.(1)这些数据中的任意两组都可以作为成对数据进行相关分析;(2)依据自己的经验,肺活量与1000米跑(女:800米跑)相关程度可能最高,体重和坐位体前屈相关程度可能最低.通过收集准确的数据,绘制散点图进行相关分析.

6. 散点图如图8.1(1)-6所示.从图中可以发现:7:14——

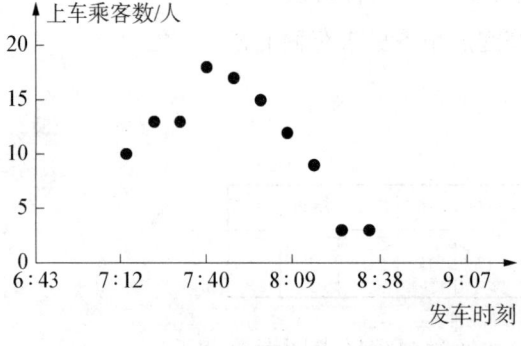

图 8.1(1)-6

7:41这段时刻,上车乘客人数随发车时刻增加而增加.在7:41—8:35时刻上车乘客人数随发车时刻增加而减少.但也有一些例外的情况,发车时刻不一样,上车人数一样,如7:23、7:32.

能力拓展答案:

1.(1)散点图如图8.1(1)-7所示,从散点图中可以看出年收入与销售额之间的总体趋势成一条直线,也就是说它们之间是线性相关关系;(2)所画直线如图8.1(1)-7所示.

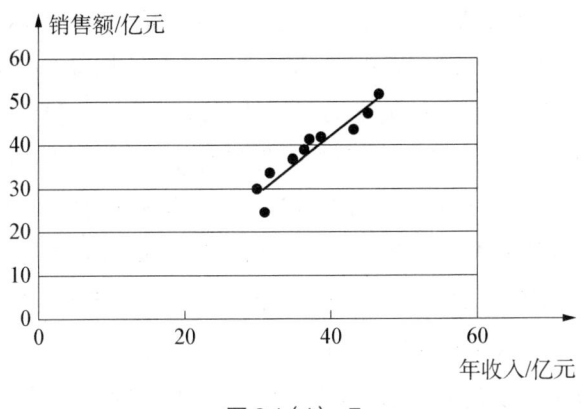

图8.1(1)-7

2.从已经掌握的知识来看,吸烟会损害身体的健康,但是除了吸烟之外,还有许多其他的随机因素影响身体健康,身体健康是很多因素共同作用的结果.我们可以找到长寿的吸烟者,但更容易发现由于吸烟而引发的患病者,所以吸烟不一定引起健康问题,但吸烟引起健康问题的可能性大.因此"健康问题不一定是由吸烟引起的,所以可以吸烟"的说法是不对的.

■ 练习反馈、互动提问 ■

1.(1)绘制散点图;(2)通过散点图分析解释成对数据的相关性.(关键问题)

2.如何看待离散性较高的点?(组织学生讨论,然后教师讲解)(留下思考的问题)

3.练习第5题作为课后拓展训练,让学生用实验数据验证猜想的结论.(研究性、开放性问题)

■ 结束语 ■

世界是一个普遍联系的整体,任何事物都与其他事物相联系.

■ 备课资源 ■

许宝騄——中国统计学家的先驱

许宝騄,1910年9月1日生于北京.1928年在燕京大学读化学,一年后进入清华大学读数学,并在1932年取得学士学位.1934年,成为北京大学的教师,做了两年.1936年赴英国伦敦大学就读,1938年获得博士学位,1939年获得科学博士学位.而后他花一年时间在巴黎跟随阿达马(Hadamard)学习.他的老师奈曼(Jerzy Neyman)说许是他最杰出的学生(见C. Read, Neyman—from life, 1982, Springer-Verlog, New York,有中译本).

1940年法国投降后,希特勒行将侵占英国前,许回到了遭到战争创伤的祖国,执教于北京大学(那时是西南联大),直到1945年.在这一时期,他受群众的影响,加入了中国民主革命同盟.由于奈曼的邀请,在1945年8月欧战结束后,许宝騄赴美参加了伯克莱(Berkeley)第一届概率统计的学术交流会.从1945年到1947年,许在加州大学伯克莱分校教了一个学期,在哥伦比亚大学教了一个学期,后来在北卡罗来纳大学的新统计系教了一年.因为统计这个领域正在发展,缺乏像许这样有成就的学者,他在这三个学校都很有建树.许在1946年被选为IMS(Institute of Mathematical Statistics)的委员.1947年,美国作了种种努力想挽留他,许还是回到了北京大学.到此时,他的研究工作是关于一元和多元线性模型的统计推断,并涉及精确和渐近的分布理论.按E. L 莱门(Lehmann)教授论述:"许写了一系列关于统计推断非常出色的论文,证实了奈曼-皮尔逊(Neyman-Pearson)理论的巨大影响."

从1948到1955年,许进行着许多数学研究,尤其是代数和数理逻辑.因为当时不认为概率统计是重要的,他发表了矩阵论、特征函数等有关的论文.

斯坦福大学的荣誉退休教授钟开莱原是华罗庚的一名学生,但他在西南联大转到许的门下.钟对许在特征函数方面的工作很尊重,评述道:"许的方法是直接的,从无到有.他总认为对前人的工作尽可能少依赖是数学工作的一种优点,这在他全部的文章中都有体现,将前面的结论直接用于紧接的一步,而且辐射到尽可能远."

在1954年,中国科学家代表团访问苏联,柯尔莫果洛夫(Kolmogorov)教授问到了许.人们开始认识到许的国际地位.1955年,他成为中国政治协商会的一名委员.同年他与其他著名的数学家,如华罗庚、苏步青等一起被选为中国科学院学部委员.

在1956年,周恩来总理主持制订了一个科学发展规划,在数学中要重点发展三个领域:偏微分方程、计算数学、概率统计.在北京大学培养概率统计的专门人才,在许和郑曾同(William Feller 的学生)的领导下,从全国汇集了大约50名学生.许开始领导北京大学的第一个概率统计研究集体.

从1956到1959年,在他的领导下,不变原理、多元分析和随机过程成为讨论和研究的主题.他要求他的学生在讨论班上主讲,在他们讲完后,他再用他特有的简洁的方法给以总结.从1959到1962年,试验设计、抽样调查都是研究的主题.从1963到1966年,主题是次序统计量、平稳时间序列、马尔可夫过程以及组合数学.

注:以上内容节选自国家统计局网站,2001.12.21.

8.1(2) 相关系数

(本教学设计由新疆喀什第六中学,即上海师范大学附属喀什中学王仁正老师提供)

■ 教学内容分析 ■

本节课是高中数学上教版(2020)选择性必修二第八章第一节第2课时.上一节已经学习了成对数据间的关系,并用散点图直观认识了两个变量之间的线性关系,为本节课的内容作了铺垫.本节课主要学习用相关系数量化两个变量之间的相关程度的大小.在学习样本相关系数等概念的过程中,提升数学抽象、数据分析、数学建模等核心素养.

■ 教学目标设置 ■

1. 结合实例,会通过相关系数判断两组成对数据的相关性.
2. 了解样本相关系数与标准化数据向量夹角的关系.
3. 通过学习样本相关系数,提升数学抽象及数据分析等核心素养.

■ 教学重点及学习难点 ■

教学重点:掌握成对数据相关关系的强与弱的判断方法及运用.
学习难点:利用公式求相关系数 r.

■ 学生情况分析 ■

1. 基础能力

学生的基础知识比较薄弱,理解能力、计算能力、处理数据能力、抽象思维能力有所欠缺.

2. 认知现状

统计知识的教学贯穿小学到初中,在每个阶段都要学习收集、整理、描述和分析等处理数据的基本方法.在高中阶段,需量化两个变量之间的相关程度的大小,重视对统计结果的解释,学生在学习过程中容易产生认知上的困难.

3. 情感特点

新技术新媒体的支持,会帮助他们更直观地感受相关知识,并且从感性的认识上升到理性的认识.

■ 教学流程 ■

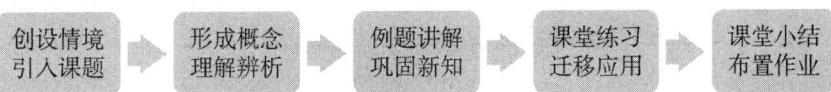

教学过程设计

教学设计	设计意图
（一）创设情境，引入课题 横看成岭侧成峰，远近高低各不同． 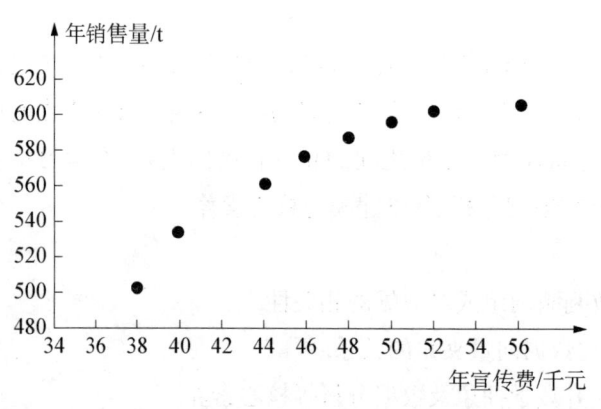 图 8.1(2)-1 **思考** 看到这个散点图，大家能分析出这两个变量之间具有什么关系吗？能否确切地反映相关程度的大小？ 　　散点图可以说明变量间有无线性相关关系，但无法量化两个变量之间的相关程度的大小，更不能精确地说明成对样本数据之间关系的密切程度，那么我们如何才能寻找到这样一个合适的量来对样本数据的相关程度进行定量分析呢？ **（二）形成概念，理解辨析** 　　1. 相关系数 r 的计算 注意：相关系数是研究变量之间线性相关程度的量． 设由变量 x 和 y 获得的两组数据分别为 x_i 和 y_i（$i=1,2,\cdots,n$），其对应关系如表 8.1(2)-1 所示． 表 8.1(2)-1 | 变量 x | x_1 | x_2 | x_3 | x_4 | x_5 | x_6 | $\cdots$ | x_n | |---|---|---|---|---|---|---|---|---| | 变量 y | y_1 | y_2 | y_3 | y_4 | y_5 | y_6 | $\cdots$ | y_n | 两组数据 x_i 和 y_i 的线性相关系数是度量两个变量 x 和 y 之间线性相关程度的统计量，其计算公式为	通过散点图直观认识两个变量之间的相关程度，提出问题，引出课题． 引入相关系数的概念，介绍相关系数 r 的公式．分析公式结构及公式中各字母的含义．散点图是定性分析样本数据的相关程度，相关系数是定量分析样本数据的相关程度．

$$r = \frac{\sum_{i=1}^{n}(x_i - \overline{x})(y_i - \overline{y})}{\sqrt{\sum_{i=1}^{n}(x_i - \overline{x})^2 \sum_{i=1}^{n}(y_i - \overline{y})^2}}. \quad ①$$

其中，$\overline{x} = \frac{1}{n}\sum_{i=1}^{n}x_i$，$\overline{y} = \frac{1}{n}\sum_{i=1}^{n}y_i$，它们分别是这两组数据的算术平均数.

线性相关系数常常简称为相关系数（correlation coefficient），也称为皮尔逊相关系数. 相关系数计算公式的推导过程比较复杂，这里不予涉及. 一般情况下，只需要把两组数据输入计算机或计算器，有很多软件可以帮助我们进行这一步计算.

2. 相关系数 r 的几何意义

下面我们从几何角度理解一下相关系数的几何意义：在学习向量时，我们曾经给出过两个向量的夹角公式. 下面以空间向量为例，来看看两个空间向量的夹角公式与公式①的联系. 设 $\vec{x} = (x_1, x_2, x_3)$，$\vec{y} = (y_1, y_2, y_3)$，那么它们的夹角的余弦为

$$\cos\langle \vec{x}, \vec{y} \rangle = \frac{x_1 y_1 + x_2 y_2 + x_3 y_3}{\sqrt{(x_1^2 + x_2^2 + x_3^2)(y_1^2 + y_2^2 + y_3^2)}}$$

$$= \frac{\sum_{i=1}^{n} x_i y_i}{\sqrt{\sum_{i=1}^{n} x_i^2 \sum_{i=1}^{n} y_i^2}}$$

从结构上看，这个公式与①是一样的. 如果把两组数据 x_i 和 $y_i(i=1, 2, \cdots, n)$ 看作两个 n 维向量 $\vec{x} = (x_1, x_2, \cdots, x_n)$、$\vec{y} = (y_1, y_2, \cdots, y_n)$，并记由这两组数据的平均数构成的两个 n 维向量分别是 $\overline{\vec{x}} = (\overline{x}, \overline{x}, \cdots, \overline{x})$ 及 $\overline{\vec{y}} = (\overline{y}, \overline{y}, \cdots, \overline{y})$，那么比较公式 ① 和向量的夹角公式可以发现，$r = \cos\langle \vec{x} - \overline{\vec{x}}, \vec{y} - \overline{\vec{y}} \rangle$，这说明相关系数 r 其实就是两个向量 $\vec{x} - \overline{\vec{x}}$ 与 $\vec{y} - \overline{\vec{y}}$ 的夹角的余弦值. 这就是相关系数的几何意义.

余弦值越接近 1 或 -1，意味着这两个向量越接近平行，散点图中的点更多地落在同一条直线的附近，说明这两组数

> 类比向量的夹角公式，引导学生了解相关系数的几何意义，进一步方便研究相关系数 r 的性质.

据的变化方向接近相同或相反.两组数据之所以分别减去各自的平均数,相应的得到差向量,从几何上看是在做一个平移变换,而用统计学的说法则相当于做了一个数据中心化的处理.

3. 相关系数 r 的性质

(1)当 $r>0$ 时,称成对样本数据正相关;当 $r<0$ 时,成对样本数据负相关;当 $r=0$ 时,成对样本数据间没有线性相关关系.

(2)样本相关系数 r 的取值范围为 $[-1,1]$.

当 $|r|$ 越接近 1 时,成对样本数据的线性相关程度越强;

当 $|r|$ 越接近 0 时,成对样本数据的线性相关程度越弱.

通过对相关数据 r 的性质的研究,帮助学生理解实际问题中相关性的含义.

(三)例题讲解,巩固新知

例1 为了解某市高中生身高与体重的关系,随机抽取 5 所高中学校,并获得这些学校全部男生的身高(单位:cm)与体重(单位:kg)的数据,为了减少篇幅,从中随机选取 10 名男生的身高与体重的数据,如表 8.1(2)-2 所示,试根据表中数据绘制散点图,计算相关系数并判断学生身高与体重的相关程度.

表 8.1(2)-2

编号	1	2	3	4	5	6	7	8	9	10
身高/cm	174	176	176	181	182	179	169	168	171	180
体重/kg	55	58	62	74	88	68	54	52	56	86

例题讲解要求学生进一步学会绘制散点图,学会用散点图定性分析成对数据的相关程度.将表中两组数据代入相关系数公式,通过计算机或计算器得到 r,定量分析说明成对数据的相关程度.

解 将表中的数据输入计算机电子表格办公软件的工作簿,先选中身高与体重两行(或两列)数据,再选择插入统计图中的散点图,选择图形样式,就完成了散点图的绘制,如图 8.1(2)-2 所示.

从图 8.1(2)-2 中可以看出,总体上来说,样本学生的身高和体重之间具有明显的相关性,个子高的学生往往更重一些.为了计算相关系数,我们把表中的两组数据代入本节公式①,通过计算机或计算器得 $r\approx 0.873$,这说明样本学生的身高与体重之间具有很强的相关性.

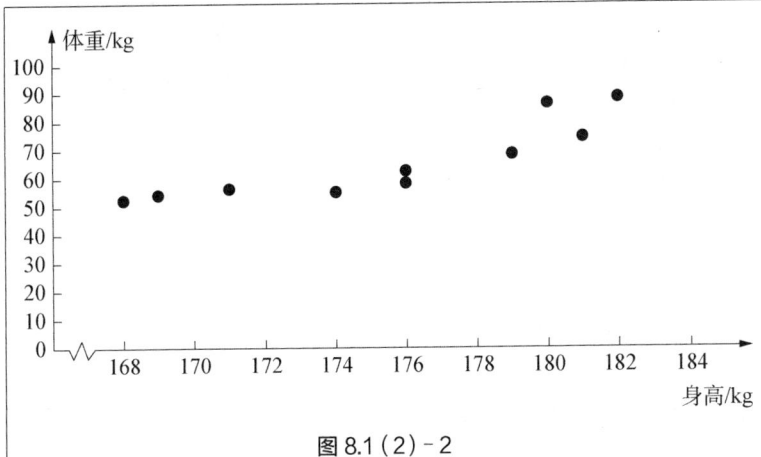

图 8.1(2)-2

变式 1　在本例中,若删去一组数据(182,88),则相关系数会有什么变化?

变式 2　若样本数据中身高为 182 cm 的学生体重为 58 kg,则相关系数变为多少?

归纳小结:相关系数 r 描述的是两个变量之间线性关系的方向与程度,是一种定量分析的方法,相关系数具有以下特点:

(1) 按系数的计算公式,x 和 y 这两个变量是对称的,画散点图时,不论以哪个变量作为横轴(纵轴)所得的相关系数都一样.

(2) 两个变量的相关系数与这两个变量的单位无关.例如在计算身高与体重的相关系数时,身高单位不管取米还是厘米,相关系数的结果都一样.

(3) 与平均数和标准差一样,相关系数不仅会受到数据量多少的影响,也会受到少数异常值的较大影响.

通过变式 1、变式 2 发现相关数据会受到少数异常值的较大影响.更进一步理解相关系数的特点.

(四) 课堂练习,迁移应用

微判断

1. 回归分析中,若 $r=\pm 1$ 说明 x、y 之间具有完全的线性关系.　　　　　　　　　　(　　)

2. 若 $r=0$,则说明成对样本数据间是函数关系.(　　)

3. 样本相关系数 r 的范围是 $r\in(-\infty,+\infty)$.(　　)

解　1. √.　2. ×.提示:若 $r=0$,则说明成对样本数据间没有线性相关关系.　3. ×.提示:样本相关系数的范围是

通过"微判断"、"微训练"、"微思考"进

$[-1, 1]$.

微训练

1. 下面对相关系数 r 描述正确的是(　　).

A. $r>0$ 表明两个变量负相关

B. $r>1$ 表明两个变量正相关

C. r 只能大于零

D. $|r|$ 越接近于 0,两个变量线性相关关系越弱

解 因 $r>0$ 表明两个变量正相关,故 A 错误;又因 $r\in[-1,1]$,故 B、C 错误;两个变量之间的相关系数 r 的绝对值越接近于 1,表明两个变量的线性相关性越强,r 的绝对值越接近于 0,表示两个变量之间几乎不存在线性相关,故选 D.

2. 下面的各图中,散点图与相关系数 r 不符合的是(　　).

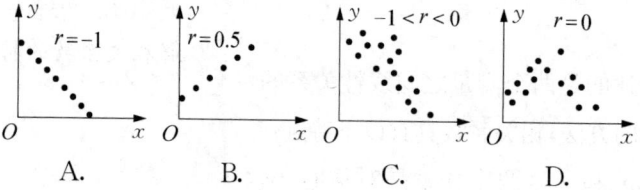

解 因为相关系数 r 的绝对值越接近 1,线性相关程度越高,且 $r>0$ 时正相关,$r<0$ 时负相关,故观察各选项,易知 B 不符合,A、C、D 均符合.故选 B.

微思考

当 $r=1$ 或 -1 时,两个变量的相关性如何?

提示:当 $r=1$ 时,两个变量完全正相关;当 $r=-1$ 时,两个变量完全负相关.

3. 某研究机构对高二学生的记忆力 x 和判断力 y 进行统计分析,得下表数据:

表 8.1(2)-3

x	6	8	10	12
y	2	3	5	6

已知记忆力 x 和判断力 y 是线性相关的,求相关系数 r.

解 列表如下:

表 8.1(2)-4

i	x_i	y_i	x_i^2	y_i^2	$x_i y_i$
1	6	2	36	4	12
2	8	3	64	9	24
3	10	5	100	25	50
4	12	6	144	36	72
$\sum$	36	16	344	74	158

> 解公式的含义,会用公式求相关系数.

$$\overline{x}=\frac{36}{4}=9,\ \overline{y}=\frac{16}{4}=4,$$

$$r=\frac{\sum_{i=1}^{4}x_i y_i - 4\overline{x}\,\overline{y}}{\sqrt{\sum_{i=1}^{4}x_i^2 - 4\overline{x}^2}\sqrt{\sum_{i=1}^{4}y_i^2 - 4\overline{y}^2}}$$

$$=\frac{158-4\times 9\times 4}{\sqrt{344-4\times 81}\sqrt{74-4\times 16}}\approx 0.99.$$

4. 用经过匿名处理的本班同学最近一次期中或期末测验的各科成绩表,考察不同科目测验成绩之间的相关性.

解 由本班期中测试的 6 科成绩(语、数、英、物、化、生)发现,每两科成绩都有一定的相关性,其中数学和物理相关程度最高,数学与英语相关程度最低.

> 选自教材.为开放性试题,让学生研究身边的数学问题,达到学以致用的目的.

5. 为了研究豆类脂肪含量与其产生的热量的关系,选取 5 种豆类进行试验测定.下面是 0.1 kg 豆类中脂肪含量(单位:kg)与相应热量(单位:kJ)的对照表.

表 8.1(2)-5

豆类	黄豆	豇豆	青毛豆	豌豆	四季豆
脂肪含量/kg	0.0184	0.0002	0.0057	0.0003	0.0004
热量/kJ	1726	108	527	336	130

(1) 根据表中的数据绘制散点图;

(2) 观察散点图的趋势,如果能看成线性关系,请在图中画出一条直线来近似地表示这种关系,并计算豆类脂肪含量

> 让学生熟练掌握散点图的绘制,及相关性的定性定量分析.

与热量的相关系数.

解 (1)散点图如下图所示:

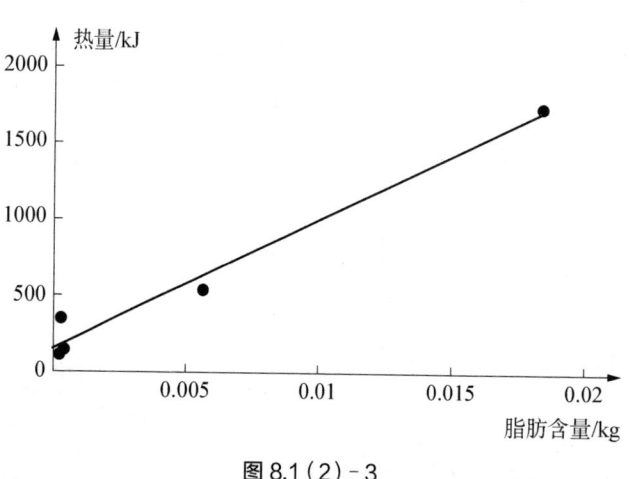

图 8.1(2)-3

(2)由散点图的趋势,能看出成线性关系.利用计算机或计算器计算相关系数 $r=0.9879$.

(五)课堂小结,布置作业

课堂小结:

本节课主要介绍相关系数 r 的计算公式,教会学生使用公式求成对数据的相关系数.通过相关系数性质的研究,掌握定量分析成对数据相关程度的研究方法.

课后作业:

基础练习

1. 已知某产品产量与产品单位成本之间的线性相关系数为 -0.97,这说明二者之间存在着(　　).

A. 高度相关　　　　B. 中度相关

C. 弱度相关　　　　D. 极弱相关

2. 关于两个变量 x、y 与其线性相关系数 r,有下列说法:①若 $r>0$,则 x 增大时,y 也相应增大;②若 $|r|$ 越趋近于 1,则 x 与 y 的线性相关程度越强;③若 $r=1$ 或 $r=-1$,则 x 与 y 的关系完全对应(有函数关系),在散点图上各个散点均在一条直线上.其中正确的有(　　).

A. ①②　　B. ②③　　C. ①③　　D. ①②③

归纳总结、提升认识.

3. 计算 8.1(1)例 1 中商品每千克价格与年需求量之间的相关系数.

4. 某公司为研究工人操作熟练程度对产品合格率的影响,随机抽取 15 名工人进行调查,得到如下数据:

表 8.1(2)-6

工人编号	1	2	3	4	5	6	7	8
操练熟练程度/%	7.6	15.2	37.9	45.5	7.6	0.0	15.2	75.8
产品合格率/%	50	55	68	75	52	30	55	90
工人编号	9	10	11	12	13	14	15	/
操练熟练程度/%	90.9	60.6	7.6	15.2	37.9	45.5	98.5	/
产品合格率/%	92	80	58	60	70	80	95	/

试计算工人操作熟练程度与产品合格率的相关系数.

5. 下表是 A 校 66 名高一年级学生身高(单位:cm)与体重(单位:kg)的数据. 试计算它们的相关系数.

表 8.1(2)-7

性别	身高/cm	体重/kg	性别	身高/cm	体重/kg	性别	身高/cm	体重/kg
女	152	46	女	164	52	男	172	92
女	153	47	男	165	54	男	172	64
女	154	63	男	165	60	男	172	69
女	155	50	男	165	48	男	173	75
女	156	48	女	165	51	男	173	72
女	156	50	女	165	55	男	174	55
女	156	51	女	165	58	男	174	56
女	157	51	女	165	63	男	174	63
女	157	50	男	166	64	男	174	73
女	159	49	男	167	54	男	175	53
女	159	51	男	167	52	男	176	64
女	160	47	男	167	53	男	176	60
女	160	62	女	167	69	男	177	63
女	160	50	女	167	61	男	177	75
女	160	63	女	168	97	男	178	62
女	161	53	女	168	60	男	178	60

续表

性别	身高/cm	体重/kg	性别	身高/cm	体重/kg	性别	身高/cm	体重/kg
女	162	84	女	168	44	男	178	73
女	163	66	男	170	53	男	178	68
女	163	53	男	170	54	男	179	78
女	164	63	男	170	57	男	181	80
女	164	68	男	170	47	男	182	92
女	164	52	男	170	69	男	184	78

6. 为判断能不能用气温推测海水表层温度,收集了某沿海地区的气温和海水表层温度(单位:℃)的统计数据,如下表所示.

表 8.1(2)-8

气温/℃	海水表层温度/℃	气温/℃	海水表层温度/℃
13.9	9.4	31.1	28.3
15.0	10.6	31.1	26.7
18.3	13.3	28.9	25.0
23.9	18.9	23.9	22.2
27.2	21.7	20.0	15.6
30.0	25.6	15.0	10.0

试计算气温与海水表层温度的相关系数.

能力拓展(选做)

1. 如果两种证券在一段时间内收益数据的相关系数为正数,那么表明(　　).

A. 两种证券的收益之间存在完全同向的联动关系,即同时涨或同时跌

B. 两种证券的收益之间存在完全反向的联动关系,即涨或跌是相反的

C. 两种证券的收益有同向变动的倾向

D. 两种证券的收益有反向变动的倾向

2. 据说职工迟到的频率与其居住地离上班地点的远近有关. 为验证这个说法,一位社会学家随机抽取 10 名职工进行了调查,其调查数据如下表所示.

表 8.1(2)-9

职工编号	年迟到次数/次	住地远近/km	职工编号	年迟到次数/次	住地远近/km
1	8	1.1	6	3	10.1
2	5	2.9	7	5	12.0
3	8	4.0	8	2	14.3
4	7	5.9	9	4	14.1
5	6	8.2	10	2	7.8

试计算职工年迟到次数与住地远近之间的相关系数.

3. 下表是某国家 18 支足球队参加职业联赛后(比赛采用双循环制,得分计算方法为:每场赛事胜方得 3 分,负方得 0 分,平局双方各得 1 分)的各队积分和射门次数,求这 18 支球队的积分与射门次数的相关系数.

足球队	A	B	C	D	E	F	G	H	I
积分	51	64	62	53	17	43	44	42	46
射门次数	418	509	485	425	452	425	393	350	375
足球队	J	K	L	M	N	O	P	Q	R
积分	43	50	35	40	40	32	41	26	32
射门次数	428	415	363	372	377	271	395	306	357

基础练习答案:

1. A. 2. B. 3. 0.8627. 4. 0.9448. 5. 0.56.
6. 0.989.

能力拓展答案:

1. C. 2. −0.6959. 3. 0.601.

■ 练习反馈、互动提问 ■

1. 相关系数的几何意义不容易理解.(来自学生的问题)

2. ①相关系数的性质;②从定性和定量两个角度分析散点图和相关系数的一致性.(关键问题)

3. 在散点图中能不能对所画的直线分析,哪条更能准确地表达数据的相关程度?(组织学生讨论,然后教师讲解)(留作思考的问题)

4. 对课堂练习第 4 题进行拓展,再研究 4—5 个班的数学与物理成绩的相关性.(研究

性、开放性问题)

▪ **结束语** ▪

数学与我们的生活有着密切的联系,希望同学们能留心身边的数学问题,做生活的有心人.

▪ **备课资源** ▪

卡尔·皮尔逊在统计领域的贡献

在 19 世纪 90 年代以前,统计理论和方法的发展是很不完善的,统计资料的搜集、整理和分析都受到很多限制. 皮尔逊在生物学家高尔顿(Francis Galton,1822—1911)和韦尔顿(Weldon,1860—1906)的影响下,从九十年代初开始进军生物统计学. 他认为生物现象缺乏定量研究是不行的,决心要使进化论在一般定性叙述的基础之上,进一步进行数量描述和定量分析. 他不断运用统计方法对生物学、遗传学、优生学做出新的贡献. 同时,他在概率论研究的基础上,导入了许多新的概念,把生物统计方法提炼成为一般处理统计资料的通用方法,发展了统计方法论,把概率论与统计学两者合并为一门学科. 他被公认是"旧派理学派和描述统计学派"的代表人物,并被誉为"现代统计科学的创立者". 他在统计学方面的主要贡献是:

1. 导出一般化的次数曲线体系. 在皮尔逊之前,人们普遍认为,几乎所有社会现象都是接近于正态分布的. 如果所得到的统计资料呈非正态分布,则往往怀疑统计资料是否不够或有偏差;而不重视非正态分布的研究,甚至对个别提出非正态分布理论的人加以打压. 皮尔逊认为,正态分布只是一种分布形态,他在高尔顿优生学统计方法的启示下,在 1894 年发表了《关于不对称曲线的剖析》,1895 年发表了《同类资料的偏斜变异》等论文,得到包括正态分布、矩形分布、J 型分布、U 型分布等 13 种曲线及其方程式. 他的这一成果,打破了以往次数分布曲线的"唯正态"观念,推进了次数分布曲线理论的发展和应用,为大样本理论奠定了基础.

2. 提出卡方(χ^2)检验. 皮尔逊认为,不管理论分布造就得如何好,它与实际分布之间总存在着或多或少的差异. 这些差异是由于观察次数不充分、随机误差太大引进的呢? 还是由于所选配的理论分布本身就与实际分布有实质性差异? 还需要用一种方法来检验. 1900 年,皮尔逊发表了一个著名的统计量,称之为卡方(χ^2),用以测定观察值与期望值之间的差异显著性. "卡方检验法"提出后得到了广泛的应用,在现代统计理论中占有重要地位.

3. 发展了相关和回归理论. 皮尔逊推广了高尔顿的相关结论和方法,推导出人们称之为"皮尔逊积动差"的公式,他意识到要测定复回归系数值,广泛搜集所有变量的基本平均数、标准差和相关的数据. 他提出了净相关、复相关、总相关、相关比等概念,发明了计算复相关和净相关的方法及相关系数的公式.

4. 重视个体变异性的数量表现和变异数据的处理. 皮尔逊认为,在各个个体之间真正变异性的概念,与在估算一个单值方面的误差之间的机遇变异有着很大的差别. 对这个观念的强调,是他对生命了解的真正贡献之一. 他在 1894 年那篇关于不对称次数曲线的论文中,提出了"标准差"及其符号 σ.

5. 推导出统计学上的概差. 皮尔逊推导出他称之为"频率常数"的概差,并编制了各种概差计算表. 这是他自己认为的最重要贡献之一.

皮尔逊还发明了一种用于二项分布的器械装置. 他对算术平均数、众数、中位数之间的关系进行了深入的研究. 他发现,在完全对称分布的资料中,算术平均数、众数和中位数三者是重合在一起的,而当资料的分布不对称时,算术平均数、众数和中位数三点是分开的. 如果这种不对称的程度不严重,则三点可构成一固定关系. 他还提出其他一些重要统计理论和方法,如统计假设所预计的结果、随机移动、组间相关、四分相关以及力矩方法的应用等.

1914 年第一次世界大战开始后,皮尔逊的研究转向用统计来处理和完成大量与战争有关的特殊计算工作,为反法西斯战争服务. 在这期间,他编辑发行了一些计算用表,以便利统计人员. 战争结束后,他又立即回到各种统计理论方面的研究. 1921 年到 1933 年,他在伦敦大学学院应用统计系讲授 17、18 世纪统计史. 1936 年 4 月 27 日在英格兰萨里郡的科尔德哈伯去世.

皮尔逊的这些成就和贡献,受到了统计学家们的推崇,使整个一代的西方统计学家在他的影响下成长起来. 皮尔逊于 1896 年被选为皇家学会会员,他还被选为"高尔顿优生学教授",是爱丁堡皇家学会的名誉会员、巴黎人类学会和前苏联人类学会的会员.

8.2(1)　一元线性回归分析的基本思想

(本教学设计由新疆师范大学附属中学曹清法老师提供)

▪ 教学内容分析 ▪

本节课是高中数学上教版(2020)选择性必修二第八章第二节"一元线性回归分析"的第一课时. 上一节课我们学习了成对数据的相关分析,通过散点图,对成对数据的相关性做了介绍,然后又利用相关系数,对两个变量的线性相关程度进行了分析,为本节课的内容作了铺垫. 本节课的主要内容是用最小二乘法求线性回归方程,它能够更准确地描述成对数据的两个变量之间的关系.

▪ 教学目标设置 ▪

1. 能识别两个变量的关系;知道最小二乘法思想,了解其公式的推导过程,会利用信息技术(如 Excel 软件)求线性回归方程.

2. 通过亲自操作,认识生活中变量间的关系,了解线性回归方程和由它所作出的预报具有随机性等特点;通过解决实际问题,体会事件、样本数据与回归方程三者之间的关系,提高运用所学知识与方法及信息技术解决实际问题的能力,并学习如何处理数据.

3. 认识到线性回归知识在实际生活中的实践价值,感受生活离不开数学;体验信息技术在数学探究中的优越性,增强自主研究数学知识的能力.在学习的同时,体会与同学合作探究交流的过程.

▪ **教学重点及学习难点** ▪

教学重点:利用散点图直观认识两个变量之间的线性关系;根据给出的线性回归方程的系数公式建立线性回归方程.

学习难点:理解最小二乘法思想,运用公式求回归方程.

▪ **学生情况分析** ▪

1. 基础能力

学生的基础知识比较薄弱,理解能力、思维能力有所欠缺.

2. 认知现状

统计知识的教学贯穿小学到初中,在每个阶段都要学习收集、整理、描述和分析等处理数据的基本方法.在高中阶段,学生首次接触到如何用"最小二乘法"确定回归方程,容易产生认知上的困难.

3. 情感特点

学生第一次接触到利用 Excel 软件作散点图、回归直线及添加回归方程,这激发了学生学习的兴趣.

▪ **教学流程** ▪

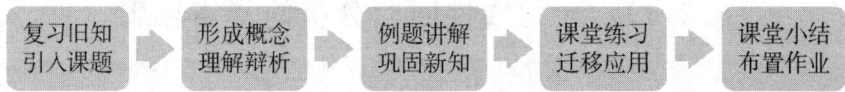

▪ **教学过程设计** ▪

教学设计	设计意图
(一)复习旧知,引入课题 问题1 下列各组数据是否可以看作成对数据?是否可以进行相关分析? 　(1)正方形边长与面积; 　(2)某同学的语文水平与课外阅读量; 　(3)人的年龄与视力. 问题2 对于一组有某种线性关系的成对数据,其相关程度可以通过什么来衡量? 引入新课:除了要研究成对数据的两个变量的相关性,我	回顾成对数据的概念,并引导学生用相关系数来衡量其相关程度.紧接着引入新课.

们还需要进一步了解其中一个变量随另外一个变量变化的大致情况,也就是要找到关联两个变量的一个线性方程.

(二)形成概念,理解辨析

探究1:散点图

问题情境 在一次对人体脂肪含量和年龄关系的研究中,研究人员获得了一组样本数据:

表 8.2(1)-1

年龄	23	27	39	41	45	49	50
脂肪含量	9.5	17.8	21.2	25.9	27.5	26.3	28.2
年龄	53	54	56	57	58	60	61
脂肪含量	29.6	30.2	31.4	30.8	33.5	35.2	34.6

其中各年龄对应的脂肪数据是这个年龄人群脂肪含量的样本平均数.

甲、乙两名同学分别给出了线性方程:

甲:$y=0.6x-0.5$;

乙:$y=0.4x+7.6$.

我们在散点图上把这两个线性方程所定义的直线绘制出来,如图 8.2(1)-1 所示,其中斜率较大的直线是甲的方程所定义的,斜率较小的直线是乙的方程所定义的.

通过作散点图让学生体会观测点与回归直线的关系,进而引起学生对回归直线的研究兴趣.用计算机演示回归直线,激发学生的好奇心,进而引导学生探究用人工方法能否解决.

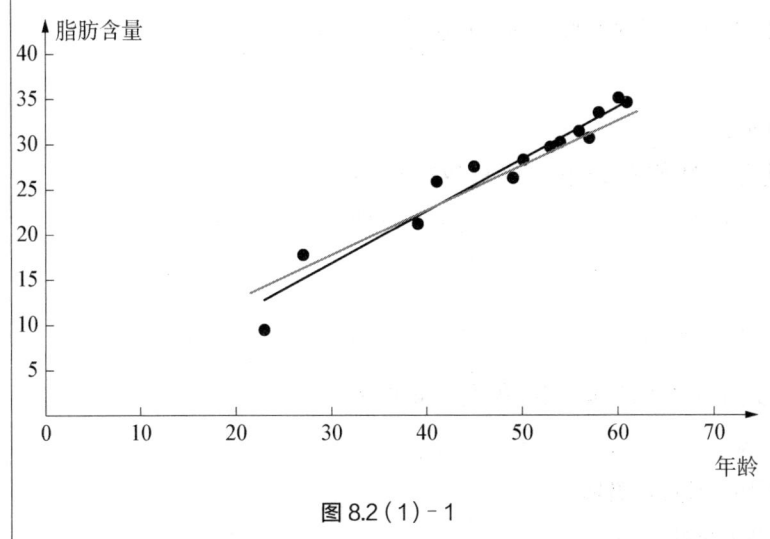

图 8.2(1)-1

思考 1 观察散点图的大致趋势,人的年龄与人体脂肪含量具有什么相关关系?

思考 2 在上面的散点图中,这些点散布在从左下角到右上角的区域,对于两个变量的这种相关关系,我们将它称为正相关.一般地,如果两个变量成正相关,那么这两个变量的变化趋势如何?

思考 3 如果两个变量成负相关,其散点图有什么特点?

思考 4 为了找到一条直线去"贴近"数据散点图中的各点,有没有明确的标准来衡量直线与数据的点的贴近程度?如果有这样的标准,如何找出在此标准下最佳的直线?

探究 2:回归直线

师生活动 通过作出散点图发现两个变量线性相关关系及回归直线.寻求可能的方案:(1)回归直线是过散点最多的直线;(2)回归直线是使上下点基本平均分布的直线;(3)回归直线是过两个端点的直线;(4)回归直线是经过样本中心的直线;(5)回归直线是各点与之距离最小的直线;(6)多画几条直线,取它们的斜率、截距的平均数作为回归直线的斜率.由此自然出现一个问题:各种处理方法是否合理?哪条"最合适"?类比平均数的几何意义,感受样本数据点与相应直线在整体上是最接近的,"接近"在数学上又是如何量化的?于是引出了评价优劣的标准为"从整体上看,各点与此直线的距离和最小".由于具有几何直观性,学生易于接受此标准,达成"几何"与"代数"的转化.

于是,给出线性方程的定义:

一般地,设给定一组有线性相关关系的成对数据(x_1, y_1)、(x_2, y_2)、$\cdots$、(x_n, y_n)和一个线性方程(或称线性模型)

$$y = ax + b. \quad ①$$

问题 1 你能用代数式刻画"从整体上看,各点与此直线的距离和最小"吗?

问题 2 距离可以用别的形式代替吗?

学习了离差,也就解决了这些问题.

学生动手操作从而总结出正相关、负相关的含义,学会作散点图,能从散点图中直观感受正负相关的区别,并能通过图像找出数据的大致规律.

通过几种不同的方法,研究其优劣势.从而引导学生找寻回归直线方程的公式,了解最小二乘法的思想.

当自变量 x 取 $x_i(i=1,2,\cdots,n)$ 时，令 $\hat{y}_i=ax_i+b(i=1,2,\cdots,n)$，它与实际收集到的 y_i 之间的差 $y_i-\hat{y}_i$ 称为在 x_i 处的离差，当 $y_i-\hat{y}_i\geqslant 0$ 时称为正离差，而当 $y_i-\hat{y}_i<0$ 时称为负离差. 显然，离差直观地描述了单对数据与线性方程①的贴近度.

问题 3　作为判断优劣的标准，距离和离差可以等价吗？

问题 4　离差有正有负，因此它们的和并不能反映"从总体上来看，各点与直线的偏差最小"，怎样解决这个问题呢？

| 提出问题 4，引出线性回归方程.

由于离差有正有负，易抵消，所以学生可能会存在如下回答：(1)每项加绝对值，这样全部变成正数；(2)每项加平方. 类比前面方差的学习，大家不难达成共识选(2)，这样就形成二乘法思想，即用离差的平方和

$$Q=(y_1-ax_1-b)^2+(y_2-ax_2-b)^2+(y_3-ax_3-b)^2$$
$$+\cdots+(y_n-ax_n-b)^2$$
$$=\sum_{i=1}^{n}(y_i-\hat{y}_i)^2$$

来刻画直线与点之间的拟合程度. Q 称为拟合误差. 它是一个很好的描述数据与函数贴合程度的指标.

探究 3：回归方程

我们把拟合误差取得最小值时得到的线性方程(线性模型)记为

$$y=\hat{a}x+\hat{b}, \qquad ②$$

并称之为变量 y 随 x 波动的回归方程或回归模型，其中自变量 x 称为解释变量，因变量 y 称为反应变量. 回归方程所定义的直线称为回归直线，回归方程的系数(或称回归模型的参数)$\hat{a}$ 与 $\hat{b}$ 称为回归系数. 由一组有某种线性关系的成对数据求其回归方程的方法称为一元线性回归分析.

师生活动：通过观察上述代数式 Q 的函数特征，可以发现其实是关于 a、b 的二元二次函数求最值的问题，即我们要求的是当 a、b 取什么值时，使 Q 取到最小值，即所有点到直线的整体距离最小.

上述这种通过求 Q 的最小值而得到回归直线的方法,即使得样本数据的点到回归直线的距离的平方和最小的方法,叫做最小二乘法. 其中"二乘"指的是平方,最小即使得 Q 最小.

在此基础上,给出使 Q 为最小值时的 a、b 的值的线性回归方程系数公式

$$\begin{cases} \hat{a} = \dfrac{\sum_{i=1}^{n}(x_i-\overline{x})(y_i-\overline{y})}{\sum_{i=1}^{n}(x_i-\overline{x})^2} = \dfrac{\sum_{i=1}^{n}x_i y_i - n\overline{x}\,\overline{y}}{\sum_{i=1}^{n}x_i^2 - n\overline{x}^2}, \\ \hat{b} = \overline{y} - \hat{a}\overline{x}, \end{cases}$$

其中 $\overline{x}$ 与 $\overline{y}$ 分别是数据 x_i 与 y_i ($i=1,2,\cdots,n$) 的算术平均值,数对 $(\overline{x},\overline{y})$ 称为样本中心点.

特别说明 从回归系数公式可以看出,回归直线经过样本点的中心,也就是散点图中数据点的中心.

思考 利用计算器或计算机可求得年龄和人体脂肪含量的样本数据的回归方程 $y=0.576x-0.448$,由此我们可以根据一个人的年龄预测其体内脂肪含量的百分比的回归值. 若某人 40 岁,则其体内脂肪含量的百分比约为多少? 是确定值吗?

师生活动:这个公式不要求记忆. 由于这个公式比较复杂,因此在运用这个公式求 a、b 时,必须要有条理,先求什么,再求什么,我们还可以按照顺序来求,再代入公式.

(三) 例题讲解,巩固新知

例 某产品的广告费用 x 与销售额 y 的统计数据如表 8.2(1)-2:

表 8.2(1)-2

广告费用 x(万元)	4	2	3	5
销售额 y(万元)	49	26	39	54

根据表 8.2(1)-2 可得回归方程 $y=\hat{a}x+\hat{b}$ 中的 $\hat{a}$ 为 9.4,据此模型预报广告费用为 6 万元时销售额为( ).

提出思考,再次让学生感受回归分析的作用. 师生活动的意义在于,让学生勤于思考,善于总结.

让学生在练习中总结解题的思路、步骤以及渗透的思想与易错点.

A. 63.6万元 B. 65.5万元
C. 67.7万元 D. 72.0万元

解 由题中数据得 $\bar{x}=3.5$,$\bar{y}=42$,所以 $\hat{b}=\bar{y}-\hat{a}\bar{x}=42-9.4\times3.5=9.1$,所以广告费用为 6 万元时销售额约为 $y=6\times9.4+9.1=65.5$.故选 B.

(四) 课堂练习,迁移应用

给出下列说法:①回归直线 $y=\hat{a}x+\hat{b}$ 恒过样本点的中心 $(\bar{x},\bar{y})$,且至少过一个样本点;②两个变量相关性越强,则相关系数 $|r|$ 就越接近 1;③将一组数据的每个数据都加一个相同的常数后,方差不变;④在回归直线方程 $y=2-0.5x$ 中,当解释变量 x 增加一个单位时,反应变量 y 平均减少 0.5 个单位.其中说法正确的是( ).

A. ①②④ B. ②③④ C. ①③④ D. ②④

选这道题的意图在于加强学生对回归直线的深层次理解,也是对学生上节课学习的内容进行简单的复习.

解 ①中,回归直线 $y=\hat{a}x+\hat{b}$ 恒过样本点的中心 $(\bar{x},\bar{y})$,但不一定过一个样本点,所以不正确;②中,根据相关系数的意义,可得两个变量相关性越强,则相关系数 $|r|$ 就越接近 1,所以是正确的;③中,根据方差的计算公式,可得将一组数据的每个数据都加一个相同的常数后,方差是不变的,所以是正确的;④中,根据回归系数的含义,可得在回归直线方程 $y=2-0.5x$ 中,当解释变量 x 增加一个单位时,反应变量 y 平均减少 0.5 个单位,所以是正确的.故选 B.

(五) 课堂小结,布置作业

课堂小结:

1. 对于两个变量之间的关系,有函数关系和相关关系两种,其中函数关系是一种确定性关系,相关关系是一种非确定性关系.

明确相关关系的本质,确定正负相关的含义,强调回归分析的意义.

2. 一般情况下两个变量之间的相关关系成正相关或负相关,类似于函数的单调性.

3. 回归直线可以用于通过一个变量来预测另一个变量.

课后作业:

基础练习

1. 两个变量 x 与 y 之间的回归方程( ).

A. 表示 x 与 y 之间的函数关系

B. 表示 x 与 y 之间的不确定关系

C. 表示 x 与 y 之间的真实关系

D. 是反映 x 与 y 之间的真实关系的一种最佳拟合

2. 用最小二乘法求回归方程是为了使(　　).

A. $\sum\limits_{i=1}^{n}(y_i-\overline{y})=0$　　　B. $\sum\limits_{i=1}^{n}(y_i-\hat{y}_i)=0$

C. $\sum\limits_{i=1}^{n}(y_i-\hat{y}_i)$ 最小　　D. $\sum\limits_{i=1}^{n}(y_i-\hat{y}_i)^2$ 最小

3. 废品率 $x\%$ 和每吨生铁成本 y(元)之间的回归直线方程为 $y=3x+256$，表明(　　).

A. 废品率每增加 1%，生铁成本增加 259 元

B. 废品率每增加 1%，生铁成本增加 3 元

C. 废品率每增加 1%，生铁成本平均每吨增加 3 元

D. 废品率不变，生铁成本为 256 元

4. 已知某产品连续 4 个月的广告费用为 x_i($i=1、2、3、4$) 千元，销售额为 y_i($i=1、2、3、4$) 万元，经过对这些数据的处理，得到如下数据信息：① $x_1+x_2+x_3+x_4=18$，$y_1+y_2+y_3+y_4=14$；②广告费用 x 和销售额 y 之间具有较强的线性相关关系；③回归直线方程 $y=\hat{a}x+\hat{b}$ 中，$\hat{a}=0.8$(用最小二乘法求得)，那么当广告费用为 6 千元时，可预测销售额约为(　　).

A. 3.5 万元　　　　　B. 4.7 万元

C. 4.9 万元　　　　　D. 6.5 万元

5. 某化工厂为预测某产品的回收率 y，需要研究它和原料有效成分含量之间的相关关系，现取了 8 对观测值，计算得 $\sum\limits_{i=1}^{8}x_i=52$，$\sum\limits_{i=1}^{8}y_i=228$，$\sum\limits_{i=1}^{8}x_i^2=478$，$\sum\limits_{i=1}^{8}x_iy_i=1849$，则 y 与 x 的线性回归方程是(　　).

A. $y=2.62x+11.47$

B. $y=2.62x-11.47$

C. $y=2.62+11.47x$

D. $y=-2.62x+11.47$

6. 某个服装店经营某种服装，在某周内获纯利 y(元)与该周每天销售这种服装件数 x 之间的一组数据关系见表：

x	3	4	5	6	7	8	9
y	66	69	73	81	89	90	91

(1) 求 $\bar{x}, \bar{y}$;

(2) 已知纯利 y 与每天销售件数 x 线性相关,试求出其回归方程.

能力拓展(选做)

1. 某种产品的广告费支出 x 与销售额 y (单位:万元)之间的关系如下表:

x	2	4	5	6	8
y	30	40	60	50	70

y 与 x 的线性回归方程为 $y = 6.5x + 17.5$,当广告支出 5 万元时,离差为_____.

2. 已知某校 5 个学生的数学和物理成绩如下表:

学生的编号 i	1	2	3	4	5
数学 x_i	80	75	70	65	60
物理 y_i	70	66	68	64	62

(1) 通过大量事实证明发现,一个学生的数学成绩和物理成绩具有很强的线性相关关系,在上述表格正确的前提下,用 x 表示数学成绩,用 y 表示物理成绩,求 y 与 x 的回归方程;

(2) 利用离差分析回归方程的拟合效果,若离差和在 $(-0.1, 0.1)$ 范围内,则称回归方程为"优拟方程",问:该回归方程是否为"优拟方程"?

[离差和公式:$\sum\limits_{i=1}^{5}(y_i - \hat{y}_i).$]

基础练习答案:

1. D. 2. D. 3. C. 4. B. 5. A. 6. (1) $\bar{x} = 6$, $\bar{y} = \dfrac{559}{7}$;(2) $y = 4.75x + 51.36$.

能力拓展答案：

1. 10. 提示：因为 y 与 x 的线性回归方程为 $y=6.5x+17.5$，当 $x=5$ 时 $\hat{y}=50$，当广告支出 5 万元时，由表格得：$y=60$，故离差为 $60-50=10$. 2. (1) $y=0.36x+40.8$. 提示：因为 $\bar{x}=\dfrac{80+75+70+65+60}{5}=70$，$\bar{y}=\dfrac{70+66+68+64+62}{5}=66$，所以 $\hat{a}=\dfrac{\sum\limits_{i=1}^{5}x_iy_i-5\times\bar{x}\cdot\bar{y}}{\sum\limits_{i=1}^{5}x_i^2-5\times\bar{x}^2}=0.36$，$\hat{b}=66-0.36\times70=40.8$，所以回归直线方程为 $y=0.36x+40.8$. (2) 由离差和公式可得：$\sum\limits_{i=1}^{5}(y_i-\hat{y}_i)=(70-69.6)+(66-67.8)+(68-66)+(64-64.2)+(62-62.4)=0$. 因为 $0\in(-0.1,0.1)$，所以该方程为"优拟方程".

■ **练习反馈、互动提问** ■

1. 离差的平方和可以刻画直线与点之间的拟合程度，相关系数可以衡量两个变量的线性相关程度，那么，离差的平方和与相关系数之间是否有一定的关系呢？（来自学生的问题）

2. 用离差的平方和来刻画直线与点之间的拟合程度，计算量会比较大，能否用离差的绝对值之和来代替离差的平方和？

3. 通过观察散点图，如果成对数据的两个变量之间的关系不能近似地用一条直线来刻画，该如何处理呢？

■ **结束语** ■

世界是一个普遍联系的整体，任何事物都与其他事物相联系.

■ **备课资源** ■

最小二乘法（又称最小平方法）是一种数学优化技术. 它通过最小化误差的平方和寻找数据的最佳函数匹配.

最小二乘法最开始是从天文学和地理测量学领域发展起来的.

1805 年，勒让德（A. M. Legendre）的《计算慧星轨道的新方法》出版，发表了最小二乘法的第一个清晰和简明的阐述.

1808 年，美国人罗伯特·阿德雷恩（Robert Adrain）也独立制定了最小二乘分析的思想. 这也让他开始受到学界重视.

1809 年，高斯（Carl Friedrich Gauss）著作《关于绕日行星运动的理论》出版. 在此书中声称他自 1799 年以来就使用最小二乘方法，由此爆发了一场与勒让德的优先权之争.

8.2(2) 一元线性回归分析的应用举例

（本教学设计由新疆师范大学附属中学曹清法老师提供）

▪ 教学内容分析 ▪

本节课是高中数学上教版(2020)选择性必修二第八章第二节"一元线性回归分析"的第二课时.上一节课我们学习了相关变量的回归方程,它能定量地描述变量间具体的变动关系.本节课的主要内容是在上节课的基础上,对回归方程进行实际应用.我们可以通过回归方程求得反应变量的计算值来估计其他同类的观察值.另外,我们还需要分析解决具有非线性关系的两个变量之间的回归分析.

▪ 教学目标设置 ▪

1. 了解回归分析的基本思想方法及其简单应用,明确建立回归模型的基本步骤.能够利用回归方程进行预测.

2. 掌握建立一元线性回归模型的一般步骤.体会有些非线性模型通过变换可以转化为线性回归模型,了解在解决实际问题的过程中寻找更好的模型的方法.

3. 通过具体实例的应用,培养数学应用意识,形成实事求是的治学态度和锲而不舍的求学精神.

▪ 教学重点及学习难点 ▪

教学重点:了解回归分析的基本思想、方法及初步应用,熟练回归分析的方法和步骤.
学习难点:非线性回归分析转化成线性回归分析.

▪ 学生情况分析 ▪

1. 基础能力

在学习了一元线性回归分析的基本思想之后,学生已基本掌握如何对相关变量进行研究.

2. 认知现状

学生已掌握建立线性回归模型的知识,并能用所学知识解决一些简单的实际问题.初步了解可以通过求回归模型的相关指数或利用残差分析不同的回归模型的拟合精确度.

3. 情感特点

利用回归方程,可以解决日常生活中的很多问题,将数学用于生活,这激发了学生学习的兴趣.

▪ 教学流程 ▪

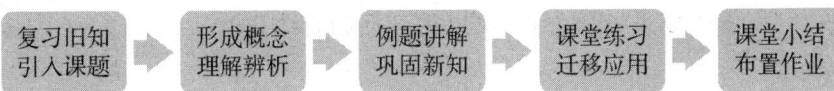

教学过程设计

教学设计	设计意图
（一）复习旧知，引入课题 师：如何判断成对数据的两个变量具有相关关系？ 生：画散点图． 师：如何衡量回归方程与单对数据的贴近度？ 生：离差的平方和． 下面，我们一起尝试用 Excel 软件来解决线性回归方程．我们以上节课研究的问题："人体脂肪含量和年龄关系"为例． 表 8.2(2)-1 	年龄	23	27	39	41	45	49	50
---	---	---	---	---	---	---	---
脂肪含量	9.5	17.8	21.2	25.9	27.5	26.3	28.2
年龄	53	54	56	57	58	60	61
脂肪含量	29.6	30.2	31.4	30.8	33.5	35.2	34.6 | 解 将表 8.2(2)-1 中的数据输入工作簿，然后选择"插入"图标，再选择"散点图"，则自动生成如下的散点图（图 8.2(2)-1） 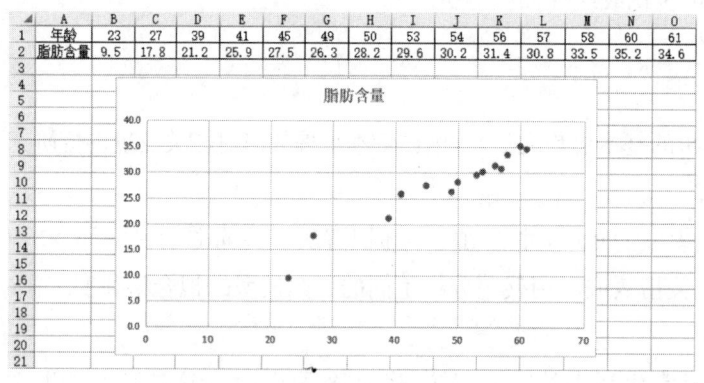 图 8.2(2)-1 在数据点上单击右键，选择"添加趋势线"—"线型"，并在"趋势线选项"标签中要求给出公式，可以得到回归直线（图 8.2(2)-2）．	通过提问，让学生回顾旧知，并引导学生利用所学知识，借助软件生成回归方程，并用方程解决实际问题．紧接着完成一元线性回归模型一般步骤的总结整理，引出新课．

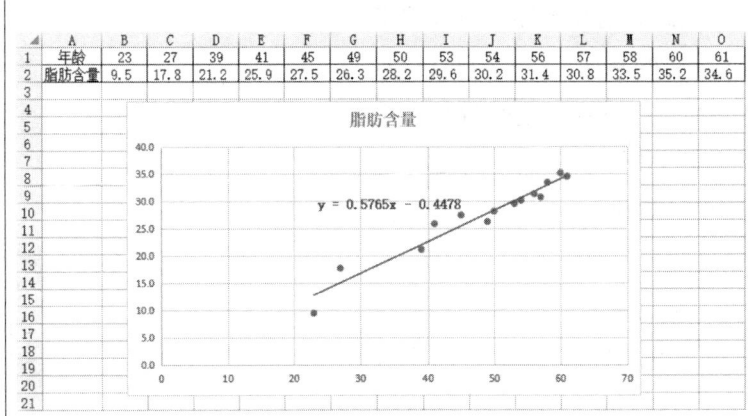

图 8.2(2)-2

图 8.2(2)-2 中标明了所求的回归方程 $y=0.5765x-0.4478$. 根据所得的回归方程,对于年龄 70 岁的人,可以预测脂肪含量为:

$$y=0.5765\times 70-0.4478=39.907(\%).$$

师:请同学们根据上述问题,尝试总结建立一元线性回归模型的一般步骤.

(二)形成概念,理解辨析

建立一元线性回归模型的一般步骤如下:

(1) 确定研究对象,从一组数据出发,根据实际问题,明确哪个变量是自变量,哪个变量是因变量;

(2) 对确定的自变量和因变量,绘制相应的散点图,观察它们之间的关系(如是否存在线性关系等);

(3) 若观察到数据呈线性关系,则选用线性方程 $y=\hat{a}x+\hat{b}$;

(4) 利用最小二乘法估计线性方程中的参数 $\hat{a}$、$\hat{b}$,得到回归方程 $y=\hat{a}x+\hat{b}$;

(5) 得到结果后计算离差,采用统计方法检验模型是否合适(对于这一步,本书不作要求);

(6) 利用所求的回归方程进行预测.

相关分析和回归分析作为处理成对数据的两种基本统计方法,它们之间有如下联系与区别:

通过事例,由学生动手操作,总结出建立一元线性回归模型的一般步骤,并且和学生一起探讨相关分析和回归分析的区别和联系,加深学生对回归分析的认知.

(1) 相关分析主要测定变量之间的相关性的强弱和变化方向,而回归分析则是在相关分析的基础上建立回归模型,定量地描述变量间具体的变动关系,只有在两组变量具有线性相关性时,才做线性回归分析,得到回归直线.

(2) 在相关分析中,两个变量的地位是对等的;而在回归分析中要考察的是一个变量随另一个变量的变化趋势,其中自变量是解释变量,因变量是反应变量.

(3) 回归分析具有因果分析和预测的功能,可以分析反应变量受解释变量的影响程度,也可以通过回归方程求得反应变量的计算值来估计其他同类的观察值.

(4) 在相关分析中,一般要求两个变量的总体都满足正态分布;而在回归分析中,一般只要求反应变量的总体满足正态分布.

问题 如果通过散点图,发现两个相关变量之间不具有线性相关的关系,我们又该如何处理呢?

除了具有线性关系的散点图以外,线性回归分析还可以处理呈反比例、指数、对数分布性状的数据分布.

(三) 例题讲解,巩固新知

例 1 在一次抽样调查中测得 5 个样本点,得到表 8.2(2)-2 及散点图 8.2(2)-3.

表 8.2(2)-2

x	0.25	0.5	1	2	4
y	16	12	5	2	1

(1) 根据散点图判断 $y=a+bx$ 与 $y=c+k \cdot x^{-1}$ 哪一个适宜作为 y 关于 x 的回归方程;(给出判断即可,不必说明理由)

(2) 根据(1)的判断结果试建立 y 与 x 的回归方程;(计算结果保留整数)

(3) 在(2)的条件下,设 $z=y+x$ 且 $x \in [4,+\infty)$,试求 z 的最小值.

解 (1) 由题中散点图 8.2(2)-3 可以判断,$y=c+k \cdot$

> 例题通过作散点图让学生体会非线性的相关关系;进而引起学生对回归方程的研究兴趣.引导学生用换元法得到新的变量,从而转化到线性回归问题求解.

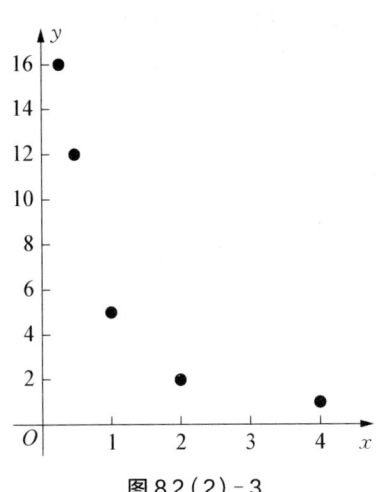

图 8.2(2)-3

x^{-1} 适宜作为 y 关于 x 的回归方程.

(2) 令 $t = x^{-1}$,则 $y = c + kt$,原数据变为

t	4	2	1	0.5	0.25
y	16	12	5	2	1

由表可知 y 与 t 近似具有线性相关关系,计算得

$$\bar{t} = \frac{4+2+1+0.5+0.25}{5} = 1.55,$$

$$\bar{y} = \frac{16+12+5+2+1}{5} = 7.2,$$

$$\hat{k} = \frac{4\times 16 + 2\times 12 + 1\times 5 + 0.5\times 2 + 0.25\times 1 - 5\times 1.55\times 7.2}{4^2 + 2^2 + 1^2 + 0.5^2 + 0.25^2 - 5\times 1.55^2}$$

$$= \frac{38.45}{9.3} \approx 4,$$

所以,$\hat{c} = \bar{y} - \hat{k}\bar{t} = 7.2 - 4\times 1.55 = 1$,则 $y = 4t + 1$.

所以 y 关于 x 的回归方程是 $y = \dfrac{4}{x} + 1$.

(3) 由(2)得 $z = y + x = \dfrac{4}{x} + x + 1$,$x \in [4, +\infty)$,

任取 $x_1, x_2 \geqslant 4$,且 $x_1 > x_2$,即 $x_1 > x_2 \geqslant 4$,

可得 $z_1 - z_2 = \left(\dfrac{4}{x_1} + x_1 + 1\right) - \left(\dfrac{4}{x_2} + x_2 + 1\right)$

$$= (x_1 - x_2) + \left(\dfrac{4}{x_1} - \dfrac{4}{x_2}\right)$$

$$= (x_1 - x_2) + \dfrac{4(x_2 - x_1)}{x_1 x_2}.$$

因为 $x_1 > x_2 \geqslant 4$,则 $x_1 - x_2 > 0$, $x_1 x_2 > 16$,所以,$z_1 > z_2$,

所以,函数 $z = \dfrac{4}{x} + x + 1$ 在区间 $[4, +\infty)$ 上单调递增,则 $z_{\min} = \dfrac{4}{4} + 4 + 1 = 6$.

建立非线性回归方程的步骤:

(1) 确定变量,作出散点图;

(2) 根据散点图,选择恰当的拟合函数;

(3) 变量代换:通过变量代换把非线性回归问题转化为线性回归问题,并求出线性回归方程;

(4) 分析拟合效果:通过计算相关指数或画残差图来判断拟合效果;

(5) 根据相应的代换,写出非线性回归方程.

(四) 课堂练习,迁移应用

1. 某种新产品投放市场一段时间后,经过调研获得了时间 x(天数) 与销售单价 y(元) 的一组数据,并作出了散点图 8.2(2)-4.

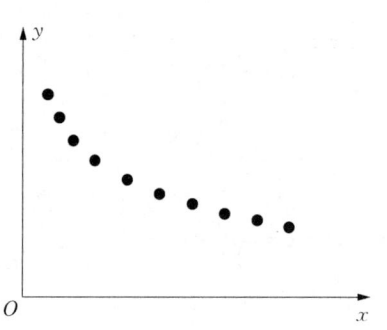

图 8.2(2)-4

[参考数据: $\overline{x} = 1.63$, $\overline{y} = 37.8$, $\overline{w} = \left(\dfrac{1}{x}\right) = 0.89$,

引导学生总结解题的思路、步骤以及渗透的思想.学生总结易错点.

选这道题的意图在于加强学生对非线性回归问题的深层次理解.

$$\sum_{i=1}^{10}(x_i-\overline{x})^2=5.15,$$

$$\sum_{i=1}^{10}(w_i-\overline{w})^2=0.92, \sum_{i=1}^{10}(x_i-\overline{x})(y_i-\overline{y})=-20.6,$$

$$\sum_{i=1}^{10}(w_i-\overline{w})(y_i-\overline{y})=18.4, 其中 w_i=\frac{1}{x_i}, \overline{w}=\frac{1}{10}\sum_{i=1}^{10}w_i]$$

(1) 根据散点图判断 $y=\hat{a}x+\hat{b}$ 与 $y=\hat{c}+\dfrac{\hat{d}}{x}$ 哪一个更适合作价格 y 关于时间 x 的回归方程类型？（不必说明理由）

(2) 根据判断结果和表中数据，建立 y 关于 x 的回归方程.

(3) 若该产品的日销售量 $g(x)$（件）与时间 x 的函数关系为 $g(x)=\dfrac{-100}{x}+120\ (x\in\mathbf{N})$，求该产品投放市场第几天的销售额最高？最高为多少元？

解 (1) 根据散点图知 $y=\hat{c}+\dfrac{\hat{d}}{x}$ 更适合作价格 y 关于时间 x 的回归方程类型.

(2) 令 $w=\dfrac{1}{x}$，则 $y=\hat{c}+\hat{d}w$，而 $\hat{d}=\dfrac{\sum\limits_{i=1}^{10}(w_i-\overline{w})(y_i-\overline{y})}{\sum\limits_{i=1}^{10}(w_i-\overline{w})^2}=\dfrac{18.4}{0.92}=20$，$\hat{c}=\overline{y}-\hat{d}\overline{w}=37.8-20\times 0.89=20$，即有 $y=20\left(1+\dfrac{1}{x}\right)$.

(3) 由题意结合(2)知，日销售额为 $f(x)=y\cdot g(x)=20\left(1+\dfrac{1}{x}\right)\left(120-\dfrac{100}{x}\right)$，所以 $f(x)=20\left(1+\dfrac{1}{x}\right)\left(120-\dfrac{100}{x}\right)=400\left(6+\dfrac{1}{x}-\dfrac{5}{x^2}\right)$，若 $t=\dfrac{1}{x}$，令 $h(t)=6+t-5t^2=-5\left(t-\dfrac{1}{10}\right)^2+\dfrac{121}{20}$，所以 $t=\dfrac{1}{10}$ 时，$h(t)_{\max}=h\left(\dfrac{1}{10}\right)=\dfrac{121}{20}$，即在第 10 天时，$f(x)_{\max}=f(10)=400\times\dfrac{121}{20}=2420$ 元，所以

该产品投放市场第 10 天时销售额最高,最高销售额为 2420 元.

(五)课堂小结,布置作业

课堂小结:

  1. 本节课让学生了解了通过软件来完成回归分析的方法.

  2. 总结回归分析的步骤.

  3. 学习了非线性回归分析转化为线性回归分析的方法.

课后作业:

基础练习

  1. 对于给定的两个变量的统计数据,下列说法正确的是( ).

  A. 都可以分析出两个变量的关系

  B. 都可以用一条直线近似地表示两者的关系

  C. 都可以作出散点图

  D. 都可以用确定的表达式表示两者的关系

  2. 已知变量 x 与 y 正相关,且由观测数据算得样本平均数 $\bar{x}=3$,$\bar{y}=3.5$,则由该观测数据算得的线性回归方程可能是( ).

  A. $y=0.4x+2.3$ B. $y=2x-2.4$

  C. $y=-2x+9.5$ D. $y=-0.3x+4.4$

  3. 已知一组样本点 (x_i, y_i)(其中 $i=1,2,\cdots,500$),根据最小二乘法求得的回归方程是 $y=\hat{a}x+\hat{b}$,则下列说法不正确的是( ).

  A. 样本点可能全部都不在回归直线 $y=\hat{a}x+\hat{b}$ 上

  B. 若所有样本点都在回归直线 $y=\hat{a}x+\hat{b}$ 上,则变量间的相关系数为 1

  C. 若所有的样本点都在回归直线 $y=\hat{a}x+\hat{b}$ 上,则 $\hat{a}x_i+\hat{b}$ 的值与 y_i 相等

  D. 若回归直线 $y=\hat{a}x+\hat{b}$ 的斜率 $\hat{a}<0$,则变量 x 与 y 呈负相关

  4. 某车间为了规定工时定额,需要确定加工零件所花费的时间,为此做了四次试验,得到的数据如下:

> 总结本节课所学知识,让学生对回归分析有一个整体的认识.

零件的个数 x(个)	2	3	4	5
加工的时间 y(小时)	2.5	3	4	4.5

(1) 画出表中数据的散点图；

(2) 求出 y 关于 x 的线性回归方程 $y = \hat{a}x + \hat{b}$，并在坐标系中画出回归直线；

(3) 试预测加工 10 个零件需要多少小时？

5. 某工厂为了对新研发的一种产品进行合理定价，将该产品按事先拟定的价格进行试销，得到如下数据：

单价 x/元	8	8.2	8.4	8.6	8.8	9
销量 y/件	90	84	83	80	75	68

(1) 求线性回归方程 $y = \hat{a}x + \hat{b}$；

(2) 预计在今后的销售中，销量与单价仍然服从(1)中的关系，且该产品的成本是 4 元/件，为使工厂获得最大利润，该产品的单价应定为多少元？（利润＝销售收入－成本）

6. 根据统计，得到某蔬菜基地西红柿亩产量的增加量 y（百千克）与某种液体肥料每亩使用量 x（千克）之间对应数据的散点图，如图 8.2(2)-5 所示.

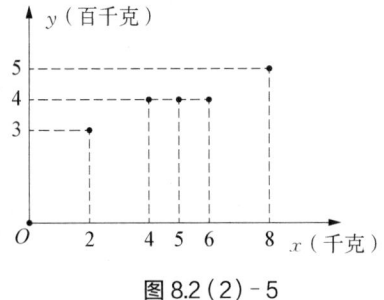

图 8.2(2)-5

(1) 依据数据的散点图可以看出，可用线性回归模型拟合 y 与 x 的关系，请计算相关系数 r 并加以说明(若 $|r| > 0.75$，则线性相关程度很高，可用线性回归模型拟合)；

(2) 求 y 关于 x 的回归方程，并预测当液体肥料每亩使用量为 12 千克时，西红柿亩产量的增加量约为多少？

能力拓展(选做)

1. 为了考察两个变量 x 和 y 之间的线性相关性，甲、乙两个同学各自独立地作 10 次和 15 次试验,并且利用线性回归方法,求得回归直线分别为 l_1 和 l_2.已知在两个人的试验中发现对变量 x 的观测数据的平均值恰好相等,都为 s,对变量 y 的观测数据的平均值也恰好相等,都为 t.那么下列说法正确的是(   ).

A. 直线 l_1 和 l_2 有交点 (s,t)

B. 直线 l_1 和 l_2 相交,但是交点未必是点 (s,t)

C. 直线 l_1 和 l_2 由于斜率相等,所以必定平行

D. 直线 l_1 和 l_2 必定重合

2. 某地今年上半年患某种传染病的人数 y(人)与月份 x(月)之间近似满足 $y=ae^{bx}$,确定该表达式.

月份 x/月	1	2	3	4	5	6
人数 y/人	52	61	68	74	78	83

基础练习答案:

1. C.   2. A.   3. B.   4.(1)散点图如图 8.2(2)-6 所示.

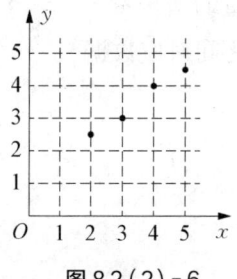

图 8.2(2)-6

(2)$y=0.7x+1.05$,回归直线如图 8.2(2)-7 所示.

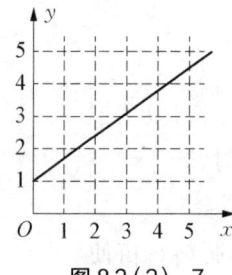

图 8.2(2)-7

(3)8.05 小时.

5.(1)$y=-20x+250$;(2)当单价定为 8.25 元时,工

厂可获得最大利润. 6.（1）$r \approx 0.95$. 因为 $r > 0.75$，所以可用线性回归模型拟合 y 与 x 的关系.（2）$y = 0.3x + 2.5$. 当 $x = 12$ 时，$y = 0.3 \times 12 + 2.5 = 6.1$，即当液体肥料每亩使用量为12千克时，西红柿亩产量的增加量约为610千克.

能力拓展答案：

1. A. 提示：由题意，结合回归直线易知只有选项 A 符合已知条件.

2. $y = e^{3.9112 + 0.0902x}$. 提示：设 $u = \ln y$，$c = \ln a$，得：$u = \hat{c} + \hat{b}x$，则 u 与 x 的数据关系如下表：

x	1	2	3	4	5	6
$u = \ln y$	3.9512	4.1109	4.2195	4.3041	4.3567	4.4188

由上表得：$\overline{x} = \dfrac{21}{6} = 3.5$，$\overline{u} = \dfrac{25.3612}{6} \approx 4.2269$，$\sum\limits_{i=1}^{6} x_i^2 = 91$，$\sum\limits_{i=1}^{6} x_i u_i = 90.3442$，所以 $\hat{b} = \dfrac{\sum\limits_{i=1}^{6} x_i u_i - 6 \times \overline{x} \cdot \overline{u}}{\sum\limits_{i=1}^{6} x_i^2 - 6 \times \overline{x}^2} \approx 0.0902$，$\hat{c} = \overline{u} - \hat{b}\overline{x} = 4.2269 - 0.0902 \times 3.5 = 3.9112$，所以 $u = 3.9112 + 0.0902x$，所以所求的表达式为：$y = e^{3.9112 + 0.0902x}$.

■ 练习反馈、互动提问 ■

在非线性相关关系中，如何判断两个变量之间的关系符合指数函数还是二次函数？（来自学生的问题）

■ 结束语 ■

相关分析和回归分析都是处理变量与变量之间关系的重要统计方法，在大数据时代有广泛的应用.

■ 备课资源 ■

大　数　据

麦肯锡全球研究所给出的大数据定义是：一种规模大到在获取、存储、管理、分析方面大大超出了传统数据库软件工具能力范围的数据集合，具有海量的数据规模、快速的数据流转、多样的数据类型和价值密度低四大特征.

大数据技术的战略意义不在于掌握庞大的数据信息，而在于对这些含有意义的数据进行专业化处理. 换言之，如果把大数据比作一种产业，那么这种产业实现盈利的关键，在于提高对数据的"加工能力",通过"加工"实现数据的"增值".

从技术上看,大数据与云计算的关系就像一枚硬币的正反面一样密不可分.大数据必然无法用单台计算机进行处理,必须采用分布式架构.它的特色在于对海量数据进行分布式数据挖掘.但它必须依托云计算的分布式处理、分布式数据库和云存储、虚拟化技术.

8.3(1)　2×2 列联表(第一课时)

(本教学设计由新疆喀什第六中学,即上海师范大学附属喀什中学耿亚君老师提供)

■ 教学内容分析 ■

本节课是上教版(2020)选择性必修二第八章第三节的第一课时,在这节课之前我们学习了成对数据的统计相关性、一元线性回归模型,理解了两个随机变量的相关性可以通过成对样本数据进行分析;理解利用一元线性回归模型可以研究变量之间的随机关系,并进行预测.

本课内容是对学生前面学习到的统计知识的进一步应用,并与本册课本前面提到的事件的独立性一节关系紧密,此外还涉及与"反证法"类似的思想.本节课是在学生学习完回归分析之后的内容,所以可以将上一节课的统计研究方法进行总结,应用到本节统计案例当中来.可以充分让学生体会从特殊到一般,再从一般到特殊的过程.

"独立性检验"是在考察两个分类变量之间是否具有相关性的背景下提出的,因此教材上首先提到了分类变量的概念,随后引出独立性检验的概念.独立性检验的思想,建立在统计思想、假设检验思想等基础上,通常按照如下步骤对数据进行处理:明确问题、确定分类变量→确定显著性水平 α(即 χ^2 的临界值)→抽取样本、收集数据→整理数据、制列联表→做出假设→计算统计量 χ^2 的观测值→比较观测值与临界值→给出结论.

本节课时时处处贯穿着统计的思想,让学生在整个过程中体会统计解决问题的方式方法和魅力.

■ 教学目标设置 ■

1. 通过探究"吸烟与患慢性气管炎是否有关系"引出独立性检验的问题,学生能够理解 2×2 列联表的统计意义,理解独立性检验的基本思想.

2. 通过对研究过程的梳理总结,获得研究两个分类变量是否有关的步骤,并能够利用这个步骤来解决实际问题.

3. 通过实际问题结论的获得,让学生能够依据独立性检验的思想做出合理推断.

4. 通过最后一个实际问题的解决,让学生经历统计的整个过程:明确总体、确定变量→抽取样本、获取数据→整理数据、直观判断→设立规则、制定标准→实际分析、做出决策.让学生感受数学与现实生活的联系,使学生认识统计方法在决策中的应用.

5. 在学生亲身体验、感受和参与的过程中,让学生经历从特殊到一般,再从一般到特殊的过程,同时提高学生的数据分析能力,让学生对统计方法有更深刻的认识,体会统计方法应用的广泛性,进一步体会科学的严谨性.

■ **教学重点及学习难点** ■

教学重点:理解 2×2 列联表的统计意义、独立性检验的基本思想及实施步骤.

学习难点:(1)了解独立性检验的基本思想;

(2)了解统计变量 χ^2 的含义及其应用.

■ **学生情况分析** ■

本节课学生需要具备的基础知识包含统计知识,比如如何获取样本数据,如何对数据进行处理等,以及本册课本前面提到的事件的独立性,两个事件相互独立的等价条件,还有"反证法".同时学生对数学中的类比推理也有一定的认识,能够将未知的内容和已有知识类比获得新知.

运用已有的知识,基于学生数学水平的分析,在本节新学内容时,有以下几点是学生不易理解或者掌握的,也就是教学难点:

(1) χ^2 的结构比较奇怪,学生可能会提出疑问. 课上通过类比方差的形式由学生自主感知本公式的合理性,具体的推导过程由于比较复杂,课标也没有要求掌握,可以让感兴趣的同学课下再探究;如何理解独立性检验的基本思想? 课上通过问题让学生将独立性检验和反证法做一个对比,同时研究它们的区别和联系.

(2) 独立性检验的一般步骤:明确问题、确定分类变量→确定显著性水平 α(即 χ^2 的临界值)→抽取样本、收集数据→整理数据、制列联表→做出假设→计算统计量 χ^2 的观测值→比较观测值与预期值→给出结论. 由学生课上自主梳理,教师补充完善.

■ **教学流程** ■

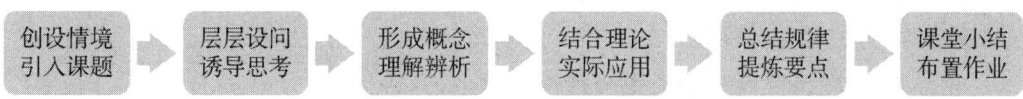

■ **教学过程设计** ■

教学设计	设计意图
(一)创设情境,引入课题 　　有人说:"吸烟易患气管炎疾病!",而另一些人却认为吸烟不影响健康.理由是:有的吸烟老人却很长寿. 这两种观点哪个正确呢? 引入一组调查数据:	通过两种对立的观点制造认识上的冲突和矛盾,使数学生活化、趣味化,从而

表 8.3(1)-1

	不吸烟者	吸烟者	总计
不患慢性气管炎者	121	162	283
患慢性气管炎者	13	43	56
总计	134	205	339

（二）层层设问，诱导思考

问题 1　如何通过表中的统计数据判断患慢性气管炎跟吸烟是否有关联？

学生活动　学生讨论、探究，并用计算器计算，最终得出答案．

方法 1　计算并回答：

(1) 在不吸烟者中患慢性气管炎的比重是多少？

(2) 在吸烟者中患慢性气管炎的比重又是多少？

你的结论是：

(1) $\dfrac{13}{121+13} \approx 0.1$；(2) $\dfrac{43}{162+43} \approx 0.21$．

问题 2　你认为根据上述方法作出的判断可靠吗？把握性有多大？

学生活动　学生讨论、辩论．可能会出现可靠和不可靠两种不同观点．

教师点评　回答可靠和不可靠都有道理，那么可靠性有多大？我们需要一个量化的标准，这就是今天我们将要学习的一种重要方法：独立性检验．

问题 3　假设患慢性气管炎跟吸烟没有关系，这种假设用 H_0 表示，并引入统计量 χ^2，根据表中的数据（计算出预期值）你能得到什么结论？

学生活动　直接引入统计量 $\chi^2 = \sum \dfrac{(观察值 - 预期值)^2}{预期值}$，学生探究讨论并作出回答，$\chi^2$ 的值越大，说明表中观察值与预期值的总体偏差越大，原假设成立的可能性就越小．

（三）形成概念，理解辨析

问题 4　如果 $A1$ 与 $B1$ 相互独立，那么 $A1$ 与 $B2$、$A2$ 与 $B1$、$A2$ 与 $B2$ 什么关系？式子化简后你还能得到什么

激发学生的学习兴趣．

该环节几个问题的设置从学生已有统计知识入手，既为新知探究打下基础，完成新知探究的自然过渡，又引出本节两个概念"分类变量"以及"列联表、2×2 列联表"．

设置一个有辩论性的问题，激发学生辩论、质疑．为引出独立性检验的思想和方法作铺垫．

结论?

师生活动　从特殊到一般转化成 2×2 列联表:

表 8.3(1)-2

	A 组	B 组	总计
0	a	b	$a+b$
1	c	d	$c+d$
总计	$a+c$	$b+d$	$a+b+c+d$

其中,$n=a+b+c+d$,得到统计量的一般公式:

$$\chi^2 = \frac{n(ad-bc)^2}{(a+b)(c+d)(a+c)(b+d)}.$$

问题 5　根据统计量的表达式,请你说说统计量的大小和两个变量之间关联程度的强弱有何关系?

学生活动　学生探究讨论并作出回答.

结论生成　χ^2 越小,$|ad-bc|$ 也越小,说明吸烟与患慢性气管炎之间关系越弱;χ^2 越大,$|ad-bc|$ 也越大,说明吸烟与患慢性气管炎之间关系越强.

解释显著性水平的含义,本书中规定 $\alpha=0.05$,也即 $P(\chi^2 \geq 3.841) \approx 0.05$.

(四)结合理论,实际应用

问题 6　在上面的例子中,请根据统计量的值,并结合显著性水平,说说你得到了什么结论和启发?

学生活动　学生计算、小组讨论生成结论.

结论生成　$\chi^2=7.469$ 时,我们有 95% 的把握认为患慢性气管炎与吸烟有关联.因此,为了健康你、我、他,我们要拒绝吸烟、劝诫他人不要吸烟!

(五)总结规律,提炼要点

独立性检验的基本步骤:

(1) 提出两个随机变量没有关系的原假设;

(2) 确定显著性水平 α,本书中规定 $\alpha=0.05$,也即 $P(\chi^2 \geq 3.841) \approx 0.05$;

(3) 计算统计量 χ^2 的值;

激发学生思考、探究,培养逻辑推理能力与数据分析能力,得出统计量公式.

与问题 4 相呼应,让学生体会 χ^2 的生成过程,并为显著性水平的含义作铺垫.

通过实例,结合具体计算,让学生体会独立性检验的基本思想,同时回答了问题 2 的疑问.

使学生通过思考、交流,总结独立性检验的基本思想及基本步骤.加深学生对独立性检验基本思想的理解,同时明确独

(4)统计决断:比较上述 χ^2 的值与 3.841 的大小,若 χ^2 值 $\geqslant 3.841$,则拒绝(或否定)H_0;若 χ^2 值 < 3.841,则不能拒绝(或否定)H_0,即接受 H_0,根据上述推断做出结论.

(六)课堂小结,布置作业

课堂小结:

理解 2×2 列联表的统计意义、独立性检验的基本思想及实施步骤.

课后作业:

立性检验的基本步骤.

总结本节课所学知识,形成知识体系,为后续知识的学习作好铺垫.

基础练习

1.判断:分类变量中的变量就是函数中的变量. (　)

2.判断:列联表中的数据是两个分类变量的频数. (　)

3.在一项有关医疗保健的社会调查中,发现调查的男性为 530 人,女性为 670 人,其中男性中喜欢吃甜食的为 117 人,女性中喜欢吃甜食的为 492 人,作出性别与喜欢吃甜食的 2×2 列联表.

4.某校为了检验高中数学新课程改革的成果,在两个班进行教学方式的对比试验,两个月后进行了一次检测,试验班与对照班成绩统计如 2×2 列联表所示(单位:人),则其中 $m =$ _____,$n =$ _____.

表 8.3(1)-3

	80 分及 80 分以上	80 分以下	合计
试验班	32	18	50
对照班	24	m	50
合计	56	44	n

5.假设有两个分类变量 X 与 Y,它们的可能取值分别为 $\{x_1, x_2\}$ 和 $\{y_1, y_2\}$,其 2×2 列联表为:

表 8.3(1)-4

	y_1	y_2
x_1	10	18
x_2	m	26

则当 m 取下面何值时,X 与 Y 的关系最弱( ).
A. 8　　　B. 9　　　C. 14　　　D. 19

能力拓展(选做)

1. 某初中调查了该校 1000 名初三学生最近一次数学测试成绩与课堂认真听讲表现情况,得到下表:

表 8.3(1)-5

	数学成绩≥80 分	数学成绩<80 分	总计
上课认真听讲	418	279	697
上课不认真听讲	43	260	303
总计	461	539	1000

请根据表中提供的数据判断上课认真听讲与否对学习成绩有影响吗?

2. 为了研究子女吸烟与父母吸烟的关系,调查了一千多名青少年及其家长,数据如下:

表 8.3(1)-6

	子女吸烟	子女不吸烟	合计
父母吸烟	237	678	915
父母不吸烟	83	522	605
合计	320	1200	1520

请根据表中提供的数据判断父母吸烟对子女吸烟是否有影响?

基础练习答案:

1. ×. 2. √. 3. 如表 8.3(1)-7 所示,

表 8.3(1)-7

	喜欢吃甜食	不喜欢吃甜食	合计
男	117	413	530
女	492	178	670
合计	609	591	1200

4. 26;100.　5. C.

能力拓展答案:

1. 把数学成绩作为一个分类变量,把上课认不认真听讲作为另外一个分类变量,问题为判断数学成绩与上课认真听讲是否有关,因此可采用 2×2 列联表独立性检验.

(1) 提出原假设 H_0:数学成绩与上课认真听讲无关;

(2) 确定显著性水平 $\alpha=0.05$;

(3) 计算 χ^2 的值.

其中 $a=418, b=279, c=43, d=260, n=a+b+c+d=1000, a+b=697, c+d=303, a+c=461, b+d=539$,

可得 $\chi^2 = \dfrac{1000\times(418\times 260-279\times 43)^2}{697\times 303\times 461\times 539} \approx 178.1292.$

统计决断:由 $P(\chi^2 \geqslant 3.841) \approx 0.05$,而 $178.1292 > 3.841$,χ^2 的值超过了 α 所确定的界限,从而否定原假设,即判定数学成绩与上课认真听讲有关.

2. 把子女吸烟作为一个分类变量,把父母吸烟作为另外一个分类变量,问题为判断子女吸烟与父母吸烟是否有关,因此可采用 2×2 列联表独立性检验.

(1) 提出原假设 H_0:子女吸烟与父母吸烟无关;

(2) 确定显著性水平 $\alpha=0.05$;

(3) 计算 χ^2 的值.

其中 $a=237, b=678, c=83, d=522, n=a+b+c+d=1520, a+b=915, c+d=605, a+c=320, b+d=1200$,

可得 $\chi^2 = \dfrac{1520(237\times 522-678\times 83)^2}{915\times 605\times 320\times 1200} \approx 32.5215.$

统计决断:由 $P(\chi^2 \geqslant 3.841) \approx 0.05$,而 $32.5215 > 3.841$,χ^2 的值超过了 α 所确定的界限,从而否定原假设,即判定子女吸烟与父母吸烟有关.

■ 练习反馈、互动提问 ■

1. 与独立性检验相比,直观判断的不足之处在哪里?

2. 思考反证法原理与独立性检验原理的区别与联系?

3. 请每个小组至少拿出一个感兴趣的问题,通过调查分析研究形成一份研究报告.

■ 结束语 ■

数学之所以比一切其他科学受到尊重,一个理由是因为它的命题是绝对可靠和无可争辩的,而其他的科学经常处于被新发现的事实推翻的危险.数学之所以有高声誉,另一个理由就是数学使得自然科学实现定理化,给予自然科学某种程度的可靠性.

——爱因斯坦

■ **备课资源** ■

高尔顿的主要贡献

1. 初创生物统计学

为了研究人类智能的遗传问题,高尔顿仔细地阅读了三百多人的传记,以初步确定这些人中间多少人有亲属关系以及关系的大致密切程度.然后再从一组组知名人士中分别考察,以便从总体上来了解智力遗传的规律性.为了获得更多人的特性和能力的统计资料,高尔顿自1882年起开设"人体测量实验室".在连续六年中,共测量了9337人的"身高、体重、阔度、呼吸力、拉力和压力、手击的速率、听力、视力、色觉及个人的其他资料",他深入钻研那些资料中隐藏着的内在联系,最终得出"祖先遗传法则".他努力探索那些能把大量数据加以描述与比较的方法和途径,引入了中位数、百分位数、四分位数、四分位差以及分布、相关、回归等重要的统计学概念与方法.1901年,高尔顿及其学生皮尔逊在为《生物计量学》(Biometrika)杂志所写的创刊词中,首次为他们所运用的统计方法论明确提出了"生物统计"(Biometry)一词.高尔顿解释道:"所谓生物统计学,是应用于生物学科中的现代统计方法."从高尔顿及后续者的研究实践来看,他们把生物统计学看作一种应用统计学,其研究范围,既用统计方法来研究生物科学中的问题,更主要的是发展在生物科学应用中的统计方法本身.

2. 对统计学的贡献

(1) 关于变异.变异是进化论中的重要概念,高尔顿首次以统计方法加以处理,最终导致了英国生物统计学派的创立.1889年,高尔顿把总体的定量测定法引入遗传研究中.高尔顿通过总体测量发现,对动物或植物的每一个种别都可以决定一个平均类型.在一个种别中,所有个体都围绕着这个平均类型,并把它当作轴心向多方面变异.这就是他在《遗传的天赋》一书中提出的"平均数离差法则".

(2) 关于"相关".统计相关法是由高尔顿创造的.关于相关研究的起因,最早是他因度量甜豌豆的大小,觉察到子代在遗传后有"返于中亲"的现象.1877年他搜集大量人体身长数据后,计算分析高个子父母、矮个子父母以及一高一矮父母的后代各有多少个高个子和矮个子子女,从而把父母高的后代高个子比较多、父母矮的后代高个子比较少这一定性认识具体化为父母与子女之间在身长方面的定量关系.1888年,高尔顿在"相关及其主要来自人体的度量"一文中,充分论述了"相关"的统计意义,并提出了高尔顿相关函数(即现在常用的相关系数)的计算公式.

(3) 关于"回归".1870年,高尔顿在研究人类身长的遗传时发现:高个子父母的子女,其身长有低于他们父母身长的趋势;相反,矮个子父母的子女,其身长却往往有高于他们父母身长的趋势,从人口全局来看,高个子的人"回归"于一般人身长的期望值,而矮个子的人则作相反的"回归".这是统计学上"回归"的最初涵义.1886年,高尔顿在论文"在遗传的身长中向中等身长的回归"中,正式提出了"回归"概念.

8.3(2) 2×2 列联表(第二课时)

(本教学设计由新疆喀什第六中学,即上海师范大学附属喀什中学耿亚君老师提供)

■ **教学内容分析** ■

本节课是上教版(2020)选择性必修二第八章第三节的第二课时,在这节课之前我们学习了成对数据的统计相关性、一元线性回归模型,理解两个随机变量的相关性可以通过成对样本数据进行分析;理解利用一元线性回归模型可以研究变量之间的随机关系,并进行预测;理解利用 2×2 列联表可以检验两个随机变量的独立性.

本节课是 2×2 列联表第二课时,是在学习了相互独立事件概率,掌握了分类变量的概念,学会了用 2×2 列联表判断两个分类变量是否有关系之后进行教学的.这节课的学习任务包括的知识类型主要有:

事实性知识:数据统计分析、2×2 列联表、独立性检验基本原理;

程序性知识:独立性检验的操作步骤;

元认知知识:独立性检验的基本思想及其初步应用.

独立性检验的基本思想及初步应用是高中数学教材的新增内容,也是一种重要的假设检验方法.本节内容将反证法与独立性检验的思想有机融合,将假设检验的思想应用到实际生活中去.对于独立性检验思想的形成过程,教材的设计均还原了数学的本质,是对"观察发现、抽象概括、感性到理性"等数学认知规律的提炼与总结,能让学生充分体会数学的发生、发展.

■ **教学目标设置** ■

1. 结合生活实例对分类变量进行简单的数据处理,运用 2×2 列联表判断两个分类变量是否有关系,了解独立性检验的基本思想、方法及初步应用.

2. 让学生通过数据统计、分析和计算过程,从具体实例中学会用样本来估计总体的统计思想.通过主动探究、自主学习、小组合作交流,从具体实例中抽象、概括、总结出独立性检验的基本原理和基本步骤,同时让学生充分体会知识的发现过程.

3. 通过本节课的学习,初步培养学生从生活中发现数学问题、解决数学问题的能力及数学抽象、数学建模、数据分析等核心素养.通过学生分析问题、解决问题的学习过程,激发学习兴趣,培养学生勇于探索的科学精神.

■ **教学重点及学习难点** ■

教学重点:了解随机变量 χ^2 的意义,通过对典型案例的分析,了解独立性检验的基本思想和方法.

学习难点:了解随机变量 χ^2 的含义及其应用.

■ **学生情况分析** ■

1. 学生已经学习了相互独立事件,也有了一定的数据分析能力和利用样本估计总体的统计学思想.

2. 学生能够初步了解分类变量的概念,以及能将数据整理为 2×2 列联表来判断它们是否是相互独立的.

3. 独立性检验的统计思想对学生来说比较难理解,因此在教学过程中将采用自主探究、小组讨论等环节引导学生类比反证法体会假设检验的思想,加深理解.

■ **教学流程** ■

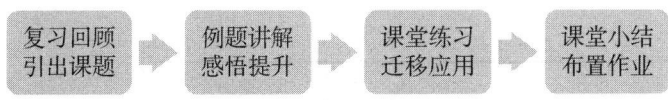

■ **教学过程设计** ■

教学设计	设计意图
(一)复习回顾,引出课题 　　回顾独立性检验的操作步骤. (二)例题讲解,感悟提升 　　例1　为了研究色盲与性别是否有关,随机抽取 480 位男性和 520 位女性,测得他们是否为色盲的数据如表 8.3(2)-1 所示.问:色盲与性别是否有关? 表 8.3(2)-1 		男性	女性	总计
---	---	---	---
正常	442	514	956
色盲	38	6	44
总计	480	520	1000 | 解　(1)提出原假设 H_0:色盲与性别无关; (2)确定显著性水平 $\alpha=0.05$; (3)计算 χ^2 的值. 　其中 $a=442, b=514, c=38, d=6, n=a+b+c+d=$	引导学生回顾上节课关于分类变量、2×2 列联表的知识,让学生掌握独立性检验的操作步骤. 通过问题让同学们掌握独立性检验的基本思想及其初步应用.

1000，$a+b=956$，$c+d=44$，$a+c=480$，$b+d=520$，可得 $\chi^2 = \dfrac{1000(442\times 6 - 514\times 38)^2}{956\times 44\times 480\times 520} \approx 27.1387$.

统计决断：由 $P(\chi^2 \geqslant 3.841) \approx 0.05$，而 $27.1387 > 3.841$，χ^2 的值超过了 α 所确定的界限，从而否定原假设，即判定色盲与性别有关.

例2 一次语文测验，王老师所任教的甲、乙两个班级的成绩情况如表所示. 根据表中的数据，判断甲、乙两个班级语文测验的成绩是否有显著差异.

表 8.3(2)-2

	甲班	乙班	总计
优秀	15	13	28
不优秀	20	18	38
总计	35	31	66

解 $\chi^2 = \dfrac{66(15\times 18 - 13\times 20)^2}{28\times 38\times 35\times 31} \approx 0.0057 < 2.072$，所以，"甲、乙两个班级语文测验的成绩有显著差异"的可能性不足 85%.

例3 为了研究 55 岁以上的人群与 50 岁以下的人群服用一种胶囊药物后的反应是否有显著差异，某医学院进行了志愿者服用该胶囊的观察实验，实验结果如表所示. 根据表中数据，能否作出这两类人群对此药物的反应有显著差异的结论？

表 8.3(2)-3

	$\geqslant 55$ 岁人群	< 50 岁人群	总计
有明显反应	6	7	13
无明显反应	29	75	104
总计	35	82	117

解 $\chi^2 = \dfrac{117(6\times 75 - 7\times 29)^2}{13\times 104\times 35\times 82} \approx 1.8396 < 2.072$，所以，"两类人群对此药物的反应有显著差异"的可能性不足 85%.

通过问题，培养学生的动手能力；通过对数据的分析思考，培养学生的数据分析能力.

设置一个有辩论性的问题，熟练掌握独立性检验的思想.

(三) 课堂练习, 迁移应用

某词汇研究机构为对某城市人们使用流行用语的情况进行调查, 随机抽取了 200 人进行调查统计得下方的 2×2 列联表:

表 8.3(2)-4

	年轻人	非年轻人	总计
经常用流行用语	125	25	150
不常用流行用语	35	15	50
总计	160	40	200

则根据列联表可知( ).

A. 有 95% 的把握认为"经常用流行用语"与"年轻人"有关系

B. 没有 95% 的把握认为"经常用流行用语"与"年轻人"有关系

C. 有 97.5% 的把握认为"经常用流行用语"与"年轻人"有关系

D. 有 97.5% 的把握认为"经常用流行用语"与"年轻人"没有关系

解 $\chi^2 = \dfrac{200 \times (125 \times 15 - 25 \times 35)^2}{160 \times 40 \times 50 \times 150} = 4.167 > 3.841$, 根据显著性水平知有 95% 的把握认为经常用流行用语与年轻人有关系, 故选 A.

设置一个有辩论性的问题, 激发学生辩论、质疑.

(四) 课堂小结, 布置作业

课堂小结:

这节课我们学习了哪些知识和方法?

课后练习:

基础练习

1. 为了调查髋关节保护器在减少老年人髋部骨折中的作用, 随机选择一些老年人, 其中一部分佩戴髋关节保护器, 而另一部分不佩戴, 作为对照组, 得到如下 2×2 列联表:

学生总结反思, 进一步强调独立性检验的原理和操作步骤, 培养学生提炼、总结、概括的能力.

表 8.3(2)-5

	佩戴髋关节保护器	对照组	总计
髋部骨折	13	67	80
无髋部骨折	640	1081	1721
总计	653	1148	1801

根据表中的数据回答:髋关节保护器是否可以降低老年人髋部骨折的可能性?

2. 下表是 A、B 两所中学的学生对报考某类大学的意愿的 2×2 列联表:

表 8.3(2)-6

	愿意报考某类大学	不愿意报考某类大学	总计
A 中学	18	37	55
B 中学	38	57	95
总计	56	94	150

根据表中的数据回答:A、B 两所中学的学生对报考某类大学的态度是否有显著差异?

3. 某校为考察高中生数学成绩与语文成绩的关系,抽取 55 名学生进行了一次测试,并按照测试成绩优秀(进入年级前 30%)和不优秀(没有进入年级前 30%)统计人数,得到如下 2×2 列联表:

表 8.3(2)-7

	优秀	不优秀	总计
数学成绩	21	34	55
语文成绩	13	42	55
总计	34	76	110

根据表中的数据回答:该校高中生的数学成绩与语文成绩之间是否有关系?

4. 慢性气管炎是一种常见的呼吸道疾病,医药研究人员对甲、乙两种中草药治疗慢性气管炎的效果进行了对比,所得数据如下表所示.

表 8.3(2)-8

	有效	无效	总计
甲药	184	61	245
乙药	91	9	100
总计	275	70	345

根据表中的数据回答:甲、乙两种中草药的疗效有无显著差异?

5. 打鼾不仅影响别人休息,而且可能与患某种疾病有关.下表是一次调查所得的数据:

表 8.3(2)-9

	患心脏病	未患心脏病	合计
每一晚都打鼾	30	224	254
不打鼾	24	1355	1379
合计	54	1579	1633

根据独立性检验,能否在犯错误的概率不超过 0.001 的前提下认为每一晚都打鼾与患心脏病有关系?

6. 某工人在操作方法改进前后生产某种零件的情况如下表所示.

表 8.3(2)-10

	合格	不合格	总计
改进前	2422	439	2861
改进后	2892	447	3339
总计	5314	886	6200

根据表中的数据回答:改进操作方法能否显著降低不合格率?

能力拓展(选做)

1. 证明公式:$\chi^2 = \dfrac{n(ad-bc)^2}{(a+b)(c+d)(a+c)(b+d)}$.

表 8.3(2)-11

	不患慢性气管炎	患慢性气管炎	总计
不吸烟	a	b	$a+b$
吸烟	c	d	$c+d$
总计	$a+c$	$b+d$	$n=a+b+c+d$

2. 高中流行这样一句话"文科就怕数学不好,理科就怕英语不好".下表是一次针对高三文科学生的调查所得的数据.

表 8.3(2)-12

	总成绩好	总成绩不好	合计
数学成绩好	478	x	490
数学成绩不好	399	24	423
合计	y	z	913

(1) 计算 x、y、z 的值;

(2) 文科学生总成绩不好与数学成绩不好有关系吗?

基础练习答案:

1. 佩戴髋关节保护器可以降低老年人髋部骨折的可能性. 2. 愿意报考某类大学与 A、B 中学无关. 3. 该校高中生的数学成绩与语文成绩无关. 4. 有显著差异. 5. 患心脏病与打鼾有关. 6. 操作方法改进能显著降低不合格率.

能力拓展答案:

1. 假设 H_0 表示吸烟与患慢性气管炎没有关系. 用 A 表示不吸烟, B 表示不患慢性气管炎, 则吸烟与患慢性气管炎没有关系等价于吸烟与患慢性气管炎独立, 即 H_0 等价于 $P(A \cap B) = P(A)P(B)$, 同时下面三个式子也成立: $P(\overline{A} \cap B) = P(\overline{A})P(B)$, $P(A \cap \overline{B}) = P(A)P(\overline{B})$, $P(\overline{A} \cap \overline{B}) = P(\overline{A})P(\overline{B})$. 当样本容量较大时可以用频率近似表示概率, $P(A \cap B)$ 的估计为 $\dfrac{a}{n}$, $P(A)$ 的估计为 $\dfrac{a+b}{n}$, $P(B)$ 的估计为 $\dfrac{a+c}{n}$. 于是, 观察值 a、b、c、d 的预期值分别为 $\dfrac{(a+b)(a+c)}{n}$,

$\dfrac{(a+b)(b+d)}{n}$,$\dfrac{(c+d)(a+c)}{n}$,$\dfrac{(c+d)(b+d)}{n}$.将观察值与预期值代入 $\chi^2=\sum\dfrac{(观察值-预期值)^2}{预期值}$,化简即得.

2.(1)$x=12$,$y=877$,$z=36$.提示:由 $478+x=490$,得 $x=12$.由 $x+24=z$,得 $z=12+24=36$.$y=478+399=877$.

(2)总成绩不好与数学成绩不好有关.提示:把总成绩不好作为一个分类变量,把数学成绩不好作为另外一个分类变量,问题为判断总成绩不好与数学成绩不好是否有关,因此可采用 2×2 列联表独立性检验.①提出原假设 H_0:总成绩不好与数学成绩不好无关;②确定显著性水平 $\alpha=0.05$;③计算 χ^2 的值,直接把表 8.3(2)-13 中的数据代入 χ^2 的计算公式 $\chi^2=\dfrac{n(ad-bc)^2}{(a+b)(c+d)(a+c)(b+d)}$,其中 $a=478$,$b=12$,$c=399$,$d=24$,$n=a+b+c+d=913$,$a+b=490$,$c+d=423$,$a+c=877$,$b+d=36$,可得 $\chi^2=\dfrac{913(478\times24-12\times399)^2}{490\times423\times877\times36}\approx6.2331$;④统计决断:由 $P(\chi^2\geqslant3.841)\approx0.05$,而 $6.2331>3.841$,χ^2 的值超过了 α 所确定的界限,从而否定原假设,即判定总成绩不好与数学成绩不好有关.

■ 练习反馈、互动提问 ■

1.独立性事件解题时需要注意的事项.
2."独立性检验"的基本思想方法.
3.独立性检验的结果,对总体成立吗?
4."有 99% 的把握"在独立性检验中的含义是什么?

■ 结束语 ■

数学中的一些美丽的定理具有这样的特性:它们极易从事实中归纳出来,但证明却隐藏得极深.——高斯

■ 备课资源 ■

生物统计学是生物数学中最早形成的一大分支,它是在用统计学的原理和方法研究生物学的客观现象及问题的过程中形成的,生物学中的问题又促使生物统计学中大部分基本

方法进一步发展.生物统计学是应用统计学的分支,它将统计方法应用到医学及生物学领域.

生物统计学的内容包括试验设计和统计分析.

试验设计是指应用数理统计的原理与方法,制订试验方案,选择试验材料,合理分组,降低试验误差,使我们可以利用较少的人力、物力和时间,获得丰富而可靠的数据资料.

统计分析是指应用数理统计的原理与方法对数据资料进行分析与推断,认识客观事物的本质和规律性,使我们对所研究的资料得出合理的结论.由于事物都是相互联系的,统计不能孤立地研究各种现象,而必须通过一定数量的观察,从这些观察结果中研究事物间的相互关系.揭示事物客观存在的规律性,统计分析与试验设计是不可分割的两部分.试验设计须以统计分析的原理和方法为基础,而正确设计的试验又为统计分析提供了丰富、可靠的信息,两者紧密结合推断出合理的结论,不断地推动应用生物科学研究的发展.

■ 参考文献 ■

1. 赵斌.生物数学简史[M].北京:中国科学技术出版社,2015.
2. 李一婧,马伟超.简明生物统计学原理及软件应用教程[M].兰州:兰州大学出版社,2014.

四、单元评价卷

"成对数据间的相关分析"单元评价卷

考试范围:第8单元;时间:60分钟;满分:100分.

一、选择题(每题4分,共40分)

1. 下列说法不正确的是(　　).

A. 具有相关关系的两个变量不是因果关系

B. 散点图能直接反映数据的相关程度

C. 回归直线能代表线性相关的两个变量之间的关系

D. 任意一组数据都有回归方程

2. 已知由样本数据点集合 $\{(x_i, y_i) | i=1, 2, \cdots, n\}$,求得的回归直线方程为 $y=1.5x+0.5$,$\bar{x}=3$,现发现两个数据点 $(1.2, 2.2)$ 和 $(4.8, 7.8)$ 误差较大,去除后重新求得的回归直线 l 的斜率为 1.2,则下列说法中不正确的是(　　).

A. 变量 x 与 y 具有正相关关系

B. 去除后的回归方程为 $y=1.2x+1.4$

C. 去除后 y 的估计值增加速度变快

D. 去除后,当 $x=4$ 时,y 的估计值为 6.2

3. 已知变量 x 与 y 负相关,且由观测数据算得样本平均数 $\bar{x}=3$,$\bar{y}=2.7$,则由该观测数据算得的线性回归方程可能是(   ).

A. $y=2x-3.2$

B. $y=0.4x+1.5$

C. $y=-2x+8.6$

D. $y=-0.2x+3.3$

4. 对两个变量 x、y 进行线性相关检验,得线性相关系数 $r_1=0.7859$,对两个变量 u、v 进行线性相关检验,得线性相关系数 $r_2=-0.9568$,则下列判断正确的是(   ).

A. 变量 x 与 y 正相关,变量 u 与 v 负相关,变量 x 与 y 的线性相关性较强

B. 变量 x 与 y 负相关,变量 u 与 v 正相关,变量 x 与 y 的线性相关性较强

C. 变量 x 与 y 正相关,变量 u 与 v 负相关,变量 u 与 v 的线性相关性较强

D. 变量 x 与 y 负相关,变量 u 与 v 正相关,变量 u 与 v 的线性相关性较强

5. 设某大学的女生体重 y(单位:kg)与身高 x(单位:cm)具有线性相关关系,根据一组样本数据 $(x_i,y_i)$$(i=1,2,\cdots,n)$,用最小二乘法建立的回归方程为 $y=0.85x-85.71$.

① y 与 x 具有正的线性相关关系;

② 回归直线过样本点的中心 $(\bar{x},\bar{y})$;

③ 若该大学某女生身高增加 1 cm,则其体重约增加 0.85 kg;

④ 若该大学某女生身高为 170 cm,则其体重必为 58.79 kg.

则上述判断不正确的个数是(   ).

A. 1 B. 2

C. 3 D. 4

6. 下列说法正确的是(   ).

A. 任何两个变量都具有相关关系

B. 球的体积与该球的半径具有相关关系

C. 农作物的产量与施化肥量之间是一种确定性关系

D. 一个学生的数学成绩与物理成绩之间是一种非确定性的关系

7. 如下四个散点图中,正相关的是(   ).

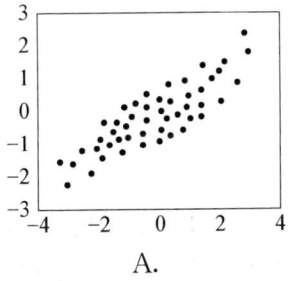
A.

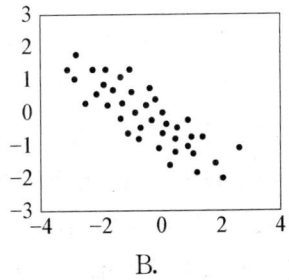
B.

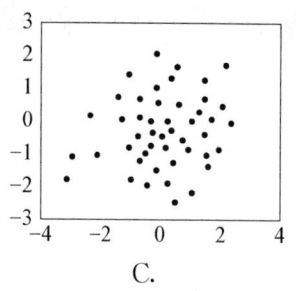
C.
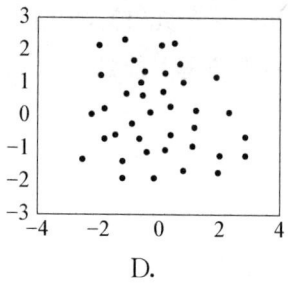
D.

8. 对变量 x, y 有观测数据 (x_i, y_i) ($i=1, 2, 3, \cdots, 10$), 得散点图 8-1; 对变量 u, v 有观测数据 (u_i, v_i) ($i=1, 2, 3, \cdots, 10$), 得散点图 8-2, 由这两个散点图可以断定( ).

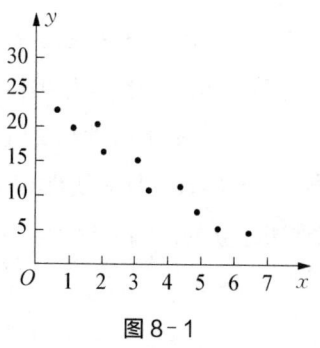
图 8-1

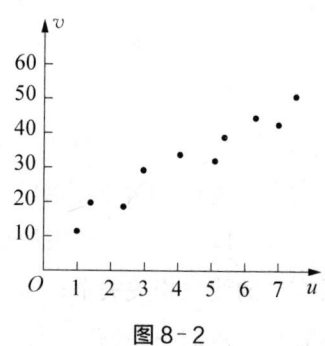
图 8-2

A. x 与 y 正相关, u 与 v 正相关
B. x 与 y 正相关, u 与 v 负相关
C. x 与 y 负相关, u 与 v 正相关
D. x 与 y 负相关, u 与 v 负相关

9. 根据下面给出的 2009 年至 2018 年我国二氧化硫年排放量(单位:万吨)柱形图,以下结论中不正确的是( ).

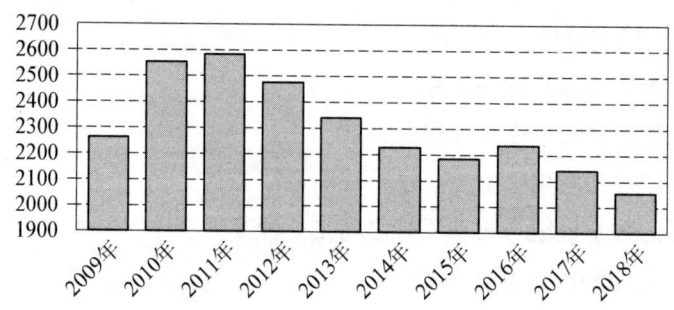

A. 逐年比较, 2018 年减少二氧化硫排放量的效果最显著
B. 2012 年我国治理二氧化硫排放显现成效
C. 2011 年以来我国二氧化硫年排放量呈减少趋势
D. 2011 年以来我国二氧化硫年排放量与年份正相关

10. 恩格尔系数(Engel's Coefficien)是食品支出总额占个人消费支出总额的比重. 居民可支配收入是居民可用于最终消费支出和储蓄的总和,即居民可用于自由支配的收入. 如

图 8-3 为我国 2013 年至 2019 年全国恩格尔系数和居民人均可支配收入的折线图.

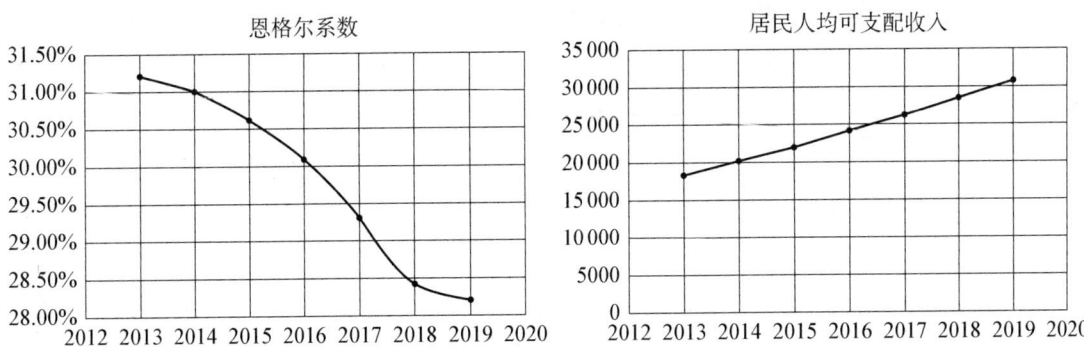

图 8-3

给出三个结论：

① 恩格尔系数与居民人均可支配收入之间存在负相关关系；

② 一个国家的恩格尔系数越小，说明这个国家越富裕；

③ 一个家庭收入越少，则家庭收入中用来购买食品的支出所占的比重就越小.

其中正确命题的序号是(　　).

A. ①　　　　B. ②　　　　C. ①②　　　　D. ②③

二、填空题（每题 5 分，共 30 分）

11. 如图 8-4 是一组数据 (x,y) 的散点图，已知 y 与 x 之间的线性回归方程为 $\hat{y}=0.8x+\hat{a}$，则 $\hat{a}=$ _____.

12. 已知 x 与 y 之间的一组数据：

x	2	5	7	10
y	t	$4-t$	5	7

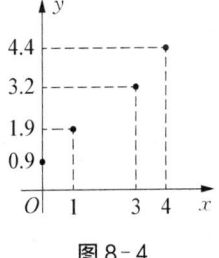

图 8-4

则 y 与 x 的线性回归方程为 $y=bx+a$ 必过点 _____.

13. 为了响应中央号召，某日环保局随机抽查了本市市区汽车尾气排放污染物 x（单位：ppm）与当天私家车路上行驶的时间 y（单位：小时）之间的关系，从某主干路随机抽取 10 辆私家车，根据测量数据的散点图可以看出 x 与 y 之间具有线性相关关系，其回归直线方程为 $y=0.3x-0.4$，若该 10 辆车中有一辆私家车的尾气排放污染物为 6（单位：ppm），据此估计该私家车行驶的时间为 _____ 小时.

14. 如图 8-5 有 5 组数据，去掉点 _____ 后，剩下的 4 组数据的线性相关性更强.

15. 有下列结论：

① 某年级有男生 560 人，女生 420 人，用分层抽样的方法从

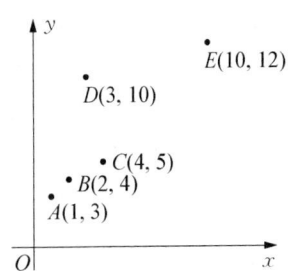

图 8-5

该年级学生中抽取一个容量为280的样本,则此样本中男生人数为160;

② 一个容量为80的样本中数据的最大值是140,最小值是51,组距是10,则列频率分布表时应将样本数据分为9组;

③ 若 y 关于 x 的线性回归方程为 $y=1.6x+32$,其中 x 的取值依次为2,8,6,14,20,则 $\overline{y}=46$;

④ 用一组样本数据 $8,x,10,11,9$ 估计总体的标准差,若样本的平均数为10,则估计总体的标准差为 $\sqrt{2}$.

其中正确的有_____.(填写所有正确结论的序号)

16. 下面是两个变量的一组数据:

x	1	2	3	4	5	6	7	8
y	1		9	16	25	36	49	64

这两个变量之间的线性回归方程为 $y=-15+9x$,变量 y 中缺失的数据是_____.

三、解答题(每题10分,共30分)

17. 假设某设备的使用年限和所支出的维修费用如下表8-1中统计资料所示:

表8-1

使用年限 x(年)	1	2	3	4	5	6
维修费用 y(万元)	5.0	0.8	0.5	6.5	7.0	1.2

能否用线性回归模型描述两个变量间的关系?

18. 人均可支配收入是反映一个地区居民收入水平和城市经济发展水平的重要指标,并且对人均消费水平有重大影响.如图8-6是根据国家统计局发布的《2020年上半年居民收入和消费支出情况》绘制的,我国31个省(区、市)2020年上半年人均可支配收入 x(单位:元)与人均消费支出 y(单位:元)的散点图.

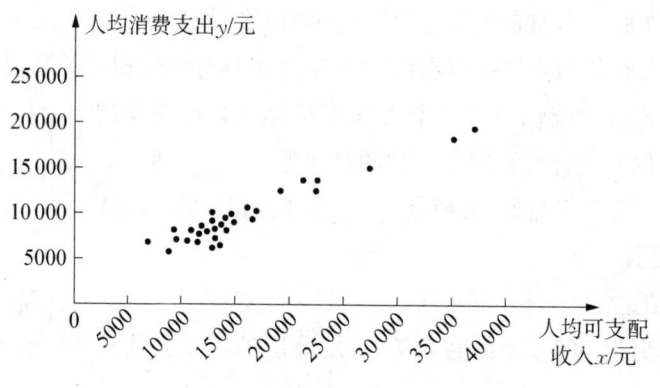

图8-6

(1) 由散点图可以看出,可以用线性回归模型 $y=\hat{b}x+\hat{a}$ 拟合人均消费支出 y 与人均可支配收入 x 的关系,请建立 y 关于 x 的线性回归方程(将 $\hat{b}$ 精确到 0.01);

(2) 根据(1)的结论,规定半年人均盈余(人均可支配收入－人均消费支出)不低于 4620 元的省(区市)达到阶段小康的标准,则估计达到阶段小康标准的省(区市)的半年人均可支配收入至少为多少元?

参考公式与参考数据:

$\overline{x}$	$\overline{y}$	$\sum\limits_{i=1}^{31}(x_i-\overline{x})^2$	$\sum\limits_{i=1}^{31}(x_i-\overline{x})(y_i-\overline{y})$
15 500	9632	1 412 000 000	683 900 000

19. 2020 年 10 月 29 日,十九届五中全会发布公报,提出"实施渐进式延迟法定退休年龄",标志着延迟退休将由此前的研究层面变成现实.某研究机构以 3 年为一个调研周期,统计某地区的新增的退休人数,每 3 年的数据变化情况如下表 8-2:

表 8-2

调研周期 x	1	2	3	4
新增退休人数 y(单位:万人)	4	6	9	11

通过数据分析得到调研周期 x 与对应的新增退休人数 y(单位:万人)具有线性相关关系.

(1) 求新增退休人数 y(单位:万人)关于调研周期 x 的回归方程,并预测下一个调研周期内该地区新增退休人数.

(2) 该研究机构为了调研市民对延迟退休的态度,随机采访了 100 名市民,将他们的意见和性别进行了统计,得到如下的 2×2 列联表 8-3:

表 8-3

	支持	不支持	合计
男性	42	8	50
女性	37	13	50
合计	79	21	100

根据上面的列联表判断,是否有 90% 的把握认为支持延迟退休与性别有关?

附:

$P(K^2\geqslant k_0)$	0.15	0.10	0.05	0.025
k_0	2.072	2.706	3.841	5.024

参考答案

1. D. 2. C. 3. D. 4. C. 5. A. 6. D. 7. A.
8. C. 9. D. 10. C. 11. 1. 12. (6,4). 13. 1.4. 14. D.
15. ①②④. 16. 4.

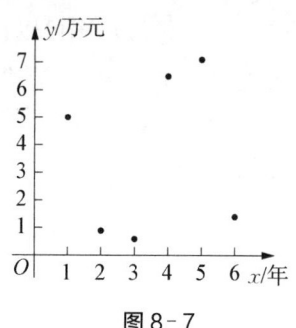

图 8-7

17. 不能. 画出散点图, 如图 8-7 所示, 从散点图上看, 这些点的分布几乎没有什么规律, 故不能用线性回归模型描述两个变量之间的关系.

18. (1) $\hat{b} = \dfrac{\sum_{i=1}^{31}(x_i-\overline{x})(y_i-\overline{y})}{\sum_{i=1}^{31}(x_i-\overline{x})^2} = \dfrac{683\,900\,000}{1\,412\,000\,000} \approx 0.48$,

$\hat{a} = \overline{y} - \hat{b}\overline{x} \approx 9632 - 0.48 \times 15\,500 = 2192$, 所以 $y = 0.48x + 2192$.

(2) 半年人均盈余为 $x - y = x - 0.48x - 2192 = 0.52x - 2192$, 令 $0.52x - 2192 \geqslant 4620$, 得 $x \geqslant 13\,100$, 故估计达到阶段小康标准的省(区、市)的半年人均可支配收入至少为 13 100 元.

19. (1) 由题表中的数据可得 $\overline{x} = \dfrac{1}{4} \times (1+2+3+4) = 2.5$, $\overline{y} = \dfrac{1}{4} \times (4+6+9+11) = 7.5$, $\hat{b} = \dfrac{\sum_{i=1}^{4}(x_i-\overline{x})(y_i-\overline{y})}{\sum_{i=1}^{4}(x_i-\overline{x})^2} = 2.4$, $\hat{a} = \overline{y} - \hat{b}\overline{x} = 7.5 - 2.4 \times 2.5 = 1.5$, 所以 y 关于 x 的线性回归方程为 $y = 2.4x + 1.5$. 当 $x = 5$ 时, 可得 $y = 2.4 \times 5 + 1.5 = 13.5$, 所以预测下一个调研周期内该地区新增的退休人数为 13.5 万人.

(2) 因为 $\chi^2 = \dfrac{100 \times (42 \times 13 - 8 \times 37)^2}{50 \times 50 \times 79 \times 21} \approx 1.507 < 2.706$, 所以没有 90% 的把握认为支持延迟退休与性别有关.